BIOÉTICA DA LIBERTAÇÃO E SAÚDE DO TRABALHADOR

A (IN) ADMISSIBILIDADE DOS EXAMES GENÉTICOS

PREDITIVOS NAS RELAÇÕES DE TRABALHO

1ª Edição – Abril, 2016
1ª Edição - 2ª Tiragem - Setembro, 2016

ANA PAULA RODRIGUES LUZ FARIA

Mestre em Direitos e Garantias Fundamentais pela Faculdade de Direito de Vitória (FDV). Membro do Grupo de Estudos, Pesquisa e Extensão em Políticas Públicas, Direito à Saúde e Bioética (Biogepe). Juíza Titular de Vara do Trabalho.

ELDA COELHO DE AZEVEDO BUSSINGUER

Doutora em Bioética pela Universidade de Brasília (UnB); livre docente pela Universidade do Rio de Janeiro (UniRio); mestre em Direitos e Garantias Fundamentais pela Faculdade de Direito de Vitória (FDV); professora e coordenadora do Programa de pós-graduação em Direitos e Garantias Fundamentais da FDV (mestrado e doutorado); coordenadora do Grupo de Estudos, Pesquisa e Extensão em Políticas Públicas, Direito à Saúde e Bioética (Biogepe).

BIOÉTICA DA LIBERTAÇÃO E SAÚDE DO TRABALHADOR

A (IN) ADMISSIBILIDADE DOS EXAMES GENÉTICOS

PREDITIVOS NAS RELAÇÕES DE TRABALHO

LTr 80

LTr EDITORA LTDA.

© Todos os direitos reservados

Rua Jaguaribe, 571
CEP 01224-003
São Paulo, SP — Brasil
Fone (11) 2167-1151
www.ltr.com.br
Abril, 2016

Versão impressa — LTr 5460.1 — ISBN 978-85-361-8798-3
Versão digital — LTr 8910.1 — ISBN 978-85-361-8787-7

Dados Internacionais de Catalogação na Publicação (CIP)
(Câmara Brasileira do Livro, SP, Brasil)

Faria, Ana Paula Rodrigues Luz

Bioética da libertação e saúde do trabalhador : a (in) admissibilidade dos exames genéticos preditivos nas relações de trabalho / Ana Paula Rodrigues Luz Faria, Elda Coelho de Azevedo Bussinguer. -- São Paulo : LTr, 2016.

Bibliografia.

1. Bioética 2. Direito e biologia 3. Genética humana - Aspectos morais e éticos 4. Genética humana - Leis e legislação I. Bussinguer, Elda Coelho de Azevedo. II. Título.

16-01551   CDU-34:57 -340

Índice para catálogo sistemático:

1. Biodireito 34:57
2. Bioética : Aspectos jurídicos 340

O estudo é dedicado a todas as comunidades de vítimas.

SUMÁRIO

Prefácio 9
Resumo 13
Trajetória rumo ao objeto de pesquisa 17
Introdução 21
Capítulo I – Referencial teórico 36
1.1 A Bioética da Libertação na Perspectiva de Enrique Dussel 36
   1.1.1 A Bioética: fontes etimológicas e o desenvolvimento conceitual e institucional. As necessárias distinções no contexto de um mundo plural 36
      1.1.1.1 O surgimento 37
      1.1.1.2 Definição em Van Rensselaer Potter e do Kennedy Institute 38
      1.1.1.3 A Bioética em Fritz Jahr 45
      1.1.1.4 O contexto e corte epistemológico do principialismo norte-americano ..47
      1.1.1.5 Bioética a partir da América Latina 61
   1.1.2 Desafios para a Bioética no campo da saúde do trabalhador: uma primeira aproximação 67
   1.1.3 Colonialidade e poder na relação de trabalho: vozes críticas da Bioética da Libertação a partir do pensamento de Enrique Dussel 72
Capítulo II – A informação genética humana e os desafios no cenário tecno científico 89
2.1 O Projeto Genoma Humano e a produção de paradoxos: o movimento pendular entre o encantamento e o "terror cósmico" 89
   2.1.1 Informação genética e a natureza dos dados genéticos 98
2.2 Uma aproximação sobre os benefícios e os malefícios da elaboração de perfis genéticos e biobancos 109
   2.2.1 A sociedade (ficcional?) Gattaca: para uma crítica ao lado encoberto da genetização da vida pessoal e socio laboral 120
   2.2.2 Perspectivas biopolíticas nas relações de trabalho: do determinismo genético à eugenia laboral 125
Capítulo III – Corpos silenciados e produções de subjetividades: elementos para reflexão diante do processo de seleção de uma saúde laboral útil e perfeita à luz da Bioética da Libertação no pensamento de Enrique Dussel 138
3.1 A reestruturação do capital na trilha da exploração do corpo do trabalhador 139
   3.1.1 A sociedade feudal 140
   3.1.2 A exploração dos corpos no trabalho escravo no Brasil e nas Américas: o trabalhador "coisa." 142

3.1.3 A Revolução Industrial e o corpo parcelado e disciplinado do trabalhador 145
3.1.4 A Organização Científica do Trabalho. O taylorismo/fordismo e a busca do "homem boi" 148
3.1.5 Do toyotismo ao trabalhador paranoico 151
3.2 A composição do quarteto corpo, saúde, trabalho e subjetividades na dimensão da genética e os impactos na construção do nexo técnico epidemiológico 156
Capítulo IV – Provas genéticas preditivas na relação de trabalho 173
4.1 Conceito, tipos e marcos regulatórios bioéticos e jurídicos 173
    4.1.1 Mediação pelo mercado ou pelo Estado? 175
    4.1.2 A tentativa de estabelecimento de alguns marcos regulatórios para os testes genéticos preditivos na relação de trabalho 185
        4.1.2.1 A Bioética e o *soft law*: derrubando mitos quanto à ineficácia. 186
        4.1.2.2 Arcabouço normativo internacional 190
        4.1.2.3 O ordenamento jurídico brasileiro 207
4.2 TRABALHO, SAÚDE E EXAMES LABORAIS 221
    4.2.1 Evolução normativa dos exames médicos e de saúde na relação de trabalho: o que o exame genético traz de novo? 221
    4.2.2 Hipóteses argumentativas (em oposição, ou não) para a utilização das provas genéticas preditivas. Respostas nada matemáticas 231
Capítulo V – A articulação da Bioética da Libertação com os direitos humanos fundamentais implicados na vida do trabalhador 237
5.1 Categorias da Bioética da Libertação e dos direitos humanos fundamentais em presença 243
5.2 Discussão: limites ao tratamento de dados genéticos do trabalhador e validez das provas à luz da Bioética da Libertação de Enrique Dussel 254
Considerações finais 277
Referências bibliográficas 283

PREFÁCIO

Se a bioética não for crítica, pode se tornar apologética ou ideológica.

Bruce Jennings

É um grande privilégio e alegria ter sido convidado para prefaciar esta obra intitulada *Bioética da Libertação e Saúde do Trabalhador: a (in) admissibilidade das provas genéticas preditivas nas relações de trabalho*, de autoria de *Ana Paula Rodrigues Luz Faria e Elda Coelho de Azevedo Bussinguer*. É uma reflexão bioética, que aprofunda sua interface com o mundo do Direto, na área do trabalho, voltada à proteção, ao resgate e ao resguardo da dignidade do trabalhador, num contexto de uma revolução de conhecimentos novos, trazidos a partir das descobertas no âmbito da biogenética e genômica. É resultado da dissertação de mestrado em Direito, defendida e criticamente aprovada no Programa de Pós-graduação *Stricto Sensu* em Direitos e Garantias Fundamentais da Faculdade de Direito de Vitória (ES), banca da qual tive a honra de fazer parte.

Tudo o que é "bios" e "pós" tem gerado muita polêmica, discussão e inquietação na humanidade, hoje. Vivemos na era dos "bios", com o extraordinário desenvolvimento tecnocientífico no âmbito das ciências da vida. Falamos de "biotecnologia", "biocombustíveis", "biodiesel", "bioética", entre outros. Também falamos de "pós-modernismo", de uma era pós-industrial", de uma sociedade "pós-cristã" e da chegada do "pós-humanismo", prometendo parar o relógio biológico do envelhecimento humano, oferecendo-nos, à la carte, "Almas felizes em corpos eternamente jovens" (*Happy souls and ageless bodies*). Em outras palavras, trata-se da versão secularizada da salvação eterna, na promessa de imortalidade terrena. Tenta-se decretar "a morte da morte." O que esse movimento transumanista tem de ideologia, utopia ou de esperança é um desafio que a ética tem pela frente em termos de fazer o devido discernimento. A humanidade, que ainda não conseguiu fazer valer a Carta Magna dos Direitos Humanos da ONU de 1948, começa a se sensibilizar com a Declaração Universal de Bioética e Direitos Humanos da Unesco (2005), e já proclama que esse ser humano é algo ultrapassado!

Se, até muito recentemente na história, o ser humano era submisso à natureza e esta é que ditava a possibilidade e o limite de qualquer intervenção, hoje, com o poderio do novo conhecimento que adquirimos e instrumental técnico que descobrimos via biologia e, via genética, com o Projeto Genoma Humano, podemos intervir e mudar muitas coisas. O que seria permitido? O que nunca deveríamos fazer? O que seria inegociável? São perguntas éticas sérias a serem consideradas. Em frente ao acaso da natureza de ontem, temos, portanto, o novo cenário da responsabilidade humana, em que o referencial ético da prudência (salvaguarda da dignidade da pessoa humana) deve dialogar com a ousadia científica que deseja, por vezes de forma arrogante, mudar tudo. Ciência e ética não são antagônicas, muito pelo contrário, devem se dar as mãos. Ciência com sapiência, com sabedoria ética, é o caminho que nos garante a preservação da dignidade do ser humano no mundo laboral, bem como o futuro da vida no planeta Terra.

O surgimento da bioética, nesta última metade do século XX, apresenta-se como um grande lance de esperança de se construir uma contracultura da proteção e cuidado da vida humana vulnerabilizada por potenciais enfermidades e por relações laborais que em nada dignificam o ser humano, antes o manipulam em sua dignidade de ser e existir. Não basta somente o momento da indignação ou da descrição precisa dos elementos e atores contemporâneos causadores da desumanização das relações humanas em geral, na Medicina ou no mundo do trabalho, particularmente. É preciso mudar o estado das coisas. E a mudança não ocorre senão via conscientização e educação cidadã a partir de direitos e valores. É aqui que a bioética emerge como uma grande novidade para iluminar os porões daquelas situações nebulosas ou confusas em que a dignidade do ser humano foi simplesmente negada ou manipulada.

Exatamente neste contexto potencial de sutis manipulações da dignidade do ser humano, emerge a originalidade desta obra. As autoras, como exímias *experts* e profissionais da área do Direto, exploraram magistralmente, na perspectiva da Bioética de Libertação, do filósofo argentino Enrique Dussel, um caminho de esperança e de respeito à vida do trabalhador, na defesa de seus direitos, cuidado de sua saúde e valores de vida.

Os dois momentos fundamentais da vida humana, seu início e fim, nos quais antes praticamente o ser humano não intervinha, e tudo que ocorria era obra do "destino ou então capricho da natureza", são hoje bombardeados por possibilidades infinitas de intervenções. Começa a se tornar mais pálida a "ideia de um destino predeterminado" e emerge "o mundo da responsabilidade humana", de ter que se fazerem escolhas interventivas. Quais dessas intervenções são dignas e respeitadoras do ser humano na sua globalidade de ser, ou seja, nas suas dimensões físicas, sociais, psíquicas e espirituais, é um trabalho artístico e artesanal que somos chamados a discernir. Queremos construir algo novo em termos de uma nova cultura de respeito pelos direitos do ser humano, nesta área marcada por crescente despersonalização e indiferença, com o protagonismo de uma economia sempre mais globalizada, que não dialoga com os valores éticos e bioéticos?

O século XXI, será ético, ou simplesmente corremos o risco de não existirmos, afirmam muitos pensadores humanistas da contemporaneidade. As autoras desta obra, a partir dos novos conhecimentos da genômica e genética adquiridos pelo ser humano, a partir do referencial teórico da Bioética da Libertação em Enrique Dussel, apostam num horizonte de valores e sentido que procura proteger a dignidade do ser humano no contexto das relações laborais, com vistas a resguardar o trabalhador de potenciais manipulações e novas escravidões.

Saudamos, como um sinal de sensibilidade ética e esperança, o crescente envolvimento de profissionais do âmbito do Direito e especificamente, no caso, Direito do Trabalho, nas sendas da reflexão bioética brasileira. Sem sombra de dúvida, esta obra preenche um vazio na reflexão bioética latino-americana, ao aprofundar as implicações bioéticas da revolução biotecnológica no mundo laboral.

Faço votos de que esta obra seja amplamente divulgada e conhecida no âmbito acadêmico, nas áreas das ciências da vida e da saúde e mormente nos cursos de Direito em nosso país. Sua leitura, reflexão e discussão podem sem dúvida alguma nos ajudar a acordar da letárgica sonolência pessimista em que estamos imersos, para sairmos de nossa zona de conforto e, ousadamente, arriscarmos na elaboração de uma contracultura de respeito, proteção e cuidado da vida humana vulnerabilizada por relações de manipulação no mundo laboral.

Enfim, o que importa é enfrentar a escuridão da escravidão desumanizante que ainda persiste no campo das relações de trabalho, acendendo uma luz de esperança que brota do interior de vocês, como profissionais do Direito, que aliam com elegância competência profissional e ética. Isso faz com que a esperança renasça em nós de um futuro marcado por relações laborais eticamente dignificadas pelo respeito, nas quais economia, trabalho e ética não se ignoram, mas caminham de mãos dadas na construção de pontes de esperança.

Leo Pessini

Professor Doutor, no Programa de *Stricto Sensu* em Bioética do Centro Universitário São Camilo (São Paulo); presidente do *Camillianum*, Instituto Internacional da Pastoral da Saúde, afiliado à Universidade Lateranense em Roma.

Roma, 10 de fevereiro de 2015

RESUMO

No campo da saúde do trabalhador, é crescente o interesse na adoção de testes genéticos preditivos. Concomitantemente, resultados de exames genéticos têm sido utilizados com finalidades discriminatórias, práticas que muitas vezes surgem encobertas e justificadas pelo discurso da prevenção de riscos e da segurança. Tendo como referencial teórico a Bioética da Libertação na perspectiva de Enrique Dussel, o estudo introduz criticamente o cenário dos paradoxos produzidos pela Genética, do benefício/malefício de seus possíveis impactos nas relações de trabalho. Através da Ética da Libertação dusseliana, evidencia-se como o meio ambiente do trabalho se vê imerso numa produção discursiva colonial, que é constantemente mobilizada para produção de subjetividades visando encobrir processos de exploração do corpo do trabalhador, voltada à obtenção da maior produtividade e do maior lucro. Esses interesses que sempre estiveram presentes no ambiente laboral e que vão se remodelando e adequando a cada contexto sócio-econômico surgem potencializados, na era da Genética, diante da possibilidade de instituição de uma nova categoria de indivíduos: a categoria dos "excluídos genéticos", dos "incontratáveis." O que se vê é que a proibição total, sem qualquer exceção, ou a regra da permissão total dos testes genéticos preditivos são dois caminhos dicotômicos que não atendem aos legítimos anseios e interesses dos envolvidos, não respeitam o direito humano ao desenvolvimento e à pesquisa científica, tampouco são condizentes com o dever de promoção e proteção da saúde do trabalhador. No desenvolvimento do estudo, em que foram apresentados os principais marcos regulatórios bioéticos e jurídicos sobre a temática, a partir da análise crítica situada da potencialidade de utilização do mapeamento genético preditivo como instrumento de controle do trabalhador e de violação de seus direitos, parte-se à proposição de limites à adoção desses testes. O encontro do genoma com a Bioética da Libertação e o trabalho humano é um tema desafiante, estando intimamente relacionado à produção, reprodução e desenvolvimento da vida humana em sua plenitude.

"Não chame de filho este ser diverso que pisa o ladrilho de outro universo."

Carlos Drummond de Andrade

TRAJETÓRIA RUMO AO OBJETO DE PESQUISA

Este estudo tem como antecedente a dissertação de mestrado, que defendi, intitulada: "E quando o risco está em mim? A utilização das provas genéticas preditivas nas relações de trabalho à luz da Bioética da Libertação no pensamento de Enrique Dussel", desenvolvida sob a orientação da Profª Dra. Elda Coelho de Azevedo Bussinguer. A defesa ocorreu no dia 18.12.2015, na Faculdade de Direito de Vitória (FDV), com a aprovação com distinção, qualificação máxima pelos regulamentos da faculdade. A banca compôs-se pelo Dr. Leo Pessini, Dr. Aloísio Krohling e Dra. Elda Coelho de Azevedo Bussinguer.

Mesmo na condição de magistrada do trabalho, atuando há mais de 20 anos na área do Direito do Trabalho, somente com o ingresso no Grupo de Estudos, Pesquisa e Extensão em Políticas Públicas, Direito à Saúde e Bioética – Biogepe – em meados do ano de 2014, comecei a conhecer com mais profundidade a história e a importância da Bioética para análise e compreensão de questões sociais no contexto latino-americano e, em especial, no brasileiro e, especificamente, no Direito do Trabalho, para a compreensão das moralidades subjacentes no campo da saúde do trabalhador. Até então, contava com abordagens da Bioética sobre casos específicos envolvendo a clonagem humana e pesquisas em células-tronco.

O ingresso no Biogepe e a amplitude de suas possibilidades de pesquisa no campo da saúde do trabalhador desencadearam um processo de desconstrução de discursos e de pré-concepções e de reconstrução de horizontes, o qual, hoje, é povoado mais por dúvidas do que por certezas.

Nessa trajetória rumo à Bioética, com o incentivo da profa. Dra. Elda Coelho de Azevedo Bussinguer e com a finalidade de formar sólida e responsável base teórica e de vivenciar debates interdisciplinares e interculturais especialmente na América Latina, participei de congressos internacionais em Bioética, com apresentação oral e escrita de trabalhos voltados a relacionar a Bioética ao campo da saúde do trabalhador. Destaco dois deles: o primeiro deles foi realizado em Lima, no Peru[1], em dezembro de 2014 e o segundo, na Costa Rica[2], **em março de 2015.**

---

(1) V Congreso Latinoamericano y del Caribe de la RedBioética Unesco. Bioética y vulnerabilidad en AL. Lima, Perú, 11-13 de dezembro de 2014. Informações disponíveis no site: V CONGRESO LATINOAMERICANO Y DEL CARIBE DE LA REDBIOÉTICA UNESCO. Unesco Servicio de Prensa. Disponível em: <http://www.unesco.org/new/es/media-services/single-view/news/encuentro_de_bi oetica_de_america_latina_y_el_caribe/#.VfcjnxFViko> Acesso em: 10 jul. 2015.
(2) X Congreso de la Federación Latinoamericana y del Caribe de Bioética (FELAIBE). Biodiversidad: diálogo y consenso para la acción. Costa Rica, 25-27 de março 2015. Informações disponíveis no site: X CONGRESO LATINOAMERICANO Y DEL CARIBE. Federación Latinoamericana y del Caribe de instituciones

Nesse efervescente caldo de cultura e conhecimento, ainda no congresso na Costa Rica, é que recebi o convite do Dr. Octaviano Domínguez Marquez, médico coordenador do Mestrado do Instituto Politécnico Nacional da Cidade do México, para participar, em 2015, de uma pesquisa interdisciplinar voltada à integração dos fundamentos jurídicos, biomédicos e bioéticos visando aferir manifestações discriminatórias presentes na Lei de Família de 29 de abril de 2013, do Estado de Hidalgo, México. A pesquisa se direciona de forma mais específica aos artigos 19 e 28 de referida lei, os quais estabelecem a obrigatoriedade, para efeito de contrair matrimônio, de apresentação de atestado médico, expedido por instituição pública, comprovando que os cônjuges não padecem de enfermidade de risco, contagiosa, crônica, degenerativa ou incurável. Enquanto fazia essas descobertas no cenário das relações de família, pude ampliar o conhecimento e o olhar crítico sobre as possibilidades boas e más da Genética e sobre as normas jurídicas que tratam a temática, inclusive para além do objeto desta pesquisa, voltado especificamente para a saúde do trabalhador.

Ainda, em 2015, quando a Declaração Universal de Bioética e Direitos Humanos da Unesco completa seus dez anos, participei da comissão organizadora do Congresso Internacional de Bioética e Direitos Humanos (I CONIBDH), evento realizado no mês de maio de 2015, na cidade Vitória, Estado do Espírito Santo, Brasil, pelo Grupo de Estudos, Pesquisa e Extensão em Políticas Públicas, Direito à Saúde e Bioética (Biogepe), da Faculdade de Direito de Vitória (FDV), em parceria com a Unesco, sob a presidência da Dra. Elda Coelho de Azevedo Bussinguer. O evento possibilitou ouvir em conferência importantes nomes da Bioética nacional e internacional, a exemplo da Dra. Susana Vidal (médica argentina, representante da Unesco na América Latina), do Dr. Volnei Garrafa (odontólogo, coordenador da Cátedra Unesco de Bioética da Universidade de Brasília – UnB/Brasil), do Dr. Miguel Kottow (médico, membro do Comitê Assessor da Rede Latino-Americana e do Caribe de Bioética da Unesco – Redbioética, Chile), da Dra. Heloísa Helena Barbosa (Doutora em Ciências pela Escola Nacional de Saúde Pública Sergio Arouca – ENSP/FIOCRUZ, Livre Docente em Direito Civil pela UERJ e pesquisadora em Bioética e Biodireito); da Dra. Laura Rita Segato (antropóloga, professora do Programa de Pós-graduação em Bioética da Unb), entre outros.

Todas essas experiências abriram caminho para que prosseguisse a pesquisa em Bioética no Brasil e no exterior, especialmente em Argentina, Chile, Costa Rica, México, Peru, França e Espanha, dentre outros, sendo de destacada relevância as contribuições da Dra. Taysa Schiocchet (doutora pela Universidade Federal do Paraná; pós-doutorado pela Universidade de Madrid; professora da Universidade Paris X; advogada e líder do grupo de pesquisa BioetcJus Estudos Avançados em Direito, Tecnociência e Biopolítica), havendo

---

de bioética. Disponível em: <http://www.unesco.org/new/fileadmin/MULTIME DIA/FIELD/San-Jose/pdf/Ultimo_Programa_01. pdf> Acesso em:10 jul. 2015.

várias menções neste estudo à tese de doutoramento defendida pela Dra. Schiocchet, intitulada *Acesso e exploração da Informação de Genética Humana*: Da Doação à Repartição dos Benefícios (2010), trabalho que apresenta rica fonte bibliográfica. Todos esses textos, a que se somaram muitos outros, foram selecionados de acordo com a pertinência temática e relevância.

A escolha pela Ética da Libertação de Enrique Dussel como fio condutor deste estudo ocorreu por sugestão de minha orientadora, profa. Dra. Elda Bussinguer. A primeira reação de minha parte foi de resistência. Embora já fosse leitora e admiradora das obras de Dussel, num primeiro momento, desconfiei se haveria perfeita correspondência entre a sua teoria e o objeto da pesquisa, voltado à saúde do trabalhador e ao genoma humano. Na realidade concreta, o inicial estranhamento ocorreu por não contar com literatura do filósofo, de forma específica, conectando os três pilares que dão sustento ao estudo: a saúde do trabalhador, a Bioética e o Genoma Humano. Ao final, a inexistência de escritos específicos se converteu num instigante desafio.

Para entender melhor esta passagem, estávamos no Peru, no mês de dezembro de 2014, num grupo de 6 integrantes do Biogepe para participar do 5º Congresso Latino-Americano e do Caribe da RedBioética Unesco, que se realizaria em Lima, dias 11, 12 e 13 daquele mês. E, poucos dias antes do congresso, num feliz, longo e rico diálogo com a profa. Bussinguer, no trem de enormes janelas de vidro que fazia o trajeto entre Cusco a Machu Picchu, é que a ideia foi amadurecendo. Enquanto percorríamos aquele cenário magnético, legado belíssimo da civilização inca, foi-se consolidando a certeza de que a Ética da Libertação na perspectiva proposta por Dussel seria o mais acertado caminho para se pensar a realidade concreta do trabalhador latino-americano e, principalmente, o brasileiro.

Contemplar a exuberante e típica natureza daquele lugar, os costumes, os hábitos, as vestimentas e a cultura tão originais dimensiona a importância de se repensarem as relações humanas no seu contexto histórico e social, desde as experiências vivenciadas no passado, desde os seus valores e a sua dimensão ética. A Ética da Libertação, em Enrique Dussel, nos conduz a repensar o campo da saúde do trabalhador a partir das possibilidades libertadoras surgidas no contexto da América Latina.

Desejo externar gratidão a minha orientadora e coautora desta obra, profa. Dra. Elda Coelho de Azevedo Bussinguer. Mais do que uma rica experiência acadêmica, nosso convívio é possibilitador de uma nova e mais humana compreensão de mundo. Suas orientações, reflexões, indicações de textos e compromisso ético-crítico com a transformação social, sempre compartilhados com gentileza e incentivo, são prova da eficácia da Educação enquanto mediadora do desenvolvimento humano, numa dimensão ética e solidária. Também ao prof. e Desembargador do Trabalho, Dr. Carlos Henrique Bezerra Leite, grande amigo, colega de trabalho e importantíssimo jurista brasileiro, por sempre ter demonstrado interesse e entusiasmo pelo tema escolhido e por sua atenção permanente. Sua visão crítica sobre o contexto de exploração do trabalho humano influenciam sensivelmente o resultado deste estudo.

Especialmente agradeço ao prof. Dr. Aloísio Krohling, personificação do sentido da alteridade na perspectiva dusseliana, por tudo que representou para que eu adotasse cada vez mais um ponto de inflexão que me conduziria ao abandono de uma visão contemplativa e estéril, rumo à visão crítica, holística, situada e humanizada sobre os fenômenos e acontecimentos globais. E ao prof. Dr. Leo Pessini: foi precisamente durante o congresso na Costa Rica que tive a oportunidade não só de assistir ao Dr. Pessini em conferência, como de ouvir do mesmo uma afirmação que viria a nortear toda minha trajetória de pesquisa, algo aproximadamente como "[...] é preciso enxergar os problemas éticos envolvendo a vida humana pelas lentes de um 'bioetoscópio'." Também é de Leo Pessini a definição da Bioética enquanto um grito por dignidade de vida. Um grito que deve estar constantemente pautado por dois valores: de um lado, a face inovadora do conhecimento científico, com sua capacidade de transformar a vida em algo mais belo e mais saudável, com menos enfermidades e sofrimentos; de outro, a necessária prudência de fazer com que a mesma vida não seja objeto de manipulação e descarte e que não se veja convertida na instrumentalização dos seres humanos em cobaias.

Por fim, devo expressar o meu agradecimento àqueles que de forma mais direta e relevante contribuíram para a construção deste estudo: minhas filhas Luana e Lara, meu marido, Marcelo, pelo respaldo nos momentos mais difíceis, pelo amor, carinho, paciência e compreensão ao longo desses anos dedicados profundamente ao desenvolvimento da pesquisa. A meus pais, Paulo (em memória) e Vera, pelo investimento em minha formação, e por serem as valiosas influências em minhas escolhas e convicções éticas.

Ana Paula Rodrigues Luz Faria

INTRODUÇÃO

A presente obra aborda um assunto muito pouco explorado e irá revelar o insatisfatório investimento que a Bioética ainda tem dedicado ao mundo do trabalho, a começar pela escassa literatura e pelo reduzido número de profissionais da Bioética e do Direito do Trabalho que se dedicam ao tema.

Os avanços provocados pelo Projeto Genoma Humano (PGH) são impressionantes e incontáveis, especialmente para as ciências da saúde. Subjacente ao entusiasmo provocado pelo PGH, há o medo, e uma indagação que surge é: quais os efetivos benefícios e/ou malefícios que esse progresso provocará no campo da saúde do trabalhador?

O fato é que, cada dia, vão ficando mais claras as ligações existentes entre o código genético dos indivíduos e a sua saúde. Em algumas situações, pode-se aferir com importante precisão e antecedência se uma pessoa irá desenvolver enfermidades, tais como doença de Huntington ou, em outros casos, estimar o risco de desenvolvimento de outras doenças, como o câncer de mama.

Outras vezes, a genética de um indivíduo indica se é mais propenso a adoecimento em contato com algumas substâncias tóxicas (que estão, por exemplo, presentes no local de trabalho). E também pode predizer se uma pessoa não desenvolverá uma doença genética tal, porém, se correrá o risco de infectar o filho (LÉVESQUE; AVARD, 2005).

A possibilidade oferecida pela Genética[3] de obter informações sobre o futuro estado de saúde, antes da chegada dos primeiros sintomas, a torna altamente atraente. Obviamente, muitos membros da sociedade veem valor na apropriação dessas preditivas informações sobre saúde para poder usá-las por conta própria.

Pode-se, assim, pensar no interesse dos empregadores nos testes genéticos preditivos, seja no momento da concessão de uma promoção, seja para seleção de trabalhadores, seja em outra hipótese, visando à prevenção de riscos à saúde do trabalhador, pela incidência de fatores existentes no ambiente de trabalho, e que podem comprometer a segurança do empregado e de terceiros. Por sua vez, os candidatos a emprego também poderão querer conhecer previamente seu histórico genético na tentativa de promover a prevenção de doenças, e podem querer divulgá-lo voluntariamente a fim de obter melhores colocações e melhores benefícios laborais (GODARD et al., 2003).

---

(3) Genética aqui compreendida como uma "nova ciência", que se volta ao estudo do material hereditário sob qualquer nível ou dimensão (LACADENA, 2000).

O impacto do uso da informação genética justifica especial atenção no âmbito laboral.

A não ser em um contexto terapêutico, muitas vezes, ainda se diz que há pouco rigor e fiabilidade no exercício desses mapeamentos preditivos. Com efeito, também a interpretação dos dados genéticos ocorre no contexto de uma ciência ainda em desenvolvimento.

O que se verá é que a maioria das doenças genéticas afetam vários genes e são influenciadas por vários fatores, alguns dos quais estão ainda ignorados. Poluição, estresse, dieta (etc.) e a interação de genes são fatores que podem influenciar a expressão do fundo genético de um indivíduo (SCHWERTZ; McCORMICK, 1999).

A pesquisa nos mostrará que ainda estamos falando quase sempre em termos de probabilidades, e não de certezas (PPPC, 2000, tradução nossa)[4]. Além disso, os sintomas aparecem no tempo, e sua gravidade geralmente não pode ser determinada com precisão. Nenhuma análise séria e informada de todos esses fatores pode levar a situações de exclusão arbitrária com base em uma visão estereotipada da genética. Deve-se também adicionar a essa indignação o fato de provir de uma classificação baseada em DNA, um imutável biológico, íntimo e pessoal.

Uma série de instâncias normatizaram recomendações para as decisões políticas a fim de proteger os indivíduos contra a discriminação genética. Apenas para introduzir o tema que será trabalhado neste estudo, a Declaração Universal da Unesco sobre o Genoma Humano e os Direitos Humanos (1997) afirma que indivíduo algum "[...] deve ser submetido à discriminação com base em características genéticas que vise violar ou que tenha o efeito de violar os direitos humanos, as liberdades fundamentais e a dignidade humana" (artigo 6º). A Convenção do Conselho da Europa, de 1997, para a "Proteção dos Direitos do Homem e da Dignidade do Ser Humano face às Aplicações da Biologia e da Medicina" (CDHB) (CE,1997, tradução nossa) também especifica no seu artigo 11: "Qualquer forma de discriminação contra uma pessoa em razão do seu patrimônio genético é proibida."[5]

Apesar do desejo de proteger os indivíduos contra a discriminação genética e, também assim, para restringir o uso da informação genética para fins não médicos, afigura-se necessário desvelar os interesses em conflito. Isso é particularmente relevante e sensível no âmbito das relações laborais.

No contexto laboral, há um receio no sentido de que os empregadores possam utilizar a informação genética pessoal para discriminar indevidamente

---

(4) Texto original: "5) It is difficult to predict the extent to which genetic tests might become relevant for health prediction in complex diseases, and even more difficult to predict the extent of the influence and timing of such advances in knowledge. Sound knowledge of the real predictive value of the information must be validated before such tests are put into both clinical and insurance practice." (PPPC, 2000)
(5) "Article 11 – Non-discrimination : Any form of discrimination against a person on grounds of his or her genetic heritage is prohibited." (CDHB) (CE, 1997)

funcionários tidos como em risco potencial de desenvolvimento de uma enfermidade. Por outro lado, não se deve esquecer de que os empregadores são obrigados a proteger a saúde e o bem-estar de seus funcionários. E têm o dever legal de informá-los de todos os riscos que a atividade oferece.

No entanto, nesse campo, também surge um perigo concreto de se desfocar dos problemas e das soluções em matéria de riscos laborais. O descobrimento de predisposições genéticas a contrair enfermidades relacionadas com o ambiente de trabalho pode produzir o efeito de individualizar ou repercurtir a incidência de tais riscos única ou principalmente sobre os trabalhadores mais "propensos", limitando as oportunidades de trabalho desses, desviando a atuação empresarial do esforço de redução dos riscos e de melhoria do meio ambiente de trabalho. Se o fator genético de risco das enfermidades multifatoriais é levado ao primeiro plano da cena laboral, uma consequência pode ser a submissão dos fatores ambientais concorrentes a um segundo plano, e com isso estar-se-iam repartindo de modo não equitativo as cargas de prevenção entre empregadores e trabalhadores. Enquanto os primeiros estariam mais aliviados da carga de atenuar ou eliminar agentes ou substâncias tóxicas ou perigosas, ou mesmo outros mecanismos de proteção da saúde do trabalhador, este pagaria, sem ter contribuído com nada além de seu *curriculum* genético, alto preço de marginalização de setores mais ou menos amplos do mercado de trabalho (VALVERDE, 1999).

A inquietação que motiva a presente pesquisa é a possibilidade de nos vermos imersos num mercado de trabalho de "cidadãos transparentes", classificados ou estratificados em variados grupos em razão da "loteria natural" que compõem o seu patrimônio genético (VALVERDE, 1999).

Nessa perspectiva, na parte alta da tabela, estariam os indivíduos privilegiados, que têm poucos defeitos ou transtornos genéticos. Na parte baixa, o grupo dos trabalhadores com maiores propensões ou suscetibilidades a enfermidades, priorizando-se o emprego e as promoções àqueles trabalhadores dos grupos geneticamente avantajados, resultando na criação de uma espécie de "castas" genéticas no mercado de trabalho (VALVERDE, 1999, p. 15-17).

A OIT, em um informativo intitulado *Igualdade no Trabalho* (OIT, 2007a), enumera os grupos que seguem sendo vítimas da discriminação no mercado laboral, tanto para efeito de admissão no emprego, como em matéria salarial, relacionando dentre eles os fumantes e os obesos. No mesmo sentido, não é difícil conceber o fato de não ser infrequente que os empregados que se apresentem com colesterol elevado sejam objeto de um trato desfavorável. O mesmo cenário de discriminação afeta as pessoas com deficiência, sem mencionar questões de gênero ou raciais e muitas outras, diretamente relacionadas à saúde, como se sucedeu em relação aos portadores do vírus HIV.

Todas essas narrativas e preocupações legais apontam como é fundamental compreender a suscetibilidade do trabalhador a um trato discriminatório também em decorrência de suas características genéticas. Histórias pessoais fazem parte da Genética, por isso, também compõem a intenção deste estudo: o de trazer exemplos concretos, refletir sobre as narrativas e relacioná-las com o campo da saúde do trabalhador.

No Brasil, além de outros, tramita, desde o ano de 1998, o Projeto de Lei n. 4.610, que estabelece que a realização de testes preditivos de doenças genéticas ou que permitam a identificação de pessoa com um gene responsável por uma doença ou pela suscetibilidade ou predisposição genética a uma doença só seja possível com finalidades médicas ou de pesquisa médica e depois de aconselhamento genético, por profissional habilitado. No mesmo texto, é tipificado como crime, sujeito à pena de detenção de um mês a um ano e multa, a recusa, a negativa ou o impedimento de inscrição em concurso público ou em qualquer outra forma de seleção de pessoal que, com base em informações genéticas, impeça a "[...] inscrição em concurso público ou em quaisquer outras formas de recrutamento e seleção de pessoal" (artigo 6º), na Administração Pública ou na iniciativa privada (BRASIL, 1998).

Não nos resta dúvida de que a aplicação dos novos avanços biogenéticos no campo laboral cria claramente a necessidade de aprofundamento interdisciplinar e transdisciplinar sobre a temática. A interdisciplinariedade permite a transferência de métodos de uma disciplina para outra. E a transdisciplinariedade permite a compreensão do mundo a partir de uma ótica da unidade do pensamento, construída sob o pressuposto de uma realidade multidimensional, plural e que considera vários níveis de realidade e de complexidade de fenômenos, em contraposição ao pensamento clássico unidimensional (NICOLESCU, 2001). A transdisciplinaridade se orienta pela ótica do Terceiro Incluído ao propor a superação da lógica clássica do "falso" e do "verdadeiro", do que "é" e do que "não é", rumo à complementariedade dos opostos (NICOLESCU, 2001, p.31 e ss.).

Dentre os elementos que favorecem a criação de um marco legal adequado para as provas e testes genéticos no âmbito das relações de trabalho, elegemos os direitos humanos estabelecidos em normas internacionais e os direitos e garantias fundamentais por cuja prática podem se ver afetados: a dignidade, a saúde, a liberdade, a intimidade, o direito ao trabalho, a identidade. Além disso, um e outro direito têm adquirido, como consequência dos progressos da ciência e da tecnologia, uma dimensão e uma projeção que se encontravam latentes, mas não atualizadas no momento da elaboração da Constituição Federal de 1988 e de outros distintos textos constitucionais, como o direito à "autodeterminação informativa."

Com o desenvolvimento da ciência, opera-se uma evolução expansiva do direito à intimidade e à liberdade nas atuais condições de vida da sociedade da informação. O direito de exclusão ou extensão a terceiros do conhecimento dos próprios dados pessoais, especialmente no contexto em que vivemos – num meio técnico caracterizado pela facilidade do arquivo e transmissão de informações – também vai orientar a necessidade de configuração legal de um direito fundamental à intimidade genética. Como ressalta Vitorio Frosini (1996), cada dia corremos o risco de nos ver submetidos a um "juízo universal permanente", o que, para Rigaux (1990), teria uma grande correspondência com o racismo.

Não se perde de vista, no entanto, que também a intimidade da pessoa não é um "direito ilimitado", em cujo altar possa ser sacrificada a saúde, a seguridade e o bem-estar do público.

O perene problema do equilíbrio dos limites entre o interesse do indivíduo e o interesse da sociedade encontra, aqui, campo fértil para desenvolvimento.

Desde esta introdução, já se pode afirmar, do ponto de vista do direito à intimidade, que dados tão sensíveis como os genéticos não se possam obter ou comunicar sem as devidas garantias de confiabilidade e de consentimento informado.

Todavia qual é a verdadeira extensão da liberdade e da autonomia da vontade na relação de trabalho?

O enfrentamento satisfatório dos problemas que a genética provoca na relação de trabalho é um desafio. Trata-se de um campo muito extenso e dependente do estado da técnica, necessitando de uma intervenção sistemática de caráter geral.

No entanto, embora se reconheça a conveniência da orientação legislativa, quer no plano internacional, quer na constitucional e quer na infraconstitucional, por outro lado, a dogmática jurídica enfrenta dificuldades diante dos novos desafios que advêm da investigação do genoma humano. Como apreciar essa atividade científica e suas aplicações, capazes de alterar nossas condições de vida como espécie e que podem afetar o destino de cada um de nós como indivíduos e como parte integrante da humanidade?

Estamos num campo em que a adoção de decisões está inspirada no que é bom para os seres humanos a partir de um ponto de vista ético.

Retrospectivamente, para sair da amnésia quanto aos problemas éticos da genética – que foi classificada enquanto "**ciência mortífera**" pelo geneticista alemão Benno Muller-Hill[6] –, e tendo em vista a sua curta

---

(6) O livro *Todliche Wissenschaft* (1984), do geneticista alemão Benno Muller-Hill, foi traduzido para o castelhano por José Maria Balil Gilró. A obra *Ciência Mortífera* foi publicada pelo Editorial Labor, Barcelona, no ano de 1985.

existência enquanto ciência, já que produto típico do século 20[7], deve-se fazer uma revisão sobre seus efeitos nos seres humanos, cuja história mostra "[...] uma coleção de perversidades incontáveis, que culminaram, num passado recente, com o assassinato sistemático de milhões de homens, mulheres, crianças inocentes" (BEIGUELMAN, 1990).

São muitos fatos desde o conhecimento primeiro sobre os genes, não sendo, no entanto, o momento de descrevê-los.

Lecaldano (1999, p. 28-29), já no ano de 1999, advertiu sobre a exigência de que o uso de técnicas médicas sofisticadas, disponíveis quase que exclusivamente para os cidadãos ocidentais, não nos faça perder de vista como os grandes problemas de justiça se inserem num plano de escolhas morais que envolvem a vida da totalidade e não só daqueles que estão em determinadas situações privilegiadas, extremas ou especiais. Prossegue, contudo, dizendo que, justamente ao raciocinar nessas hipóteses especiais, é que vamos poder chegar a uma conclusão moralmente decisiva, ou seja, aquela relativa às conexões entre os princípios morais com os quais se julga devam ser analisadas as questões bioéticas e os princípios que vamos precisar invocar para a nossa vida.

Os resultados das provas genéticas podem conduzir à percepção de grandes vantagens do ponto de vista preventivo, quer para o trabalhador, quer para o empregador, quer para a sociedade. Em outros casos, pode-se também conceber que a informação genética pode-se fazer necessária para a proteção da saúde e segurança dos companheiros de trabalho ou dos consumidores e usuários de bens produzidos ou dos serviços prestados. São todos conflitos bioéticos existentes na relação de trabalho. A questão ganhou notoriedade recentemente com o acidente envolvendo o copiloto do Airbus 320 da empresa Germanwings, cujas investigações apontam para a hipótese de queda programada efetuada pelo trabalhador, que supostamente sofria de quadro depressivo. O acidente suscitou diversas controvérsias relativas ao sigilo de dados médicos e a necessidade de um maior monitoramento da saúde do trabalhador em certos contextos profissionais.

O caráter pessoal da relação laboral, sua continuidade, os atos decisórios em que se fundamenta e o elevado número de pessoas a que afeta são características que convertem a questão da obtenção e do tratamento dos dados pessoais genéticos a um âmbito especialmente delicado. E, mais ainda, se esses dados se referem à saúde, categoria especialmente sensível de dados pessoais, que são herdados e se compartilham com a

---

(7) Apesar de tradicionalmente ser atribuída a origem científica da Genética a Mendel, que, em 1865, fixou seus estudos sobre as plantas, sua pesquisa somente influenciou os biólogos a partir do ano 1900, quando se desencadeou a aceitação das Leis de Mendel. Em 1905, Bateson propõe o nome Genética, como ciência, muito embora, antes disso, muitos outros tenham-se dedicado a elaborar teorias sobre a herança genética, a começar por Hipócrates, passando a Aristóteles. Sobre a evolução histórica, ver *Orígenes y bases de la revolución biotecnológica*, de Ochando Gonzalez (1989, p. 168-178).

família, ou comum grupo étnico, contendo informações sobre um futuro e sobre predisposições que se mantêm invariáveis ao longo da vida, e cujo conhecimento incide em importantes decisões pessoais.

O avanço da ciência e da tecnologia tem produzido resultados extraordinários ao ser humano. Por isso, não há como defender seriamente a necessidade de impedir a consecução dos efeitos que o conhecimento do genoma humano provoca em seu objetivo de decifrar a informação genética dos 46 cromossomos das células humanas.

Por outro lado, também não se tem ainda a compreensão da dimensão de quais serão efetivamente esses resultados e os efeitos de toda essa evolução para a humanidade.

A questão nos coloca diante de questões polêmicas relacionadas com a vida, o corpo, a intimidade, a liberdade, a dignidade, a saúde e o trabalho. Coloca-nos diante de uma realidade complexa que sofre interferência de valores e fatos que tocam a diversos campos, profissional, social, jurídico, científico, médico, filosófico e que, por esse motivo, não comporta análise simplista. "O que fazer? Como pensar? O que é certo?" (PESSINI, 2005).

No Brasil, os exames admissionais, periódicos, de retorno ao trabalho, mudança de função e demissionais na relação de emprego são obrigatórios por força, dentre outros, do disposto no artigo 168 da CLT, c/c NR – 7 (Portaria n. 24, de 29 de dezembro de 1994).

Assim, pode-se dizer que, na prática, a informação obtida em dados sensíveis de saúde se torna cada vez mais normalizada (por exemplo, pressão arterial, colesterol, índice glicêmico etc.). E, muitas vezes, o "consentimento" do indivíduo para o acesso ao prontuário médico é que irá limitar a participação em testes genéticos e de investigação. O que haveria de novo então com o exame genético preditivo?

Conceber a identidade genética do trabalhador como bem jurídico fundamental guarda estreita relação com os questionamentos que orbitam a dignidade humana e os direitos fundamentais. A correta proteção dos dados genéticos do trabalhador pode-se considerar hoje como uma condição para garantir o respeito ao princípio da igualdade.

O estudo volta-se ao enfrentamento dessas questões a partir de uma ética que permita a valorização do contexto e a avaliação "[...] segundo grupos sociais distintos e muitas vezes em conflito" (BRAZ, 2005). Visa-se ao desenvolvimento de um arcabouço teórico em Bioética que busque resposta a essas problemáticas e que sirva a dar visibilidade aos problemas éticos em saúde do trabalhador em sua dimensão social. Propõe-se a integração das dimensões jurídicas e bioéticas sobre o tema estudado.

A opção por um referencial teórico voltado à Bioética da Libertação, na perspectiva da ética dusseliana, ocorre por entendermos que nem todas as éticas conseguem com mesma desenvoltura demonstrar aptidão para enfrentamento das questões que submetem o trabalhador latino-americano a vulnerabilidades estruturais que impactam seriamente sua saúde.

Desde suas origens, a Filosofia da Libertação busca elaborar uma metafísica exigida pela ação "libertadora" a partir da sociedade periférica. Para esse intento, diz Dussel ser necessário o refletir sobre a interação entre o Eu e o Outro na relação social, discutindo-se criticamente os discursos que colonizam os ambientes de exploração e opressão.

Sob a perspectiva da Ética da Libertação dusseliana, é necessário desvelar o olhar que submete o sujeito, a vítima, como culpado de sua própria incapacidade. A comunidade crítica das vítimas deve desconstruir a negatividade e transformá-la para que possam viver participando de forma ativa das decisões.

O marco teórico eleito tem-se ocupado de responder a perguntas que vêm sendo formuladas, de criar espaços de reflexão ante uma avalanche de dúvidas e ante a consciência de que as ações consecutivas às decisões tomadas terão repercussões imediatas e a médio e a longo prazos. Ao propor uma ética material, Dussel encara a vida humana não em sua forma abstrata ou virtual, mas em sua materialidade, situada, histórica e culturalmente, no tempo e espaço.

Nesse cenário interdisciplinar é que se pretende responder às seguintes questões norteadoras: a utilização de provas genéticas preditivas nas relações de trabalho potencializam a vulnerabilidade estrutural do trabalhador brasileiro, mitigando seus direitos humanos fundamentais? É possível, a partir da ideia de libertação de Enrique Dussel, construir arcabouço teórico em Bioética que limite a adoção de provas genéticas preditivas para admissão e permanência no trabalho?

A trajetória é complexa e, no percurso, irá se deparar com uma gama de determinações e questionamentos próprios da prática cotidiana laboral, da forma como os homens vivem e se relacionam em sociedade, especialmente, na sociedade dos países periféricos.

Este estudo se orienta para a consecução dos seguintes objetivos:

1) apresentar o desenvolvimento da Bioética e introduzir o referencial teórico da Bioética da Libertação na perspectiva de Enrique Dussel na análise da temática referente à saúde do trabalhador;

2) analisar o mapeamento genético e sua utilização como instrumento de controle do trabalhador e possível violação de seus direitos de liberdade, de intimidade, de igualdade, de não discriminação e de trabalho;

3) identificar marcos regulatórios bioéticos e jurídicos voltados aos testes genéticos preditivos na relação de trabalho;

4) analisar o contexto de exploração do corpo do trabalhador e a produção de subjetividades a partir da ideia de colonialidade;

5) analisar se a Bioética da Libertação, a partir do pensamento de Enrique Dussel, é adequada como opção à obtenção de respostas acerca da possibilidade de submissão do trabalhador a provas genéticas preditivas na admissão e durante o contrato de trabalho.

Parte-se do pressuposto de que o uso indiscriminado das provas genéticas preditivas na relação de emprego implica em ofensa aos direitos humanos fundamentais do trabalhador, além de potencializar sua vulnerabilidade, desfocando das causas de adoecimento que muitas vezes estão presentes no meio ambiente do trabalho para se voltar a fatores individuais voltados à pessoa do trabalhador.

Trata-se de uma pesquisa bibliográfica, exploratória e descritiva. Os textos selecionados na presente obra, e que têm em comum a natureza interdisciplinar, própria da Bioética, partiram de atualizada literatura sobre a temática, no plano nacional e internacional.

Como metodologia de pesquisa, priorizou-se a dialética da libertação latino-americana, na perspectiva dusseliana[8].

Uma grande contribuição fornecida pela teoria marxista em relação ao método de pesquisa é a demonstração da necessidade de se buscar a "lei dos fenômenos" do objeto pesquisado e os fatos que lhe servem de ponto de partida. Karl Marx (2002) destaca que o método deve se ocupar de privilegiar a realidade concreta, assim como sua conexão com as relações de trabalho e os modos de produção.

O fato, portanto, é o seguinte: indivíduos determinados, que, como produtores, atuam de um modo também determinado, estabelecem entre si relações sociais e políticas determinadas. É preciso que, em cada caso particular, a observação empírica coloque necessariamente em relevo – empiricamente e sem qualquer especulação ou mistificação – a conexão entre a estrutura social e política e a produção (MARX, K.; ENGELS, 1987, p. 35).

Destaca Lukács (1978, p. 24) que essa consciência crítica da realidade concreta jamais é renunciada pela economia marxiana, cientificidade que mantém constantemente a ligação com a atitude "[...] ontologicamente espontânea da vida cotidiana." O que faz Marx é depurar a vida cotidiana, desenvolvendo-a de modo contínuo a nível crítico (LUKÁCS, 1978, p. 24).

---

(8) Ver Krohling (2014, p. 33) sobre os múltiplos significados que a dialética recebeu ao longo da história e sobre a importância do conhecimento do múltiplo dialético como metódica do pensamento grego.

Marx reconhece apenas uma ciência, a ciência da história, que vai englobar não só a natureza como também o mundo dos homens (LUKÁCS, 1979, p. 51). A opção de Marx pelo materialismo histórico fixa a compreensão de que a história não é composta de uma linearidade, sendo dinâmicos, múltiplos e conectados os acontecimentos que vão fazer parte da vida dos homens. O processo histórico é assimilado como condição para que possa obter o conhecimento do presente; como condição para que se possa desvelar e compreender os acontecimentos que vão acompanhar a humanidade. Não basta, assim, uma narrativa contemplativa dos fatos, mas a sua compreensão a partir do conhecimento de sua historicidade. "Para mim, o ideal não é mais do que o material transposto para a cabeça do ser humano e por ela interpretado." (MARX, K., 2002, p. 28.)

Os passos designados tradicionalmente à dialética são: a tese, representada pelo fato, princípio doutrinal ou enunciado; a antítese, representada pelo enunciado contrário, pela negação; e a síntese. Essa tríade é uma espécie de movimento do pensamento que "[...] em sua racionalidade absoluta determina a realidade" (URSA LEZAUN, 1981, p. 153). O conceito se expressa na natureza e se faz no homem "consciência."

O pensamento dialético encerra um pensamento "integral de totalidade"[9] e uma "função positiva de contradição", que é superada, absorvida e incorporada em um novo conhecimento e realidade (URSA LEZAUN, 1981, p. 154). É necessário negar a aparência inicial e o modo como as coisas vão se apresentar, pois, apenas pela negação é possibilitada a investigação (MARX, K., 2002). Trata-se assim de promover uma decomposição do todo. Uma desconstrução do que está concretamente posto para desvendar o que não se apresenta à mostra, numa realidade que estará sempre em construção, jamais acabada.

O materialismo dialético em Marx vai conservar o método dialético na análise, excluindo seu conteúdo metafísico, alterando o papel do pensamento na determinação do real, de forma a demonstrar que tal unidade contraditória pode ser descrita e demonstrada empiricamente (MARX, K.; ENGELS, 1987).

Enrique Dussel incorpora a dialética marxiana e vai além dela por considerar que a fundamentação de Marx continua sendo o sujeito moderno. Para Dussel (1986), a solução marxiana provoca o retorno ao "mesmo" e à construção de uma outra totalidade. A partir da realidade da América Latina, a libertação pode ser pensada a partir da alteridade, sendo esta o movimento ativo do oprimido que se constituirá enquanto um ser liberto diante da totalidade. Dussel introduz o método *ana-lético* (termo formado da junção das palavras "ana" e dialética):

---

(9) Ver Kosik (2002, p. 42): "Totalidade significa: realidade como um todo estruturado, dialético, no qual ou do qual um fato qualquer (classe de fatos, conjunto de fatos) pode vir a ser racionalmente compreendido."

O método ao qual queremos falar, o ana-lético, vai mais além, mais acima, vem de um nível mais alto (aná-) que o mero método dialético. O método dialético é o caminho que a totalidade realiza em si mesma: dos entes ao fundamento e do fundamento aos entes. Trata-se agora de um método (ou do domínio explícito das condições de possibilidade) que parte do outro enquanto livre, como um além do sistema da totalidade; que parte, então, de sua palavra, da revelação do outro e que confiado em sua palavra, atua, trabalhava, serve, cria. (DUSSEL, 1986, p. 196-197.)

Como ressaltado por Krohling (2014, p. 87), o termo *analético* em Dussel tem um sentido de ir mais além, sendo a *anadialética* o caminho que atravessará a exterioridade e vai tratar a dialética a partir da realidade dos países colonizados[10].

A partir do resgate do termo marxiano de "exterioridade", Dussel afirma a ética do Outro[11] e da alteridade. Para Dussel, enquanto o método dialético, em Marx, é "[...] a expansão dominadora da totalidade desde si", o método *analético* é a passagem "[...] ao justo crescimento da totalidade desde o outro e para servi-lo criativamente" (DUSSEL, 1986, p. 196). Citando Feuerbach, o autor ressalta que a verdadeira dialética vai partir do diálogo com o Outro e não do "pensador solitário consigo mesmo" (DUSSEL, 1986, p. 196).

O que é próprio do método *analético* é ser intrinsicamente ético e não apenas teórico (DUSSEL, 1986, p. 198). Parte da cotidianidade ôntica, dirigindo-se dialética e ontologicamente para o fundamento. A aceitação do outro é uma opção ética, um compromisso moral de negar-se à totalidade, afirmar-se como finito, mutável. Quem se compromete com a libertação tem que estar a serviço da libertação e comprometido com ela. O saber ouvir é o momento constitutivo do próprio método, sendo condição de possibilidade do saber interpretar.

Destaca Krohling (2014, p. 89) que esses desdobramentos da dialética dusseliana, ao assumirem uma perspectiva da eticidade e se voltarem ao excluído, enquanto sujeito emergente, traçam com originalidade um "novo momento da dialética." Para o autor, a analética não será apenas um método, mas um momento privilegiado da dialética a caminho da libertação a começar da afirmação da exterioridade. A partir da exterioridade, do que nunca esteve dentro, supera-se a totalidade.

---

(10) "Dizemos sincera e simplesmente: o rosto do pobre índio dominado, do mestiço oprimido, do povo latino-americano é o 'tema' da filosofia latino-americana. Este pensar analético, porque parte da revelação do outro e pensa sua palavra, é a filosofia latino-americana, única e nova, a primeira realmente pós-moderna e superadora da europeidade. Nem Schelling, nem Feuerbach, nem Marx, nem Kierkegaard, nem Levinas puderam transcender a Europa. Nós nascemos fora, e a temos sofrido" (DUSSEL, 1986, p. 197).
(11) O Outro, para Dussel (1986, p. 196), "[...] é a América Latina em relação à totalidade europeia; é o povo pobre e oprimido da América Latina em relação às oligarquias dominadoras e, contudo, dependentes."

Trata-se, agora, de apresentar o passo a passo que a analética dusseliana vai percorrer para chegar à *práxis* de libertação (DUSSEL, 1986, p. 189 e seguintes). O primeiro passo volta-se ao discurso filosófico, que deve partir da cotidianidade ôntica e se dirigir dialética e ontologicamente para o fundamento. O segundo parte da necessidade de se assumir os entes como possibilidades existenciais, o que significa conceber a filosofia enquanto ciência, enquanto relação fundante do ontológico sobre o ôntico. Em terceiro, há o reconhecimento da existência de um ente que é irredutível a uma dedução ou demonstração (científica) que é o rosto do Outro, de outro ser humano, que em sua visibilidade permanece como trans-ontológico, metafísico, ético. Esse passo da totalidade do Outro como Outro é analética, discurso dinâmico, negativo desde a totalidade eis que não se pode pensar o Outro positivamente desde a totalidade. Em quarto lugar, está a revelação do Outro, que é também negatividade primeira do Outro em nível ontológico e se descobre como não originário, como aberto desde o ético, que se revela a *posteriori*. Em outras palavras, "[...] o quarto momento é a revelação do outro como aquilo que não pode ser pensado dentro da totalidade ontológica da totalidade anterior" (KROHLING, 2014, p. 90). Em quinto e último, alcança-se o nível ôntico das possibilidades, transposto a um fundamento eticamente estabelecido. Essas possibilidades como *práxis* analéticas vão transpassar a ordem ontológica e se colocarem a serviço da justiça. Como destaca Krohling (2014, p. 90),"[...] o filósofo analético é, antes de ser um homem teórico, um homem eticamente justo, é discípulo – em nossas palavras, um eterno aprendiz." A consciência ética passa do escutar à interpretação da voz do Outro (DUSSEL, 1986, p. 206).

O que é próprio da dialética latino-americana dusseliana (a *ana-lética*) é ser intrinsecamente ética. A aceitação do Outro é um compromisso moral, uma aceitação ética. O filósofo mais inteligente e sábio deve ser ético e justo.

Toda essa experiência bem construída permitirá compreender e desvendar o processo social e os fatores conectados e inter-relacionados no campo da saúde do trabalhador. Permitirá a interpretação crítica dos resultados produzidos e eventualmente a reformulação da hipótese, ao mesmo tempo que se veja modificado o quadro teórico na perspectiva de uma melhor compreensão do real enquanto uma construção dos variados sujeitos em interação, admitindo-se as relações de conflitos de interesses nos mais variados níveis.

A importância da discussão sócio-histórica tem origem na necessidade de evidenciar os fatores que potencializam a vulnerabilidade estrutural dos trabalhadores, na América Latina e, especialmente, no Brasil, os quais, apesar de afetar diretamente a saúde desses profissionais, muitas vezes são silenciados ou desconsiderados. E indo além, o novo discurso, na perspectiva da dialética dusseliana, vai igualmente ocupar-se de analisar as questões a partir das relações face a face da realidade laboral. O avanço *dia-lético* na perspectiva dusseliana tem como ponto de apoio o Outro e permite instaurar um novo horizonte de possibilidades. A alteridade vai se colocar como a rebelião dos trabalhadores que sofrem processos de opressão e dominação no sistema capitalista e que vão necessitar transformar-se a si próprios em outra pessoa, com novas perspectivas e visões de mundo.

Não objetiva este estudo apresentar respostas fechadas a perguntas que podem soar como evidências, mas sim permitir desvelar as contradições existentes no cenário laboral e no campo de estudo para ampliar as possibilidades de interpretações com vistas à compreensão de outros determinantes socio laborais que impactam a saúde do trabalhador, notadamente no cenário latino-americano e brasileiro. A partir da aproximação da Ética da Libertação de Enrique Dussel com a Bioética e os Direitos Humanos, serão desveladas e contrapostas as máximas discursivas do "colonizador" baseadas na dimensão biológica e subjetiva do adoecimento do trabalhador.

Essas máximas são tomadas sob a premissa da predisposição individual que "pode" ser "comprovada" por exames genéticos de alta tecnologia e vão ser confrontadas com a historicidade do agravo à saúde[12] do trabalhador, seu nexo nos conflitos e contradições da relação capital-trabalho, e em sua inserção na organização e processo do trabalho. Trata-se de um estudo que parte da totalidade social que é produzida por meio dos processos e da organização do trabalho, dizendo respeito ao coletivo de trabalhadores e não a sujeitos isolados.

Estruturalmente, este estudo está organizado em cinco capítulos.

No primeiro capítulo, fazemos a introdução histórica e institucional da Bioética. Depois, desde já reconhecendo a reduzida atenção dada pela Bioética ao trabalho humano, buscamos uma primeira aproximação entre esses dois campos, revelando conflitos éticos que sempre povoam o ambiente laboral, especialmente no que diz respeito à saúde do trabalhador. Defendemos que os novos processos abertos pela genética obrigam a uma reflexão entre a ética, o direito, a saúde e o trabalho. Em seguida, partimos para a apresentação e justificação do marco teórico proposto, voltado à construção da Bioética da Libertação a partir da Ética da Libertação de Enrique Dussel.

Dentre as categorias-chave que servem de base à Ética da Libertação, destacamos no presente estudo: a vida, a vítima, a *práxis* da libertação e o compromisso ético-crítico que deve ser posto em prática para análise dos

---

(12) Aqui considerados como acidentes e doenças provocadas ou agravadas pelo trabalho.

modelos argumentativos coloniais. Também a *práxis* de libertação servirá de norte para o enfrentamento do problema e dos objetivos propostos nesta pesquisa.

No segundo capítulo, apresentamos uma demarcação do campo do genoma humano de modo a apresentar os paradoxos e os antagonismos, indicativos de benefícios e malefícios, as tendências, as possibilidades e as consequências possivelmente provocadas pela genetização da vida social e laboral. A última abordagem desse capítulo se volta à gestão biopolítica no cenário laboral, a fim de provocar a reflexão ética sobre esses aspectos. A incursão em campo de conhecimento que nos é alheio mostrou-se como um desafio instigante percorrido com responsabilidade, a começar da pesquisa em vasta literatura especializada.

No terceiro capítulo, a partir de uma retrospectiva histórica que nos reportará aos diversos processos de exploração do corpo do trabalhador no capitalismo, busca-se demarcar o cenário laboral como um campo de disputas discursivas coloniais e de imposição de subjetividades, elegendo-se quatro pilares de sustentação ao debate, que se veem constantemente entrelaçados: corpo, trabalho, saúde e subjetividades. Em seguida, e ainda com aporte nos modelos argumentativos presentes no campo da saúde do trabalhador, examina-se o potencial das provas genéticas preditivas perante a construção do Nexo Técnico Epidemiológico Previdenciário, objeto da Lei n. 11.430/2006. O trajeto histórico percorrido sob uma perspectiva crítica dusseliana permitiu a "aparição" do trabalhador-vítima. A proposta de rompimento da cumplicidade com o sistema promoveu uma inversão: a verdade a partir da vítima enuncia a existência de uma "não verdade", o que era tido como "bom" pode ser visto como "mau", o "válido", como "in-válido" (DUSSEL, 2012).

No quarto capítulo, centramos inicialmente na delimitação do campo das provas genéticas preditivas, seus tipos e conceitos, bem como os marcos regulatórios e bioéticos voltados à temática. Posteriormente, analisam-se diversas perspectivas de mediação no campo da Genética Humana, que ora é feita pelo Estado, ora pelo mercado, revelando-se os interesses econômicos existentes. Na segunda parte do capítulo, buscamos apresentar o contexto normativo brasileiro relativamente aos exames médicos presentes na relação de trabalho, para tentar delimitar as diferenças entre esses e o exame genético. A grande indagação aqui é: "que o exame genético traz de novo?" E, por fim, intentamos identificar os diversos interesses em presença no campo das provas genéticas preditivas laborais. O apanhado possibilita democratizar e horizontalizar o debate, demonstrando que as questões que afetam este tema estão longe de limitar-se à dicotomia bom/mau; lícito/ilícito; ético/antiético.

Por fim, e tendo como sustentação teórica a Bioética da Libertação, o quinto capítulo é voltado à discussão do potencial lesivo que as provas genéticas preditivas possuem em relação aos direitos humanos e aos direitos e garantias fundamentais do trabalhador, de modo a preparar o terreno para o estabelecimento de proposições que venham a limitar essas provas e que também permitam o empoderamento do trabalhador-vítima tornando-o sujeito de sua própria história.

O estudo revelará a aptidão da Bioética da Libertação na perspectiva de Enrique Dussel para enfrentamento do objeto de pesquisa, tendo jogado luzes sobre o cenário laboral a partir do enfoque da vítima, possibilitando a priorização na discussão sobre os planos discursivos coloniais presentes na relação saúde-trabalho para suscitar o debate sobre as causas da vitimização e do adoecimento no trabalho.

A Bioética da Libertação permite a reconstrução da sociedade laboral a partir daqueles que são normalmente desfavorecidos pela assimetria de poder presente nessas relações, os trabalhadores. E se as pesquisas genéticas e os impactos provocados podem ser concebidos como extraordinários avanços à saúde da humanidade, além de inevitáveis, temos primeiro que nos preparar para essa nova etapa, para saber o que vamos fazer com predisposições intratáveis, ou mesmo as tratáveis, relacionadas com o plano social, inclusive, as quais dão indicativos a tendências à agressividade ou à própria inteligência, a título de exemplo. Temos que decidir se confiamos cegamente no DNA, e se o conhecemos integralmente. E, desse ponto de vista, também o que queremos para nós e o que faremos com os indivíduos geneticamente menos favorecidos.

O trajeto percorrido, nesta pesquisa, ainda está em construção. E, a cada capítulo, é de se verificar como há inúmeras questões ainda pendentes de estudo e que não podem ser consideradas totalmente resolvidas ou debatidas. Ainda estamos num cenário de incertezas.

Ana Paula Rodrigues Luz Faria
Elda Coelho de Azevedo Bussinguer

Capítulo I

REFERENCIAL TEÓRICO

1.1 A BIOÉTICA DA LIBERTAÇÃO NA PERSPECTIVA DE ENRIQUE DUSSEL

1.1.1 A Bioética: fontes etimológicas e o desenvolvimento conceitual e institucional. As necessárias distinções no contexto de um mundo plural

O projeto de pesquisa que originou esta obra busca subsidiar teoricamente a aplicação da Bioética sobre os conflitos éticos, verificados em relação à saúde do trabalhador, e que venham a servir de embasamento teórico à trajetória a ser adotada para a resolução do problema proposto, voltado à reflexão sobre o impacto das provas genéticas preditivas nas relações de trabalho.

Afirma-se que a Bioética voltada ao estudo das complexidades existentes no mundo do trabalho ainda é um tema pendente a ser estudado e elaborado, sendo escassa a literatura a respeito. Do mesmo modo, em razão do processo de globalização, verificado a partir dos anos 90, a Bioética se vê diante dos conflitos éticos das ciências da vida e também da saúde em proporção cada vez maior. Expande-se o campo de atuação da Bioética voltado em suas origens para a biomedicina e biotecnologia, para imprimir-lhe uma aplicação ao sentido mais amplo da vida, relacionado à cotidianidade das pessoas, aos debates sociais e políticos visando à promoção da sáude humana (LEÓN CORREA, 2010).

O tema proposto para estudo reúne tanto aspectos da biotecnologia e biomedicina – estamos no campo da Genética, da verificação das tensões e dos interesses em conflito na adoção de provas genéticas preditivas na relação laboral – como também aspectos da Bioética Social (LEÓN CORREA, 2010), considerando que o material humano estudado é o trabalhador no contexto da relação de emprego e da relação de subordinação em que está inserido.

Para a construção deste capítulo, foi selecionada uma variada gama de trabalhos, nacionais e internacionais, utilizados para a construção da base teórica e do recorte da pesquisa, e que possam dar conta da complexidade do objeto de pesquisa. Todo esse material compõe o marco teórico deste estudo por duas razões principais: por estar voltado à dimensão social da Bioética e por partir dos mesmos parâmetros norteadores, ou seja, os Direitos Humanos[13] ou, ainda, porque contemplam, em suas referências temáticas, o aprofundamento sobre as categorias da saúde, do corpo, do trabalho, das subjetividades, da vulnerabilidade, da dignidade da pessoa humana, da autonomia e liberdade.

1.1.1.1 O surgimento

As origens da Bioética são atribuídas à instalação do Tribunal de Nuremberg, em 1945, quando se deu a iniciativa dos aliados, então vencedores da 2ª Guerra Mundial, na apuração dos crimes praticados contra a humanidade pelo regime nazista. O julgamento de Nuremberg revelou terríveis abusos decorrentes das chamadas experimentações médicas, praticadas pelos médicos nazistas nos campos de concentração de prisioneiros, daí se dizer que a Bioética já nasce vinculada aos Direitos Humanos (OLIVEIRA, Fátima, 2000).

Por mais horríveis e perversas que tivessem sido as experimentações em humanos, o problema levantado pela pesquisa médica era mais profundo, considerando que não foi exatamente a maldade dos cientistas que desencadeou o problema e, sim, a "[...] própria natureza da moderna ciência biomédica", que exige inovação e produtividade. Nesse contexto, a intenção de aprofundamento científico dos autores dos experimentos, agravada por sua "arrogância racista", e a existência de "material humano" disponível propiciaram condições adequadas para manipular. São questões que acompanham a pesquisa científica até os dias atuais, a qual, embora em seu curso normal não seja "nem má nem racista", pode sempre se deparar com "material humano" disponível à manipulação, especialmente presente na vulnerabilidade do doente (PESSINI; BARCHIFONTAINE, 2008, p. 37.).

Paulatinamente, não só o público passou a exigir, como também os pesquisadores passaram a perceber a necessidade de que os estudos e as pesquisas não considerassem apenas o campo científico, mas também protegessem o bem-estar e os direitos das pessoas (PESSINI; BARCHIFONTAINE, 2008, p. 38).

---

(13) Krohling (2014, p. 28) propõe a superação da perspectiva antropocêntrica dos direitos humanos para outra mais ampla, de matriz rizomática, cosmocêntrica, que inclui todos os seres viventes, o cosmos, a natureza, o homem e os animais.

1.1.1.2 Definição em Van Rensselaer Potter e do Kennedy Institute

O termo em si – "Bioética"-, neologismo formado a partir das palavras gregas *bios* (vida) e *ethike* (ética), teve sua introdução efetuada por Van Rensselaer Potter, em artigo de uma revista publicada em 1970, intitulado *Bioethics, the Science of Survival* (*Bioética, a ciência da sobrevivência*) (POTTER, 1970). Mas, em 1971, com a publicação do livro "Biotehics: bridge to the future" (*Bioética*: ponte para o futuro) (POTTER, 1971), quando se iniciou a discussão sobre a "ética da terra", é que o termo foi utilizado de maneira mais ampla, ainda muito relacionado à ecologia.

Intencionava-se criar uma disciplina que fosse, como o título da obra enuncia, uma "ponte" entre as ciências, as culturas e as humanidades, então distanciadas e se distanciando há tempos (PESSINI, 2013)[14].

Diz Potter:

> Nós temos bastante necessidade de uma ética da terra, uma ética da vida selvagem, uma ética da população, uma ética do consumo, uma ética urbana, uma ética internacional, uma ética geriátrica e assim sucessivamente. Todos esses problemas demandam ações fundadas sobre valores e fatos biológicos. E todos eles constituem a bioética, e a sobrevivência de todo o ecossistema é a prova do sistema de valores. Nessa perspectiva, a frase "sobrevivência do mais forte" é simplista e paroquial (POTTER, 1971, VII-VIII, tradução nossa).[15]

A proposta de Potter é a de que, na presença de duas culturas com fragilidades em sua capacidade de dialogar – como as ciências e humanidades – e estando diante de um futuro duvidoso, a Bioética serviria como uma ponte que ligaria essas duas culturas, para a construção do futuro. As margens ligadas por essa ponte estariam representadas pelos termos gregos *bios* (vida) e *ethos* (ética)[16]; *bios* representando o conhecimento biológico, a ciência dos sistemas vivos, e *ethos* o conhecimento dos valores humanos (POTTER, 1971; FERREZ ALVAREZ, 2003, p. 62).

---

(14) García Capilla (2007, p. 178) ressalta que esse sentido da Bioética enquanto "ponte" entre as ciências, as culturas e as humanidades chega a ser recuperado no início do século 21.
(15) Texto original: "What we must now face up to is the fact that human ethics cannot be separated from a realistic understanding of ecology in the broadest sense. Ethical values cannot be separated from biological facts. We are in great need of a Land Ethic, a Wildlife Ethic, a Population Ethic, a Consumption Etic, an Urban Ethic, an national Ethic, a Geriatric Ethic, and so on. All of These problems call for actions that are basead on values and biological facts. All of them involve Bioethics, and survival of total ecosystem is the teste of the value system. In this perspective, the phrase "survival" of the fittest" is simplistic and parochial(POTTER, 1971, p. VII-VIII).
(16) "Éthos ou ética, na sua tradução literal, tem relação com princípios fundantes da *práxis* humana como preservação da vida e do cosmos circundante." (KROHLING, 2011, p. 19.)

O debate de Potter se volta à crescente preocupação da intervenção da ciência e da tecnologia sobre a natureza, pondo em risco a sobrevivência do homem na natureza, apelando-se à construção de uma moral ecológica, ou seja, a uma "Bioética." Sua intenção primeira (e representou seu legado) é, então, a criação de um projeto global que conjugasse conhecimento biológico com o conhecimento dos valores humanos (REICH, 1994; GARCÍA CAPILLA, 2007, p. 178).

Para Potter, no avanço da Biologia e na sua adaptação cultural e ética, é que se dá o desenvolvimento do homem. E o objetivo da Ética global, para se obter uma sobrevivência aceitável (em vez de uma sobrevivência miserável), é o de preparar as pessoas para adquirir capacidade de percepção sobre a necessidade do futuro. E, assim, impor mudanças à orientação atual de nossa cultura e influir nos governos, em seu âmbito local e global, de modo a alcançar o controle da fertilidade humana, a proteção da dignidade humana e a preservação do meio ambiente (POTTER, 1990, p. 37). Nessa perspectiva, a Bioética não se ocuparia apenas de questões de ética clínica.

No entanto, desde o começo dos anos 70, a Bioética tem obtido maior desenvolvimento nas questões relacionadas à Medicina do que à Ecologia, voltando-se especialmente aos problemas originados da constante e crescente intervenção da tecnologia e da ciência médica na vida das pessoas.

Potter não deixou de manifestar sua decepção com os rumos seguidos pela Bioética, ao que pretendia fosse voltada a uma visão mais ampla, combinando conhecimento científico e filosófico e que fosse para além da ética aplicada (perspectiva posteriormente denominada *Global Bioethics*) (POTTER, 1988). Por outro lado, reconheceu a importância que a outra linha, desenvolvida por Hellegers, desempenhou (GARCÍA CAPILLA, 2007, p. 178)[17]. Hellegers, embora compartilhasse também da ideia de uma Bioética global, voltou sua preocupação muito mais aos problemas da ética clínica, campo no qual ficou mais conhecida nos dias atuais. Também outros cientistas da vida naquele momento se preocupavam com questões relacionadas à revolução biológica voltando-se ao estudo da eugenia, da engenharia de novas formas de vida e da ética da população (PESSINI; BARCHIFONTAINE, 2008, p. 51).

No artigo intitulado "The Word 'Bioethics': its birth and the legacies of those who shaped it" ("A palavra 'Bioética': o seu nascimento e os legados daqueles que a moldaram"), o reconhecimento da paternidade do termo

---

(17) Ver também a análise de Ferrez e Álvarez: "El poco éxito de la propuesta protteriana se ha debido, en parte, a la falta de apoyos institucionales y económicos que tuvo. Potter dedico su vida a la investigatión en su especialidad científica, dedicando se a la bioética solamente a tiempo parcial y sin apoyos institucionales. Sin embargo, es preciso apuntar que en estos momentos estamos viviendo un renacer de la 'bioética global' (Global Bioethics) que retoma las ideas originales del científico de Madison" (FERREZ; ÁLVAREZ, 2003, p. 62).

"Bioética" a Potter e a Hellegers é muito bem apresentada por Reich (1994), voltando-se o obstetra holandês André Hellegers para a os problemas éticos voltados à origem da vida.

Hellegers foi nomeado por Paulo VI membro da comissão para estudo dos métodos contraceptivos[18] (GRACIA, 2010, p.121), tendo criado, no ano de 1971, em Georgetown, e, portanto, no mesmo ano da publicação do livro de Potter, o "Instituto Joseph e Rose Kennedy para o Estudo da Reprodução Humana e Bioética", que veio a ser tornar posteriormente o "Instituto Kennedy de Ética" (GARCÍA CAPILLA, 2007, p. 178).

Hellegers também foi o primeiro a utilizar o termo "Bioética" para fazer referência ao estudo da ética médica ou a problemas médicos, numa abordagem diversa daquela proposta por Potter, que se voltava à ética da biologia (FERREZ; ÁLVAREZ, 2003). Os integrantes do Instituto se voltaram aos problemas biomédicos que reclamavam maior atenção política, mais próximos às preocupações das pessoas, relacionados à ética da experimentação, ao aborto, à ética do fim da vida. Também utilizavam uma linguagem mais tradicional e familiar, o que aproximava filósofos, teólogos e políticos.

Outras vantagens que teve sobre Potter foi a obtenção de investimentos para pesquisas, além do fato de o instituto situar-se em Washington, centro de debate político e científico dos Estados Unidos, onde está a biblioteca do Instituto Kennedy, importante centro de referência bibliográfica americana em sede de Bioética (FERREZ; ÁLVAREZ, 2003, p. 63-64; GARCÍA CAPILLA, 2007, p. 179).

Apresentamos a definição de Bioética dada por Warren T. Reich, na versão de 1978, sobre a perspectiva do Kennedy Institute (REICH, 1978, p. xix, tradução nossa):

> É o estudo sistemático do comportamento humano no domínio das ciências da vida e dos tratamentos de saúde, na medida em que se examine esse comportamento à luz dos valores morais e dos princípios.[19]

Num primeiro momento, as características metodológicas adotadas por Hellegers despertaram desconfiança dos meios de comunicação e dos

---

(18) Comenta Gracia (2010, p. 121): "A publicação da encíclica *Humanae Vitae*, em 1968, guarda grande relação com o nascimento da bioética. Essa encíclica colocou muitos teólogos a par do assunto desencadeando um novo modo de abordagem teológico-moral desses problemas."
(19) Texto original: "The systematic study of human conduct in the area of the life sciences and health care, insofar as this conduct is examined in the light of moral values and principles." (REICH, 1978, p. XIX). Outra versão, dada na edição de 1995, centra de forma mais contundente na natureza ética da reflexão (REICH, 1995, p. XXI).

intelectuais pelo fato de ter-se desenvolvido em Georgetown, uma universidade católica, sob um diálogo ecumênico e interdisciplinar, num conselho formado por personalidades católicas, protestantes, judaicas e agnósticas (SOARES; PIÑERO, 2006, p. 15).

As reuniões no Instituto seguiam princípios definidos, e o debate e as discussões entre as questões éticas se davam entre a Faculdade de Medicina, o Centro de Bioética (com suas três cátedras: católica, protestante e judaica) e o Centro de Demografia e Estudos da População (SOARES; PIÑERO, 2006, p. 15). Reich (1995, 2003) destaca como o maior legado de Hellegers o fato de ter feito a ponte entre a Medicina, a Ciência e a Ética, e que resultou, nos dizeres de Pessini, na revitalização da ética médica (PESSINI, 2013).

Acrescentam Soares e Piñero (2006, p. 15 e ss.) que a importância atribuída a Hellegers se dá em razão de ter definido critérios para os debates em Bioética, dentre eles: o diálogo interdisciplinar entre cientistas e humanistas como metodologia de trabalho, a racionalidade dos argumentos (suspendendo-se os argumentos de autoridade), a possibilidade de elaboração de novas respostas diante de novos problemas, o reconhecimento da importância do diálogo ecumênico e a provisoriedade das respostas.

Portanto, em seu berço, a Bioética surge com dupla paternidade e com duplo enfoque: de um ponto, voltada aos problemas de macrobioética, na perspectiva potteriana; de outro, direcionada às questões de microbioética ou Bioética clínica, na perspectiva de Hellegers (PESSINI, 2013).

O fato é que, desde que o termo Bioética se pôs em circulação, tem causado inúmeros debates sobre seus fundamentos epistemológicos e sua abrangência temática, enfrentando resistências e, finalmente, ampliação de aceitação (GARCÍA CAPILLA, 2007, p. 177). As razões das dificuldades verificadas na construção de uma epistemologia adequada em Bioética têm dupla fundamentação. A primeira refere-se à própria juventude da disciplina, a reclamar, assim, maior "paciência histórica." A segunda, relacionada ao horizonte de "pensabilidade do mundo totalmente novo", como é o mundo pós-moderno, que rompe com a ética racional que busca individualizar, com argumento estritamente lógico, qual comportamento deve ser concebido como adequado (D´AGOSTINO, 2006, p. 14-15).

Palermini (2002)[20] deposita suas dúvidas sobre a Bioética: seria ela realmente capaz de cuidar dos problemas dos quais ela se ocupa?[21] Prossegue a autora acusando a Bioética de utilizar uma moralidade

---

(20) Ver, também, Thomas, no texto "A bioética à prova da finitude" (2002, p. 33-48). O autor aborda as acusações de má-fé que pesam sobre agentes da Bioética – "teólogos, médicos, juristas, filósofos, eticistas profissionais" e sobre a Bioética em si mesma, enquanto uma disciplina com alicerces mal estruturados, desconhecedora de seus próprios fundamentos.
(21) Texto original: "La bioéthique a le vent en poupe. Est-elle en mesure de penser les problèmes dont elle s'occupe ? On peut en douter." (PALERMINI, 2002, tradução nossa.)

substituta "tacanha." A autora conclama ainda pela retomada do potencial de outras disciplinas como a Psicanálise, a Antropologia, a Sociologia Política para abrir os caminhos do pensamento frente às questões levantadas pelas tecnologias da vida[22].

Diz Palermini (2002, p. 5 e ss.), citada por Schiocchet (2010), que a Bioética e todas as "novas éticas" não são um campo de atuação valorativo. Tampouco frequentemente ponderam os determinantes socioeconômicos (olvidando-se, assim, por exemplo, da dimensão mercadológica que tem asssumido a saúde humana), situando-se no meio do percurso entre a moral e a deontologia. Além disso, reputa que o retorno da ética nesses moldes sinaliza o desgaste da dimensão política e social da vida humana. A autora faz uma comparação paradigmática, citando diferentes consequências das diversas concepções de ajuda aos necessitados no Estado Providência do século 20.

Pondera a autora (PALERMINI, 2002, p. 9-11) os efeitos de duas posições: uma, de caráter altruísta, defende a ajuda aos pobres como caridade; já a outra concebe que a assistência aos pobres deve ser consagrada como um direito, previsto em lei, e ofertada pelo Estado politicamente organizado.

A segunda posição leva a questão ao campo político e, assim, permite que se ajam nas causas da pobreza. Já a solução "moral", voltada ao altruísmo, serve para retirar a questão do plano político, a fim de manter e perpetuar a pobreza. A separação da política e da ética como dois campos distintos é prejudicial, por transferir discussões de caráter público para o privado.

Contra-argumentando Palermini, diz Schiocchet (2010, p. 125) que, apesar da importância da advertência, a "boa notícia" é que existem outras reflexões bioéticas que vão buscar avaliar os impactos da biotecnologia também na seara política, observando-se igualmente os impactos socioeconômicos.

Alem disso, não se pode pretender que a invocação do referencial teórico em Bioética ocorra enquanto um *locus* privilegiado em que estarão todas as respostas para todos os questionamentos aos problemas (SCHIOCCHET, 2010, p. 127). Justamente o que se busca é o seu caráter multidisciplinar, que possibilita a conexão dessas questões com a gramática inclusiva dos Direitos Humanos e a integração da ética com o direito positivo.

Embora já em seus mais de 40 anos de existência, somente recentemente se passa a conhecer com alguma exatidão o desenvolvimento e a

---

(22) Ver também Gouyon (2002, p. 53): "A ciência não pode fornecer direção ética. No máximo, ela pode refutar asserções errôneas. A esse título, se a ciência não pode nos dizer se devemos ou não ser racistas, ela pode refutar asserções feitas de um lado ou de outro. Nesse quadro, é essencial que os cientistas sejam equipados para essa tarefa. Nesse quadro, o estudo da filosofia pelos biólogos me parece uma necessidade urgente. Não menos urgente é, nesse quadro, a necessidade de pedir a todo filósofo (desde que ele deseje poder falar da vida) e a todo psicólogo que conheçam mais da biologia que as vagas lembranças do ensino secundário."

história da Bioética, que até então contava com algumas abordagens feitas por sociólogos e especialistas em saúde pública (GRACIA, 2010, p. 119).

Constituem marcos importantes a conferência realizada, em setembro de 1992, na Universidade de Washington, Seatle, com o tema "O nascimento da Bioética", e o trabalho de Warren T. Reich e de Albert R. Jonsen, que publicaram, em 1998, o livro "O nascimento da Bioética."[23]

Não obstante a novidade do termo e da disciplina, nem todas as discussões eram novas nesse campo. Desde os anos 50-60, o mundo da saúde e o da pesquisa biomédica experimentavam profundas reflexões éticas oriundas da tradição multiforme. Descoberta em 1961, a hemodiálise foi a primeira a despertar problemas que causaram fortes reações do público. O procedimento representava a única chance de sobrevivência para cerca de 15 mil pessoas nos Estados Unidos. Entretanto, os médicos, munidos de todas as máquinas mais caras, não poderiam prestar assistência em todas as casas, daí advindo vários questionamentos, sendo um deles: em que casa entrar? Critérios como a qualidade do doente ou o seu patamar econômico não poderiam mais prevalecer numa América, que, desde a década de 60, já compreendia a discriminação como uma questão social (PESSINI; BARCHIFONTAINE, 2008, p. 36-37).

David Rothman (1991) descreve que essas questões desencadearam o interesse das pessoas comuns, que transitavam fora do ambiente médico e que começaram a escrever sobre o assunto. Como todos os pacientes eram "medicamente escolhíveis", pela primeira vez, médicos delegavam a terceiros, pessoas leigas e representantes da sociedade, a decisão sobre as perspectivas de vida e morte e das escolhas de quem participaria de determinado tratamento médico, partindo-se da premissa de que a "justiça" na seleção dos pacientes candidatos a um tratamento não dependia propriamente de uma aptidão médica. E, assim, foram adotados também critérios sociais nessas escolhas, como "[...] a boa produtividade no seio da comunidade e o bom comportamento", "condenando-se" à morte os não escolhidos (DURAND, 2012, p. 28-29).

Também tem relevância ao avanço nos estudos da Bioética a necessidade de se dar uma resposta pública ao transplante de órgãos. No ano de 1967, Christian Barnard promoveu o transplante de uma pessoa morta para um paciente que estava em situação de doença terminal do coração. Apesar do impacto público positivo do procedimento, começaram vários questionamentos: o doador estava morto? O procedimento respeitou eventuais desejos manifestados em vida? (PESSINI; BARCHIFONTAINE, 2008, p. 38).

Apesar da Medicina já ter experimentado, à ocasião, transplantes de rins, efetivamente o transplante de coração é que causou maior impacto ético,

---

(23) Cf. JONSEN, Albert. *The bird of bioethics*. New York: Oxford University Press, 2003.

desencadeando uma conferência sobre Ética em Progresso Médico com referencial especial aos transplantes na Inglaterra.

Em consequência, em 1968, foi proposta, pelo Comitê da Escola Médica de Harvard, uma definição sobre "morte cerebral", para dar fechamento a uma questão já iniciada pelo Papa Pio XII no ano de 1958 (PESSINI; BARCHIFONTAINE, 2008, p. 38).

O reconhecimento da relevância da Teologia para o surgimento da Bioética foi destacado por Jonsen (2003). Algumas razões dadas para isso se voltam à questão e ao debate sobre os métodos anticoncepcionais, e à publicação da Encíclica *Humanae Vitae*. Outra razão, dada por Gracia (2010, p. 123), foi o caso Baby Doe (bebê incógnito). O caso ocorreu, no ano de 1968, num hospital comunitário da cidade de Virgínia, Estados Unidos, onde nasceu um menino com problemas digestivos. O diagnóstico foi de *atresia do piloro,* o que, segundo a literatura médica, seria de fácil correção cirúrgica. A questão é que aquele bebê também foi diagnosticado com Síndrome de Down e os pais, embora pudessem, não autorizaram a correção da atresia. A decisão dos pais foi acatada pelo hospital, e a criança veio a falecer.

Diz Gracia (2010, p. 123) que o caso do "bebê incógnito" para os médicos daquele hospital não era inusitado, considerando-se que entre os profissionais era sabido que muitas outras crianças que nasciam com espinha bífida já não saíam com vida da sala de parto, registrando-se apenas no prontuário médico: "feto morto."

Essas questões suscitaram intensos debates entre os teólogos. No ano de 1954, o teólogo episcopal Joseph Fletcher escreveu o livro "Moral e Medicina" ("Morals and Medicin") tratando especialmente da liberdade, o que, no entanto, na visão de Gracia (2010, p. 123), acabou por reproduzir os mesmos fundamentos da Teologia Moral convertendo-se, por assim dizer, num "ponto de confronto" entre duas de suas concepções: a "ética da fé" e a "ética da autonomia" (AUER, 1991).

Em 1975, depois de ganhar bolsa oferecida por Hellegers para estudar Fisiologia Fetal na Universidade de Georgetown, o jesuíta catalão Francèsc Abel i Fabre, médico ginecologista e obstetra, licenciado em Sociologia e Teologia, cria em 1976 o Instituto Borja de Bioética (IBB), o primeiro na Europa e, um ano mais tarde, o Comitê de Ética Assistencial do Hospital San Joan de Déu, em Esplugues, cuja motivação foi a instituição de um espaço para tomada de decisões que suscitavam conflitos de valores (SOARES; PIÑERO, 2006, p. 18).

A ampliação da Bioética em Potter, em relação a outras disciplinas, é promovida no ano de 1988 (POTTER, 1988), ultrapassando a concepção da ponte somente entre a Biologia e a Ética, de modo a assumir uma dimensão de uma ética global. A ética global estaria fundamentada no conhecimento empírico obtido de todas as ciências, com ênfase no conhecimento biológico. Ressalta Pessini (2013, grifo do autor) que esse sistema ético proposto é o núcleo da Bioética Ponte "[...] com sua extensão para a *bioética global*, o que exigiu o encontro da ética médica com a ética do meio ambiente numa escala mundial para preservar a sobrevivência humana."

No 4º Congresso Mundial de Bioética, Potter menciona Hans Kung (1998) destacando a existência de uma ética global voltada à política e à economia. Nesta, todos os povos e nações devem se responsabilizar. O humano surge como o centro da ética global de Kung, o que embora tenha sido reconhecido louvável por Potter, numa perspectiva crítica, ponderou sua insuficiência para caracterizar a Bioética, dada a existência de diversas percepções sobre o respeito à natureza que se tem nas variadas culturas e que ultrapassam as perspectivas judaica e cristã (KUNG, 1998; PESSINI, 2013).

A ideia da Bioética Profunda é exposta por Potter em 1998. Na Bioética Profunda, há a compreensão do planeta enquanto "[...] grandes sistemas biológicos entrelaçados e interdependentes, em que o centro já não corresponde ao homem, como em épocas anteriores, mas à própria vida" (PESSINI, 2013). O homem, assim, é apenas um "[...] pequeno elo na grande rede da vida", retomando-se o caminho aberto pelo filósofo Arne Naess (1973), na década de 70 do século 20.

1.1.1.3 A Bioética em Fritz Jahr

Em escritos mais recentes, começam a surgir referências a Fritz Jahr.

No ano de 2011, Hans Martin Sass publicou o artigo intitulado "El pensamiento bioético de Fritz Jahr 1927-1934", no qual se refere a Jahr como o pai da Bioética (SASS, 2011). Sass descreve os aspectos centrais da visão da *Bio-ética* de Jahr, a quem atribui ter cunhado com originalidade o termo no ano de 1927 no artigo "*Bio-Ethik: Eine Umschau über die ethischen Beziehungen des Menschen zu Tier und Pflanze*" ("Bio-ética: uma perspectiva da relação ética dos seres humanos com os animais e as plantas") (JAHR, 1927) em que o autor expõe os últimos resultados dos estudos sobre as plantas e sobre os animais e apresenta a Bioética como uma nova disciplina acadêmica.

O artigo, publicado na revista alemã *"Kosmos"*, desenvolve sua visão de um imperativo bioético universal, introduzindo um conceito inovador que remetia ao imperativo categórico em Kant, porém, estendendo-o a todas as formas de vida (SASS, 2011). Essa nova concepção importava na modificação da estrutura categórica inflexível de Kant, convertendo-a num modelo pragmático e situacional de equilíbrio entre as obrigações morais, os direitos e as visões. Em Jahr, o termo Bioética surge não como um nome, mas como uma cosmovisão de mundo, que fixa a responsabilidade dos seres humanos com os semelhantes e também com os animais e as plantas (SASS, 2011).

Martin Sass (2011) atribui aos inúmeros problemas de saúde de Jahr o fato de possuir escassa publicação, que reúne um pouco mais de uma dezena de trabalhos. Na primeira década do século 21 é que o interesse internacional pelos seus escritos sobre Ética e Bioética aumentou de forma significativa.

O fato é que começam a surgir publicações sobre o legado de Fritz Jahr, que leva às raízes europeias a Bioética. No citado artigo, publicado na revista *"Kosmos"*, Jahr (1927) apresentou o imperativo bioético que estendia a todas as formas de vida o imperativo moral de Kant, proclamando que o homem deve agir de tal maneira para com a humanidade, de modo que considere tanto em sua pessoa, mas como na do semelhante, sempre o fim e nunca o meio (PESSINI, 2013). Essa proposta, assim interpretada por Pessini (2013): "Respeite todo ser vivo como princípio e fim em si mesmo e trate-o, se possível, enquanto tal", revela a amplitude do conceito de Bioética de Jahr, indo além daquele concebido pelos seus sucessores.

Pessini (2013), fazendo referência aos estudos efetuados por Martin Sass (2011), sintetiza assim os aspectos mais relevantes da proposta teórica de Jahr para construção da "Bioética integrativa":

> 1) O imperativo bioético guia as atitudes éticas e culturais, bem como as responsabilidades nas ciências da vida e em relação a todas as formas de vida [...]; 2) O imperativo bioético fundamenta-se na evidência histórica e outras em que a compaixão é um fenômeno empiricamente estabelecido da alma humana [...]; 3) O imperativo bioético fortalece e complementa o reconhecimento moral e os deveres em relação aos outros no contexto kantiano e deve ser seguido em respeito à cultura humana e às obrigações morais mútuas entre os humanos [...]; 4) O imperativo bioético tem que reconhecer, administrar e cultivar a luta pela vida entre as formas de vida e contextos de vida natural e cultural [...]; 5) O imperativo bioético implementa a compaixão, o amor e a solidariedade entre todas as formas de vida como um princípio fundamental e virtude da regra de ouro do imperativo categórico de Kant, que são recíprocos e somente formais; 6) O imperativo bioético inclui obrigações em relação ao próprio corpo e alma como um ser vivo.

Para Jahr, a atuação ética em relação aos animais e a que devemos adotar no que tange ao social são diferentes, no entanto, são integrativas, interagem, reunindo diversas formas e matizes do imperativo bioético e revelando as diversas formas de obrigações éticas que surgem no século 21 (SASS, 2011). Umas referentes aos deveres recíprocos entre os homens, outras mais ou menos paternalistas, relacionadas ao cuidado dos doentes vulneráveis, outras dizem respeito à proteção das plantas, dos animais como cocriaturas e outras relacionadas com a criação dos entornos naturais e sociais para a sobrevivência humana, incluindo o planeta Terra como uma moradia em si mesma. Todas as matizes vão desencadear numa pluralidade ética, de diferentes modelos, sejam eles filosóficos e culturais, ética pessoal, profissional, investigação (SASS, 2011).

1.1.1.4 O contexto e corte epistemológico do principialismo norte-americano

Não obstante a criação da Bioética, seja em Potter, seja em Jahr, tenha-se voltado, em suas origens, à preocupação com relação à visão positivista de mundo que informou o desenvolvimento tecnológico e a pesquisa científica, ao menos nos últimos 20 anos, houve um afastamento dos objetivos em que se desenvolveu a pesquisa em Bioética, que se voltou à perspectiva que imperou nos Estados Unidos.

Observa-se, como tratado anteriormente, um reducionismo no campo de atuação da Bioética a partir da apropriação do termo pelo meio médico, centrado nas discussões promovidas pelo *Kennedy Institute of Ethics* e pelo "Hastings Center" e nas questões biomédicas, e voltados especialmente aos conflitos entre profissionais e pacientes (MORENTE PARRA, 2014).

O estilo geral de pensamento da Bioética, na perspectiva do *Kennedy Institute*, tornou-se hegemônico por todo o mundo, tendo favorecido este panorama o "Relatório de Belmont" da Comissão Nacional para a Proteção dos Seres Humanos na Pesquisa Biomédica e Comportamental (1978), que juntamente com a obra *Principles of Biomedical Ethics (Princípios de Ética Biomédica)* de Beauchamp e Childress deram origem ao paradigma bioético principialista norte-americano.

Morente Parra (2014, p.105) ressalta que a teoria principialista se formou e fortaleceu através de duas vias: uma de natureza institucional, através do Relatório de Belmont, e uma via teórica e doutrinal, em que falamos das teses originárias de David Ross e Willian Frankena.

É de se destacar que nas origens do pensamento principialista estadunidense também está a preocupação com o controle social das pesquisas em seres humanos e os princípios éticos, surgindo para servir de fundamentação à moral na saúde enquanto éticas de nível mediano inseridas num contexto social beligerante "[...] entre os direitos humanos, que eram exigidos em vista do precedente de Tuskegee,[24] e os valores religiosos, que se embatiam com as pesquisas com embriões" (TEALDI, 2005, p. 53).

Pessini e Barchifontaine (2008) destacam três casos que ganharam notoriedade e que mobilizaram a opinião pública em busca de uma regulamentação. O primeiro deles, o caso do Hospital Israelita de doenças crônicas em Nova Yorque, ocorrido no ano de 1963, quando foram injetadas células cancerosas vivas em doentes idosos. O segundo, no Hospital de Willwbrook (1950-1970), ocorreu quando crianças com retardos mentais receberam injeção de hepatite viral; e o terceiro, quando se tornou público que, no ano de 1972, cerca de quatrocentos negros sifilíticos foram deixados sem tratamento com o objetivo de avançar a pesquisa da história natural da doença, não obstante a descoberta da penicilina em 1945[25].

Nesse contexto de escândalos é que o Governo Americano se viu instado a constituir a Comissão Nacional para a Proteção dos Seres Humanos da Pesquisa Biomédica e Comportamental (T*he National Commission for the Protection of Human Subjects of Biomedical and Behavioral Research*), com a finalidade de buscar um campo de pesquisa e de estudo que levasse à identificação de princípios éticos básicos que deveriam servir de norte às experiências envolvendo seres humanos nas ciências do comportamento e na biomedicina. Na mesma oportunidade, foi solicitada a elaboração de um relatório de pesquisa envolvendo a questão dos fetos humanos, avançando-se os trabalhos com crianças, doentes mentais, prisioneiros (PESSINI; BARCHIFONTAINE, 2008, p. 77).

A respeito, Sthepen Toulmin (2011), que participou da comissão de 1974 a 1978, defendeu a tese de que, ao reintroduzir no debate ético os problemas causados pelos vexatórios procedimentos adotados em casos particulares na pesquisa experimental com seres humanos, os filósofos foram obrigados a novamente enfrentar os problemas aristotélicos em busca de reflexões práticas que haviam permanecido à margem por

---

(24) "Para compreender estes pontos controversos, bem como a dinâmica que envolve os ensaios clínicos, é necessário voltar a 1932 e relembrar o que ocorreu em Tuskegee, Alabama. À época, o Serviço de Saúde Pública dos Estados Unidos da América (EUA) iniciou projeto para estudar a história natural da sífilis entre afro-americanos pobres, trabalhadores em fazendas de algodão. Este estudo, conhecido como a experiência de Tuskegee, revelou-se estarrecedor. Foram recrutados 399 homens, infectados pelo *Treponema pallidum*. Ainda que na primeira década de realização do estudo não houvesse tratamento adequado para a sífilis, a penicilina foi disponibilizada no início da década de 40, tornando-se o tratamento padrão em torno de 1947. Entretanto, nenhum dos "voluntários" obteve permissão para receber este medicamento. Como consequência, dos 399 participantes 28 morreram em decorrência da doença e 100, de complicações relacionadas; 40 esposas foram infectadas e houve pelo menos 19 casos de sífilis congênita." (GRECO, 2013, p. 22)
(25) Vide nota de rodapé número 25. No ano de 1996, o governo dos EUA pediu desculpas públicas à comunidade negra pelo ocorrido. Ver também Greco (2013, p. 23).

bastante tempo (TOULMIN, 2011), dando origem a um estilo de reflexões morais concebidas a partir de um processo de deliberação participativa.

Filósofos e teólogos foram chamados a participar da identificação e sistematização dos princípios éticos em pesquisa com seres humanos e, depois de quatro anos, foi publicado o relatório que ficaria conhecido como Relatório de Belmont (*Belmont Report*), dada a circunstância de ter sido elaborado no Estado de Mariland, no Centro de Convenções Belmont (PESSINI; BARCHIFONTAINE, 2008).

A Comissão entendeu que, apesar de dispor de códigos e documentos como o Código de Nuremberg (1947) e a Declaração de Helsinque (1964), os caminhos apontados tinham uma operacionalização difícil. Muitas vezes, as regras eram inadequadas para situações que se mostravam com maior complexidade, além disso, exigiam esforço interpretativo para sua aplicação, especialmente quando entravam em conflito diante de um caso concreto (PESSINI; BARCHIFONTAINE, 2008).

O informe final de Belmont identificou três princípios fundamentais da Bioética, denominados: respeito pelas pessoas, beneficência e justiça.

O primeiro dos princípios, o respeito pelas pessoas, estaria assentado em duas convicções éticas: a primeira, o reconhecimento da autonomia e a segunda voltada à proteção das pessoas que têm sua autonomia diminuída. O sentido de autonomia do primeiro é baseado na ética kantiana, em que todos os indivíduos devem ser tratados como agentes autônomos. E o segundo não é o kantiano, porque, aqui, não é concebido o homem como ser autolegislador, assentando-se a autonomia em um sentido de maior densidade empírica, segundo o qual o que vai defini-la é a constatação do consentimento informado e a tomada de decisões de substituição nas hipóteses de pessoas incapazes (FERREZ; ÁLVAREZ, 2003, p. 124; PESSINI; BARCHIFONTAINE, 2008, p. 49.)

Apesar da multiplicidade de matrizes conceituais entre as diferentes teorias que têm trabalhado a questão da autonomia da pessoa, há quase um consenso geral de que existem condições essenciais para que as ações de uma pessoa sejam autônomas.

O indivíduo deve gozar de liberdade em dois planos: a liberdade externa e interna. A primeira pressupõe que a pessoa se encontre livre de influências ou pressões externas que afetem de algum modo suas decisões, suas ações e que possam submeter a sua vontade. No plano da liberdade interna, deve ser constatado que o indivíduo deve ser psicologicamente livre para decidir sobre qualquer aspecto, gozando de plena capacidade para assumir todas as responsabilidades de ditas decisões, atuando de forma intencionada e compreensiva em relação às consequências que tal situação ou omissão podem derivar-se (MORENTE PARRA, 2014, p. 107).

Existe uma importantíssima relação entre a autonomia e a tomada de decisão. Apesar do princípio do respeito à autonomia justificar a obtenção de um consentimento informado, não deve servir ao comodismo de evitar responsabilidades mas como um princípio moral integrado dentro de um sistema de princípios (MORENTE PARRA, 2014).

Em relação ao princípio da beneficência, o Relatório Belmont (1976) afasta o sentido de caridade e o reconhece como uma obrigação. Pelo Relatório, esse princípio, no marco da experimentação e investigação biomédica, deriva de uma obrigação mais restrita, contendo duas regras gerais: a primeira de não causar danos – que provém do princípio hipocrático *primum non nocere* – e a segunda, de maximizar os benefícios e diminuir os danos possíveis (ABEL I FABRE, 2007, p. 223; PESSINI, BARCHIFONTAINE, 2008, p. 79).

No que se refere ao terceiro e último princípio sistematizado no Relatório de Belmont (1976), está o princípio de justiça, concebido na ideia da imparcialidade da distribuição dos riscos e benefícios. É por esse princípio que se apresenta a indagação: quem deve se beneficiar da investigação e quem deve suportar esses ônus? Como se procede a uma distribuição justa e equitativa de bens e deveres?

No entanto o que seria justo? Há uniformidade nas justificações éticas e morais? Para resolução dessas questões, tem-se partido de diferentes formulações que têm igualmente gozado de ampla aceitação, a depender dos fundamentos adotados. Para citar algumas: as formulações igualitaristas, que colocam ênfase no igual acesso aos bens que toda a pessoa racional deseja; as liberais, que põem ênfase nos direitos à liberdade social e econômica; as utilitaristas, que põem ênfase em uma combinação de critérios que resulta na maximação da utilidade pública (ATIENZA, 1998, p. 76), da felicidade da maioria etc[26].

Há também no relatório de Belmont (1976) um elenco de requerimentos que se deve levar em conta quando da aplicação de qualquer dos três princípios ao caso concreto. Esses chamados "requerimentos" ou meios de aplicação são: o consentimento informado, a valoração de benefícios e riscos e a seleção dos sujeitos de investigação (ABEL I FABRE, 2007, p. 226-232).

Para completar o trabalho da Comissão Nacional (*National Comission for the Protection of Humans Subjetcs of Biomedical and Behavioral Research*), no ano de 1981, foi estabelecida, pelo presidente Carter, a *President's Comission for the Study of Ethical Problems in Medicine and Biomedical*, denominado *Summing Up* (MORENTE PARRA, 2014, p. 108). Ao finalizar o relatório, a Comissão afirmou que sua pretensão não havia sido o desenvolvimento de uma teoria exaustiva e completa da Bioética,

---

(26) Na concepção de Dussel a felicidade da maioria se direciona às vítimas da história (DUSSEL, 2012). No mesmo sentido ver Bernardes e Cabrera (2014, p. 390): "Dessa forma, a Ética da Libertação se define a partir das vítimas da história presente, constatando, infelizmente, que a miséria está aumentando entre bilhões de seres humanos e, portanto, existem realmente os destinatários dessa ética: eles são a maioria da humanidade."

abstendo-se de estabelecer se entre os princípios haveria alguma ordem lexicográfica ou se seriam de igual incidência e se se deveriam aplicar de acordo com as consequências de cada um deles. Ressalta Morente Parra (2014, p. 108) que o único enfoque sobre o qual se falava abertamente nesse relatório era o fato de que os três princípios, os mesmos do Relatório de Belmont, constituíam uma parte básica da cultura ocidental e da filosofia tradicional.

Além do *Summing Up* (1983), a Comissão publicou um informe sobre a justiça, denominado *Securing Access to Health Care* (1983). No informe, seguindo o método utilitarista, a conclusão a que se chega é a de que uma sociedade justa que prime pela promoção da igualdade de oportunidades deve garantir a todos os cidadãos o acesso a um adequado nível de assistência sanitária (MORENTE PARRA, 2014, p. 108).

No principialismo estadunidense, merece destaque William Frankena, que, já no ano de 1963, concebeu os princípios como tipos de ação corretos ou obrigatórios e, portanto, deveres *prima facie*. Frankena (1981, p. 61-73) propõe a observância dos princípios da beneficência e da justiça.

Não obstante a perspectiva de Frankena (1981, p. 61-73), que foi seguida no Relatório de Belmont, ou seja, incluía a não maleficência como parte da beneficência, esse relatório é que inaugurou um "[...] um novo estilo ético de abordagem metodológica dos problemas envolvidos na pesquisa com seres humanos" (PESSINI; BARCHIFONTAINE, 2008, p. 80).

Todo esse ambiente de racionalidade prática do pensamento ético do século 20 obteve a sua sistematização na Bioética, com o livro de Beauchamp e Childress, *Princípios da ética biomédica*, cuja primeira publicação foi em 1979, sendo inequívoca a influência da teoria ética de Ross em sua obra paradigmática *The Right and The Good* (*O correto e o bom* com primeira edição no ano de 1930)[27] e de Frankena (1981). Beauchamp e Childress partem da base teórica que lhes oferece o relatório de Belmont para a construção de uma teoria moral baseada em princípios, entendida como o marco ético adequado no qual haveriam de se dirimir as diversas e complexas questões éticas. Os autores, respectivamente um filósofo (utilitarista) e um teólogo (deontologista), de convicções filosóficas e éticas bem distintas, realizaram a obra em colaboração, possibilitada pelo fato das éticas teleológicas da autonomia não guardarem incompatibilidade com o pensamento filosófico atual (GRACIA, 2010.) Em vez de considerarem que as discrepâncias desaguavam no estabelecimento de um abismo, impedindo o acordo sobre normas, ou seja, sobre princípios e procedimentos, os autores viam nessas diferenças um ponto positivo. Assim, o "utilitarismo" e

---

(27) Trabalhamos neste estudo com a versão em espanhol da obra, assim referenciada: ROSS, Willian David. *Lo correcto y lo Bueno*. Salamanca: Sígueme, 1994.

o deontologismo podem chegar a formar normas similares, de modo a aceitar o sistema sustentado em princípios, e que vão levar à obtenção de decisões idênticas em casos concretos, não obstante a existência de divergências quanto a aspectos teóricos da ética (PESSINI; BARCHIFONTAINE, 2008, p. 81.)

Em sua primeira versão do clássico *Principles of Biomedical Ethics* (1979, p. VII-VIII, tradução nossa), Tom Beauchamp e James Childress definem explicitamente:

> A ética biomédica designa uma forma de ética aplicada, a saber, a aplicação de teorias gerais, de princípios e de regras de ordem ética a problemas que se apresentam na prática clínica, na aplicação dos tratamentos de saúde e na pesquisa biomédica.[28]

No texto, os autores desenvolveram e aprofundaram os três princípios formulados no relatório de Belmont, modificando o princípio de "respeito às pessoas", para "respeito à autonomia", acrescentando como quarto princípio a não maleficência[29]. Entendeu-se que ser autônomo não é o mesmo do que ser respeitado enquanto agente autônomo, pois respeitar a um indivíduo autônomo supõe assumir seu direito a ter suas próprias convicções, a escolher e basear suas ações de acordo com seus valores e crenças pessoais, de modo que a atitude de respeito não deve limitar-se a uma mera atitude passiva e, sim, tem que ser uma ação de natureza positiva (MORENTE PARRA, 2014, p. 112). Houve uma ampliação do campo de ação dos princípios que já não se limitavam mais à investigação, mas a toda a atividade biomédica[30].

Esse princípio, da autonomia, ocupa nos dias atuais a frente dos debates nos Estados Unidos e também na Europa. E também a mais criticada, afinal, como compatibilizar o respeito à autonomia e o dever de beneficência do profissional? O fato de não se poder impor nada ao paciente a sua revelia não

---

(28) Texto original: "we understand 'biomedical ethics' as one type of applied ethics – the application of general ethical theories, principles, and rules to problems of therapeutic practice, health care delivery, and medical and biological research." (BEAUCHAMP; CHILDRESS,1979, p. VII-VIII). Idêntica definição é apresentada na segunda edição (BEAUCHAMP; CHILDRESS,1983, p.IX-X). Mais adiante é ressaltado pelos autores: "It is essencial to examine a wide variety of cases involving medical practice, health care delivery, research and public policy" ("É essencial para examinar uma ampla variedade de casos envolvendo a prática médica, prestação de cuidados de saúde, pesquisa e políticas públicas"). Na quarta edição, os autores definem a Bioética como uma reflexão teórica e prática sobre o raciocínio moral relacionado ao setor da saúde, incidindo sobre os princípios e regras que vão entrar na deliberação e na justificação moral (1994, p. 3, tradução nossa).
(29) O marco ético de referência de Beauchamp e Childress (2002) vem determinado concretamente pelos princípios do respeito à autonomia, beneficência, não maleficência, justiça.
(30) Ver também Guy Durand sobre a obra: "Já indiquei que o título do livro (e isso também se aplica à definição) diz respeito à ética biomédica e não à bioética, mesmo que a obra constitua um dos livros-chave da Bioética. O título evoca perfeitamente que se trata de ética, de uma parte da ética filosófica. A palavra *application* remete aqui ao método mais ou menos dedutivo que os autores preconizavam naquela época e que fez surgir a corrente chamada principialismo." (2012, p. 97-98)

significa que se deve concordar com tudo aquilo que ele pede, que pode ser inútil, inclusive prejudicial ou contraindicado (DURAND, 2012, p. 175).

Também se fala constantemente no princípio da autodeterminação que, assim como o princípio da autonomia, não faz parte da originária ética médica, tampouco é mencionado no juramento de Hipócrates, que se centra no dever da beneficência do médico[31]. O Código de Nuremberg (1947), por sua vez, em seguida ao processo dos médicos nazistas, volta-se à liberdade dos doentes em se submeter ou não a experimentações; concepção que, no entanto, não teve influência imediata (DURAND, 2012, p. 173).

A origem desses quatro princípios básicos se encontra assentada no juízo ponderado da moral comum e na tradição médica, ou seja, na moral compartilhada pelos membros da mesma sociedade, "[...] forjada à luz do sentido comum e da tradição" (MORENTE PARRA, 2014, p. 109). Nesse aspecto, Beauchamp e Childress vão se aproximar do que Rodolfo Vázquez chama de "[...] os filósofos de terceira via" na medida em que a argumentação vai partir de teorias éticas gerais (deontologia e utilitarismo) para se chegar a uma teoria casuística, particularista (VÁZQUEZ, 2004, p. 31-33).

Seguindo David Ross (1994, p. 54-57), para quem os princípios são "deveres *prima facie*" – e nesse sentido, sendo vinculantes, impunham fossem todos respeitados –Beauchamp e Childress também consideraram que esses princípios estabeleciam deveres, e deveres muito vinculantes, de maneira que se "[...] deveria se respeitar todos e cada um deles" (GRACIA, 2010, p. 133).

No entanto, precisamente aqui, no estabelecimento da obrigatoriedade *prima facie* dos princípios, é que se estabelecia a diferença entre Ross e Frankena. A questão era como proceder quando entrassem em conflito, quando não se poderia haver o respeito de todos ao mesmo tempo, e que um ou mais de um teria que ceder perante o outro ou em outros (GRACIA, 2010, p. 133).

Para Ross (1994, p. 21 e ss.), os princípios obrigatórios *prima facie* são autoevidentes, ou seja, cognoscíveis pela intuição[32], enquanto que para Frankena (1981, p. 61-73), a obrigatoriedade não é derivada de sua autoevidência e, sim, de sua relação com um bem ou um mal em concreto, ou seja, os atos morais para ser entendidos como obrigatórios devem estar justificados em suas consequências. Daí que a teoria de Ross tenha sido considerada deontologista e a de Frankena, consequencialista,

---
(31) A tradução utilizada para a elaboração deste estudo é a de Bernardes de Oliveira (1981, p. 79).
(32) Essa "autoevidência" defendida por Ross, que é própria dos princípios morais obrigatórios *prima facie* é um ponto de crítica importante de Frankena, que reconhece a complexidade de determinar que atos ou normas podem estar bem ou mal per si. Para Frankena, determinados atos ou normas serão obrigatórios em seu sentido moral se se relacionam com eles de forma direta ou indireta algum bem ou algum mal, ou seja, importarão as consequências que serão verificadas quando da aplicação prática dos mesmos (FRANKENA,1981, p. 50-70; MORENTE PARRA, 2014, p. 109-110).

ainda que, na prática, também tenha reunido o utilitarismo e o deontologismo em partes iguais, sendo assim uma teoria mista (FRANKENA, 1981, p. 61-73; ATIENZA, 1998; MORENTE PARRA, 2014, p. 110).

A teoria principialista de Frankena (1981, p. 55-73) baseia-se em alguns princípios: o princípio da beneficência, de notório caráter utilitarista e um segundo princípio, de natureza clara deontológica, o princípio de justiça. Do primeiro princípio, decorre outro menos básico de obrigação *prima facie*, como o da utilidade, do não causar prejuízo, do não limitar a liberdade. E do segundo deriva o princípio da igualdade perante a lei, sem que entre eles se estabeleça uma hierarquia interna estrita e invariável.

Já David Ross (1994, p. 41 e ss.) estabelece uma dupla hierarquia entre os princípios considerados obrigatórios *prima facie*. Uma primeira relação hierárquica se estabelece entre os princípios da não maleficência e a beneficência, considerando que o dever de não prejudicar, de não causar danos deve prevalecer, por gozar de maior importância moral, sobre o dever de beneficiar os outros. E uma segunda relação hierárquica se estabelece entre os princípios que expressam deveres perfeitos e os que expressam deveres imperfeitos, prevalecendo os primeiros sobre os segundos.

Não obstante as notórias influências recebidas de David Ross, o que vai afastar Beauchamp e Childress de sua teoria e, assim, aproximando-os mais de Frankena, é a ausência de uma regra rígida de hierarquia entre os princípios (MORENTE PARRA, 2014, p. 111). Na aplicação dos princípios ao caso concreto, e estando eles em conflito, se abriria espaço para a negociação, a deliberação, a mediação e o compromisso. Como princípios *prima facie*, obrigam sempre e quando não entrem em conflito entre si; e, em caso de conflito, os princípios vão-se hierarquizar à vista da situação concreta, não havendo, portanto, regras prévias que deem prevalência de um princípio sobre o outro (ATIENZA, 1998, p. 76). O contrário defende Ross (1994, p. 20 e ss.), para quem a intuição, além de indicar quais são os deveres *prima facie*, também permitiria conhecer a relação de hierarquia que vai se estabelecer entre eles, sendo que, em todo o caso, o princípio da não maleficência prevalece sobre o da beneficência.

Em Beauchamp e Childress (2002), os princípios obrigam em uma primeira instância e, à vista de suas consequências, repelem a existência de uma dimensão absoluta. Podem ser revisados, interpretados, especificados e ponderados no caso concreto. Por isso, essa teoria vai se basear na diferenciação entre regras e princípios, compreendendo-se por princípios aquelas normas abstratas e gerais que ordenam a realização de algo em maior medida possível em relação às possibilidades jurídicas e fáticas. Adotando-se a conceituação de Dworkin, na defesa da tese analítica da necessária distinção entre regras e princípios, estes seriam "mandatos de otimização", cuja característica repousa no fato de admitirem seu cumprimento em diferentes gradações, ao contrário das regras, cujo cumprimento se faz à base do "tudo ou nada" (DWORKIN, 1989, p. 75-77; MORENTE PARRA, 2014).

Embora vinculantes, os princípios podem entrar em reta de colisão com outros princípios e, nesse caso, sujeitos a ceder a primazia a outro princípio, o que seria definido com a situação concreta (BEAUCHAMP; CHILDRESS, 2002). Essa diferente concepção tem consequência prática no estabelecimento e aplicação do quarto princípio, o da não maleficência, por Beauchamp e Childress.

Essa concepção, que foi o paradigma dominante em Bioética, possui seus críticos. Vamos nos voltar aqui, a três deles, Jonsen e Toulmin e Diego Gracia[33].

Josen y Toulmin (1988) escreveram a obra *The Abuse of Casuistry*, em que denunciaram o abuso do principialismo. No mesmo sentido, no ano de 1981, Toulmin já publicava o texto *The Tyranny of Principles* (*A tirania dos princípios*).

Os autores propõem, diante que denominaram a "tirania dos princípios", contida na concepção de que a ética se resume a um código de regras e princípios gerais, a reabilitação da "casuística", ou seja, de um método de pensamento que se centra especialmente no caso concreto. Para os autores, esse método seria a via adequada a ser adotada no campo do direito, da administração pública, da Medicina ou da Ética, em que se devem tomar decisões práticas levando-se em consideração as particularidades do caso concreto, e em que só cabe a tomada de decisões provisórias. Ressaltam a inadequação de um método de subsunção que parta de princípios ou regras gerais que se apresentem indiscutíveis para se obter uma conclusão concreta a partir de premissas menores que especifiquem o caso. O ponto de partida para os autores somente poderia ser as máximas, tópicos ou lugares comuns que apenas podem ser compreendidos a partir dos casos paradigmáticos que definem sua força e seu sentido, sendo necessária a classificação dos casos segundo suas semelhanças e diferenças (JOSEN; TOULMIN, 1988, p. 23-24).

A crítica apresentada por Diego Gracia (2010, p. 133) difere daquela apresentada por Josen e Toulmin. Conforme Atienza (1998, p. 78), Gracia concede, por certo, importância ao casuísmo, mas o preocupam as questões de fundamentação. Por isso, a fundamentação em Bioética passa, em Gracia (2010, p. 133), pela hierarquização dos princípios, e que não dependa da ponderação em cada caso concreto. Para Gracia (2010), os quatro princípios não devem ter o mesmo peso precisamente porque é distinta a sua fundamentação. Assim, a não maleficência e a justiça se diferenciam da autonomia e da beneficência que, tendo um peso maior, vão obrigar, independentemente da vontade das pessoas implicadas (2010, p. 133-134).

Atienza (1998, p. 79) apresenta sua crítica aos cinco autores. Ressalta que tanto a teoria principialista de Beauchamp e Childress, como a de

---

(33) No mesmo sentido, ver Atienza (1998).

Jonsen-Toulmin e Gracia, embora apontem a uma direção adequada de esforço pela construção de uma Ética ou de uma Bioética que proporcione caráter objetivo e que assim possa se situar num meio termo entre o absolutivismo e o relativismo moral, encerram todas projetos insatisfatórios.

Em relação à casuística defendida por Jonsen-Toulmin, afirma que as máximas ou tópicos são absolutamente insuficientes à resolução do caso concreto, considerando que diante de um caso difícil sempre haverá mais de uma máxima a ser aplicada, mas de significados contraditórios. E o problema seria que a tópica, tratada na nova casuística dos autores, não está igualmente em condições de hierarquizar essas máximas, ou seja, não poderia fazê-lo sem negar-se a si mesma, já que o determinante, ao final, seriam os princípios e as regras. Outra crítica levantada por Atienza é que os autores partem da premissa da máxima confiança em relação à sabedoria prática ou prudência na resolução de forma acertada do caso concreto.

Voltando-se a Diego Gracia, Atienza (1998, p. 80) ressalta que o intento de hierarquizar princípios não parece alcançado. Para Atienza, a obrigatoriedade de um princípio sem necessidade da vontade ou opinião dos atingidos revela contradição à premissa de Gracia de que os princípios de primeiro nível são a expressão de que todos os homens são basicamente iguais e merecem igual condição e respeito. Se somos iguais, como se justifica não se entender por que a vontade de um vai contar mais do que a do outro?

Outra oposição em relação a Gracia, citada por Atienza (1998, p. 80), diz respeito à premissa que parece estar ao fundo da teoria que estabelece a hierarquia de não maleficência sobre beneficência. Pode-se, a partir daí, presumir que causar um dano a uma pessoa seja moralmente pior do que fazer-lhe um bem ("matar seria pior do que deixar morrer?") (ATIENZA, 1998, p. 80). Outra questão é a diferenciação de subjetividade entre fazer o bem e o mal. Pela hierarquização proposta por Gracia, não se pode fazer um bem a alguém sem a sua vontade; por outro lado, ainda que a pessoa queira, não posso fazer-lhe o mal. Mas seria o "bem" algo subjetivo e o "mal" algo que possa ser objetivado, com independência do que seria o mal para mim ou para o outro?

Nas últimas duas décadas, a concepção de Beauchamp e Childress no sentido de que os princípios e as normas são obrigatórios, *prima facie*, e se encontram em mesmo patamar, ganhou a aceitação dos bioeticistas, de modo que, em caso de conflito, somente as circunstâncias e consequências podem estabelecer alguma ordem entre eles (PESSINI; BARCHIFONTAINE, 2008, p. 81). Nem o princípio da autonomia, nem as regras que dele derivam são absolutos. Sua obrigatoriedade decorre *prima facie*, ou seja, sujeita a ponderações ou exigências morais do caso concreto[34].

A questão é que, seja os três princípios previstos no Relatório de Belmont, seja os quatro previstos na obra de Beauchamp e Childress, forneceram um

---

(34) Em Diego Gracia (1991), os princípios são divididos em dois blocos: o bloco privado (autonomia e beneficência) e o público (a não maleficência e justiça). Os deveres do nível público têm prevalência sobre os deveres individuais. Assim, a não maleficência prepondera sobre a beneficência.

"[...] esquema claro para uma ética normativa que tinha de ser prática e produtiva". A um só tempo, servindo para destacar reflexões mais abrangentes e abstratas de filósofos e teólogos e para atuar como importante instrumento de linguagem, facilitador para a comunicação com o público formado por médicos, enfermeiros e demais profissionais da saúde (PESSINI; BARCHIFONTAINE, 2008, p. 82).

Como dito anteriormente, a definição propagada por Potter e popularizada pelos fundadores do *Kennedy Institute of Ethics* restringiu o campo da aplicação do termo Bioética à ética biomédica. Mas, como ressalta Durand (2012, p. 97), esses fundadores imprimiram às origens do movimento bioético um traço que marcou a ética biomédica estadunidense nos 20 primeiros anos, ao se referir à "ética aplicada."

Na quarta edição de seu livro, Beauchamp e Childress (1994) discorrem sua teoria baseados numa moralidade comum, ou seja, naqueles princípios e regras que vinham sendo admitidos na comunidade e pela reiteração, aprovados ao longo do tempo (tradução) (DURAND, 2012, p. 269). Na perspectiva de Beauchamp e Childress (1994), a ética tradicional, por estar embasada em princípios muito abstratos e, por essa razão, de difícil operacionalização, não serviria para fazer frente aos desafios que emergem da sociedade científico-tecnológica, impondo-se, assim, a "ética aplicada." Embora citem as variadas teorias éticas existentes, mostrando o que cada uma tem de solução, não tomam partido de qualquer uma delas, o que, na concepção de Lajeunesse e Sosoe (1996, p.110-125, tradução nossa), seria a proposta de uma "Teoria ética, sem teoria."[35]

Pelo abordado, percebe-se que a teoria principialista é um produto estadunidense, com grande influência do pragmatismo filosófico anglo-saxão, tanto nos procedimentos, como no próprio processo de tomada de decisões. Para muitos autores, como Pessini e Barchifontaine, (2008, p. 86), os quatro princípios – autonomia, beneficência, não maleficência e justiça – são usados mais como "máximas de atuação" e normas de regulação e não propriamente como princípios.

Há, nos Estados Unidos, uma opção pelo pragmatismo, ligado ao modo como os americanos tratam os dilemas éticos, influenciados por John Dewey. Chamado por ele mesmo de "instrumentalismo", como consequência direta do pragmatismo, a teoria se desenvolve a partir do empirismo de Francis Bacon e Stuart Mill, e futuramente avança ao positivismo lógico. Para Dewey (1935, p. 228, tradução nossa):

> O método experimental não significa apenas passar o tempo ou fazer alguma coisa aqui e outra ali na esperança de que as

---

(35) *Théorie éthique sans théorie* (LAJEUNESSE; SOSOE, 1996, p. 110-125).

coisas irão melhorar. Justamente como nas ciências físicas, sugere um corpo coerente de ideias, uma teoria, que dá direcionamento ao esforço. O que é sugerido, em contraste com qualquer forma de absolutismo, é que as ideias e a teoria sejam consideradas como métodos de ação testados e continuamente revisados pelas consequências que produzem nas condições sociais existentes. Uma vez que são operacionais na natureza, elas modificam condições, enquanto o primeiro requisito, o de baseá-las em um estudo realista das condições reais, traz sua contínua reconstrução.[36]

Como se vê, a Bioética em seus primórdios, notadamente em sua corrente majoritária, foi concebida como uma pragmática ética, baseada em alguns princípios sobre os quais era efetuada a compreensão, sem que se fosse ao fundo das teorias éticas, as justificações.

Pessini e Barchifonteine (2008, p. 82) resumem em quatro blocos principais os motivos pelos quais a Bioética se tornou principialista primeiro, porque os bioeticistas encontraram na ética normativa e principiológica o equilíbrio entre a metafísica e a ética teológica, em geral, inacessível; segundo, reportando ao Relatório de Belmont, por ter sido o documento que à ocasião exerceu a função de responder à necessidade dos responsáveis pela elaboração de normas públicas em sistematizar de forma simples as bases éticas para regulamentação da pesquisa; terceiro, porque a linguagem dos princípios permitiu introduzir os profissionais da área médica nos dilemas éticos daquela época, de modo a se buscar um acordo de procedimento em questões mais polêmicas e complexas introduzidas pela tecnociência; quarto e último, atribui-se que o êxito desse modelo principialista decorreu do fato de ter sido efetivamente adotado pelos clínicos e que permitiu que as percepções e sentimentos morais, que antes não eram verbalizados, fossem compreendidos em categorias lógicas, facilitando a resolução de dilemas morais para o caso concreto.

A tendência ao abuso verificada no principialismo decorre da necessidade humana em obter a segurança moral e a certeza. Essa necessidade foi absorvida pelos médicos, em sua busca de "porto seguro" para resoluções das questões difíceis no campo da ética dos cuidados clínicos assistenciais estadunidenses. Justamente por esse motivo, diz-se que a Bioética nas últimas três décadas é o resultado do trabalho dos bioeticistas principialistas (PESSINI; BARCHIFONTAINE, 2008).

---

(36) Texto original: "Experimental method is not just messing around nor doing a little of this and a little of that in the hope that things will improve. Just as in the physical sciences, it implies a coherent body of ideas, a theory, that gives direction to effort. What is implied, in contrast to every form of absolutism, is that the ideas and theory be taken as methods of action tested and continuously revised by the consequences they produce in actual social conditions. Since they are operational in nature, they modify conditions while the first requirement, that of basing them upon a realistic study of actual conditions, brings about their continuous reconstruction." (DEWEY, 1935, p. 228.)

Não obstante a sua forte influência, a Bioética principialista estadunidense teve mais aceitação nos países de língua inglesa e, ainda assim, foi objeto de várias críticas, especialmente por seu "[...] dedutivismo abstrato e seu fundamentalismo alheio à diversidade das culturas e valores" (TEALDI, 2005, p. 50). Pode-se destacar, dentre essas diversas concepções, a ética procedimentalista, a ética casuística, a ética das virtudes, as éticas feministas, a ética do cuidado, a ética narrativa, a ética kantiana, a ética utilitarista e as teorias voltadas ao comunitarismo e ao direito social (TEALDI, 2005, p. 50).

Na Europa continental, há uma prevalência dos direitos, em especial, os "direitos humanos" sobre os princípios éticos, como se observa das convenções sobre Direitos Humanos e Bioemedicina, da Convenção Europeia de Bioética e também da Declaração Universal sobre o Genoma Humano e os Direitos Humanos (1997) e a Declaração Universal sobre Bioética e Direitos Humanos (2005), as duas últimas da Unesco, dentre outros (TEALDI, 2005, p. 50).

Outra importante vinculação da Bioética aos Direitos Humanos foi a 93ª Conferência Interparlamentar, realizada em Madri em 1995 (TEALDI, 2005, p. 50), e que tem como consequência prática, sobre os parlamentos de todo o mundo, dar a incumbência de trazer para o mundo jurídico dispositivos que promovam a proteção dos direitos humanos, em razão dos avanços da tecnologia nos campos da medicina e da biologia. A conferência indentifica as balizas da Bioética a partir da Declaração Universal dos Direitos Humanos, do Código de Nuremberg e da Declaração de Helsinki (TEALDI, 2005, p. 50).

Há uma situação de desconfiança em relação à Bioética. Os espíritos esclarecidos transportam-se de uma área de um possível consenso à necessidade da emergência de uma reflexão ética (THOMAS, 1990, p. 38). Há também uma divisão de sentimentos: a fascinação, a vontade de conhecer, o medo da ausência de medidase o temor das práticas que se traduzam em abuso. Cada dia, há outras questões totalmente novas: os embriões humanos podem ser congelados? Há possibilidade de intervenções nos genes? (DURAND, 2012, p. 33).

Os indivíduos passam a ter consciência dos novos poderes oferecidos pela tecnociência, não mais limitada a um instrumento de facilitação da vida mas também enquanto ferramenta capaz de permitir a transformação dos seres humanos (DURAND, 2012, p. 33). Assim, desencadeia-se uma inquietação diante da possibilidade de ocorrência de efeitos perversos e nocivos da ciência e desses avanços da tecnociência (DURAND, 2012, p. 33).

Em suma, não existe a certeza de que a ciência é sempre boa e de que suas possibilidades e descobertas devam sempre ser aplicadas (DURAND, 2012, p. 33), o que, no dizer de Hottois (1993, p. 52), vincula a Bioética à corrente de "ideias e sensibilidades", segundo a qual os avanços científicos não constituem, por si só e de forma automática, progressos efetivos para a humanidade em geral, de modo que, o fato de ser "tecnocientificamente possível" não quer dizer que seja bom ou necessariamente permitido.

Do panorama traçado vê-se que nascida a Bioética com o propósito de buscar respostas a um desconforto cada vez mais evidente do caráter invasivo da ciência, da moderna biomedicina e biotecnologia, ela própria, a Bioética, começa a se transformar num sinal de desconforto, ou seja, numa fonte de controvérsias, considerando o seu constante crescimento sobre as questões casuísticas que passam a ser assumidas pelos pesquisadores em Bioética, e com o seu desenvolvimento, também passando a ser objeto de investigação de juristas e de políticos (D´AGOSTINO, 2006, p. 13). Mais do que o desconforto, outra grande dificuldade enfrentada é a interdisciplinaridade da Bioética, enquanto um caráter axiologicamente necessário dessa nova forma de saber, e que provoca uma confluência de temas distanciados entre si e que muito dificilmente são dominados por um único pesquisador ou estudioso (D´AGOSTINO, 2006, p. 13). Assim ocorre com as questões relacionadas ao meio ambiente, sobre a definição de morte e vida, sobre o alcance e os fins das provas genéticas preditivas, dentre inúmeros outros casos. Se a interdisciplinaridade for efetivamente respeitada, ou seja, se for direcionada para a criação de processos cumulativos de conhecimento diversificado, uma contribuição moralista deverá ser considerada absolutamente supérflua ao debate bioético: em Bioética, todos devem falar em ética. Mas que ética?

A perspectiva da modernidade, destemida e laica resposta da razão humana pronta para ocupar os espaços epistemológicos deixados pela crise religiosa do século 16, culmina num paradigma cultural completamente diverso: um novo politeísmo, o politeísmo ético (D´AGOSTINO, 2006, p. 16).

Seguindo a expressão Weberiana (WEBER, 1982), é ilusória tanto a tentativa de unificação ética do mundo em nome da fé quanto a unificação teórica do mundo em nome da ciência. As mais diversas ordens de valores se defrontam no mundo, em luta que não cessa, de modo que, quando se parte da experiência pura, se chega ao politeísmo. Assim, a rejeição dos poderes pessoais do antigo politeísmo, pelo racionalismo, naufragou tanto em sua intenção de descrever de forma unívoca a realidade, como na tentativa de qualificá-la como verdade. A tentativa, embora promissora, de construção de uma hierarquia objetiva de valores fracassa quando se tem de reconhecer o seu caráter subjetivista e relativista (D´AGOSTINO, 2006, p. 16).

O tema nos remete à metáfora da janela de Panikkar (2004, p. 206), ao tratar da pluralidade de visões de mundo na perspectiva dos direitos humanos:

> [...] os direitos humanos são uma janela através da qual uma cultura determinada concebe uma ordem humana justa para seus indivíduos, mas os que vivem naquela cultura não enxergam a

janela; para isso, precisam da ajuda de outra cultura, que, por sua vez, enxerga através de outra janela. Eu creio que a paisagem humana vista através de uma janela é, a um só tempo, semelhante e diferente da visão de outra. Se for o caso, deveríamos estilhaçar a janela e transformar os diversos portais em uma única abertura, com o consequente risco de colapso estrutural, ou deveríamos antes ampliar os pontos de vista tanto quanto possível, e acima de tudo, tornar as pessoas cientes de que existe, e deve existir, uma pluralidade de janelas?

Comentando a metáfora da janela de Panikkar, Krohling (2008, p. 161) ressalta a necessidade de superação do plano da universalidade apriorística, rumo ao reconhecimento da incompletude das culturas. Justamente a partir da incompletude e do reconhecimento da possibilidade de existência concreta do "pluralismo saudável", é que podemos buscar o encontro entre todas as culturas para que possam estabelecer, entre elas, "plataformas de equivalência."

A perspectiva pós-moderna de forma lenta, porém, inexorável, vai adquirindo a convicção de ser vão o intento em prol de uma unificação, com a argumentação racional das opções morais, pois, seguindo-se a máxima weberiana, é inconciliável o contraste existente entre os diversos valores que existem no mundo, tornando-se tão mais autênticas as opções, quando forem mais debatidas (WEBER, 1982; D´AGOSTINO, 2006, p. 16). A unicidade, além de inconcebível, quer no plano teórico, quer no plano efetivo, é igualmente indesejável no plano axiológico, por resultar numa "[...] discutível uniformidade ética, impessoal e repressiva" (D´AGOSTINO, 2006, p. 16).

São numerosas as teorias éticas verificadas ao longo do tempo histórico e muitos pensadores em Bioética se referem a elas por considerá-las justificadoras e também fundamentais. No presente estudo, nos ocuparemos das perspectivas bioéticas voltadas à América Latina.

1.1.1.5 Bioética a partir da América Latina

Neste quadro, precisamente, é que temos que ponderar a Bioética atual. Vivemos em uma época crítica em que devemos testar e buscar novos conceitos, tanto no campo político, quanto no campo econômico, moral e médico.

A Bioética foi e é um movimento dos Estados Unidos, de modo que, como ressalta Gracia (2007, p. 130), nessa perspectiva, seria difícil transferir todas as suas propostas para realidades e condições sociais, econômicas e culturais não similares. Também estão imersas em tradições éticas e filosóficas muito diferentes. E mesmo que os autores possam transitar pelos mesmos princípios, não os compreendem segundo as mesmas perspectivas. Do mesmo modo, se a Bioética teve seu desenvolvimento nos Direitos Humanos, não é concebível que, a esta altura dos tempos, não se ocupe mais dos temas sociais vinculados à saúde (BERGEL, 2007, p. 10-27).

Até o século 17, a filosofia anglo-saxã tinha uma abordagem empirista, baseando-se no sentimento (aqui compreendido na importância dada à autonomia) e também na apreciação das consequências (que resulta na priorização da beneficência), ao passo que a Europa continental era racionalista, julgando que seria possível estabelecer princípios absolutos que obrigariam moralmente, independente da vontade, daí a importância do princípio da justiça como um princípio absoluto independente da moral (DURAND, 2012, p. 227).

Nos últimos anos, operou-se um desenvolvimento significativo da Bioética na América Latina. Sobre esse caminho, Pessini e Barchifontaine (2007, p. 369) destacam três momentos: os anos 70, marcados pela recepção da Bioética norte-americana; os anos 80, voltados à assimilação e desenvolvimento da Bioética a partir de características próprias; os anos 90 e seguintes, quando se opera a "[...] proposição de uma vertente original latino-americana que, sem desprezar as contribuições de outras regiões, não só as interpreta a sua maneira, como colabora para sua transformação", dentro de um processo dialógico. Nesse novo contexto, destacam-se temas como a ecologia, o meio ambiente, as pesquisas com seres humanos, as políticas públicas, a legislação e o direito[37].

Apesar desse dado, destaca León Correa que ainda estamos no começo da aplicação da Bioética clínica, no âmbito acadêmico e na atenção em saúde, com o desenvolvimento legislativo dos direitos e deveres dos usuários dos sistemas de saúde e a institucionalização dos comitês de ética (LEÓN CORREA, 2010, p. 6). Sem minimizar a importância da Bioética clínica, é necessário o desenvolvimento de uma Bioética que parta para o institucional e o social (LEÓN CORREA, 2009).

No mesmo sentido, Pessini e Barchifontaine, (2008, p. 91) para quem o grande desafio está em desenvolver uma Bioética latino-americana que amplie a reflexão do nível "micro" (de estudo de casos, de sabor deontológico) para o "macro" (da sociedade). A Bioética tem "[...] o encontro obrigatório com a pobreza e a exclusão social" e não se deve perder a visão global da

---

(37) A abordagem mais detida sobre o desenvolvimento institucional e etimológico da Bioética nas circunstâncias específicas de cada país latino-americano (e especialmente no Brasil) é objeto de pesquisa de nossa autoria, já em andamento. O estudo, em razão do corte de pesquisa, não foi incorporado à presente pesquisa. Sobre a temática, remetemos o leitor à obra Bioética na IberoAmérica: Histórias e Perspectivas (2007), de Leo Pessini e Christian de Paul de Barchifontaine (Orgs.).

realidade excludente que impera nas questões relacionadas à vida, à saúde e ao trabalho na América Latina.

Essas características fazem com que, na América Latina, tenha se desenvolvido uma Bioética distinta daquela que marcou a Bioética norte-americana, voltando-se a uma tradição médica humanista e contextualizada às condições sociais de seus países periféricos (MAINETTI, 1993). Pessini e Barchifontaine (2008, p. 92) ressaltam que, em resposta ao desenvolvimento da biomedicina numa época marcada pela bioteconologia, a Bioética deve atuar de forma menos complacente ou mesmo otimista em relação ao progresso de modo a exercer um papel crítico diante de tal contexto. Por exemplo, a abordagem sobre AIDS ou sarampo vai exigir uma perspectiva de ética social que tenha preocupação com a justiça, o bem comum e a equidade, em prioridade a direitos de natureza individual ou virtudes pessoais. No mesmo sentido, uma perspectiva de saúde do trabalhador, de verificação da autonomia ante as relações subordinadas de poder na relação empregatícia também deve voltar à mesma abordagem social e crítica.

Assim, um paradigma de análise teórica, baseada nos princípios preconizados pelo Relatório de Belmont e implementados por Beauchamp e Childress, deve ser considerado apenas como uma linguagem dentre outras éticas, não sendo, portanto, exclusiva, podendo expressar-se em diversos modelos teóricos, como o das virtudes, o do casuístico, o do liberal, o do humanista, o do cuidado, o de libertação, o de proteção, o de intervenção além de outros. Pessini e Barchifontaine (2008, p. 96) citam este exemplo: enquanto no mundo desenvolvido fala-se muito em morrer com dignidade, por aqui, onde a morte é precoce e injusta (inclusive no meio ambiente de trabalho, dados os elevados números de acidentes), somos levados a pensar antes em como viver com dignidade.

Essas questões representam o desafio para a Bioética no futuro: como relacionar os diversos modelos de Ética e Bioética de modo respeitoso e em observância aos diferentes contextos culturais e sociais, afastando-se do imperialismo ético que pela força pretende impor uma única verdade particular, assim como do fundamentalismo ético daqueles que se recusam a um diálogo aberto? (PESSINI; BARCHIFONTAINE, 2008, p. 98).

A perspectiva crítica de construção de pilares que sirvam à formação de um substrato teórico à Bioética no contexto latino-americano não deve ser percebida como uma cruzada antieuropeia ou antinorte-americana fundamentalista e essencialista. Trata-se de um pensamento de fronteira (GROSFOGUEL, 2010, p. 457), uma perspectiva que assume a crítica em relação ao colonialismo, e aos fundamentalismos, seja eurocêntricos, seja norte-americanos, seja do Terceiro Mundo.

Como ressalta Grosfoguel (2010, p. 457), o ponto de intercessão de todos os fundamentalismos repousa na premissa de que somente há de se reconhecer uma única tradição epistêmica a partir da qual se obtém a verdade e a universalidade.

Em Bouffard (2003, p. 51, tradução nossa), há de se questionar o caráter universalista e homogêneo dos grandes princípios da Bioética. Advertindo quanto à ausência de intenção de se cair em um relativismo, a autora conclama no sentido de que a Bioética seja concebida enquanto um fenômeno cultural, assim como o são quaisquer outros valores do sistema. Ao adotar tal posição, se torna possível entender por que os nossos valores não são integralmente transpostos em sociedades não ocidentais ou em contextos pluralistas. Embora as situações sejam complexas e demandem muitos problemas, deve-se tentar resolver a questão a partir de uma prática ética da pesquisa cuidadosa à diversidade cultural, não como um desafio a superar, mas, sim, como uma meta a se alcançar[38].

Apesar das evidentes contribuições dos princípios universais no domínio da proteção dos seres humanos no campo da pesquisa biomédica, não se deve ignorar as importantes limitações da Bioética "culturocentrista." Nesse campo, desde o início, voltam-se a perpetuar os paradigmas do Ocidente revelando sua propensão em promover os valores e princípios elevados ao plano universalista (BOUFFARD, 2003, p. 51 e ss.). A crítica de Bouffard (2003) aponta também aos bioeticistas que estavam sempre muito mais preocupados com as questões éticas relacionadas com as novas tecnologias biomédicas dos países industrializados do que com a qualidade ética dos projetos de pesquisa a que eram submetidos os países em desenvolvimento. E, nesses termos, segue em reprovação à Bioética reducionista, positivista e universalista "emprestada" da filosofia anglo--americana, vislumbrando, nesse cenário, mais uma forma de imposição dos valores ocidentais e implantação do imperialismo norte-americano. No mesmo sentido, Hoffmaster (1992), para quem a Bioética distanciada de seu contexto vai se traduzir numa Bioética etnocêntrica, reducionista e estéril. Assim, em nome da Bioética, o Ocidente assumiria o poder de ditar como as decisões morais deverão ser tomadas ao redor do mundo, sem tentar compreender outros mecanismos de tomadas de decisão, no mundo não ocidental, inclusive, o que para Muller (1994) seria uma abordagem de natureza prescritiva, desrespeitosa à diversidade cultural, não só no âmbito dos valores, como dos mecanismos de raciocínio[39].

Concordando com Bouffard (2003, p. 53), é preciso que se destaque, no entanto, que a crítica que se faz à Bioética, como originariamente concebida,

---

(38) Texto original: "Sans tomber dans un relativisme à outrance, la première démarche à entreprendre serait de considérer la bioéthique comme un phénomène culturel à l'instar de n'importe quel autre système de valeurs. En adoptant une telle position, il deviant possible de comprendre pourquoi nos valeurs ne sont pas intégralement transposables dans les sociétés non occidentales ou dans les contextes pluralistes. Quoique les situations soient complexes et les problèmes nombreux, je tenterai d'aborder la question d'une pratique éthique de la recherche attentive à la diversité culturelle, non pás comme un défi à surmonter, mais comme un objectif à atteindre." (BOUFFARD, 2003, p. 51, tradução nossa.)
(39) Ver Leo Pessini (2014) no artigo intitulado "Algumas notas sobre uma bioética de cunho asiático, a partir da China." O autor adverte quanto à necessidade de elaboração de uma bioética global que dialogue e se articule com os valores da bioética de cunho asiático, em respeito a aspectos da vida, cultura e valores daqueles povos. Destaca a diferença entre as características essenciais do *ethos* asiático assentadas no holismo em relação ao *ethos* ocidental individualista.

tem servido para jogar luz sobre a inadequada abordagem ética que se apresenta diante da diversidade cultural. Entretanto, e sem fundamentalismos, entre a consagração da Bioética enquanto panaceia contra o abuso nas práticas biotecnológicas e na investigação e a sua total rejeição em nome do relativismo, é viável e necessário que se adote um meio-termo, o que será possível se considerado o contexto cultural da Bioética, promovendo-se a adaptação dos nossos princípios bioéticos de modo que sejam aplicados às pessoas, contextos e lugares concretos. E, nesse sentido, defende Boufard a incorporação de um ponto de vista antropológico à reflexão em contexto de diversidade cultural (BOUFFARD, 2003, p. 51).

Para Durand (2012), somente é possível eliminar o impacto imperialista da Bioética se não se considerar seu pensamento como independente do contexto. A Bioética serve não para produzir um contexto ideal, uma padronização ou uniformização, mas para introduzir uma pluralidade de perspectivas e uma multiplicidade de vozes como um enriquecimento cultural. Enquanto, no Ocidente, a Bioética é voltada especialmente sobre o indivíduo, no Oriente, é acentuado o caráter coletivo (PESSINI, 2005). E mesmo no Ocidente, enquanto a Bioética estadunidense é eminentemente pragmática (o que importa são os fatos e a concretude que cada caso particular representa), ligada à forma como os americanos lidam com a ética, na Europa, a Bioética é mais teórica e volta-se mais a questões de fundamentação última e filosófica (PESSINI, 2005, p. 21-22). No que pertine à América Latina, como ressalta Pessini (2005, p. 18), o grande desafio está posto no desenvolvimento de uma Bioética que "[...] corrija os exageros das outras perspectivas e que resgate a valorize na cultura latina o que é útil e particular." Prossegue: "[...] uma visão verdadeiramente alternativa que possa enriquecer o diálogo multicultural" (PESSINI, 2005, p. 18.)

Portanto, na América Latina, a Bioética deve voltar-se para assegurar o respeito aos direitos e à melhoria da situação de vulnerabilidade de grande parte da população no âmbito da saúde (LEÓN CORREA, 2009). Será necessário, além de se questionar a universalidade e o valor absoluto desses princípios numa perspectiva de Bioética voltada à América Latina, reavaliar sua relevância e abordagem no contexto da diversidade cultural.

Nesse plano é que se pretende estender a reflexão bioética às políticas públicas de saúde, aos sistemas de saúde, aos programas contra a pobreza e atenção primária à saúde. Com esse mesmo fundamento, deve abordar os conflitos éticos que dizem respeito à saúde do trabalhador no contexto da relação de trabalho. A Bioética é interdisciplinária e, assim, deve voltar-se ao estudo dos problemas sociais, com os avanços da ética social, incursionando nas ciências sociais, sociologia, economia e antropologia. E também deve se voltar a uma perspectiva transdisciplinar (NICOLESCU, 2001, p. 47 e ss.), que parta da reivindicação da centralidade da vida nos debates globais, com apoio em três exigências básicas: **a consideração**

da existência dos diversos níveis de realidade, a exemplo do homem, que não é um ser somente biológico, mas uma realidade também piscológica, espiritual, social e, por isso, não deve ser estudado por cada disciplina enquanto uma soma de peças separadas; **o reconhecimento da lógica do Terceiro Termo Incluído**, que concebe que os problemas complexos não se resolvem com a lógica clássica do "falso" e do "verdadeiro", ou do "é" ou "não é", mas exigem uma terceira lógica que se debruce sobre a complementaridade dos opostos, cujo tensionamento permitirá a construção de um novo olhar; e, por fim, **a visão da complexidade** que vai desaguar na adoção de uma compreensão holística dos fenômenos que favoreça ao diálogo e à tolerância com as visões opostas.

Por isso, Nicolescu (2001, p. 55) afirma que a transdisciplinaridade permite alcançar uma nova visão, uma unidade aberta de mundo, estando "entre", "por meio" e "além" das disciplinas, rompendo as fronteiras epistemológicas para construção de um novo conhecimento.

A partir dessa metodologia, o propósito é relacionar a ética social com a ética individual, por meio de uma "Bioética desde a pessoa" e aqui especialmente, "desde a pessoa do trabalhador", sujeito individual e ser social, de modo insolúvel (LEÓN CORREA, 2010). Entendemos que se deve complementar o sujeito, como agente individual, à instituição social e à comunidade mais ampla, incluindo o mundo globalizado atual. Devem ser complementados os fundamentos racionais de uma ética com pretensão de universalidade, no resguardo dos direitos humanos de todos e na atenção à individualidade, à situação concreta, mediante das cifras da pobreza, da desigualdade, do analfabetismo, dos adoecimentos etc. (LEÓN CORREA, 2010, p. 7).

Como ressalta Bussinguer (2014, p. 56):

> A reviravolta epistemológica vivenciada pela Bioética nas últimas duas décadas, ainda em pleno estágio de desenvolvimento de uma teoria própria, passa, certamente, pelo protagonismo dos bioeticistas latino-americanos e sua denúncia da impossibilidade de uma modelagem rígida e única capaz de suportar a diversidade moral e a diversidade entre culturas e realidades tão díspares quanto as que distinguem os povos do sul e do norte.

Nesse contexto, a Bioética tem um caminho do qual não poderá se escusar: dar uma fundamentação às possíveis e desejáveis respostas aos problemas passados e presentes de nossos sistemas sociais e de saúde, centrando na pobreza, na vulnerabilidade, nas condições de desenvolvimento, na capacidade de exercer a liberdade real, na situação política dos países, e no papel social das diversas crenças sociais, morais e religiosas (LEÓN CORREA, 2010, p. 8).

1.1.2 Desafios para a Bioética no campo da saúde do trabalhador: uma primeira aproximação

Como ressalta Pessini (2005, p. 27), em nosso contexto, deve-se ampliar a Bioética de fronteira (BERLINGUER, 2004), que se verá debruçada sobre situações-limite e de fronteira e que decorrem do progresso tecnocientífico, para a Bioética cotidiana (BERLINGUER, 2004) e que levará em conta a fome, a exclusão social, o racismo, a exploração. Enquanto, na primeira, a Bioética de fronteira, o diálogo se estabelece com a ciência, na segunda, a Bioética cotidiana, o encontro se faz com a pobreza e com as condições adversas da vida, sendo necessário o resgate de "[...] uma dimensão comunitária solidária da cultura latina" (PESSINI, 2005, p. 27). Diz Pessini que, neste cenário, onde:

> [...] milhões de crianças morrem por falta de cuidados mínimos de saúde e às que sobrevivem lhes é negado o direito de terem um lar, cuidado e amor dos pais, onde existem carências graves no infra-estrutural de suporte de vida (casa, comida, educação, água potável etc.), debates filosóficos microscópios em relação a questões reprodutivas (ex. inseminação artificial, úteros de aluguel etc.), dignidade de morrer (direitos dos pacientes terminais, eutanásia etc.), estão fora de proporção.

Deve-se acrescentar à narrativa de Pessini outro tema sempre relegado a planos menores ou, às vezes, nem sequer mencionado: a saúde do trabalhador.

É mais difícil entender as proposições quando não se conhece sua gênese e sua aplicação prática, daí a importância de situarmos histórica e factualmente os problemas. E é essa a proposição agora.

No Brasil, durante o ano de 2013, foram registrados, no INSS, aproximadamente cerca de 717,9 mil acidentes do trabalho[40]. Comparado com 2012, o número de acidentes de trabalho teve um aumento de 0,55%. O total de acidentes registrados com CAT aumentou em 2,30% de 2012 para 2013. O número de óbitos em 2003 foi de 2.797 e o de trabalhadores que

---

(40) A Lei n. 8213/1991 define como acidente do trabalho: o acidente típico que ocorre pelo exercício do trabalho a serviço de empresa ou de empregador doméstico (artigo 19); a doença profissional, assim entendida a "produzida ou desencadeada pelo exercício do trabalho peculiar a determinada atividade e constante da respectiva relação elaborada pelo Ministério do Trabalho e da Previdência Social" (artigo 20, I).; a doença do trabalho, assim entendida "a adquirida ou desencadeada em função de condições especiais em que o trabalho é realizado e com ele se relacione diretamente, constante da relação mencionada no inciso I" (artigo 20, II); "o acidente ligado ao trabalho que, embora não tenha sido a causa única, haja contribuído diretamente para a morte do segurado, para redução ou perda da sua capacidade para o trabalho, ou produzido lesão que exija atenção médica para a sua recuperação (artigo 21, I); o acidente sofrido pelo segurado no local e no horário do trabalho nas hipóteses previstas em Lei."

adquiriram incapacidade permanente, de 14.837. Afora a proteção do trabalhador, se considerarmos os valores pagos pela Previdência por meio de benefícios e aposentadorias especiais decorrentes das condições ambientais do trabalho, por exemplo, no ano de 2011, chega-se à soma de R$ 15,9 bilhões/ano, que, adicionada às despesas operacionais do INSS mais as despesas na área da saúde e afins, atinge a cifra de R$ 63,60 bilhões (dados publicados no *site* da Previdência Social)[41].

Esses números alarmantes despertam vários questionamentos. Quais fatores devem ser considerados para análise desses dados? Quem decidirá sobre as estratégias a serem adotadas? Quem suportará essas estratégias? O que contribuiu para o desencadeamento dessas enfermidades?

O êxito da Bioética voltada à questão da saúde do trabalhador está diretamente vinculado à necessidade de a sociedade refletir profundamente sobre os problemas de valor. Como ressalta Gracia (2010, p. 102 e ss.), se, em séculos anteriores, era possível à sociedade ocidental imaginar o Direito como a solução de todos os problemas, com a "imensa fratura entre a sociedade e o Estado", verificado nos dias atuais, o Direito não é mais do que mínimo denominador comum dos valores defendidos pelos indivíduos e pelos grupos sociais, convertendo-se o debate social sobre os valores, num dos grandes objetivos das sociedades ocidentais a partir dos anos 60. E a Bioética surgida com esse fim deve assumir essa responsabilidade de ser "o foro de debate dos problemas de valor relativos à administração do corpo humano e da vida" (GRACIA, 2010, p. 102 e ss.).

Não se está aqui a desprezar a importância do Direito, até porque a Bioética, concebida como uma ciência interdisciplinar, além de desempenhar o papel de "sacudir as consciências" e colocar em foco outros problemas, não pode ter a ilusão de possuir técnicas resolutivas de todos os confrontos no campo da saúde, servindo o Direito como uma estrutura que se orienta na busca da defesa da "[...] capacidade de todo o homem de ser o sujeito (e não mero objeto) da relação" (D´AGOSTINO, 2006, p. 44).

Comumente, nos deparamos com questões referentes ao controle comportamental do empregado e que inclusive têm culminado com a opção de várias empresas por premiar os trabalhadores por não fumar, por não engordar. Em outras empresas, são distribuídos prêmios para quem pratica exercícios físicos e esportes, prêmio por quilômetro percorrido. Se, de um lado, surge o argumento de que esses prêmios poderiam incentivar adoção de hábitos mais saudáveis, beneficiando os empregados e também aos empregadores (pois somariam menos faltas ao serviço), de outro, despertam indagações sobre o real benefício que essas políticas vão revelar

---

(41) Maiores informações estão disponíveis no *site* do Ministério da Previdência Social. (MINISTÉRIO DA PREVIDÊNCIA SOCIAL. Disponível em: <http://www.previdencia.gov.br/dados-abertos/aeps-2013-anuario-estatistico-da-previdencia-social-2013/aeps-2013-secao-iv-acidentes-do-trabalho/aeps-2013-secao-iv-acidentes-do-trabalho-tabelas/> Acesso em: 10 jul. 2015.

na prática. E não só o real benefício, mas o real beneficiário (BERLINGUER, 2004, p. 109-171).

Se é certo que parar de fumar é efetivamente benéfico ao indivíduo, não é tão certo que a prática de esportes possa ser adotada por todas as pessoas, independentemente de sua condição e preparo físico. Do mesmo modo, sempre haverá um grande risco de que tais práticas resultem num desequilíbrio físico e psicológico (BERLINGUER, 2004, p. 141).

Para mais além desses argumentos em conflito, há também as questões éticas que impactam sobre a saúde, especialmente no contexto de uma sociedade capitalista voltada à meritrocacia. Como ressaltam Allegrant e Sloan (1986, p. 313-320), quando alguém adoece, existe uma grande tendência de atribuirmos as causas do adoecimento à adoção de um "mau comportamento." Parte-se da premissa de que vivemos num mundo equânime, em que todas as pessoas vão obter aquilo que merecem, de modo que, seguindo essa concepção, é conveniente e justo atribuir ao indivíduo, causa de sua própria doença, o dever de promover a sua própria saúde, em vez da organização social na qual está inserido (BERLINGUER, 2004, p. 141).

Algumas consequências podem ser desencadeadas: a primeira delas é a "responsabilização da vítima", sobre quem estará concentrada a atenção (e a possibilidade de "condenação"), ao invés de fazê-lo sobre o problema em si, as causas e as circunstâncias (BERLINGUER, 2004, p. 141). E, como ressalta Berlinguer, se é certo que efetivamente algumas enfermidades, como as de origem cardiovascular ou pulmonar, podem ser desencadeadas por hábitos e comportamentos pessoais (como o fumo, o estresse, o sedentarismo), não menos certo é que a adoção desses hábitos mais saudáveis também está a sofrer variação de acordo com o *status* social e nível de instrução do trabalhador, dentre outros fatores externos (BERLINGUER, 2004, p. 141). Como exemplo, segue-se o próprio hábito de fumar, nos dias de hoje muito mais difundido entre as camadas mais pobres da sociedade, segundo estudos da Organização Mundial de Saúde[42].

Essa atribuição da culpa aos trabalhadores pelos acidentes e enfermidades é um dado histórico e difunde-se especialmente nos países menos desenvolvidos, considerando-se as empresas como instituições poderosas e de estruturas imutáveis (OFFE, 1989). É um discurso próprio do "colonizador", na exata perspectiva dusseliana, que abordaremos em todo este estudo e mais especificamente neste capítulo, Título 1.1.3 e Capítulo 3. Assim é que uma promoção de saúde que não observe essas características pode aumentar essa tendência de transferir ao trabalhador a responsabilidade pela enfermidade laboral. Outra consequência é atribuir aos trabalhadores,

---

(42) Maiores informações ver *site* da Organização Mundial de Saúde: TOBACCO Free Initiative (TFI): monitor tobacco use and prevenction policies. World Health Organization (WHO). Disponível em: <http://www.who.int/tobacco/mpower/monitor/en/> Acesso em: 18 nov. 2015.

mais expostos a agentes desencadeadores de determinadas doenças em razão do meio ambiente de trabalho, o dever de adotar hábitos mais saudáveis com vistas a verem diminuídos os riscos a enfermidades, a exemplo dos hipertensos que trabalham em condições estressantes, cujo dever poderá ser, inclusive, o de aprender a relaxar (BERLINGUER, 2004, p.109-171), ou seja, a imposição ou o "incentivo" à adoção de algumas práticas podem vir a se constituir em uma alternativa menos custosa às empresas e na transferência de responsabilidade pelas enfermidades adquiridas em decorrência de uma atividade laboral.

Como ressaltam Allegrante e Sloan (1986), não se trata de querer dizer com isso que os indivíduos não devam agir com responsabilidade pessoal em relação à promoção de sua saúde, mas essas estratégias de mudanças dos comportamentos não devem ser adotadas de forma isolada e, sim, devem ser combinadas a outras práticas eficazes, com vistas a modificar aqueles fatores organizacionais que vão contribuir para os riscos à saúde.

Na mesma dimensão, está a discussão sobre a possibilidade da adoção de provas genéticas preditivas na relação de trabalho e que está situada no conflito entre as exigências de saúde e de segurança e a busca pelas empresas da máxima produção com os menores custos, tanto no âmbito privado como no âmbito público.

Ressalta Belinguer (2004, p. 129) que essa relação entre tais valores e interesses, eventualmente coincidentes, embora constantemente "contrastantes", recebeu regulamentação tomando-se por base quatro fatores: "[...] as leis do Estado, os desenvolvimentos tecnológicos, os princípios éticos e, enfim, aquilo que foi definido brutalmente (mas também realisticamente) como a "relação de força" entre as partes sociais. A novidade, também anunciada por Berlinguer (2004, p. 129), é a intensidade cada vez maior das intervenções que o conhecimento científico vem promovendo nas decisões, influindo também na regulamentação das relações estabelecidas entre empregados e empregadores, ocupando espaços antes povoados por avaliações empíricas do cotidiano. É o que ocorre no processo de avaliação do empregado, tanto na admissão, como durante o decorrer do contrato de trabalho, cujas técnicas foram incrementadas a partir do século 20.

O debate que pretendemos aprofundar é voltado às problematizações que decorrem do desenvolvimento da Genética nas relações de trabalho, situando-se na área de fronteira entre a ética e a moral. Mas também se relaciona com o fator de exploração e de exclusão social que vitima a saúde do trabalhador; temas que se inserem na Bioética Cotidiana de Berlinguer (2004, p. 130), inserindo-se na pauta das questões persistentes da macrobioética.

Deve-se "descolonizar" o discurso, pois, no campo da saúde do trabalhador, os pressupostos continuam os mesmos, mais especificamente no controle dos riscos ambientais de que cuida a "Segurança do Trabalho."

Há uma similitude, aqui, com a perspectiva narrada por Bauman na obra *Em Busca da Política* (2000). A ausência da crença em outras possibilidades de vida no plano social concentra o indivíduo na obtenção da segurança (e por que não a segurança do trabalho?) sendo este o único desejo que pode ser concretamente vislumbrado por esse indivíduo e ofertado pelo poder institucionalizado.

Trata-se de quebrar e anular todos os freios e barreiras, controles e regulamentações que impedem o livre fluxo do capital. Precarizar o trabalho, fragmentar as instituições coletivas, aniquiliar os vínculos de solidariedade, invadir a intimidade do trabalhador, instituir mecanismos de seleção que reduzam os custos e riscos com o adoecimento. Vive-se em plenitude os sofrimentos humanos, bem reproduzidos na palavra alemã *Unsicherheit*, que reúne a um só tempo o tríplice veneno da insegurança, incerteza e instabilidade (BAUMAN, 2000, p. 164).

É preciso rever conceitos, buscar ressignificar a prática da saúde do trabalhador e desvelar o fato de que, não obstante revestidos de nova roupagem, são velhos os pressupostos que informam esse campo. Importa-nos algumas abordagens e termos de manipulação da informação em relação aos riscos laborais e como se veem desvirtuados alguns enfoques relacionados à saúde do trabalhador, visando com isso estabelecer uma aparência de igualdade quando todos sabemos que, especialmente em relação aos países periféricos, há uma explosividade da exclusão social, dos índices de miséria e desigualdade nas relações sociais. Estamos diante de um complexo quadro de vulnerabilidade estrutural do trabalhador. Os novos processos que envolvem o mundo do trabalho, em que se inclui o desenvolvimento técnico-científico, nos obrigam a uma reflexão sobre a ética, o direito e a saúde do trabalhador. Estamos no plano da macrobioética e do macrobiodireito, cujo foco está na saúde e no meio ambiente do trabalhador, no plano social, nas relações de poder, força e exploração.

O desequilíbrio existente entre a demanda de serviços e a capacidade de atendê-los é muito grande no Brasil (como também nos países da América Latina), situação que tende a aumentar à medida que se incrementam as práticas tecnológicas. A tecnologia, num contexto em que uns detêm o conhecimento (países desenvolvidos), e outros, a matéria-prima (países em desenvolvimento), faz aumentar ainda mais o abismo existente entre essas realidades.

Atento ao fato das biotecnologias no âmbito da biomedicina atraírem tanto os interesses científicos como os econômicos, Brauner (2003, p. 164-165) adverte quanto à necessidade de preservação dos interesses sociais, com vistas a equacionar a sua implantação no quadro de custos e benefícios para toda a sociedade. Isso tem especial importância no campo das relações de trabalho, daí a necessidade de o Direito não desprezar os efeitos moralmente questionáveis da globalização em relação às pesquisas científicas, notadamente sobre os impactos nas dimensões sanitárias, sociais, políticas e voltadas à redução da genética ao campo econômico (SCHIOCCHET, 2010, p. 128).

O fato é que, em países da América Latina, como o Brasil, urge que o Direito consolide suas reflexões normativas "[...] a partir de um recorte socioeconômico, sob pena de ineficácia social dos instrumentos jurídicos" (SCHIOCCHET, 2010, p. 127). Por isso, como ressalta Schiocchet (2010, p. 127), é salutar que se estabeleça o diálogo entre as diversas reflexões interdisciplinares da Bioética e o normativo dos Direitos Humanos, "[...] na perspectiva de uma reivindicação social de inclusão."

1.1.3 Colonialidade e poder na relação de trabalho: vozes críticas da Bioética da Libertação a partir do pensamento de Enrique Dussel

Em relação à Ética da Libertação, a opção teórica se justifica por seu compromisso social com a prática da libertação, partindo da crítica à ética dialógica, por considerar que o diálogo racional se efetua com grande disparidade na América Latina (DUSSEL, 1998a). Não há, assim, um diálogo que se estabelece entre iguais.

A abordagem da constituição de uma ética que sirva de baliza a uma Bioética voltada para a América Latina não se restringe à delimitação de um espaço geográfico. Não obstante a importância do aspecto geográfico para que se possa efetuar uma abordagem concreta e real, o mesmo, por si só, enquanto um elemento de partida analítico, não é suficiente quando o pretendido é a crítica à realidade (ÁLVAREZ GÓMEZ, 2007, p. 57).

É necessário afirmar que a realidade nos países periféricos e também seus desafios, sua crítica e sua construção social e até epistemológica não se identificam com todas as demais partes do mundo, tampouco podem ser analisadas somente levando-se em consideração a realidade latino-americana e fora no contexto internacional. No mesmo sentido, o entendimento sobre como o trabalho vai levar ao desencadeamento de doenças, que também está a depender da apreensão histórica das mediações que vão compor as categorias relacionadas ao modo de produção, à exploração, ao desenvolvimento das relações de trabalho e à desigualdade de classe, buscando-se os nexos causais situados (RIBEIRO, H. P.,1999).

Descartes, considerado o fundador da filosofia ocidental moderna, inaugura uma nova fase na história do pensamento do ocidente ao "substituir" Deus, fundamento do conhecimento na teopolítica do conhecimento na Idade Média, pelo homem (aqui a referência se dá em relação ao homem ocidental) (GROSFOGUEL, 2010, p. 460). Todos os atributos de Deus, a verdade universal, o conhecimento sobre as leis do universo, a capacidade de produzir ciência, tudo está agora extrapolado para o homem (ocidental): o *ego cogito* cartesiano ("penso, logo existo")[43] torna-se a raiz fundante das ciências modernas ocidentais.

Diz Grosfoguel (2010, p. 460) que ao criar o dualismo corpo-mente, e mente-natureza, Descartes alcançou um intento de proclamar um "conhecimento não situado, universal", a que Castro-Gomez (2003, p. 14) viria a chamar "ponto zero."

Para Castro-Gomez (2003, p. 16 e ss.), o colonialismo não representou somente um fenômeno de dominação política e econômica, mas também um fenômeno em que se impôs a supremacia do conhecimento europeu sobre os muitos mil modos de conhecer das populações colonizadas. A ilustração não foi uma transposição desde um ponto zero do conhecimento, mas uma estratégia: a cartografia geométrica que começa a aparecer a partir do final do século 15 pretende representar o espaço desde o ponto de vista exterior, absoluto e objetivo. Assim, o "ponto zero" é o conhecimento, o ponto de vista que é encoberto, que se esconde e que, por isso, se coloca para bem longe de qualquer ponto de vista admissível, ou seja, não é nem sequer um ponto de vista.

Essa estratégia também tem sido de especial importância para os desenhos globais do Ocidente, pois, ao manter o encobrimento do lugar do sujeito da enunciação, prosseguem a dominação e a expansão colonial, agora europeia e euro-americana. Essa dominação consegue pôr todo o planeta numa escala hierarquizada: os planos superior e inferior do conhecimento, os povos superiores e inferiores.

Pondera Grosfoguel (2010, p. 461) que passamos do direito do homem, do século 18 (iluministas) para os direitos humanos, do século 20, todos integrantes de desenhos globais conectados e articulados com a produção e a reprodução da divisão internacional do trabalho construída a partir da ideia de um centro e uma periferia, coincidente com a "[...] hierarquia ético--racial global estabelecida entre europeus e não europeus."

Como ressalta Grosfoguel (2010, p. 458), o importante aqui será o *locus* da enunciação, a partir do lugar geopolítico e do corpo político do indivíduo que fala. Na filosofia ocidental, nas ciências sociais, sempre foi privilegiado o mito de um "ego" não situado. O sujeito que fala está escondido, oculto, encoberto, se vê apagado de análise. O sujeito enunciador está desvinculado do lugar epistêmico étnico-racial/sexual/social/de gênero. Justamente, a partir do momento em que há essa quebra da ligação entre o sujeito da enunciação e o lugar epistêmico, a Filosofia e as ciências ocidentais vão

---

(43) Na obra *1492. O Encobrimento do Outro: A origem do mito da modernidade* (1993), Dussel ressalta que o *ego cogito* cartesiano (penso, logo existo) foi precedido, 150 anos antes, pelo *ego conquitus* (conquisto, logo existo).

criar um mito sobre um conhecimento universal "verdadeiro" que irá encobrir, não só aquele que fala como também o lugar geopolítico e epistêmico das estruturas de poder/conhecimento colonial.

Por isso, Grosfoguel (2010, p. 459) propõe distinguir lugar epistêmico e lugar social. Isso porque a circunstância de um indivíduo se encontrar socialmente do lado oprimido das relações de poder não vai significar automaticamente que construa seu modo de pensar a partir de um lugar epistêmico subalterno. Ressalta Grosfoguel (2010, p. 459) que exatamente o êxito do sistema-mundo colonial/moderno está em conduzir os sujeitos situados no lado oprimido da diferença colonial a pensar epistemicamente da mesma forma daqueles que vão ocupar posições ditas dominantes. A ideia de construção de uma perspectiva epistemológica subalterna se apresenta como uma forma de conhecimento que, por vir de baixo, vai dar origem a "[...] uma perspectiva crítica do conhecimento hegemônico nas relações de poder envolvidas" (GROSFOGUEL, 2010, p. 459).

E qual a importância das implicações *des-coloniais* dessa crítica epistemológica na produção do nosso conhecimento?

Reforçando a justificativa de uma ética voltada para a América Latina, três aspectos devem ser observados (GROSFOGUEL, 2010, p. 457):

1) uma perspectiva epistêmica descolonial(44) demanda um modo de pensar mais amplo do que um preceito ocidental (nele incluído o preceito ocidental de esquerda); 2) uma perspectiva descolonial que seja verdadeiramente universal não pode partir do abstrato, e antes teria que necessariamente partir do diálogo crítico entre variados projetos críticos/políticos/éticos/epistêmicos, a partir da concepção de um mundo "pluriversal" e não um mundo universal; 3) a descolonização do conhecimento demandaria levar-se a sério as visões, perspectivas, cosmologias dos pensamentos críticos vindo do sul global, que constroem esses pensamentos a partir da corporeidade, e de lugares étnicos, raciais, sexuais subalternizados.

As reflexões anteriores nos remetem à Ética da Libertação. Trata-se de uma concepção filosófica que, não obstante inspirada a partir da cultura europeia, nasce numa realidade cultural, política, social do Terceiro Mundo. Diz-se inspirada a partir da cultura europeia, pois reconhecido que o "mito da modernidade europeia" tem um conceito emancipador racional que é

---

(44) Aqui concebemos as expressões "descolonial" e "decolonial" na mesma perspectiva, uma vez que pelo corte da pesquisa avançar no aprofundamento da possibilidade de diferenciação semântica em relação a essas expressões não agregaria densidade teórica ao objeto de pesquisa. Apenas para introduzir o tema, remete-se à observação feita por Ballestrin (2013) citando Catherine Walsh, no sentido de que a supressão da letra "s" estabeleceria uma diferenciação entre o projeto decolonial do Grupo Modernidade/Colonialidade e uma concepção histórica de descolonização, inserindo-se em diversa genealogia de pensamento. Outras distinções de mesmo enfoque destacadas por Ballestrin (2013, p. 117) ocorreram em relação à utilização da expressão "libertação" em vez de "emancipação." Afirma Ballestrin: "O mesmo tipo de argumento é usado para a preferência da palavra "libertação" à "emancipação", típica da Escola de Frankfurt, que ainda estaria comprometida com a modernidade."

subsumido na Filosofia da Libertação. Mas, ao mesmo tempo, traz o desenvolvimento de um mito irracional de justificação da violência que a Filosofia da Libertação vai negar e superar (DUSSEL, 1993a, p. 7).

Desde que foi concebida, na década de 70, no tempo da *Para uma Ética da Libertação latino-americana* até os anos 90, em sua *Ética da Libertação na idade da globalização e da exclusão*, as perspectivas de Dussel foram mudando, atingindo dimensões mundiais. No entanto, em tempos de sociedade globalizada, a defesa da libertação latino-americana segue cada vez mais pertinente e cada vez mais atual, pois, enquanto houver oprimidos e vitimizados, será válida a busca pela libertação.

A opção pela Ética da Libertação como referencial teórico em Bioética, voltada a questões ético-laborais, parte do reconhecimento de sua capacidade de revelação das relações dominantes de poder e de transformação da realidade vigente, a partir de balizas próprias: a crítica social feita a partir de convencimentos e compromissos concretos, visando alcançar a realidade das estruturas existentes no contexto laboral e a partir das realidades concretas parciais, temporais, histórias, locais etc[45].

O conceito de libertação que pretendemos desde a Ética da Libertação tem que partir da realidade de desumanização em que se insere grande parte dos trabalhadores e da maioria da população nos países periféricos, sendo fruto, no dizer de Álvarez Gómez (2007, p. 62), de implicações de origem histórica, econômica, política, social, cultural e ideológica. Os parâmetros norteadores da Ética da Libertação são aqui apreendidos como prática que se mostre capaz de humanizar a realidade laboral e apresentar-se necessariamente como uma *práxis* da libertação, pois "[...] interpretar o mundo numa exclusiva posição teórica pressupõe aceitar o sistema dado a partir de seu próprio horizonte" (DUSSEL, 2012, p. 321). E seu lugar ético tem que estar voltado para os oprimidos não somente como lugar social, mas como um lugar ideológico.

> [...] se deve superar a mera posição teórico-cúmplice da filosofia com o sistema que gera vítimas e comprometer-se praticamente com estas vítimas, a fim de colocar o caudal analítico da filosofia ético-crítica (que é a plena 'realização da filosofia') em favor da análise das causas da negatividade das vítimas e das lutas transformadoras (libertadoras) dos oprimidos ou excluídos. (DUSSEL, 2012, p. 321.)

A pertinência da Ética da Libertação é revelada por se tratar de uma "ética da vida", que se volta ao estudo da "[...] negação da corporalidade expressa no sofrimento das vítimas", dos dominados, como o "[...] operário, índio, escravo africano ou explorado asiático do mundo colonial" (DUSSEL, 2012, p. 313).

---

(45) No mesmo sentido aqui proposto, ver Álvarez Gómez (2006, p. 58).

Deve-se abandonar a mera negatividade originária empírica que concebe o sofrimento da vítima como um "fato normal", partindo do plano da "não consciência" para a consciência "ético-crítica" (DUSSEL, 2012, p. 313-314).

Scannone (2009) ressalta que, enquanto até aproximadamente o ano de 1965, a preocupação principal na América Latina se voltou ao desenvolvimento, desde Medellín[46] (1968) começou a ser privilegiado outro enfoque, que trazia consigo a interpretação do anterior: a libertação. O autor destaca que, surgida antes e imediatamente depois de Medellín, a Teologia da Libertação foi influenciada pela Teoria da Dependência, que estava sendo propagada nas ciências sociais da América Latina, e em resposta à indagação feita por Augusto Salazar Bondy[47] sobre a existência ou não de uma filosofia latino-americana.

A Teoria da Dependência interpretava o subdesenvolvimento de nosso "subcontinente" não como um estágio atrasado de desenvolvimento capitalista (como havia feito outrora o desenvolvimentismo), mas, pelo contrário, como "[...] efeito dialético do superdesenvolvimento dos países centrais em um capitalismo periférico e dependente" (SCANNONNE, 2009, tradução nossa)[48]. Daí que a "libertação" vem dialeticamente em oposição à dependência e opressão. E quando foi abordada tanto pela Filosofia como pela Teologia, compreendeu a libertação humana integral e não somente no plano sociológico ou econômico (SCANNONNE, 2009).

Dussel construiu interdisciplinarmente sua formação acadêmica e, por esse motivo, transita em diversas áreas do conhecimento, especialmente História, Filosofia, Ciências Sociais e Teologia. Nascido em 1934, numa pequena e pobre aldeia na Argentina, na juventude, Dussel foi líder estudantil e militante da Democracia Católica. Com quinze anos, dedicou tempo a causas sociais, visitando crianças com doenças mentais. Graduou-se em Filosofia pela Universidade Nacional de Cuyo (1957), quando teve contato com as correntes filosóficas racionalistas, marxistas e neotomistas. Seu fascínio era a temática sobre ética e militância política. Formou-se aos 23 anos e foi para a Espanha onde começou a descoberta dos estudos voltados à América Latina, a "Pátria Grande", nascendo ali a consciência do não europeu, não espanhol e de que era latino-americano. O doutoramento em Filosofia ocorreu em 1959, em Madrid, e, em História, no ano de 1967, em Paris. Passou por diversos países, voltando-se à questão do pobre. No exílio no México, em 1976, inicia

---

(46) Medellín é considerado o "divisor de águas" na história da Igreja do continente, de tal modo que se pode falar do "antes de Medellín" e do "depois do Medellín." Os bispos que fizeram aquela conferência proclamavam a consciência da importância histórica daquele momento, definindo precisamente em termos de libertação "[...] o vivenciar de uma nova época da história do continente, o desejo de emancipação total e libertação de qualquer servidão, com o prenúncio da transição dolorosa a nova civilização..." (BOFF, C., 1998).
(47) Ver Augusto Salazar Bondy na obra:"¿Existe una filosofía de nuestra América?" (BONDY, 1968).
(48) Texto original: "[...] como efecto dialéctico del superdesarrollo de los países centrales en un capitalismo periférico y dependiente" (SCANONNE, 2009).

a "fase concreta", com a escrita da Filosofia da Libertação (1982), obra que contém as características básicas de compreensão de sua disciplina. Dussel é autor de diversas obras (SANTA CLARA, 2014, p. 14-23).

Dussel é um "[...] filósofo de reflexão crítica, desconstrutiva, movente. Seu pensamento percorre tempo e espaço, pois tanto viaja por África, Ásia, EUA e Europa, identificando a história, como percorre pensadores, escritores [...]" nas mais variadas épocas (ALVES, C. M., 2005, p. 14). É um pensador transdisciplinar.

O autor expressamente reconhece que a sua Filosofia da Libertação incluiu o momento crítico dos "grandes críticos" como Feuerbach, Schopenhauer, Nietzsche, Horkheimer, Adorno, Marcuse e, de uma forma particular, Marx, Freud e Lévinas, no que criticaram aspectos de dominação a partir da modernidade, mas sem olvidar o fato de que esses estão inevitavelmente vinculados à realidade do centro hegemônico constituído pela Europa na Modernidade, indo para além deles e algumas vezes contra o irracionalismo de alguns deles (DUSSEL, 2012).

Portanto, pode-se dizer que a apropriação desses autores não é passiva, tampouco servil, mas busca evidenciar as possíveis lacunas em suas reflexões.

Além da necessidade de superar o pensamento "eurocêntrico" enquanto totalidade dominadora e ideologizante, tais pensadores, para Dussel, também não abarcaram a realidade opressiva que iniciou com a colonização, e, assim, não sendo suficientemente capazes de apresentar respostas no tocante à opressão das vítimas na América Latina, África e Ásia[49] (DUSSEL, 1996, p. 22 e ss).

Dussel parte da constatação de que o que se produziu por parte dos colonizados não passou de mera repetição do discurso que resta arraigado e imbuído do espírito do conquistador. Por isso, a necessidade de se promover a libertação do próprio plano discursivo dos condicionantes histórico-culturais do discurso hegemônico. O autor reconhece que a sua filosofia pode defender uma universalidade da razão ético-crítica, da vida, da corporeidade etc. (DUSSEL, 2012, p. 315). Uma filosofia que pretende a superação da ontologia clássica ao afirmar a Ética como Filosofia primeira e ao se empenhar na luta pela causa da libertação da opressão que pesa sobre os oprimidos.

Desde suas origens, a Filosofia da Libertação busca a elaboração de uma metafísica exigida pela ação liberadora (ou a *práxis* revolucionária) a partir da periferia. A *práxis* da libertação seria o "ato primeiro", "ponto de partida e lugar hermenêutico de uma reflexão humana radical, como é a

---

(49) "[...] Denominamos filosofía colonial no sólo a la que se cumple en América Latina, Africa y Asia, en esta primera etapa desde el siglo XVI (ya que en 1552 se fundaron las universidades de México y Lima, con igual grado académico que las de Alcalá y Salamanca), sino especialmente al espíritu de pura imitación o repetición en la periferia de la filosofía vigente en el centro" (DUSSEL, 1996, p. 22, 1.1.8.2.1.)

filosófica, que usa como mediação analítica intrínseca as contribuições das ciências dos homens, a sociedade e cultura" (SCANNONE, 2009, tradução nossa)[50]. Trata-se de um novo modo de reflexão filosófica concreta, histórica, inculturada, enraizada na *práxis* libertadora (SCANNONE, 2009).

Para Dussel (1998, p.4-5), era necessária uma Ética da Libertação, a partir das "vítimas", dos "pobres", dos explorados, a partir da "exterioridade" de sua "exclusão." É uma ética de ação concreta ante a situação de injustiça e opressão generalizada e que parte da *des-construção* de uma forma de pensar e a *construção* de um pensar diferente.

Dussel reconhece que a realidade da ética se encontra quase que inconscientemente na mais simples cotidianidade, em nosso mundo habitual de viver. E justamente o papel da Ética da Libertação é o de arrancá-la desse plano do inconsciente, descrever a estrutura ética em que está imerso o homem em sua situação histórica vulgar e impensada. A ética então é "retirar" o homem de sua cotidianidade e "torná-lo" um sujeito de seu pensar cotidiano-ético (ALVAREZ GOMEZ, 2007). O que interessa é o homem de "carne e osso" de Unamuno (1970), o homem que vive, que sofre, que agoniza, o ser humano concreto, total, em eterno questionamento para aprender de si mesmo, transformar-se e completar-se no confronto com os outros, ou seja, o homem que está sempre situado de uma maneira, *factum*, e que experimenta que toda a situação é um momento de facticidade ou determinação humana (DUSSEL, 1973, p. 55-58). Diz Dussel:

> Quando falamos de um mundo, referimo-nos ao horizonte cotidiano dentro do qual vivemos. O mundo de meu lugar, de meu bairro, de meu país, da classe obreira. Mundo é então uma totalidade instrumental de sentido. Não é pura soma exterior de entes, mas que é a totalidade dos entes com sentido. Não se trata do cosmos como totalidade, de coisas reais, mas a totalidade de entes com sentido (DUSSEL, 1996, p. 36, tradução nossa)[51].

A facticidade ou determinação é a dimensão do transcender, do sentir o existencial. A *práxis* indica a forma como o homem é no mundo, seu modo de ser no mundo, a compreensão do ser, que só é obtida a partir do intelecto

---

(50) Texto original: "[...] punto de partida y lugar hermenéutico de una reflexión humana radical, como es la filosófica, que usa como mediación analítica intrínseca las aportaciones de las ciencias del hombre, la sociedad y la cultura" (SCANNONNE, 2009).
(51) Texto original: "Cuando hablamos de mundo nos referimos al horizonte cotidiano dentro del cual vivimos. El mundo de mi hogar, de mi barrio, de mi país, de la clase obrera. Mundo es entonces una totalidad instrumental, de sentido. No es una pura suma exterior de entes, sino que es la totalidaddde los entes con sentido. No se trata del cosmos como totalidad de cosas reales (2.2.3.1), sino que es la totalidad de entes con sentido." (DUSSEL, 1996, p. 134).

que atua transformando e interpretando a realidade, como possibilidade de ação e concretização (DUSSEL, 1973, p. 39-45).

Em relação à "compreensão" enquanto "poder-ser", Dussel apropria-se da matriz filosófica de Paul Ricoeur[52] para quem se deve reconhecer que a experiência específica da finitude se apresenta ao mesmo tempo como uma experiência correlativa da limitação e de transcendência do limite. Os entes são finitos, limitados. O homem em troca tem como modo fundamental de ser a consciência de sua finitude. O homem não é em absoluto infinito, tampouco o finito totalmente pronto, acabado e dado, é um homem em movimento de totalização. Nessa situação de não finalizado, o homem tem que buscar sua possibilidade de realização e conclusão, construindo seus caminhos. E justamente na construção desses caminhos é que vamos encontrar o fundamento da ética, na faculdade de ser do homem, o que lhe possibilita compreender-se existencialmente como poder-ser (DUSSEL, 1973, p. 44-47; ALVAREZ GOMEZ, 2007).

Em sua obra *Para una ética de la liberación latinoamericana* (1973, p. 13 e ss.), Dussel faz a afirmação no sentido de que a Filosofia da Libertação ou Metafísica da Alteridade se propõe para além da ideia da modernidade europeia e da dependência cultural da América Latina, descobrir um caminho que vá traçando a *práxis* libertadora da América Latina. A Filosofia adquire a consciência da importância não só de se dedicar às ciências do espírito latino-americanas (economia política, sociologia, teologia, psicologia, história) como também à *práxis* cotidiana e política, permitindo a formação conceitual do modelo de libertação concreta e histórica que o povo empobrecido e explorado reclama.

Portanto, a experiência primeira da Ética da Libertação é a descoberta do "fato opressivo de dominação", em que uns sujeitos constituem "senhores" de outros sujeitos. Essa dominação se dá no plano mundial, numa relação centro-periferia e no plano nacional, na relação das elites com as massas, da burguesia com a classe operária e o povo etc. (DUSSEL, 1995, p. 18). A Filosofia da Libertação logo foi concebida como uma filosofia da periferia, da periferia social, dos oprimidos e com a pretensão de distanciar-se da ontologia clássica. Como uma necessidade de se pensar a si mesma diante do centro e diante da exterioridade total (DUSSEL, 1998a, p. 10-13), enquanto um pensamento crítico surgido na "[...] fronteira do mundo centralizado (primeiro

---

(52) Para Ricoeur, o conteúdo que deve ser objeto de interpretação no texto é a própria proposição de mundo e não o seu autor, tampouco o texto em si. Portanto, interpretar é, ao mesmo tempo, identificar ou interpretar um dos possíveis mais adequados, ao passo que compreender é compreender-se diante do texto, como poder-ser, aquilo que o texto está a evocar ou a acenar. "[...] a compreensão do si é uma interpretação; a interpretação de si, por sua vez, encontra na narrativa, entre outros símbolos e signos uma mediação privilegiada; esse último empréstimo à historia tanto quanto à ficção fazendo da história de uma vida uma *história fictícia* ou, se preferirmos, uma *ficção histórica,* entrecruzando o estilo *historiográfico* das *biografias* com o *estilo romanesco das autobiografias imaginárias*"(RICOEUR, 1991, p. 138).

mundo), mas que ainda utiliza a linguagem do centro"[53] (PALACIO, 2002, tradução nossa).

Para Dussel (1996, p. 14-15, tradução nossa), a Filosofia moderna europeia, mesmo antes do *ego cogito* e especialmente a partir dele, cuida de situar todas as culturas e indivíduos, homens, mulheres, e também suas descendências dentro de suas próprias fronteiras, como instrumentos úteis e manipuláveis. A Ontologia clássica vai situá-los como entes interpretáveis, como ideias já concebidas, já conhecidas, como "[...] medições ou possibilidades internas ao horizonte de compreensão do ser."[54]

Na perspectiva do centro, o *ego cogito* constitui a periferia. "São homens os índios?" "São europeus e, por isso, são racionais?" Ressalta Dussel que a resposta teórica a essas indagações é o que menos importa. O que importa é o plano prático, que é o plano da realidade, da concretude: os índios são tratados e concebidos apenas como mão de obra e, se não são irracionais, são ao menos "bestiais", incultos (por não serem detentores da cultura do centro), são selvagens e subdesenvolvidos (DUSSEL, 1996, p. 14-15). Isso porque, olhando a partir do centro (da Europa e seus filósofos), tudo o que acontece na história e nos costumes da periferia (a partir de sua exterioridade) é somente irracionalidade, porque o racional é a civilização e a barbárie a exterioridade (DUSSEL, 1986).

Culturalmente, a opressão a um povo (ou a uma coletividade, como os trabalhadores) materializa-se dando-lhe a conhecer, apenas e diretamente, todo o arcabouço cultural e científico de quem oprime, sem possibilidade de submeter esse conhecimento a um modo crítico de pensar com autoconsciência da dominação que se exerce por meio das mesmas estruturas culturais importadas. Daí é que o problema da Filosofia, na perspectiva dusseliana, traduz-se na sua falta de autenticidade, enraizada na condição histórica de países subdesenvolvidos. Em outras palavras, essa inautenticidade é fruto da "troca histórica transcendental" e pode vir a ganhar autenticidade como parte do movimento de superação dessa negatividade.

Dussel ressalta que o oráculo socrático de "*conócete a ti mismo*" (conhece-te a ti mesmo) é tão ontológico com o "eterno retorno ao mesmo" de Nietzsche. Em ambos, o "mesmo" "permanece o mesmo." "O ser é" resume toda a Ontologia, não cabendo nada mais ao "ser" do que apenas contemplar, especular, extasiar-se ele e permanecer na passiva autenticidade favorável ao dominador e mortal para o dominado (DUSSEL, 1996, p. 67, 2.5.2.1). Em outras palavras, por Leopoldo Zea (1969), a solução para o problema

---

(53) Texto original: "[...] la filosofía de la liberación es concebida como una filosofía de la periferia, como pensamiento crítico que brota en la frontera del mundo centralizado (primer mundo), pero que aún utiliza el lenguaje del centro" (PALACIO, 2002.)
(54) Texto original: "[...] como mediaciones o posibilidades internas al horizonte de la comprensión del ser" (DUSSEL, 1996, p. 14-15).

não se traduz na simples aquisição de uma determinada filosofia, por mais profissional que ela possa ser, mas na solução que deve ser dada a um velho problema e que nos segue em nossas relações com o mundo que nos tem servido de modelo.

Apesar de existirem diversas balizas teóricas no interior da Filosofia da Libertação, Dussel absorve o método de análise marxista de realidade (a medição socio analítica) para conscientizar e liberar. Assume que o marxismo, por uma questão da dependência nos permite descobrir a transferência da mais-valia centro-periferia, distinguindo as formações sociais do centro e da periferia, embora ressalte a necessidade ainda de se colocar a questão da dependência sob um marco histórico real e concreto. Diz o autor que a especificidade ou exterioridade periférica nacional não pode se explicar pelo simples fato de sofrer da dominação imperial, mas uma história nacional, sob pena de se cair em uma nova ideologia especialmente quando não há articulação histórica com as classes populares (DUSSEL, 1996, p. 199, 5.9.1.3.4). A diferença entre Dussel dos anos 70 e Dussel dos anos 90 é a perspectiva a partir da que emite sua argumentação: focar primeiro na posição das vítimas e logo desenvolver as consequências teóricas desde a posição do filósofo comprometido com a luta das vítimas (DUSSEL, 2012, p. 332 ; PALACIO, 2002).

Dussel, desde suas primeiras obras e retomando o pensamento de Marx, volta-se também à análise sobre o trabalho e o capital, assim como a dominação e a opressão exercidas a partir do trabalho organizado do sistema capitalista. Esse pensamento "situado" vai abordar as categorias teóricas desde um determinado histórico-geográfico (a periferia do terceiro mundo), a partir da absorção da análise filosófica e econômica de Marx, das categorias éticas de Lévinas (2007) e dos conceitos inaugurados pela Escola de Frankfurt. Em sua *Ética da Libertação na Idade da Globalização e Exclusão* (2012, p. 330 e ss.), é reconhecido o movimento crítico da Escola de Frankfurt como antecedente direto da Filosofia da Libertação (2012). Por ser uma ética crítica que se volta à materialidade das vítimas está em constante movimento, num processo de desconstrução de arranjos intelectuais abstratos.

Na obra *Las metáforas teleológicas de Marx* (1993b, p. 159 e ss.), há uma abertura da perspectiva de análise do pensamento de Marx. Dussel reconhece que o capital tem um nível metafórico que denomina o "sacrificial", que é também usado na Filosofia da Libertação. Ao analisar a posição de Marx, Dussel percebe que o ato moralmente mau ou a *práxis* dominadora negativa é justamente a apropriação da mais–valia do capital que rouba o trabalhador. A falta de moral, a *práxis* ôntica totalizante consiste no fato de depreciar o rosto do outro e usá-lo como coisa: a *práxis* coisificante do outro. O outro como instrumento é mediação do projeto totalizado da totalidade sacralizada. Essa totalidade cumpre os desejos daqueles que negam o valor do outro e não se preocupam em ouvir a voz do outro. Dussel vai chamar de "consciência ética" "[...] a capacidade que se tem de escutar a voz do outro, palavra transotológica que irrompe para além do sistema vigente"⁽⁵⁵⁾ (DUSSEL, 1996, p. 77, 2.6.2.2, tradução nossa).

Em outra passagem, o trabalho também vai ocupar uma posição central do pensamento da Filosofia da Libertação em Dussel. São os "condenados da terra", os condenados e marginalizados (DUSSEL, 1996, p. 45, tradução nossa):

> Pouco a pouco as coisas começaram a tomar fisionomia de organizações à mão, mediações que foram tomando forma de artefatos, úteis (*ta pragmata*). A pura terra, a *terra mater* ou a *pacha mama* (de latinos ou incas) chegou um dia a transformar--se pela agricultura. A coisa-cultural não é já uma mera coisa, é já um mundo, é um ente: o que é em meu mundo. O entorno se povoou então de coisas-sentido: a pedra deixou lugar à arma; a madeira ao fogo, a caverna à casa [...]
>
> Se a relação rosto a rosto, a proximidade, é a essência da *práxis*, agora deveremos falar da *proxemia*, ou a essência da *poíesis*, do trabalho que cumpre o homem na natureza e pela qual a mera coisa cobra um sentido e valor: transforma-se em mediação.⁽⁵⁶⁾

Na obra *Filosofia da Libertação*, Dussel (1996) utiliza o termo *poiésis* para designar o processo do trabalho. A alienação se julga essencialmente na *poiésis* de uma formação social. A *práxis* de dominação enquanto uma relação homem a homem (*práxis*) vai colocar o indivíduo ao serviço do dominador, mas é exatamente no trabalho (*poiésis*) que há a dita dominação (PALACIO, 2002). Dá-se quando o fruto do trabalho não se vê recuperado pelo povo, pela mulher, pelo filho, quando o trabalho do outro é dominado, apropriado sistematicamente pelo dominador, num processo habitual, histórico, institucional, de alienação real e efetiva (DUSSEL, 1996).

A *poiética* se ocupa assim do ente como artefato "[...] os entes culturais, fruto da relação homem-natureza. Situam-se em um outro nível: a cultura.

---

(55) Texto original: "[...]la capacidad que se tiene de escuchar la voz del otro, palabra transontológica que irrumpe desde más allá del sistema vigente" (DUSSEL, 1996, p. 77, 2.6.2.2.)
(56) Texto original: "Poco a poco las cosas comenzaron a tomar fisonomía de entes a la mano, mediaciones que fueron tomando forma de artefactos, útiles (ta prágmata). La pura tierra, la terra mater o la pacha mama (de latinos o incas) llegó un día a transformarse por la agricultura. La cosa-cultural no es ya una mera cosa, es ya en un mundo, es un ente: lo que es en mi mundo. El entorno se pobló entonces de cosas-sentido: la piedra dejó lugar al arma; la madera al fuego; la caverna a la casa... Si la relación rostro-a-rostro, la proximidad, es la esencia de la praxis, ahora deberemos hablar de la proxemia, o la esencia de la poíesis (4.3), del trabajo que cumple el hombre en la naturaleza y por el cual la mera cosa cobra un sentido y valor: se transforma en mediación." (DUSSEL, 1996, p. 45.)

São signos, produtos ou artefatos" (DUSSEL, 1996, p. 140, 4.2.1.1, tradução nossa)[57]. O trabalho do homem faz com que a coisa adquira um valor de sentido, transformando-se em mediação (DUSSEL, 1996, p.151, 4.3.1), que é possível em razão da proximidade do trabalho com a natureza.

O trabalho da modernidade, no sistema capitalista que lhe dá nascimento e forma, se transforma em um elemento vitimizador e alienador do homem. Por isso, deve ser criticado desde uma consciência crítica libertadora. A razão crítica estruturante da argumentação adotada por Dussel pressupõe que o processo dialético como a passagem à nova totalidade por outra parte pode se apoiar somente no movimento negativo de negação, mas na afirmação da alteridade do novo sistema que vai surgir desde a manifestação da exterioridade do outro ou da transcendentalidade do trabalho sobrante (DUSSEL, 1996, p. 162, 4.3.7.6).

Deve-se criticar a negação do oprimido ou da vítima em sua vida material ou em sua corporeidade, realizada pelo sistema capitalista totalizante. A corporeidade em Dussel é a afirmação unitária do ser humano, compreendida em sua materialidade, reunindo vários aspectos como a corporeidade orgânica, corporeidade enquanto vontade, enquanto pulsões, enquanto instintos, vida.

Dussel reivindica a denúncia de Marx sobre a "lógica sacrifical" do capital", o que se representa num sentido metafórico como um ritual: sacrifica-se o trabalhador (vida material ou trabalho vivo) ao fetiche ou ídolo (capital) que se subsume na mais valia (trabalho objeto em mercadoria). O sacrifício se consuma quando a vida objetivada do trabalhador se transforma em vida do capital ou vida morta do trabalhador. Portanto, o processo de trabalho é concebido por Marx ou Dussel como um "sacrifício ritual que devora homens" (1993b, p. 214; PALACIO, 2002). Nessa concepção materialista dialética, o trabalho é um processo de morte em que o trabalhador põe sua vida no produto (subsumido) e não o recupera nunca mais (alienado), ou seja, o trabalho é a relação social de produção que, em si, é uma relação ética de dominação ou exploração do capital ou trabalho objetivado (cujo possuidor é o capitalista) sobre o trabalho vivo ou vida material do obreiro.

Contrariamente aos marcos clássicos da saúde ocupacional, especialmente no Brasil, em que os trabalhadores são visualizados enquanto pacientes ou mesmo objetos de intervenção profissional, voltando-se ao plano da saúde do trabalhador eles se constituem em "[...] sujeitos políticos coletivos, depositários de um saber emanado da experiência e agentes essenciais de ações transformadoras", sendo decisiva a incorporação desse saber não só no âmbito da produção de conhecimento como no desenvolvimento das práticas de atenção à saúde (MINAYO-GOMEZ; 2011, p. 27).

E como obter a libertação se o trabalho faz vítima o sujeito humano? A essa pergunta nos reportamos a todo o pensamento ético crítico de Dussel,

---
(57) Texto original: "Los entes culturales, fruto de la relación hombre-naturaleza; se sitúan en un nuevo nivel: la cultura. Son signos, productos o artefactos."

a partir da adoção de um contradiscurso que vai se caracterizar pelo tom crítico e sempre questionador da realidade de opressão em que está imersa a relação trabalho e saúde do trabalhador (PALACIO, 2002).

No Brasil, a questão da Saúde e da Segurança do Trabalho está posta em inúmeras leis e normas, tanto no plano nacional como no plano internacional.

Pode-se citar o SESMT, (Serviço Especializado de Engenharia de Segurança e Medicina do Trabalho[58]), bem como as 36 Normas Regulamentadoras das Condições de Trabalho[59], estabelecidas a partir do ano de 1974, sob a égide do Ministério do Trabalho e Emprego, em decorrência das exigências que se sucederam pós-ditadura militar e em razão dos altos índices de acidentes, que deram ao Brasil uma negativa posição mundial.

É inquestionável que a complexidade da dicotomia saúde-trabalho está inserida numa perspectiva multidisciplinar, demandando abordagens críticas que possibilitem a estruturação de políticas voltadas à prevenção e à promoção de saúde dos trabalhadores. Porém, ao se estabelecer um padrão interventivo de natureza privada e que se põe sob controle dos empregadores, potencializou-se, igualmente, uma questão ética em relação aos compromissos que devem ser assumidos na proteção da vida e da saúde dos trabalhadores. Há uma prevalência valorativa dos riscos ambientais que são mensuráveis (como os riscos químicos, físicos, biológicos), desconsiderando-se o modelo de organização do trabalho, as metas impostas, os instrumentos avaliativos para admissão, promoção ou mesmo manutenção no emprego, todos inseridos num sistema hierárquico que vai pautar os limites da liberdade, da autonomia e do próprio poder da classe trabalhadora nas questões atinentes ao seu meio ambiente laboral.

Há outras limitações no plano da normatividade, pelo caráter geral e abstrato e que, por essa razão, não considera (ou não tem como considerar) a imensa variabilidade humana e das próprias condições de trabalho.

Todas essas questões são atuais à Ética da Libertação. Dussel busca a resposta às complexidades estruturais desde a periferia, desde a exterioridade, desde a alteridade das vítimas: a alteridade das vítimas descobre como ilegítimo e perverso o sistema material dos valores, a cultura responsável pela dor injustamente sofrida pelos oprimidos. Desde as vítimas Dussel contestará que o trabalho deve replantar o valor com a dignidade da pessoa.

---

(58) Item 4.1 na NR4, Portaria n. 3./214/1978 (BRASIL, 1978): "As empresas privadas e públicas, os órgãos públicos da administração direta e indireta e dos poderes Legislativo e Judiciário, que possuam empregados regidos pela Consolidação das Leis do Trabalho – CLT, manterão, obrigatoriamente, Serviços Especializados em Engenharia de Segurança e em Medicina do Trabalho, com a finalidade de promover a saúde e proteger a integridade do trabalhador no local de trabalho."
(59) As 36 normas regulamentares podem ser acessadas no *site*: MINISTÉRIO DO TRABALHO E EMPREGO. Disponível em: <http://portal.mte.gov.br/legislacao/normas-regulamentadoras-1.htm> Acesso em: 10 maio 2015.

A partir da desconstrução do mito da "razão emancipadora" colonial, Dussel (2005) propõe a solidariedade "analéptica", de centro-periferia, mulher/homem, diversas raças e etnias, classes, humanidade/terra etc., a partir não mais de uma alteridade negada (vítimas), mas por meio de um processo de incorporação.

Dussel (2005) descreve o mito: o colonizador se autodefine como superior e mais desenvolvido; a superioridade o move e o obriga, como uma exigência de natureza moral, a promover o desenvolvimento dos oprimidos e subalternos, aqui considerados como os bárbaros, os rudes, que precisam ser direcionados (ao que Dussel chama "falácia desenvolvimentista"); havendo oposição desses ao processo de "educação" e de "desenvolvimento", é legitimado o uso da força, da disciplina pelo "herói" colonizador, se essa se fizer necessária para que seja implantada a "modernização" em "benefício" desses (esse processo legitima a violência e produz vítimas: índios, escravos africanos, a mulher, o trabalhador, a destruição ecológica etc). Há também o mito da culpa: a culpa do bárbaro, do explorado, por se opor ao processo "civilizatório", "educacional", é capaz de conferir ao mesmo tempo a percepção de inevitabilidade do sofrimento experimentado, como também inocência ao sistema opressor diante da violência que lhe é praticada, dada a falsa condição "emancipadora" da culpa dessas vítimas, pelo caráter civilizatório de sua atuação[60].

A razão libertadora da ética dusseliana impõe que, nesse processo, primeiro a vítima deve libertar-se do mito da culpa e ver-se inocente do "sacrifício ritual." A partir dessa descoberta, estará invertido o processo, e terá condições de ver aquele "sistema" como culpado da violência sacrificadora, exploradora, conquistadora.

Esse olhar, a partir do ponto de vista do "outro", desde a "exterioridade", revela que é a realidade física e corpórea do outro que está na minha frente, face a face, irrompendo, várias vezes, a própria estranheza (DUSSEL, 2005). O mundo é o mundo do sentido, e quase sempre o rosto das pessoas irrompe, não sendo revelador do sentido. O Outro é um estranho despersonalizado e não se assemelha ao outro. O Outro é coisificado como máquina e o mundo é totalitário ao ponto de não reconhecer o rosto do outro. Como um trabalhador que é confundido com uma máquina que opera na fábrica.

Quando o Outro se revela como pessoa, como humano-igual, independentemente das diferenças sociais que existem entre ele e a outra face que se revela, ele está saindo da totalidade e posicionando-se com o rosto livre diante dos outros. Nessa exterioridade, há um grito de liberdade contra o sistema-mundo opressor e excludente. É o grito do pobre oprimido, do trabalhador explorado, do repelido, do excluído.

---

(60) Esses mitos são observados em várias relações de dominação: dominação dos povos "atrasados", dominação "de raças", dominação de gênero etc.

Este é o tema central em Dussel, que tem filiação na filosofia de Lévinas (1988). É o homem diante do homem, tentando superar a dialética da ontologia da totalidade, e que, a partir da análise fenomenológica da alteridade e transcendência do outro, questiona a totalidade como anuladora da diferença.

Dussel (1988a,1998b, 2012) considera que o sofrimento do outro é a consequência de uma realidade oculta em que, por meio de relações não simétricas e opressivas de poder, uns subjugam outros, assim entendidos como inferiores, inumanos e não civilizados.

A categoria de "exterioridade" em Lévinas (1988), em que o outro se impõe como diferente e fora da totalidade é amplamente utilizada por Dussel, tanto para definir o povo latino-americano, que representa a "exterioridade" do centro, como para definir o trabalhador, objeto de nosso estudo, que em razão de sua capacidade é a "exterioridade" ao capital.

Desde suas origens, a Filosofia da Libertação busca elaborar uma metafísica exigida pela ação"libertadora" a partir da sociedade periférica. Para esse intento, é preciso desmascarar os funcionalismos, sejam eles os estruturalistas, os lógico-cientifistas ou matematizantes, que ao pretenderem que a razão não pode criticar dialeticamente o todo, vão afirmá-lo por mais analiticamente que lhe faça crítica (DUSSEL, 1998a, 1998b, 1996).

É de se ressaltar que a conceituação do processo do trabalho não é mais a mesma da que se apresentou originalmente no modo de acumulação de capital no trabalho produtivo industrial civil (MINAYO GOMES, 2011).

Por esse motivo, para a compreensão dos problemas que envolvem a saúde do trabalhador, todo esse instrumental analítico vai requerer adequações e posição do trabalhador enquanto um SER situado, descolonizado, para dar visibilidade às variadas situações vivenciadas por enorme contingente de trabalhadores. Dussel estabelece a vida humana como o conteúdo da ética e clama por solidariedade do outro. Do semelhante, se exige responsabilidade.

No plano da concretude, se o objetivo das atuais instituições de saúde se voltam para a vigilância e o respeito aos direitos dos pacientes, não se deve ignorar ao fato de que muitos dos problemas "ético-clínicos" não são originados exatamente dessa relação do profissional da saúde-paciente, mas de outros fatores de extrema importância, nos quais se inserem os problemas institucionais e os problemas éticos relacionados pelas políticas e sistemas de saúde, inserindo-se nesse contexto também a relação entre trabalho e saúde (LEÓN CORREA, 2009).

Quando se passa da reflexão da vida individual para a vida coletiva e para o desejo de desenvolvimento da vida humana a partir da ética dusseliana, emergem algumas questões, como o meio ambiente, que é o espaço em que nossa vida opera e insiste em se desenvolver. Nele se insere o meio ambiente do trabalho. Como se pode projetar uma boa vida e uma boa humanidade num meio ambiente natural ou industrial degradado e contaminado? O fato é que contrariamente ao que ocorre em relação ao meio ambiente do trabalho, no campo da ecologia, pelas implicações econômicas de muitos outros fatores, a Bioética e a investigação científica depositam muito mais investimentos.

Não obstante seja o meio ambiente do trabalho o local por excelência onde se desenvolve a vida humana, o que se observa é que a proteção ao meio ambiente natural em sentido amplo tem muito mais assimilação na sociedade e nos meios jurídicos. O inconformismo em relação ao meio ambiente do trabalho degradado, inseguro e poluído parece restrito à órbita de alguns grupos e setores, muitas vezes, limitado aos muros dos processos judiciais e reduzidos a compensações pecuniárias. O meio ambiente do trabalho ainda está colonizado e os acidentes e adoecimentos não passam de números estatísticos. O rosto do trabalhador vitimizado segue *en-coberto*. A vida dessa vítima é que está em questão.

A vida é posta como fundamento e como objetivo da ação moral. Dussel enuncia um "princípio material universal da ética": aquele que deve produzir, reproduzir e desenvolver autorresponsavelmente a vida concreta de cada sujeito humano em uma comunidade de vida, a partir de uma boa vida cultural e histórica, que se compartilha solidariamente tendo como referência última toda a humanidade (DUSSEL, 1998b). E o tema do trabalho está intimamente relacionado à produção, reprodução e desenvolvimento da vida humana.

Caminhando para a conclusão deste capítulo, a *Ética da Libertação* de Enrique Dussel, que será adotada para o diálogo crítico que se estabelecerá ao longo deste estudo, propõe uma concepção diferente da vida: a vida é fundamento dos valores.

Assim, cada vontade moral está radicada na vida, tem a vida como seu princípio e fundamento, ainda que muito frequentemente os valores morais tenham requerido o fim da vida.

Deve-se abrir espaço para que os trabalhadores tomem consciência de que, ao defender a saúde na fábrica, defendem igualmente a saúde da comunidade e assim, necessitam escapar das concepções intramuros corporativas para assumir uma função de libertação. Do mesmo modo, a biosfera, enquanto unidade global reclama um equilíbrio em dimensão planetária (BERLINGUER, 1983).

Como se vê, o tema que abordamos está relacionado diretamente com o necessário processo de construção do saber bioético sobre a realidade sociolaboral latino-americana e brasileira. A saúde do trabalhador deve beneficiar-se dessa abordagem crítica como instrumento para superação da fragmentação do saber e do agir, especialmente na era biotecnológica, a partir da ampliação e articulação da análise, compreendendo os problemas relacionados à saúde do trabalhador perante aos sistemas produtivos e indivíduos concretos.

Capítulo II

A INFORMAÇÃO GENÉTICA HUMANA E OS DESAFIOS NO CENÁRIO TECNOCIENTÍFICO

2.1 O PROJETO GENOMA HUMANO E A PRODUÇÃO DE PARADOXOS: O MOVIMENTO PENDULAR ENTRE O ENCANTAMENTO E O "TERROR CÓSMICO"

São inúmeros os fatos que se sucederam até o conhecimento que se tem na atualidade sobre os genes. No entanto, não é o objetivo deste trabalho propriamente explorar com profundidade esses acontecimentos. Tampouco somos especialistas nessa área, o que não constitui óbice à continuidade do percurso de que necessitamos para o enfrentamento do problema de pesquisa.

O relatado justifica que não pretendemos uma exata descrição desde um ponto de vista biológico ou biotecnológico, mas uma aproximação mais rigorosa possível a uma realidade que encerra problemas bioéticos e jurídicos, pelo que será necessário, a partir de um responsável esforço adicional e da pesquisa em vasta bibliografia, o trânsito por conceitos próprios de uma disciplina que nos é alheia (NICOLÁS JIMÉNEZ, 2006).

Conscientes dessa dificuldade, começamos por situar as informações e os dados em seu contexto para que adquiram sentido (MORIN, 2000, p. 36). Iniciamos no tema que nos servirá de base, a biotecnologia, conceito que, no dizer de Ochando González (1989, p. 167), é "quase mágico", mas que também suscita os mais contraditórios sentimentos.

Nas palavras de Juan Ramón Lacadena (2000, p. 222)[61], a Genética corresponde à ciência que estuda o material hereditário em qualquer nível ou dimensão, representando um dos maiores avanços e progressos no conhecimento do ser humano (ÁLVAREZ GONZÁLEZ, 2007, p. 27).

Ochando González (1989, p 168-170), no estudo intitulado *Orígenes y bases de la revolución biotecnológica*, faz uma análise da evolução

---

(61) Ao encerramento do Congresso Mundial de Bioética a que alude o trabalho mencionado, ocorrido em Gijón, Espanha, em 20-24 de junho de 2000, o Comitê Científico da Sociedade Internacional de Bioética (SIBI), do qual o autor Juan Ramón Lacadena fez parte, elaborou a Declaração de Bioética de Gijón. Ver no *site*: ORGANIZACIÓN DE ESTADOS IBEROAMERICANOS PARA LA EDUCACIÓN LA CIENCIA Y LA CULTURA (OEI). Declaración de bioética de Gijón 2000. Disponível em: http://www.oei.es/salactsi/bioetica.htm> Acesso em: 10 nov. 2014.

da genética desde os povos mais primitivos. Ressalta o autor que poderíamos dizer, a partir de estudos efetuados em fósseis, que, desde a Idade da Pedra, se pratica "manipulação genética", a partir da cria e cruzamento seletivo de animais e plantas cultiváveis. Mas a utilização "tecnológica" de seres vivos mais distante é atribuída por ele aos povos babilônios, 6.000 a C., na fabricação de cerveja por fermentação microbiana.

No plano teórico, atribui-se a Hipócrates a primeira teoria conhecida sobre a hereditariedade (século V a C.), que fala sobre a existência de pequenos elementos representativos de todas as partes do corpo paterno no sêmen (OCHANDO GONZÁLEZ 1989, p. 169). Também Aristóteles (384-322 a C.) vai apresentar uma visão filosófica dentro de sua teoria sobre o potencial do que algo pode chegar a ser, dizendo que o líquido seminal do homem tem um plano segundo o qual se modelará o sexo (OCHANDO GONZÁLEZ, 1989, p. 170).

Em 1869, Friedic Miescher descobre uma substância nos núcleos celulares, a "nucleína", rica em fósforo. Anos depois, informa havê-la encontrado nos rins, nos testículos, no fígado e nas células sanguíneas vermelhas (MORA SÁNCHEZ, 2001, p. 9).

Entretanto, como ressalta Ochando González (1989, p. 170), não obstante tudo o que se sucedia no mundo científico, o monge agostiniano é que realizou, no ano de 1865, suas experiências com ervilhas, que somente mais tarde ganharam projeção: as leis de Mendel.

Tradicionalmente, a origem do estudo científico da genética e as ideias efetivas sobre a hereditariedade são atribuídas a Gregor Mendel, que, no ano de 1865, fixou seus experimentos sobre ervilhas. Mendel estudou de forma meticulosa os caracteres que estavam presentes nas ervilhas e descobriu que a descendência herdava das plantas-mães segundo uns esquemas concretos. Mendel sugeriu que unidades hereditárias discretas seriam responsáveis pelos caracteres estudados. Um exame mais detido dos esquemas de hereditariedade levaram ao anúncio de que todo caractere resultava de duas unidades de hereditariedade e que cada uma dessas duas unidades procedia de uma planta mãe diferente. Todas essas unidades de hereditariedade foram denominadas **genes** (OCHANDO GONZÁLEZ,1989, p. 170 e ss.)

Mendel atacou o problema de modo simples e lógico, e suas investigações permitiram demonstrar como todos os caracteres ou traços selecionados para a realização do estudo se distribuíam entre a descendência com uma precisão matemática (ÁLVAREZ GONZÁLEZ, 2007, p. 27).

Até o fim do século o 19, os biólogos vieram a reconhecer que os *portadores da informação hereditária* eram os **cromossomas**, que se fazem visíveis no núcleo quando a célula começa a se dividir. Mas a prova efetiva de que o Ácido Desoxirribonucleico (DNA), componente principal dos cromossomas, era a substância de que são feitos os genes somente chegou mais tarde, até meados do século 20[62].

Assim, num primeiro momento, as ideias de Mendel não tiveram a repercussão que se esperava dentro da comunidade científica. E a Genética, nome proposto por Bateson no ano de 1905, proveniente do grego *engendran*, "gerar", será efetivamente considerada como "a ciência da hereditariedade" com o redescobrimento, por meio de inúmeros estudos, das leis de Mendel em 1900 (OCHANDO GONZÁLEZ, 1989, p. 170).

Deve-se dar grande destaque ao importante avanço nas investigações genéticas, o que se verificou, em meados do século 20 com o descobrimento do Ácido Desoxirribonucleico (DNA) enquanto portador de material genético (SANCHEZ-CARO; SANCHEZ-CARO, 2001, p. 163). O DNA constitui um marco na história da genética, pelo que se fala na existência de um antes e um depois do DNA (LACADENA, 2000, p. 223).

Em 1953, Watson e Crick propuseram a estrutura do DNA em forma de dupla hélice (WATSON, 2014)[63]. A importância de tal descoberta foi a de permitir a compreensão do procedimento pelo qual se fazia o intercâmbio e se transmitia às gerações sucessivas toda a informação genética, iniciando--se uma nova fase na revolução genética. Descreve Tom Wilkie (1994. p. 12):

> [...] em toda a extensão da dupla hélice do DNA estão escritas as letras químicas do texto genético. É um texto extremamente longo, pois o genoma humano contém mais de 3 bilhões de letras. Se impresso em páginas, encheria cerca de 7 mil volumes do tamanho deste.

Os avanços científicos no tema não têm cessado desde então, dando lugar à denominada "era do gene" ou "era do genoma humano" (ÁLVAREZ GONZÁLEZ, 2007, p. 29).

As investigações sobre o genoma humano têm sido favorecidas enquanto consequências da culminação do principal objetivo buscado pelo Projeto Genoma Humano de "[...] sequencialização[64] completa do DNA humano e a cartografia linear dos genes nos cromossomas"[65] (ROMEO CASABONA, 2002a) ou, em outras palavras, de estabelecimento da "[...] localização,

---

(62) Ver mais informações no sitio do Parlamento Europeu: PARLAMENTO EUROPEU. Disponível em: <http://www.europarl.eu/sides/getDoc.do?pubRef=-//EP//TEXT+REPORT+A5-2001-0391+0+DOC+XML+V0//ES#title3> Acesso em: 10 jul.2015.
(63) Publicado originalmente en Gran Bretaña en 1968 por Weidenfeld & Nicholson.
(64) "Sequenciamento é o processo de determinação da ordem das bases em uma molécula de DNA." (PENA; AZEVÊDO, 1998, p. 140.)
(65) **Texto original**: [...] la secuenciación completa del ADN humano y la cartografía linear de los genes en los cromosomas" (ROMEO CASABONA, 2002a, tradução nossa).

posição e distância entre genes nos cromossomas humanos mediante a sequência das bases."⁽⁶⁶⁾ (ROMEO CASABONA, 2002b, p. 4).

No dizer de Abrisqueta Zarrabe (2001, p. 268), o projeto Genoma Humano (PGH) é um projeto internacional que constitui a "[...] maior aventura científica da biologia humana, e o mapa⁽⁶⁷⁾ genético que será conhecido a partir deste projeto estabelecerá uma base importante da medicina do futuro."⁽⁶⁸⁾

O objetivo final desse projeto é obter uma descrição completa do genoma humano, mediante a sequência do DNA (ABRISQUETA ZARRABE, 2001, p. 268-270), tendo sido projetado enquanto um programa de três etapas (ALVÁREZ GONZÁLEZ, 2007, p. 30): a etapa de realização dos mapas genéticos⁽⁶⁹⁾ (em que se identificam os genes no genoma, ou seja, quais genes existem); de realização dos mapas físicos⁽⁷⁰⁾ (em que se investigam onde estão situados) e de realização dos mapas da sequência nucleotídica completa dos cromossomas humanos, com o fim de decifrar os milhões de bases que configuram o DNA e "[...] determinar, entre outras coisas, quais são os responsáveis das diferentes enfermidades hereditárias e dos distintos traços ou caracteres dos homens"⁽⁷¹⁾ (ABRISQUETA ZARRABE, 2001, p. 268-270, tradução nossa). As primeiras análises foram objeto de publicação em fevereiro de 2001 e em abril de 2003 o Instituto Nacional de Investigação do Genoma Humano anunciou a conclusão do projeto (ÁLVAREZ GONZÁLEZ, 2007, p. 31).

Nos dizeres de Wilkie (1994, p. 10-13), sobre o Projeto Genoma Humano:

> Ele tem sido chamado o Santo Graal da biologia contemporânea. Custando mais de 2 bilhões de libras, é o projeto científico mais ambicioso desde o programa Apollo para o pouso do homem na Lua. Sua realização demandará mais tempo que as missões lunares, pois só se completará nos primeiros anos do próximo

---

(66) Texto original: "[...] localización, posición y distancia entre gens en los cromosomas humanos mediante la secuenciación de las bases." (ROMEO CASABONA, 2002b, p. 4, tradução nossa.)
(67) Para Pena e Azevêdo (1998. p. 140): "Mapeamento é o processo de determinação da posição e espaçamento dos genes nos cromossomos."
(68) Texto original: "[...] la mayor aventura científica de la biología humana y el mapa genético que va a conocerse, a través de ese proyecto, establecerá una base importante de la medicina del futuro." (ABRISQUETA ZARRABE, 2001, p. 268, tradução nossa:)
(69) Ver ABRISQUETA ZARRABE (2001, p. 268-270, grifo do autor): "El mapa genético (qué genes existen) es un mapa de ligamiento que indica el orden y las distancias relativas medidas en centimorgans (cM), que es la unidad de distancia derivada de la frecuencia de recombinación entre marcadores genéticos."
(70) Ver ABRISQUETA ZARRABE (2001, p. 268-270, grifo do autor):" El mapa físico (dónde están situados) es aquel en el que las distancias entre los lindes identificables se expresan en número de pares de bases o nucleótidos."
(71) Texto original "[...] El PGH aspira a establecer la secuencia nucleotídica de todos los genes que componen el genoma humano, con el fin de determinar, entre otras cosas, cuáles son los responsables de las diferentes enfermedades hereditarias y de los distintos rasgos o caracteres del hombre." (ABRISQUETA ZARRABE, 2001, p. 268-270.)

século. Antes mesmo de concluído, segundo seus defensores, o projeto proporcionará uma nova compreensão de muitas das enfermidades que afligem a humanidade e novos tratamentos para elas. Graças ao Projeto Genoma Humano, haverá novas possibilidades de afastar os espectros do câncer, da cardiopatia, de doenças autoimunes como a artrite reumatóide e algumas enfermidades psiquiátricas.

O objetivo do Projeto Genoma Humano, embora simples de enunciar, é de uma abrangência audaciosa: mapear e analisar cada um dos genes contidos na dupla hélice do ADN humano. O projeto revelará uma nova anatomia do homem – não ossos, músculos e tendões, mas o esquema genético completo de um ser humano. Assim como o primeiro atlas anatômico de Vesálio inaugurou uma nova era na medicina humana, também – afirmam os defensores do Projeto Genoma Humano – a nova anatomia genética vai transformar a medicina e mitigar o sofrimento humano no século XXI.

Ocorre que, à medida que o Projeto Genoma Humano ia avançando e dadas as suas variadas capacidades, também crescia a preocupação social, fruto em parte do "terror cósmico", que nas palavras de Ortega e Gasset, na introdução de sua obra *Meditación de la Técnica* (1965, p. 30-35), a humanidade tem experimentado diante de essas descobertas cósmicas misteriosas, como se, juntamente aos seus benefícios, viessem perigos terríveis. Para Ortega (1965, p. 25), a técnica nos revela a constituição do homem, o "raro mistério" de seu ser. O ser humano não deseja possuir a técnica somente para que possa por ela se adaptar ao meio como os demais seres vivos, mas, sim, pretende a transformação do meio, para que seja adaptado às suas necessidades. No entanto, considerando que as necessidades humanas são se resumem às necessidades biológicas, pois as pessoas também "necessitam" do supérfluo, viver humanamente vai significar, para o autor, não somente estar no mundo, mas estar bem (o bem-estar), advindo daí o fato de ser o homem um ser técnico, criador do supérfluo, com vistas à obtenção da felicidade.

Nesse sentido, também Álvarez González (2007, p. 31), para quem a indagação sobre a constituição genética, que abre o campo do diagnóstico e tratamento das enfermidades genéticas, vai produzir medo à sociedade, medo real ou potencial, ante a má utilização desse tipo de informação.

Por isso, Peces-Barba Martinez (1993-1994, p. 318, tradução nossa) fala na existência de um certo "paradoxo" provocado pelo Projeto Genoma Humano, para explicar como um projeto, fruto de uma liberdade – a liberdade da ciência e do direito à investigação e à produção científica (que também compõem os direitos fundamentais) – pode se converter em um "[...] perigo para a pessoa e seus direitos, que leva à geração, por sua vez, de novas proteções e novos direitos." Essa é a raiz do paradoxo para o autor: "[...] em vez de produzir só benefícios, que um direito exercido possa produzir perigos ou malefícios, que nos obriguem a nos defender."[72] Esse "paradoxo" nos acompanhará em todo o nosso estudo.

Alguns dos outros possíveis benefícios que advêm ou podem advir do conhecimento genético devem ser destacados:

- incremento das tecnologias farmacêuticas, como a criação de novas drogas para doenças até então tidas como incuráveis, ou mesmo a possibilidade de prescrição futura de medicação individualizada a partir do conhecimento completo do material genético (SOOKOIAN; PIROLA, 2004);

- criação de vacinas gênicas para doenças, como HIV, herpes, influenza, hepatite, dentre outras (SANTOS, M. C. C. L., 2001, p. 316);

- reabastecimento da fauna com a clonagem de animais em extinção (SAUWEN; HRYNIEWICZ, 2000, p. 48);

- possibilidade de adoção da medicina preditiva com fim de efetuar a predição sobre a possibilidade de desenvolvimento de uma doença com base em exame genético (o genótipo, o gene subjacente que herdamos e nos leva a ter a doença) efetuado a partir de exame de DNA (PENA, S.D.; AZEVÊDO, 1998, p. 144);[73]

- exames pré-natais para investigação de malformação (SGRECCIA, 1996, p. 256);

- possibilidade de terapias gênicas que transcendam à mera predição de doenças para a terapia dessas próprias doenças, o que para Romeo Casabona (1999, p. 17-18) ainda é uma possibilidade de utilização muito limitada;

- realização de provas em testes de paternidade e identificação em processos criminais (SCHIOCCHET *et al.*, 2015).

---

(72) O trecho completo no original traz a seguinte redação: "La paradoja se presenta porque el proyecto Genoma Humano, con todo lo que conlleva, es una de las consecuencias de la libertad de la ciencia y del derecho a la investigación y a la producción científica y técnica, que forma parte del catálogo de derechos fundamentales, es decir, que es consecuencia del clima de libertad radical de pensamiento, que es uno de los logros de la cultura política a partir del tránsito a la modernidad. Pero ese origen no es una garantía de que un logro científico que supone tanto para la cultura de nuestro tiempo y para el futuro, no puede a su vez, en determinados casos, convertirse en un peligro para la persona y sus derechos, que genera a su vez la necesidad de nuevas protecciones y de nuevos derechos. Y ésa es la raíz de la paradoja: en vez de producir sólo beneficios, que un derecho ejercido pueda producir peligros o maleficios, que nos obliguen a defendernos." (PECES-BARBA MARTINEZ, 1993-1994, p. 318.)
(73) Neste momento não trataremos sobre a diferenciação do potencial preditivo das doenças monogênicas e poligênicas, o que faremos no capítulo destinado ao estudo das provas preditivas.

- Solução de casos criminais antes dados como irresolvíveis, a partir da identificação segura de um suspeito utilizando-se o material genético deixado na cena do crime ou no corpo da vítima. A possibilidade é potencializada quando do uso de um banco de dados de perfis genéticos, que permite não só armazenamento de informações de indivíduos, mas a sua análise comparativa com outros dados genéticos relacionados ao caso específico) (SCHIOCCHET *et al.*, 2015).

Como ocorre com todo o avanço tecnológico, o auge da Genética também irá influenciar em nosso ordenamento jurídico. Como ressaltam Siqueira e Diniz (2004, p. 226), as transformações são profundas, "[...] pois permitem mergulhar na microdimensão de nossa existência biológica." E, assim, sendo inevitável a relação do avanço técnico e da adaptação jurídica quando estamos ante ao desenvolvimento de algo que vai impactar numa projeção social. A consequência no campo jurídico desse avanço poderá consistir na aparição de uma nova legislação ou na reação do ordenamento jurídico em suas várias possibilidades de aplicação e de interpretação. Devem ser incitados especialmente os filósofos do Direito e teóricos dos Direitos Humanos à construção de uma consciência tecnológica que produza uma atitude reflexiva crítica e responsável diante dos novos problemas suscitados pela biotecnologia e que impactam as esferas sociais, às quais nem o Direito, tampouco os diretos humanos podem posicionar-se como insensíveis (FROSINI, 1996).

O fato é que todo esse progresso tecnológico e científico experimentado pela Genética despertou interesses econômicos, financeiros, comerciais, mas também e em grande monta um perigo para os valores e os direitos fundamentais (ÁLVAREZ GONZÁLEZ, 2007, p. 33). Como ressalta Zatz (2000), os avanços da tecnologia e da biologia têm sido tão acelerados e tão rápidos que a quantidade de testes genéticos disponíveis, quer para características normais, quer para características patológicas, estão aumentando todos os dias. Prossegue a autora, advertindo também que, enquanto as questões éticas seguem sendo debatidas entre os acadêmicos, persistem as disputas laboratoriais sobre a possibilidade de aplicação e desenvolvimento de testes de DNA. Exemplicando, Novak, em artigo publicado no ano de 1994 (NOVAK, 1994, p. 464-467), registra que, somente nos EUA, haveria cerca de 30 mil famílias em risco para a doença de Huntington, 36 mil famílias para distrofia miotônica, de 3 a 5 milhões de pessoas para doença de Alzheimer e um milhão de mulheres portadoras de mutações nos genes BRCA1 e BRCA2.

Inúmeras questões devem ser debatidas sob um ponto de vista médico, jurídico, social, bioético: qual seria efetivamente um benefício de um teste genético preditivo em pessoas não sintomáticas? Sabendo-se que os testes genéticos envolvem questões de alta tecnologia e especificidade, e traduzem-se em instrumento de controle e poder sobre o investigado, pode-se assegurar que as pessoas detêm conhecimento sobre o que significaria efetivamente o resultado de um exame ou mesmo o motivo pelo qual estariam sendo testadas? A quem será atribuída a produção e o uso desses testes? A quem se direcionará? Empregadores, seguradoras, órgãos públicos, todos terão acesso a tais informações? Quem exercerá o controle de confidencialidade? Quem irá definir a interpretação dos resultados e a que os mesmos levarão? Haverá um aconselhamento genético ou, de posse desses dados, o testado se recolherá em solidão em decorrência de um patrimônio genético imutável e para o qual não contribuiu? Quem efetuará o controle ético das práticas? Sabemos o que queremos? Estamos preparados para lidar com esses novos conhecimentos? (ZATZ, 2000).

Novak (1994, p. 464, tradução nossa) inicia um de seus artigos com a seguinte provocação:

> Se a sua mãe tivesse morrido de doença de Huntington você gostaria de ser testado para ver se você herdou o gene defeituoso que provoca esta condição fatal? Um resultado negativo iria lhe dar uma tremenda paz de espírito que lhe permitiria levar uma vida normal. Um resultado positivo, por sua vez, implicaria viver o resto de sua vida sabendo que seu destino final seria a deterioração intelectual e os movimentos involuntários que caracterizam a doença de Huntington. Alguns estudos indicam que mais de um, em cada 10 pacientes com teste positivo, para a mutação nunca faz uma recuperação emocional completa – o que não é surpreendente, dado que não há atualmente nenhuma cura para a doença.[74]

Na obra *Biomedical Ethics*: opposing view points (*Ética Biomédica*: pontos de vista opostos) (1994), também citada por Garrafa (2000), em que se apresentam os pontos de vista opostos sobre questões de ética biomédica, como a engenharia genética, são bem explicitadas as divergências sobre a questão, tomadas a partir de um ponto de vista bioético.

No capítulo intitulado "Genetic testing can aid those at risk of genetic disease" ("Os testes genéticos podem ajudar pessoas em risco de

---

(74) Texto no original: "If your mother had died of Huntington´s disease, would you want to be tested to see whether you had inherited the flawed gene that causes this fatal condition? A negative result would give you tremendous peace of mind allowing you to lead an ordinary life. A positive result, on the oder hand, whould cause you to live the rest of your life knowing your ultimate fate would be the intellectual deterioration and involuntary movements that characterize Huntington´s disease. Some studies indicate that as many as one in 10 patients who test positive for the mutation never make a full emotional recovery – not surprising, given that there´s currently no cure for disease." (NOVAK, 1994, p. 464.)

doença genética") (1994, p. 281-286, tradução nossa), Catherine Hayes faz uma defesa dos benefícios dos testes genéticos preditivos, sob dupla perspectiva. Uma delas é que o exame proporciona tranquilidade àqueles que receberem resultado negativo para a doença. Outra é a possibilidade, aos que recebem o resultado positivo, de adotar medidas de gestão da própria vida, a partir da ciência do tempo que lhes resta de vida saudável, enquanto também estão a aguardar a descoberta de um tratamento terapêutico eficaz.

Já no capítulo exatamente seguinte, a procuradora Theresa Morelli (1994, p. 287-292) faz considerações em sentido diverso, em favor da restrição dos testes genéticos, a partir de experiência por ela vivenciada. Em 1990, então com 28 anos, Morelli deixou de ter acesso ao seguro-invalidez por constar de seu prontuário que seu pai seria portador da doença de Huntington (o que depois não se confirmou), doença degenerativa neurológica que usualmente se manifesta dos 30 aos 50 anos. Morelli não havia se submetido a testes preditivos, tampouco haviam-se manifestado os sintomas. Mas, pelo fato de a doença ser causada por um gene defeituoso dominante, Morelli teria 50% de chances de desencadear a doença, o que foi usado pela seguradora para a negativa do acesso ao seguro. O incidente culminou com a denúncia da questão a entidades representativas de Direitos Humanos.

No mesmo sentido de Romeo Casabona (2002a), também compreendemos a investigação do genoma humano e as biotecnologias como um importante instrumento a ser utilizado como contribuição eficaz na luta contra as doenças hereditárias, assim como outras de origem microbianas (vírus, bactéria, fungos etc.) ou mesmo aquelas originadas de desequilíbrios do funcionamento bioquímico do organismo. Podem conduzir a um grande processo no conhecimento, na prevenção e no tratamento de enfermidades genéticas. Por outro lado, se a informação genética de um indivíduo chega ao conhecimento de terceiras pessoas, sem seu consentimento, ou mesmo com seu conhecimento, porém, desprovido da compreensão dos efeitos implicados a seus direitos, produz-se uma situação de vulnerabilidade à intimidade. A isso, e é o que defendemos, deve-se acrescentar que se se trata de dados genéticos, a proteção que há de ser dada deverá ser ainda maior do que a oferecida aos dados médicos em geral. Há que se levar em conta que os dados genéticos contêm informações sobre um indivíduo submetido à análise e também sobre sua família biológica, além de oferecer informação sobre enfermidades genéticas de importância futura e incerta, podendo chegar a causar problemas relacionados ao determinismo social ou de discriminação e estigmatização, baseados em uma mera predisposição (ROMEO CASABONA, 2002a).

Portanto, a informação dos dados genéticos pessoais a terceiras pessoas ou instituições (empresas, seguradoras etc.) pode representar grave atentado à intimidade e colocar em perigo a pessoa afetada, gerando delicadas decisões nos variados âmbitos: familiar, educacional, de saúde, laboral, securitário etc. (JARAMILLO, 2001, p. 283), como explicitaremos melhor a seguir.

2.1.1 Informação genética e a natureza dos dados genéticos

As investigações sobre o genoma humano[75] estão sendo favorecidas enquanto um desdobramento da culminação do objetivo principal que perseguiu o Projeto Genoma Humano: a sequenciação do DNA humano e a cartografia linear dos cromossomas (ROMEO CASABONA, 2002a). Atualmente, a comunidade científica possui entre suas metas imediatas o aprofundamento no conhecimento das características do DNA humano e de seus componentes integrantes, em particular dos genes e também suas funções e suas concretas participações na transmissão direta da hereditariedade biológica. Como consequência disso, poderá se avançar também a identificação dos genes responsáveis pela aparição de determinadas doenças (genes deletérios), assim como dos mecanismos de sua manifestação, de sua transmissão e seu possível tratamento ou prevenção e, igualmente, em fases muito mais avançadas e tardias da investigação, talvez quais poderiam, inclusive, influir na aparição de certas tendências, habilidades ou capacidades das pessoas (ROMEO CASABONA, 2002a).

O DNA é uma molécula ou um conjunto de moléculas distribuídas em cromossomas[76] no núcleo de cada célula, contendo as instruções genéticas que vão coordenar o desenvolvimento, bem como o funcionamento de todos os seres vivos e também de alguns vírus. Tem como principal "papel" o armazenamento das informações necessárias para a construção das proteínas e RNAs[77] (CONSOLARO et al., 2004).

---

(75) Genoma Humano: "conjunto de genes de uma célula, indivíduo ou espécie. Uma célula gameta possui uma cópia do genoma, pois apresenta 23 cromossomos, enquanto que as células somáticas normais possuem duas cópias do genoma, pois seus núcleos apresentam 23 pares de cromossomos."(CONSOLARO et al., 2004.)
(76) Cromossoma: "Representa uma cadeia dupla de DNA enrolada em proteínas nucleares denominadas de histonas e associadas também a outras proteínas. As células apresentam 23 pares diferentes de cromossomos; todo o DNA de nossas células quando estirado percorreria um trajeto 50.000 vezes igual a distância entre a Lua e a Terra. Para economizar espaço, a natureza enrolou-os em forma de cromossomos, verdadeiros novelos de DNA. Quando a fita ou filamento duplo de DNA está ativo ou se duplicando, ou sendo copiado, a molécula apresenta a forma linear, mas quando isto não está acontecendo o DNA e as proteínas se organizam e assumem uma forma de X e em um cromossomo especial a forma de Y. Os cromossomos na forma de X geralmente possuem dois braços superiores menores identificados pela letra "p" derivada do francês "petit" e dois braços inferiores maiores identificados por "q", a letra sequencial ao p no alfabeto. Por analogia, podemos dizer que os cromossomos são os armários ou os computadores onde estão guardadas as informações, ou os arquivos, denominados de genes" (CONSOLARO et al. ,2004.)
(77) RNAs: "macromolécula constituída por vários nucleotídeos, cada um formado por um grupo fosfato, um açúcar ribose e uma base nitrogenada. A base nitrogenada pode ser a Citosina, ou Uracila, ou Adenina, ou Guanina. A Timina é exclusiva do DNA e a Uracila do RNA. Os ácidos nucleicos por si só não apresentam a capacidade de iniciar um processo de síntese protéica. Requer-se um sinal externo

Os genes são os segmentos de DNA que contêm a informação genética. Em outras palavras, "[...] representam uma sequência de nucleotídeos no DNA, contendo uma informação completa, ou um arquivo completo, capaz de fazer a célula sintetizar algo ou realizar uma determinada função" (CONSOLARO et al., 2004).

O DNA pode ser: nuclear, se estiver no núcleo da célula; mitocondrial, se estiver nas mitocôndrias[78], fora do núcleo das células. Também se divide em "DNA codificante", integrado por genes que constituem a unidade funcional da hereditariedade, e, portanto, a unidade da informação pela qual é transmitida a informação genética de uma geração a outra; e o "DNA não codificante", composto por genes que realizam outras funções não estritamente ligadas diretamente com a hereditariedade, alguns dos quais nem sequer são conhecidos (CONSOLARO et al., 2004).

Toda a informação está presente nos 23 pares de cromossomas e pode ser encontrada em qualquer parte do corpo humano, à exceção dos glóbulos sanguíneos vermelhos, que não têm núcleo e assim carecem de DNA (ÁLVAREZ GONZÁLEZ, 2007, p. 39-40; ROMEO CASABONA, 2002b, p. 4-7).

Para a Unesco, na Declaração Internacional sobre Dados Genéticos Humanos (2003), "material genético" seria a amostra biológica, representada por "[...] qualquer amostra de material biológico (por exemplo, células do sangue, da pele e dos ossos ou plasma sanguíneo) em que estejam presentes ácidos nucleicos e que contenha a constituição genética característica de um indivíduo." Na mesma declaração, são definidos os "dados genéticos humanos" enquanto "[...] informações sobre características hereditárias dos indivíduos obtidos por análise de ácidos nucléicos ou por outras análises científicas"[79].

Ressalta Schiocchet (2012) que a "informação genética" é ambígua na medida em que "[...] o seu significado oscila entre a designação de estruturas e de processos moleculares, por um lado, e a designação do saber científico a eles concernente, por outro." No mesmo sentido, Romeo Casabona (2002b, p. 5), para quem essa informação contida

---

ou interno, uma mensagem como, por exemplo, um mediador interagindo com um receptor na superfície da célula, atuaria como um verdadeiro ouvido ou gatilho bioquímico. Uma vez detectado o sinal, um dos arquivos do DNA, também referido como informação ou gene, é copiado pelo RNA como um disquete ou CD-ROM, recebendo o nome de RNA mensageiro. Para isso ocorrer, a fita dupla de DNA deve se abrir e o RNA mensageiro maduro levará a informação recebida para o citoplasma. No ribossomo, o RNA mensageiro se acopla e quando a mensagem é repassada, a proteína estará sendo formada com a participação ativa do RNA ribossômico. Algumas moléculas de RNA no citoplasma, previamente codificados, transportam os aminoácidos corretos para os ribossomos, contribuindo e muito para a síntese final sendo denominado de RNA transportador." (CONSOLARO et al., 2004).
(78) "Mitocôndrias são organelas intracelulares responsáveis pela produção de maior parte da energia produzida nas células. Elas possuem um pequeno conteúdo genômico com padrão materno de herança que, quando mutante, pode originar um largo espectro de doenças" (PFEILSTICKER et. al, 2004.)
(79) Romeo Casabona adverte quanto à má utilização do conceito de dados genéticos e informação genética. Exigindo uma maior precisão terminológica conceitua como "dado genético" aquilo que pode ser objeto de interpretação ou compreensão e como "informação genética", o conjunto de mensagens codificadas presentes nos ácidos nucléicos que vão originar a expressão dos caracteres hereditários (2011, p. 525).

no DNA sobre o indivíduo, sobre sua família biológica e também sobre a espécie à qual pertence, vai abarcar dois elementos: o elemento material, a base física, a molécula do DNA; e o elemento imaterial, representado na informação contida nos genes[80].

Justamente esse segundo aspecto, voltado às representações simbólicas, ditas "científicas", que a partir de técnicas vão permitir o acesso e a apropriação da informação genética molecular, é o que nos interessa neste estudo.

Essa dupla configuração vai ter uma implicação jurídica e bioética que se revelará numa relação distinta do indivíduo com cada um desses elementos, ou seja, com o corpo e com os dados pessoais, e que vão dar ensejo a diversas questões relativas aos direitos que ostentam (NICOLÁS JIMÉNEZ, 2006, p. 53).

Assim, em respeito ao elemento material, suceder-se-ão as complexas questões sobre a disponibilidade do próprio corpo, os requisitos de utilização das partes separadas e a patente dos genes humanos (ROMEO CASABONA, 2011, p. 526). E, sobre os dados, o elemento imaterial, a questão girará em torno do estudo das garantias que serão necessárias para a sua utilização e as possíveis consequências dessa utilização (NICOLÁS JIMÉNEZ, 2006, p. 53; CADIET, 1992, p. 43 e ss.). O tema é espinhoso, pois, afinal, nos dizeres de Le Bris (2001), poderemos chegar a um ponto em que nos depararemos com a seguinte afirmação: "Dê-me teu DNA e eu te direi quem tu és" (*Give-me your DNA and i'll tell you who you are*).

Schiocchet (2010, p. 47) destaca ainda que o saber genético não vai limitar-se ao conhecimento do genoma humano ou a dados provenientes do DNA, compreendendo também múltiplos fatores, como os ambientais, o histórico familiar e o individual e os dados estatísticos. No entanto, adverte: o paradigma determinista em torno do genoma é dominante[81], sobretudo na medicina e na pesquisa.

Para que se parta rumo a uma adequada proteção dos dados genéticos, é necessário aprofundar sobre a natureza jurídica dos mesmos, para além das conclusões do *status* do genoma enquanto parte integrante do corpo (NICOLÁS JIMÉNEZ, 2006, p. 55). Nesse sentido, cita Christian Byk (1994, p.141-150) que um gene não deve ser classificado de forma automática enquanto coisa *(res)* em razão de sua própria origem humana: quando está no corpo, não pode se isolar, se destacar, sendo parte da pessoa. No entanto, a partir do momento em que é retirado do corpo, vai se converter numa *res* integrada, que deve ser considerada sob duplo aspecto abor-

---

(80) *Ver também:* NICOLÁS JIMÉNEZ, 2006, p. 53; CADIET, 1992, p. 43 e ss.
(81) O aprofundamento deste determinismo e seus impactos no ambiente laboral serão vistos no próximo capítulo deste estudo.

dado: o primeiro, em razão de seu elemento físico, representado na porção da molécula de DNA, e o segundo, em razão de sua natureza imaterial, representada pela informação que está incorporada no DNA. Para Byk, se considerarmos o elemento físico do gene isolado, deve ser compreendido como uma coisa, e a pessoa de que foi o mesmo extraído será a sua proprietária. Contudo, se estivermos no plano da informação genética, o gene seria considerado como uma coisa comum *(res communis)* e, nesse caso, excluído das relações comerciais.

Em oposição a Byk, ressalta Nicolás Jiménez (2006, p. 55) que, ainda que a sistematização dos elementos do genoma (material e imaterial) para fim de estabelecimento de sua natureza jurídica seja adequada, não se deve considerar o critério de separação do gene do indivíduo para que possa ser compreendido como coisa ou parte da pessoa em relação à informação, uma vez que esses dados devem ser considerados como informações pessoais e, portanto, como um bem da personalidade e não como coisa. No mesmo sentido, Zarraluqui (1996, p. 99 e ss.) para quem o genoma humano, em sentido geral, é indisponível, uma vez que é uma *res communis,* porém, desde o ponto de vista individual, no sentido de ser uma informação pertencente a cada pessoa, a cada ser humano em particular, é disponível, sempre que houver consentimento e sempre que estiver fundamentado em seus fins terapêuticos ou de investigação.

Também se tem argumentado sobre a natureza tridimensional dos dados genéticos, considerando o fato de conter a um só tempo informações individuais, familiares e universais, pois compartilhadas por todos os seres da mesma espécie e que identificam uma pessoa enquanto ser pertencente à espécie humana (RODRÍGUEZ-DRINCOURT ÁLVAREZ , 2002, p. 100-114). O genoma, por se constituir base da hereditariedade biológica, possibilita, em muitos casos, ainda que em termos quase sempre probabilísticos, saber se o indivíduo ou sua descendência tem possibilidade de adoecer, o que torna a definição da natureza jurídica desses dados um tema ainda mais complexo.

Essas características universais, que podem plantar conflitos derivados, não descaracterizam, todavia, a noção jurídica do dado genético obtido a partir de provas genéticas diretas (ou mesmo de forma indireta por meio de outras fontes), enquanto um dado de caráter pessoal, ou seja, um conjunto de informações que diz respeito a uma pessoa física identificada ou identificável e que vem permitir o conhecimento sobre o indivíduo (GARRIGA DOMÍNGUEZ, 2004, p. 23-30; ÁLVAREZ GONZÁLEZ, 2007, p. 42-44).

No entanto o fato é que o enquadramento dos dados genéticos no mesmo bloco dos dados pessoais gera questionamentos e uma diversidade de concepções. Alguns autores buscam enquadrar os dados genéticos na definição de dado relacionado à saúde. O fundamento, para esses é o de que o dado genético tem a ver com o corpo em todo o seu conjunto, dizendo respeito, portanto, à sexualidade, à raça, ao código genético, além de incluir os antecedentes familiares, seus hábitos de vida, de alimentação, assim como as doenças atuais, passadas ou futuramente previsíveis (MURILLO DE LA CUEVA, 1997, 2014).

Álvarez González (2007, p. 45) ressalta que a utilização de uma definição mais ampla do dado relacionado à saúde, aqui compreendido como qualquer uma das informações que se refiram à saúde, seja ela presente, passada ou futura, assim como física ou mental do indivíduo, poderia alargar esse conceito de modo a compreender também a inclusão dos dados relacionados ao tratamento, ao diagnóstico e a testes e investigações genéticas. Essa concepção se vê amparada em diversas legislações internacionais, a exemplo da Declaração Internacional sobre os Dados Genéticos Humanos, de 16 de outubro de 2003 (UNESCO, 2003), a qual, não obstante proclame a especificidade e a particularidade dos dados genéticos[82], também os relaciona na categoria dos dados à saúde[83].

Apesar de alguns pontos de similaridade, em razão da especial natureza e das particulares características da informação genética, a identificação ou a relação entre a informação genética e a pessoa se estabelece de uma forma distinta no que se refere ao que ocorre com os dados relacionados à saúde (ÁLVAREZ GONZÁLEZ, 2007, p. 47).

Sánchez-Caro e Abellán (2004, p. 105) e Seoane Rodríguez (2002, p. 135-175) ressaltam que, em sua vertente de dados pessoais especiais, a informação genética assume as seguintes características: é única, estrutural, preditiva, probabilística e geracional.

– Tem um caráter único ou singular na medida em que cada um dos indivíduos é um ser geneticamente irrepetível (salvo em relação aos gêmeos

---

(82) "Reconhecendo ainda que os dados genéticos humanos têm uma especificidade resultante do seu carácter sensível e podem indicar predisposições genéticas dos indivíduos e que essa capacidade indicativa pode ser mais ampla do que sugerem as avaliações feitas no momento em que os dados são recolhidos; que esses dados podem ter um impacto significativo sobre a família, incluindo a descendência, ao longo de várias gerações, e em certos casos sobre todo o grupo envolvido; que podem conter informações cuja importância não é necessariamente conhecida no momento em que são colhidas as amostras biológicas e que podem assumir importância cultural para pessoas ou grupos"(Preâmbulo da Declaração Internacional sobre Dados Genéticos Humanos de 16 out. "2003).
(83) "Sublinhando que todos os dados médicos, incluindo os dados genéticos e os dados proteômicos, independentemente do seu conteúdo aparente, devem ser tratados com o mesmo grau de confidencialidade"(Preâmbulo da Declaração Internacional sobre Dados Genéticos Humanos de 16 out 2003). Como se observa além dos dados genéticos propriamente ditos a proteção da informação genética abrange também aos denominados dados proteômicos humanos e as amostras biológicas dos quais os mesmos provêm. Os dados proteômicos seriam aquelas informações relativas às proteínas de uma pessoa, incluindo sua expressão, modificação e interação (SÁNCHEZ-CARO; ABELLÁN, 2004, p. 105). Coudert (2005, p. 307, tradução nossa) também inclui o dado genético na categoria de dado relativo à saúde: "Conforme a esto, entenderemos por "dato de salud", cualquier información relativa a la salud pasada, presente y futura, física o mental, de un individuo, incluyendo las informaciones relativas al abuso del alcohol o al consumo de drogas, así como las informaciones genéticas [...]." ("Conforme o dito, entendemos por 'dado de saúde' qualquer informação relativa à saúde passada, presente e futura, física ou mental, de um indivíduo, incluindo as informações relativas ao abuso do álcool ou ao consumo de drogas, assim como as informações genéticas [...]").

monozigóticos)⁽⁸⁴⁾. Assim, os dados genéticos refletem uma individualidade, sua identidade única e singular. Além disso, é a informação sanitária mais pessoal pelo fato de estar inerentemente vinculada à pessoa, e conter o "registro" da saúde passada, presente e também futura. No entanto, problematiza-se, dentro dessa categorização, a relação existente entre identidade genética e identidade pessoal. A identidade genética está compreendida na ideia da integridade, que vai corresponder ao que não pode ser tocado, ao que é inatingível. A identidade pessoal é relacional, é concebida dentro da relação com o outro no quadro de uma comunidade impregnada de sentido. A identidade genética, que corresponde ao genoma e às bases biológicas de sua identidade, caracteriza-se como um "substrato fundamental da identidade pessoal" que, por sua vez, se apresenta como a expressão da dignidade humana (BARACHO, 2000).

– É permanente, estrutural e também inalterável, acompanhando o indivíduo por toda a sua vida, exceto diante de mutações genéticas espontâneas, provocadas a partir de ingerências genéticas ou por outros fatores exógenos como a radioatividade⁽⁸⁵⁾. É também involuntária, pois não escolhemos nossos genes, tampouco são eles dependentes de nossa vontade.

– É indestrutível, pois está presente em quase todas as células do organismo, durante toda a vida e também depois da morte.

– Possui uma capacidade preditiva na medida em que, em certas situações, vai permitir o conhecimento antecipado da aparição futura (ou predisposição à aparição) de algumas enfermidades, derivando assim de um conhecimento probabilístico e aproximativo do estado de saúde do indivíduo, limitado pelo "[...] conjunto de elementos multifatoriais que determinam o estado de saúde, pois não só depende das características genéticas, mas também aspectos tais como o entorno em que se desenvolve a pessoa, sua alimentação etc."⁽⁸⁶⁾ (SÁNCHEZ-CARO; ABELLÁN, 2004, p. 105, tradução nossa). Nesse aspecto, acrescenta o médico patologista italiano Renato Dulbecco (1999, p. 105-110) que, nas enfermidades plurigenéticas, ou seja, naquelas controladas por vários genes, a capacidade preditiva diminui, porque, embora nas enfermidades monogênicas concorram em sua caracterização mais de um gene, somente um deles é predominante, ao passo que, nas enfermidades plurigenéticas, vários genes podem ser igualmente dominantes.

Finalmente, destacam Sánchez-Caro e Abellán (2004, p. 105) a especial vinculação biológica que a informação genética estabelece com a família

---

(84) A única possibilidade de repetição dos dados genéticos entre humanos, a não ser a clonagem, é nas hipóteses de gêmeos monozigóticos, que se formam da divisão de um mesmo embrião. Ver Lacadena, (2000, p. 116.)
(85) Ver também Nys e Schotsmans (1994, p. 195), para quem a diferença fundamental da genética radica no fato da informação genética permanecer invariável por toda a vida.
(86) Texto original: "[...], limitado eso sí por el conjunto de elementos multifactoriales que determinan el estado de salud, pues no solo depende de las características genéticas, sino también de aspectos tales como el entorno en el que se desenvuelve la persona, su alimentación, etc."

do indivíduo, tratando-se, nesse sentido, de uma informação geracional, ou seja, que se transmite entre gerações. Um exemplo se dá em relação à informação revelada nos dados genéticos, relativo a terceiras pessoas ligadas ao indivíduo ou a grupos étnicos a que pertence o indivíduo. Todas essas características tornam duvidoso e dificultam o enquadramento fechado dos dados pessoais genéticos como dados relativos à saúde, apesar de se aproximar desses quando revelam o estado de saúde física ou psíquica do indivíduo (ÁLVAREZ GONZÁLEZ, 2007, p. 49).

Por isso, tem-se efetuado a distinção no tocante aos dados genéticos que encerram dados relativos à saúde em relação aos demais, podendo-se mencionar o Documento de Trabalho sobre Dados Genéticos, de 11 de março de 2004, do Grupo de Proteção das Pessoas no que diz respeito ao Tratamento de Dados Pessoais, organismo da União Europeia com caráter consultivo e independente, para a proteção de dados e o direito à intimidade[87]. Consta expresso em referido documento o reconhecimento de que os dados genéticos revelam características singulares, em comparação com os dados da saúde, pois proporcionam conhecimento futuro em relação ao indivíduo e terceiros integrantes da família, por várias gerações, além de outras especificidades que demandam uma proteção jurídica particular.

Acrescenta Gevers (1993, p. 127 e ss.) quanto aos riscos da estigmatização prévia à enfermidade, não só em relação ao sujeito quanto a sua família, e também a discriminação racial se associada à predisposição genética a um grupo racial.

Outra diferenciação quanto aos dados relativos à saúde refere-se ao maior período de conservação a que se sujeitam os dados genéticos, em relação aos dados clínicos, sendo também maiores as possibilidades de descoberta do inesperado, aumentando as possibilidades de defesa do "direito de não saber" ou o contrário, o "direito de saber", assim como transcendência também aos familiares (NICOLÁS JIMÉNEZ, 2006, p. 79). Outra diferença atribuída entre os dados médicos e os dados genéticos diz respeito ao fato daqueles serem independentes da idade, do estado clínico ou do tecido humano.

O artigo 4º da Declaração da Unesco sobre os Dados Genéticos Humanos também assinala a particularidade desses dados por frequentemente se referirem a predisposições, tendo impacto para além do indivíduo, invadindo a esfera de gerações e populações.

Nesse contexto, Rodríguez-Drincourt Álvarez (2002, p. 35-38) distingue entre o que seria uma "informação genética primária", que estaria relacionada

---

(87) A íntegra do documento encontra-se disponível no endereço eletrônico que segue: DOCUMENTO de trabalho sobre datos genéticos. Disponível em: <http://ec.europa.eu/justice/policies/privacy/docs/wpdocs/2004/wp91_es.pdf> Acesso em: 10 jul. 2015. O Grupo foi criado em decorrência do artigo 29 da Diretiva 95/46/CE, tratando-se de um organismo da União Europeia com caráter consultivo e independente, para a proteção de dados e o direito à intimidade.

à espécie humana enquanto tal, por isso, de domínio público, e não permitiria a identificação de um indivíduo em específico e uma "informação secundária", representada nas informações capazes de identificar plenamente a pessoa e as patologias que lhe afetam ou lhe podem afetar, demandando o segundo caso maior proteção jurídica e maior cuidado no aconselhamento genético com máxima manifestação de uma terapia preditiva.

Prossegue o autor, distinguindo também três outros conceitos: "identidade genética", que estaria representada na dimensão individual da informação genética e que corresponderia ao seu DNA; "individualidade genética", relacionada à dimensão familiar, ou seja, vinculada à expressão fenotípica da pessoa com suas propensões, fatores de riscos etc.; e, por fim, "integridade genética", que abrangeria todos os aspectos sociais envoltos na genética humana, aqui incluso o estabelecimento de mecanismos contra possíveis discriminações.

Todo o estudado aponta que, se por um lado os dados de caráter pessoal podem ser enquadrados dentro de uma categoria geral e também homogênea, existem algumas informações que são suscetíveis de uma recolocação ante a essa categoria geral por suas especiais peculiaridades e características, como são os denominados "dados sensíveis" (ÁLVAREZ GONZÁLEZ, 2007, p. 50-51; DONEDA, 2006, p. 161; SANDEN, 2014, p. 63).

Para Doneda (2011), por dados sensíveis, compreendem-se aqueles que portam informações que apresentam grande potencial lesivo em relação aos seus titulares. Em Toniatti (1991, p. 153-154), esses dados seriam definidos como aqueles que se referem à esfera pessoal e íntima do indivíduo, e cuja não observância produziria lesão aos direitos fundamentais de liberdade, além de poder resultar em risco à prática de discriminação.

Também, em Toniatti (1991, p. 161-162)(88), é proposta a sistematização dos dados pessoais entre dados pessoais de caráter ordinário, que são aqueles dados regidos pelas disposições consideradas gerais em matéria de proteção de dados; e os dados pessoais "sensíveis", assim qualificados tendo em vista o seu conteúdo, bem como o especial regime de tutela e proteção. Uma terceira categoria, a dos dados "supersensíveis" ou "sensibilíssimos", é formada pelos dados ordinários e sensíveis que ulteriormente passam a integrar arquivos destinados à ordem particular e de valor preeminente, dentre os quais aqueles que integram o arcabouço voltado à proteção da ordem pública e segurança nacional, assim como a intimidade em matéria sanitária. Defende Toniatti (1991) que, em relação a esses, haveria possibilidade do direito positivo impor limitações e restrições aos direitos dos indivíduos quando diante de situações particulares e especiais.

Dentre outros autores que compreendem a informação genética como um dado sensível e que, nesses termos, deveria ser objeto de regulamentação própria, temos Manson e O'Neill (2007).

---

(88) Também citado por ÁLVAREZ GONÇÁLEZ, (2007, p. 51.)

No entanto, os autores advertem que a singularidade da informação genética serve como instrumento à legitimação da defesa da existência de um bloco de direitos e obrigações igualmente singulares, destacando-se entre eles o amplo direito à privacidade genética individual. E que, nesse cenário, os debates em torno da informação genética são especialmente propensos a concepções distorcidas, já que o sentido e o alcance do termo "informação" foram objeto de cooptação pelos biologistas moleculares.

Na compreensão de Schiocchet (2010, p.50), Manson e O'Neill (2007, p. 130-135) afirmam que essa suposta singularidade da informação genética é utilizada num contexto "saber-poder" para legitimar a existência de direitos e obrigações igualmente singulares, excepcionais. O mais destacado deles seria o "amplo direito à privacidade genética individual." Para os autores, os debates sobre aquisição, uso e comunicação de informação genética humana estão num cenário por onde perpassam lutas nos planos do conhecimento, da tecnologia, do social, destacando que o sentido do termo informação foi cooptado pelos biologistas moleculares para denotar algo mais além de conhecimento. Destacam ainda um outro lado da atribuição de singularidade à informação genética e, em consequência, do aumento da proteção individual e da não discriminação: a legitimação de direitos especiais em decorrência de possíveis desdobramentos, resultam em superestimar os fatores genéticos em detrimento de outros múltiplos fatores como os fatores sociais, ambientais etc., o que acaba por importar num "reducionismo genético", sendo que, a rigor, qualquer dado de natureza pessoal sensível pode ser igualmente utilizado de forma desrespeitosa à privacidade e em prática discriminatória[89].

A caminho da conclusão deste tópico e não obstante a advertência feita por Manson e O'Neill (2007), o fato é que os dados genéticos possuem efetivamente informações de especial natureza. De um lado, trata-se de informações relativas à saúde, pois se submetem a tratamento para que sejam obtidas avaliações sobre o estado de saúde do indivíduo, seja para diagnóstico de enfermidade, seja para predisposições (NICOLÁS JIMÉNEZ, 2006, p. 81): de outro, tratam, como já relatamos, de outras informações que permitem determinar uma série de características do indivíduo e também de outros direitos que estão especialmente protegidos na maioria dos ordenamentos jurídicos vigentes como, ocorre com a categoria dos dados referentes à etnia, tendo em vista seu potencial discriminatório (Declaração sobre o

---

(89) A esse respeito, Clotet, in De Boni et al: "A identificação de um fator genético deficiente permitirá prevenir uma doença, atrasar seu aparecimento ou limitar seus efeitos. Trata-se de medicina preditiva aplicada à genética, em alto grau de seu desenvolvimento". Essas inovações, embora apresentando situações antes desconhecidas pela ética, não mudam seus conceitos ou seus princípios. "A mídia, por razões que não cabe analisar agora, explora os aspectos sensacionalistas decorrentes das novas pesquisas". Deve-se reconhecer o caráter sensacionalista com que alguns destes temas são apresentados à sociedade, mas não podemos ignorar os perigos que o uso incontrolado destas técnicas envolve, pois, citando Fátima Oliveira a engenharia genética pode "prever, prevenir e curar doenças, mas também pode gerar monstros" e, graças a isso, "é mitificada e mistificada." (1998, p. 22.)

Genoma Humano e Direitos Humanos, artigo 6º ⁽⁹⁰⁾ e Convênio de Biomedicina, artº 11) ⁽⁹¹⁾ (NICOLÁS JIMÉNEZ, 2006, p. 81).

Trata-se de "[...] dados relativos a questões intimamente vinculadas ao núcleo da personalidade e da dignidade humana, sendo especialmente relevante a possibilidade de realizar práticas discriminatórias com respectiva base"⁽⁹²⁾ (ÁLVAREZ GONZÁLEZ, 2007, p. 56, tradução nossa).

Diz Álvarez González (2007, p. 56-57) que, nessa seara, a relação entre indivíduo e informação vai se produzir em termos distintos e mais estreitos do que os demais dados de caráter pessoal, podendo ser médica, ou não. Afinal, saber, por exemplo, a cor dos olhos não pode ser considerada exatamente e de forma automática um dado relativo à saúde, a não ser que concebidos estes num sentido mais amplo proposto por Murillo de La Cueva (1997, p. 586-587), que considera como tal todo aquele dado relacionado ao corpo humano.

Quanto à natureza de dado relativo à saúde do indivíduo e de seus familiares, não resta dúvida de sua categorização como dado sensível e também até como dado "supersensível", adotando-se a sistematização já ressaltada de Toniatti (1991), o que, para o autor, permitiria excluir até mesmo do indivíduo o acesso direto a dados de sua saúde.

Destaca Álvarez González (2007, p. 56-58) que inúmeros ordenamentos jurídicos têm dado especial tratamento às informações médicas especialmente aquelas relativas à "má saúde", no âmbito irredutível da intimidade. Assim, prossegue a autora, os dados genéticos que proporcionam informação médica integram a classificação de dado sensível, apesar de atenderem às características especiais dos dados genéticos. Isso, dada a possibilidade que os dados genéticos têm de revelar dados de saúde também em relação a terceiras pessoas ou populações, tendo, assim, nos dizeres de Álvarez González (2007, p. 56-58), uma "especial sensibilidade", o que é reconhecido, como já dito, no preâmbulo da Declaração Internacional sobre Dados Genéticos, quando se refere expressamente aos dados genéticos como dados singulares e sensíveis (UNESCO, 2003).

Para Garriga Dominguéz (2004, p. 123), se são considerados sensíveis todos os dados da saúde, os dados genéticos são sensíveis em seu máximo grau, dada a especial implicação em relação à dignidade, à identidade e à personalidade do indivíduo, portanto, para os direitos e liberdades fundamentais. Pois, ao mesmo tempo que contêm um registro de dados

---

(90) "Nenhum indivíduo deve ser submetido à discriminação com base em características genéticas, que vise violar ou que tenha como efeito a violação de direitos humanos, de liberdades fundamentais e da dignidade humana." (UNESCO, 1997.)
(91) "Proíbe-se toda forma de discriminação de uma pessoa por causa de seu patrimônio genético."
(92) Texto original: "Se trata, por lo tanto de datos relativos a cuestiones íntimamente vinculadas al núcleo de la personalidad y da dignidad humana, siendo especialmente relevante la posibilidad de realizar prácticas discriminatorias en base a éstos."

relacionados à saúde, do passado, presente e futuro, também são especialmente suscetíveis a ser usados para conformar o perfil genético da pessoa (ÁLVAREZ GONZÁLEZ, 2007, p. 58). É o que ocorre, diz Garriga Dominguéz (2004, p. 122-124), com os dados relativos ao uso de drogas e que podem vir a formar censos discriminatórios, preocupação que também se volta quanto à criação de "listas negras de dados genéticos", especialmente em setores produtivos, econômicos ou relacionados à vida social, como é o caso, por excelência, do ambiente laboral.

No mesmo sentido de Álvarez González (2007, p. 61), entendemos igualmente que mesmo os dados genéticos que não importam exatamente em dados relativos à saúde devem ser considerados como dados sensíveis e tutelados de forma especial. Isso porque, dadas as suas características, também incidem na seara da dignidade, da intimidade. Mas, como ressalta a autora (ÁLVAREZ GONZÁLEZ, 2007, p. 61), a questão não se resolve com a simples recondução dos dados genéticos à condição de dados sensíveis: o risco do abuso que pode ser cometido sobre os seres quase "transparentes", "quase sem segredos", persiste. Esses "novos" seres revelados mostram-se mais vulneráveis em relação aos demais, inseridos no que poderá vir a ser um "determinismo genético", tornando necessária a criação de uma categoria independente que abarque as informações genéticas de caráter pessoal em seu conjunto com o objetivo de delimitar os requisitos especiais que hão de presidir seu tratamento (MALEN SENA, 1995, p. 125-126).

Se, como afirmamos anteriormente, o dado genético é detentor de uma especial sensibilidade por proporcionar uma informação cuja natureza é atemporal, plural, sensível etc., como adverte Morente Parra (2014, p. 268), não há dúvida de que pode ser material por demais "suculento" para certos agentes privados.

A realidade atual já nos mostra como essa informação é especialmente desejada por setores privados concretos como é próprio, dados os interesses econômicos presentes, nas relações laborais e nas seguradoras privadas, em que há o risco real da utilização dos dados genéticos com fins abusivos e discriminatórios (MORENTE PARRA, 2014, p. 268). Ressalta a autora que esses dois espaços é que estão comprovando os efeitos diretos do diagnóstico genético.

No mesmo sentido, segue Capron (1994, p. 17-20) advertindo que um dos maiores impactos da investigação genética para a maioria das pessoas será o aumento da capacidade da biotecnologia para detectar genes de interesse, e as principais áreas de preocupação em relação a essa crescente capacidade são justamente os empregadores e os seguros, campos em que as investigações e provas genéticas têm grande potencial para suscitar preocupações voltadas à liberdade, à responsabilidade, à confidencialidade, a não discriminação, ou seja, as análises efetuadas nesses cenários são análises "cheias de significado"(CAPRON, 1994).

Nos dizeres de Bussinguer (2009), o grande desafio "[...] é descobrir caminhos inteligentes e criativos que permitam que a ciência avance sem que o homem seja atingido em sua dignidade e lesado em seus direitos fundamentais".

A questão não se esgota, portanto, na categorização do dado genético como dado sensível, sendo necessária uma proteção jurídica reforçada e um debate bioético permanente para fazer frente a esses riscos, especialmente quando essa informação ocupa espaços vulneráveis, como ocorre nas relações laborais e nas relações securitárias. Como ressalta Schiocchet (2010, p. 129), "[...] é imprescindível uma reflexão ética sobre a própria ação humana", sendo a ética talvez uma das "mais importantes lições que um jurista deva internalizar" (*idem*, p. 133), exigindo-se um rigor máximo em respeito aos princípios voltados à proteção dos dados pessoais e aos direitos dos interessados (GARRIGA DOMÍNGUEZ, 2004, p.125).

2.2 UMA APROXIMAÇÃO SOBRE OS BENEFÍCIOS E OS MALEFÍCIOS DA ELABORAÇÃO DE PERFIS GENÉTICOS E BIOBANCOS

Um dos temas que têm sido objeto de constante preocupação da doutrina científica está envolto à questão dos riscos que a acumulação de dados pessoais traz à liberdade pessoal e individual (ÁLVAREZ GONZÁLEZ, 2007, p. 64). O perigo está representado na construção de perfis da personalidade mediante o cruzamento de dados pessoais de uma própria pessoa ou, no caso do genoma, de qualquer membro de uma mesma família ou etnia. Esse intercruzamento de informações permite a obtenção de uma "[...] radiografia de toda ou parte de sua vida, assim como prover – e ao menos intuir – suas reações e comportamentos futuros" (GARRIGA DOMÍNGUEZ, 2004, p. 25, tradução nossa)[93], o que poderá levar à adoção de decisões que podem ser favoráveis ou não.

A informação genética se converte em especial instrumento de poder, que se materializa quando novas tecnologias vão permitir que informações dispersas se transformem em informações em bloco ou encontrem uma rápida forma de transmissão, instrumento de especial relevância no direito do trabalho, considerando o histórico que registra a tendência de elaboração de "listas negras" de trabalhadores, como ocorre de forma mais notória em relação àqueles com passado de ajuizamento de ações trabalhistas em

---

(93) Texto original: "[...] una radiografia de toda o parte de su vida, así como prever – o al menos intuir – sus reacciones y comportamientos futuros."

face de ex-empregadores. Não se trata de hipótese absurda ou de difícil ocorrência, reportando-me mais uma vez ao relato da procuradora Theresa Morelli (1994, p. 287-292), que, no ano de 1990, então com 28 anos, deixou de ter acesso ao seguro-invalidez, pelo fato de constar de seu prontuário que seu pai seria portador da doença de Huntington.

Desse ponto de vista, o indivíduo vai se colocar num permanente juízo universal em relação a si e à família biológica (ÁLVAREZ GONZÁLEZ, 2007, p. 64), o que afetará diretamente a elaboração dos perfis da personalidade, obtidos a partir da inter-relação de variados dados, de diversas índoles, e que irá permitir a obtenção de um determinado perfil, de cujo resultado será independente e poderá afetar a liberdade que deriva da dignidade (ÁLVAREZ GONZÁLEZ, 2007, p. 65). A dignidade vai ser constituída não apenas enquanto uma garantia negativa, no sentido da pessoa não vir a ser alvo de ofensas, humilhações e discriminações, como também em seu aspecto positivo do pleno desenvolvimento da personalidade (ÁLVAREZ GONZÁLEZ, 2007, p. 65).

Dizem Schiocchet e seus colaboradores (2015) que o perfil genético é "[...] um código numérico capaz de identificar indivíduos a partir da comparação entre amostras genéticas." O procedimento de maior utilização vai resultar do processamento do DNA. Nele há uma ampliação do DNA e em alguns lugares específicos do mesmo, denominados *loci* ou marcadores, é promovida a contagem da quantidade de repetições de uma determinada sequência chamada STR. Esse valor é que chamamos de perfil genético, cuja avaliação, nos dias atuais, é feita na área não codificante do DNA (SCHIOCCHET *et al.*, 2015).

Uma amostra de DNA tem regiões denominadas codificantes e outras denominadas não codificantes. Via de regra, em relação aos denominados perfis genéticos que se destinam a buscar as impressões genéticas (mais utilizadas na esfera criminal, para promover a identificação de criminosos), são extraídos de regiões ditas não codificantes. Já as características genéticas, que estão nas regiões codificantes, seriam objeto de conservação e sua utilização somente efetuada para fins médicos ou de investigações científica (SCHIOCCHET, 2012).

Antes de seguir e para familiarização com o tema, é preciso fazer uma breve distinção entre o material biológico ou genético humano e perfil genético. Enquanto o primeiro, o material biológico pode ser materializado numa amostra de sangue, de saliva, de bulbo capilar, o perfil genético vai-se caracterizar pela análise que será efetuada sobre referido material genético (SCHIOCCHET, 2012). Adverte Schiocchet (2012) que a retenção e utilização de amostras biológicas nos biobancos possui importante capacidade de ofensa à intimidade e privacidade genética, podendo também ser utilizada como instrumento de estigmatização. Do mesmo modo, prossegue, também o armazenamento do perfil genético pode ofender direitos ou mesmo representar perigo em termos de estigmatização e, por isso, deve ser tratado com cautela.

Em sua funcionalidade originária, o perfil genético, como ressaltado, é uma sequência de números obtida a partir da análise do DNA, em locais específicos da região não codificante, que corresponde a cerca de 98% deste. Essa região por muito tempo foi considerada sem importância, tanto que ficou conhecida popularmente como ou DNA-lixo ou junk-DNA (PALAZZO; GREGORY, 2014).

Dizem Palazzo e Gregory (2014, tradução nossa):

> Outra consideração importante é a composição de genomas eucarióticos. Longe de ser composto por misteriosa "matéria escura", as características das sequências que constituem 98% ou menos do genoma humano não codificam proteínas [...].[94]

Assim, sob o argumento de que se tratava de informações extraídas da parte não codificante do DNA e, por isso, não revelando qualquer traço somático, comportamental ou de saúde que pudesse impactar negativamente aos direitos da privacidade e intimidade, difundiu-se a defesa dos perfis genéticos para fim de persecução criminal (SCHIOCCHET et al., 2015). Seria, nos dizeres de Williams e Johnson (2006), um tipo de "minimalismo genético" em que, embora se faça presente a percepção do perfil enquanto poderoso artefato biomédico, na prática, é concebido como algo capaz de reunir pouco ou nenhum dado genético com capacidade de diagnóstico sobre os atributos médicos, fenotípicos ou outras características dos indivíduos de onde eles derivam. Neste sentido, Pugliese (1999), ressaltando-se os autores que o "minimalismo genético" é muito utilizado para despromover o debate, especialmente por aqueles interessados em defender a continuidade do desenvolvimento dos perfis de DNA forense, comparando-os a uma "placa de carro", ou seja, não carregariam qualquer informação inerente, existindo simplesmente como uma representação da individualidade material.

Para esses, um perfil genético que tiver sido obtido a partir de uma região que não seja codificante será incapaz de promover a revelação de qualquer característica física, ou mesmo de saúde, estando limitado à individualização (JACQUES; MINERVINO, 2008, p. 19).

---

(94) Texto original: "Far from being composed of mysterious "dark matter," the characteristics of the sequences constituting 98% or so of the human genome that is non protein-coding [...]."

Toda essa teoria minimalista construída em torno do perfil genético permitiu o avanço da fundamentação, no Brasil, inclusive, da não necessidade de consentimento para que se promova a coleta (SCHIOCCHET *et al.*, 2015).

No entanto, cada dia mais, a hipótese do DNA-lixo tem sido reavaliada e cientistas de todo o globo têm concentrado estudos sobre essa região do DNA. E, partir de 2012, começaram a ser publicadas pesquisas demonstrando que a hipótese de existência de DNA-lixo precisa ser descartada, movimento que se tornou conhecido como unjunking DNA (SCHIOCCHET *et al.*, 2015).

Ainda que muitos pesquisadores afirmem a ausência de capacidade preditiva dos perfis genéticos que são concebidos na atualidade, também se mostram cautelosos em destacar que essas afirmações são baseadas apenas no estado atual do conhecimento, que demanda constante atualização, de modo que, em sendo revelada a existência de funções em áreas não codificadas, o argumento da ausência de necessidade de consentimento cairá por terra (SCHIOCCHET *et al.*, 2015).

No Brasil, a Lei n. 12.037/2009, expressamente, limita os bancos de perfis genéticos, que não poderão conter revelação de traços somáticos ou comportamentais das pessoas, exceto a que tiver relacionada à genética de gênero, e em conformidade com o direito interno e internacional sobre direitos humanos, genoma humano e dados genéticos.[95]

Ademais, advertem Schiocchet e colaboradores (2015) que, em matéria de genética, se deve sempre pensar nas implicações futuras e com as possíveis utilizações dadas, sejam elas legais, adequadas ou não, por afetar de forma definitiva uma gama de pessoas vinculadas à coleta dos dados. Se estamos num campo ainda em evolução quanto às possibilidades futuras e sendo, desde já, uma fonte de informações pessoais, percebe-se, inclusive, a necessidade de maior cautela no consentimento obtido da pessoa para a coleta do perfil genético, sendo mais delicada ainda a questão quando há ausência de consentimento.

O fato é que trabalhados sob DNA codificados ou não codificados os bancos de perfis genéticos têm importante potencial para se tornar perigosos mecanismos de violação de direitos fundamentais e de personalidade, que podem manifestar-se quer em razão de investigações inadequadas no perfil genético, quer quando atuarem armazenando, além dos perfis genéticos, a amostra biológica, que contém muito mais informações sensíveis (SCHIOCCHET *et al.*, 2015).

---

(95) Parágrafo 1º artigo 5º: "§ 1º As informações genéticas contidas nos bancos de dados de perfis genéticos não poderão revelar traços somáticos ou comportamentais das pessoas, exceto determinação genética de gênero, consoante as normas constitucionais e internacionais sobre direitos humanos, genoma humano e dados genéticos." (BRASIL, 2009.)

Sgreccia (2002, p. 244) procede a uma análise mais acurada das consequências nocivas das técnicas de Engenharia Genética e, dentre elas, estão as relacionadas à informação genética e à possibilidade de criação de bancos de dados sobre o pesquisado e da má utilização dessas informações, especialmente na era Pós-Revolução Tecnológica que provocou imensas transformações na dinâmica da transmissão das informações.

Nos dizeres de Cruz (2003, p. 135), os biobancos seriam:

> [...] uma estrutura de pesquisa que consiste na associação de informações sobre os voluntários que participam da mesma e o armazenamento de material biológico destes voluntários para outros usos, que não somente os descritos no protocolo inicial da pesquisa. Amostra biológica, segundo Martin e Kaye, é toda e qualquer amostra de tecidos de alguma parte do corpo humano, fluidos corporais, que possam ser obtidos através de aspiração, remoção cirúrgica, procedimentos não invasivos etc.

Não podemos ignorar o fato de que a informação se tem convertido em um valor de troca na atual sociedade tecnológica, também influindo em diversas formas de interação entre os cidadãos e muito especialmente em sua comunicação. A tutela da intimidade é uma das garantias mais importantes, especialmente na chamada "sociedade da informação" capitalista, em que o principal produto vem a ser a própria informação (CHIRINO SÁNCHEZ, 1997). O que podermos dizer, então, da informação genética dos indivíduos?

Muito embora, no geral, todo o tratamento de dados genéticos possa implicar perigo em potencial para a liberdade e identidade do indivíduo, sobretudo se tivermos em conta possível inter-relação de diferentes informações e a utilização dos perfis obtidos com finalidade distinta e sem conhecimento do interessado, a informação genética, por sua especial natureza e características, afetará de uma maneira mais direta a dignidade do ser humano e sua própria identidade enquanto indivíduo (GARRIGA DOMINGUEZ, 2004, p. 115), ao se ver principalmente suscetível de ser utilizada para elaboração de um determinado perfil, o genético (ÁLVAREZ GONZÁLEZ, 2007, p. 65). A magnitude das aplicações potenciais desses biobancos e perfis nos obriga a não menosprezar essas possibilidades e a provocar uma reflexão rigorosa a partir da Bioética e dos Direitos Humanos, em que se analisem os desafios que se nos estão apresentando. Uma parte dessa reflexão se refere ao que a biotecnologia pode afetar os Direitos Humanos, o que serve de fundamento aos documentos internacionais sobre o tema. E, na base de todos eles, está uma preocupação com a dignidade humana.

Matte e Goldim (2005) ressaltam que uma das principais características da genética médica atual tem sido a "[...] crescente utilização da análise direta do material genético, tanto para diagnóstico quanto para pesquisa." A viabilização dessas análises demanda um determinado quantitativo de DNA que esteja disponível. Justamente essa estocagem das amostras de DNA vai dar origem aos bancos de material genético ou bancos de DNA, que podem diferenciar-se em quatro tipos de Bancos de Material Genético: de pesquisa, de diagnóstico, de dados e potenciais.

Os bancos de pesquisa são aqueles formados por DNA obtido de indivíduos ou de famílias extensas ou de populações inteiras portadoras ou afetadas por uma determinada doença genética. Esses bancos podem ser organizados e mantidos por entidades públicas, como é o caso do Banco Nacional de DNA de Pacientes com Câncer de Mama (Fiocruz) ou, ainda, por intermédio de empresas privadas, a exemplo do Banco Nacional de DNA para Desordens do Sistema Nervoso Central, como é o caso da Argentina, efetuado pela empresa francesa Genset (MATTE, GOLDIM, 2005).

Os bancos de diagnóstico são construídos a partir do DNA de pessoas que têm suspeita de determinada doença e de seus familiares. Têm finalidade precípua diagnóstica ou de aconselhamento (para detecção de portadores, prognóstico etc.). Muitas vezes, mesmo inexistindo naquele momento da coleta do material genético tecnologia disponível para realização dos testes, os depositantes anuem na manutenção de estoque do material em razão de futura possibilidade de informação a partir dele. A questão ressaltada por Matte e Goldim (2005) é que muitas vezes os laboratórios mantêm o armazenamento de amostras em seguida à feitura do teste, sem que o paciente tenha ciência.

Os bancos de dados de DNA, as informações genéticas armazenam com um fim específico, normalmente voltado à identificação de um indivíduo por meio métodos comparativos em relação ao padrão armazenado. São muito utilizados em caráter forense ou militar, sofrendo de críticas especialmente voltadas a questões tecnológicas e éticas, sendo um dos principais problemas a questão da privacidade e autonomia dos indivíduos analisados (MATTE; GOLDIM, 2005).

O último tipo de bancos de material genético é aquele formado por "qualquer coleção de tecido": blocos de parafina para análise anatomopatológica, células ou tecidos em cultura, cartões para *screening* neonatal (teste do pezinho) e bancos de sangue" (MATTE, GOLDIM, 2005).Todo esse material é fonte de DNA e, portanto, banco em potencial.

Todas essas possibilidades que advêm das ciências biomédicas vão reunir pontos positivos e negativos, sendo fonte de informações sobre as características da pessoa, que de certo modo não constituem uma informação isolada, mas que têm em si mesmas, por sua própria natureza, um perfil, convertendo o indivíduo em um ser transparente, dada a ilimitada informação que pode ser obtida sobre ele (SÁNCHEZ URRUTIA, 2002, p. 260).

A Genética, acima de qualquer outra ciência, penetra na identidade dos seres humanos oferecendo-lhes um conhecimento mais amplo do que pode conter outro tipo de informação (SUZUKI; KNUDTSON, 1991). Assim, se a utilização inadequada dos dados constantes em um perfil que contenha dados pessoais pode ser uma quebra da liberdade do indivíduo, a utilização inadequada de um perfil genético tem um potencial danoso ainda maior (ALVAREZ GONZÁLEZ, 2007, p. 75).

Os benefícios da informação genética e dos biobancos são muitos, mas os malefícios também. Nessa dialética, seguindo sistematização efetuada por Cruz (2003, p. 135-137), destacamos:

- **para as doenças genéticas monogênicas, letais ou subletais** (ex.: fibrose cística, distrofias musculares). **Benefícios**: a precisão de um diagnóstico, a possibilidade de aconselhamento genético, desenvolvimento de métodos de terapia gênica; **malefícios**: eugenia, discriminação social (incluindo a laboral), patenteamento do teste diagnóstico;

- **para as predisposições a doenças genéticas** (ex.: mulheres portadoras de mutação nos genes BCLA, que potencializam o risco de câncer de mama). **Benefícios**: prevenção precoce; **malefícios**: discriminação social (incluindo a laboral), impactos de natureza psicológica, patenteamento do diagnóstico;

- **interação genético-ambiental (epidemiologia genética)**. Promove a análise da suscetibilidade genética associada a alelos de genes do metabolismo e sua provável interação benéfica/maléfica com o meio ambiente (ex.: polimorfismos no gene ApoE associado a doenças cardiovasculares, demências e fraturas, polimorfismos no gene ECA, associados a doenças coronarianas). **Benefícios**: prevenção populacional e individual; possibilidade de adaptação de fatores ambientais para diminuição dos riscos potenciais de desencadeamento da doença; **malefícios**: discriminação social, impacto psicológico.

- **farmacogenética.** Faz o estudo da associação entre o uso de drogas para tratamento de doenças e polimorfismos genéticos. **Benefícios**: avanço na área farmacológica. Espera-se oferecer na bula "doses diferenciadas" segundo a genética do indivíduo, diminuindo os riscos e efeitos colaterais, titulando a dose da medicação segundo as necessidades da pessoa, aumentando potencialmente a eficácia do tratamento; **malefícios**: possibilidade de conhecimento do padrão genético do indivíduo por um número considerável de profissionais; desenvolvimento da indústria farmacêutica;

- **estudos voltados à regulação de produtos gênicos ante às situações de estresse ou de desenvolvimento de doenças**. **Benefícios**: desenvolvimento de pesquisas básicas que fornecem resultados sobre a regulação genética diferencial em estados de saúde, doença e/ou mesmo ao longo do desenvolvimento (incluindo o envelhecimento). Fornecem subsídios para a construção de diagnóstico e/ou tratamentos em diversas pesquisas biomédicas; **malefícios**: exposição do voluntário aos resultados obtidos (impacto psicológico) principalmente no caso de não haver "tratamento ou prevenções associadas."

- **programas de terapia gênica**. Uso direto de informações de bancos biológicos que permitam a construção de terapias gênicas. **Benefícios**: Com a centralização da informação sobre o binômio doença/saúde nos biobancos, essa poderá auxiliar na construção de programas de terapia gênica já que integra um grande conjunto de informações. Indivíduos com doenças genéticas e/ou não transmissíveis poderão se beneficiar enormemente desse tipo de tratamento. Entretanto, protocolos seguros ainda não foram desenvolvidos, como se espera; **malefícios**: possibilidade de comercialização e benefícios apenas a segmentos populacionais com maior poder socioeconômico e cultural; falta de segurança sobre o conjunto de efeitos relacionados a este tipo deterapia.

Todas essas questões que estão envoltas na engenharia genética humana vão contribuir para o aprofundamento nos princípios gerais da Ética e dos Direitos Humanos. Afinal, como devemos agir perante as informações contidas no patrimônio genético? (BRENDLER; SOBRINHO, 2002, p. 25). "Somos capazes de lidar com o conhecimento do nosso ser?" (ZATZ, 1994/95). Não há respostas fechadas ou definitivas, mas, sim, como ressaltam Suzuki e Knudtson (1991), respostas provisórias, que pelo menos possam subsidiar a tomada de soluções mais significativas e precisas possíveis e que estejam por surgir nas décadas vindouras pelos descobrimentos científicos.

De fato, as possibilidades positivas são inúmeras, e se hoje ainda estão mais voltadas à pesquisa, não tardará e vão ocupar os corredores dos tribunais. Indivíduos com predisposições a doenças graves podem vir a ser discriminados por empresas de seguros e por empregadores, quando poderá ser levado em conta o seu potencial genético (BRENDLER; SOBRINHO, 2002, p. 26).

Dado o contexto atual dos avanços biotecnológicos, devemos abandonar o desprezo pelos danos potenciais que poderão advir. O plano do "minimalismo genético", outrora citado, repele e atrasa o debate. Não é absurdo imaginar um cenário em que um candidato à vaga de emprego se veja diante de um *curriculum* cujos dados sejam também suas células e que possam revelar informações, tais como: qual a expectativa de vida, qual a possibilidade de desenvolver déficit de atenção, depressão maníaca ou problemas cardíacos?

Tudo começa com a possibilidade de selecionar embriões com menos propensão a doenças graves, que tenham cor dos olhos, cor da pele, previamente escolhidos a partir da ideia que se constrói de um cidadão mais válido ou "sem defeitos." Qual a alternativa restará aos demais? Como esconder esses rastros genéticos, que hoje já são deixados em cabelo, sangue, pele ou suor?

Não podemos limitar a problematização da pesquisa aos genes já mapeados, e que também por si só já constituem substrato suficiente para as problematizações ético-jurídicas. A proposta inicial do Projeto Genoma Humano é o mapeamento de 50.000 a 100.000 genes, responsáveis por nossas características normais e patológicas (ZATZ, 1994/95)[96]. Ainda que trabalhos reiterados tenham demonstrado que várias características da personalidade e do comportamento humano não são estáticas e assim sofrem influência de interação entre fatores genéticos e ambientais (sendo assim, multifatoriais) (PLOMIN *et al.*, 1994)[97], o tema é muito polêmico e muitas distorções podem ocorrer.

Como exemplo, no livro O *Animal Moral. Por que somos como somos*: A nova ciência da psicologia evolucionista", Robert Wright (1996) vai sustentar que a infidelidade possui influências genéticas que orientam os padrões morais. Assim, vamos imaginar, como propõe Zatz (1994/95), que essa hipótese seja efetivamente comprovada e se os genes que definissem a "infidelidade" fossem identificados, como seria usada a informação? Prossegue a autora: e os genes de inteligência, cujo componente genético da herdabilidade cognitiva pode ser significante? Imaginemos que os genes da inteligência sejam identificados, poderia o trabalhador ser selecionado com base neles? Ao contrário, poderia o empregado utilizar os mesmos para obter melhor colocação? Doenças como alcoolismo, doenças do humor (ou maníaco-depressiva), a esquizofrenia para citar alguns exemplos, já têm sua influência genética amplamente aceita. O mais complicado e polêmico seria, por exemplo, a identificação precoce de genes que seriam responsáveis por uma depressão ou tendência ao uso de drogas (ZATZ, 1994/95, p. 21)[98].

---

(96) No mesmo sentido ver, Jaramillo (2001, p. 276-288).
(97) Ver também o artigo 3º da Declaração Internacional sobre Dados Genéticos da Unesco (UNESCO, 2004): "Cada indivíduo tem uma constituição genética característica. No entanto, não se pode reduzir a identidade de uma pessoa a características genéticas, uma vez que ela é constituída pela intervenção de complexos factores educativos, ambientais e pessoais, bem como de relações afectivas, sociais, espirituais e culturais com outros indivíduos, e implica um elemento de liberdade."
(98) Apenas à guisa de exemplo, dado o corte metodológico proposto, Jaramillo (2001, p. 284-286) elenca outras enfermidades genéticas mapeadas, dentre elas: hemofilia, deficiência do processo normal de coagulação sanguínea, cujo gene foi isolado e clonado em 1984; alcoolismo, cujas pesquisas, reali

Jaramillo (2001) descreveu que equipes da Universidade de Georgetown realizaram um estudo a partir de entrevistas a mais de 300 indivíduos com familiares afetados por enfermidades genéticas, cujos resultados foram assim resumidos: 25% percebem que lhes estão sendo negado acesso a seguros de vida; 22% que estavam sendo prejudicados em cobertura de seguro de saúde; 13% que estavam sendo prejudicados no acesso ao trabalho; 9% rechaçavam submeter-se à prova genética de enfermidade de parente afetado; 18% não revelam a enfermidade genética à família; 17% não revelam a enfermidade aos empregadores.

Em nossa opinião e em certos aspectos, é muito útil e positivo o esforço que se tem realizado para obtenção de informações de como tratar as enfermidades do homem e como prevenir certas malformações e doenças para evitar o sofrimento de muitas pessoas entre outros benefícios. Por outro lado, a ambição de riqueza e poder que povoam a mente do homem o impulsionam a atuar de modo a obter maior proveito político, econômico e de negócios para sua própria satisfação e para dominar a humanidade, tendo em suas mãos a chave de sua origem e de suas espécies. A busca por um ser humano perfeito, mais produtivo, mais relacionável, desaguará num campo de signos sobre o que é correto e o que não é correto, sobre o que é saudável ou não. Isso tem especial importância para o mundo do trabalho, considerando que o conceito de enfermidade neste cenário difere de outros setores, como o civil e o penal (ROMEO CASABONA, 1999, p. 77). Explica Romeo Casabona (1999, p. 77): a noção de enfermidade, no campo laboral e para esses efeitos, está relacionada a uma noção funcional, assim compreendida aquela que aniquile ou diminua a aptidão para o exercício das funções laborais, como não é o caso, por exemplo, e via de regra, do HIV e de inúmeras outras enfermidades.

No entanto, aqui, estamos falando em criação de perfis genéticos e dos biobancos ainda inexistentes na esfera trabalhista, seja para pesquisa, seja para controle epidemiológico, seja para outros fins. E não é o vácuo jurídico ou a sua inexistência que nos impede refletir sobre as questões que são derivadas.

No Brasil, a novidade por enquanto é a Lei n. 12.654/2012 (BRASIL, 2012), que trata da identificação genética criminal e autoriza a coleta compulsória de material genético do acusado, para fim de prova, e do condenado – por crime hediondo ou por crime doloso contra pessoa cometido com grave violência – para fim de armazenagem em bancos de dados com o objetivo de ajudar a elucidar crimes futuros. E sem adentrar uma análise mais

---

zadas no ano de 1990 anunciaram que um gene localizado no cromossoma 11 poderia implicar no seu desenvolvimento; doença de Huntington, transtornos neurológicos, como perda de memória e movimentos incontrolados (cromossoma 4); anemia falciforme, mal causado pela formação defeituosa de hemoglobina, incapaz de transportar o oxigênio no sangue; enfermidade maníaco-depressiva, também chamada de enfermidade bipolar, cujo gen foi localizado em 1987, no cromossoma 11, esquizofrenia, que ataca 1% (um por cento) da população, cujo gene foi localizado em 1989 no cromossoma 5.

aprofundada da lei e a despeito de sua "legitimação" pelo clamor social em virtude do anseio da sociedade por mais segurança e por políticas criminais mais rigorosas, aliada à promessa de celeridade na solução de crimes, o fato é que a norma contém notório indicativo de utilização dos bancos de dados biológicos como forma de seleção, identificação e controle penal de indivíduos socialmente marginalizados.

Como diz Pérez Luño (1992, p. 38-39), na nossa sociedade, a informação se converte em poder, poder que consolida sua força decisiva quando os avanços técnicos permitem converter informações separadas e dispersas em informações em massa e organizadas. A seleção massiva das informações e o seu armazenamento em bases tecnológicas podem dar ensejo à criação de uma "infovigilância" (WHITAKER, 1999, p. 153-154, tradução nossa). Trata-se de um sistema aparentemente disperso, descentralizado e desorganizado. Diz o autor, "[...] localiza-se na digitalização, a linguagem universal que permite estabelecer a comunicação entre as distintas bases de dados." A digitalização é como uma "moeda universal que permite o fluxo de dados."[99]

Se o compartilhamento e o armazenamento de dados pessoais têm grande potencial de risco à liberdade, em se tratando de perfis que envolvem dados genéticos, a potencialidade de dano é muitas vezes maior. Nesse sentido, também Whitaker (1999, p. 174): "E, saltando adiante no século 21, que ocorrerá à medida que se decifre cada vez mais o genoma humano e disponhamos da informação genética de qualquer pessoa?."[100] Estamos numa época em que "a noite terá mil olhos."[101] (WHITAKER, 1999, p. 101, tradução nossa).

Nesse sentido, a Bioética e o Direito devem intervir, tal como se tem posto, para promover a organização racional da comunicação, fixando os limites e distinguindo em que âmbito haverá possibilidade de utilizar esses descobrimentos, por quem e com que requisitos e condições (PECES-BARBA MARTINEZ, 1993-94, p. 324).

A esse respeito nos caberá, no decorrer deste estudo, questionar em que medida a Bioética e os Direitos Humanos poderão fornecer substratos que revelem criticamente as tensões e subjetividades que permeiam a temática e que possam regular essas questões com o objetivo de assegurar as liberdades e a dignidade do trabalhador. Especialmente também se há um arcabouço normativo que possa dar resposta à necessária proteção dos

---

(99) Texto original: "La clave para poder gestionar y coordinar un sistema de información aparentemente disperso, descentralizado y desorganizado, radica en la digitalización, el lenguaje universal que permite establecer la comunicación entre las distintas bases de datos. La digitalización es como una moneda universal que permite el flujo de los datos." (WHITAKER, 1999, p. 153-154.)
(100) Texto original: "Y, saltando hacia adelante en el siglo xxi, ¿qué ocurrirá a medida que se descifre cada vez más el genoma humano y dispongamos de la información genética de cualquier persona?"
(101) Texto original: "La noche tiene mil ojos."

direitos do trabalhador diante da possível colheita e transmissão de dados genéticos ou, nesse caso em específico, da construção de perfis genéticos a partir deles elaborados.

Todavia antes disso, buscaremos trazer os perigos da genetização da vida para o plano concreto. É o que faremos a seguir.

2.2.1 A sociedade (ficcional?) Gattaca: para uma crítica ao lado encoberto da genetização da vida pessoal e socio laboral

Todas as implicações envolvendo a genetização do humano vêm assumindo importância no campo social em diversos aspectos. Machado e colaboradoras (2011), por exemplo, analisaram o outro lado da moeda em relação ao uso dos testes de DNA para investigação de paternidade, no aspecto de seu impacto na formação da família.

Destacam as autoras que a utilização de testes de DNA na determinação da paternidade biológica de crianças, nascidas fora do casamento institucional, e cujo registro civil não indica a identidade do pai, vem atraindo questionamentos sobre os reais benefícios eventualmente obtidos no estabelecimento da paternidade biológica: qual é verdadeiramente o beneficiado? Quais os significados da paternidade biológica para os indivíduos envolvidos numa dinâmica de investigação de paternidade? Qual é a noção de paternidade que é vigente na sociedade e, mais ainda, qual seria a "paternidade necessária" para estabelecimento de uma família: a paternidade que resulta dos laços biogenéticos ou aquela que é baseada na intenção efetiva de desenvolvimento dos laços afetivos e de manutenção da subsistência daquela criança?

Sem pretender avançar nesses questionamentos (mas tão somente demonstrar a importância do tema no fluxo dos arranjos sociais), vale ressaltar a advertência feita por Boyd (2007, p. 63-97) no tocante a essa temática no contexto da relação de família, quanto à presença de um "essencialismo genético" que vem contribuindo para a focalização no biológico e na redução da importância dos laços sociais e afetivos entre pais e filhos.

Transportando ao plano laboral, o contexto nos leva à sociedade do filme Gattaca[102]. Carmen Oliveira e colaboradoras (2012, p. 117) analisaram detidamente o filme: o cenário ficcional da trama é desenvolvido num "futuro não muito distante", quando estaremos perante a uma sociedade, submetida a uma regulação e que tem por base as biotecnologias. No cenário de Gattaca, a marca é o profundo desenvolvimento das ciências genéticas, o que permite a criação de seres humanos pré-selecionados em conformidade com os

---

(102) Lançado nos EUA em 24 de outubro de 1997, Diretor Andrew Niccol.

perfis regidos pela própria sociedade. Tal procedimento, assim denominado "bio-eugenia", resultará na divisão da sociedade entre indivíduos válidos e *in-válidos*, promovendo uma separação da sociedade em classes sociais, em que o "topo", composto pelos primeiros, seria destinado aos cargos de maior prestígio e remuneração, enquanto a base, a dos *in-válidos*, estaria reservada para os serviços de baixo prestígio e remuneração. A trama do filme se desenvolve em torno de seu protagonista, Vincent Freeman, um ser *in-válido*, na sua busca de atingir seu propósito de ir a Titã por intermédio da corporação de lançamentos espaciais Gattaca. No entanto, o recrutamento se volta apenas para o seleto corpo de funcionários mais válidos dentre os válidos, o que não é o caso de Vincent, cujo currículo genético não reúne os atributos necessários, levando-o à tentativa de falsificação de identidade genética (OLIVEIRA, C. *et al.*, 2012, p. 117).

Se o contexto Gattaca pode parecer uma previsão delirante, o fato é que o mapeamento do genoma humano e as pesquisas que se sucederam e se sucedem tornam esse delírio uma proposta absolutamente exequível. Sim: ficção ou realidade, bom ou mau, o fato é que a visão futurista é, no mínimo ideológica e materialmente exequível.

Na obra *Ontología Cyborg. El cuerpo en la nueva sociedad tecnológica* (*Ontologia Cyborg. O corpo na nova sociedade tecnológica*), adverte Aguilar García (2008) que, nesta nova era, o corpo vai retornar enquanto um obstáculo ao pensamento e que o impede de voar, fazendo ressurgir a dicotomia matéria/espírito. A utopia da saúde perfeita, que importará na implantação de "genes sintéticos", inclusive, vai atingir a alguns, criando a camada dos "geneticamente ricos", enquanto outros permanecerão como um exército menos favorecido. Reflete um cenário do "corpo objeto."

Ressalta a autora que o código genético se revela como um texto escrito, uma espécie de idioma da vida, no qual os novos escribas têm intentado remover as palavras indesejáveis. As novas biotecnologias suplantam milhões e milhões de anos de evolução, e o homem, impaciente, não quer aguardar o resultado de uma possível "sorte cega" que abra a possibilidade de fracassos. Crê poder fazê-lo melhor a partir do conhecimento e possivelmente de interferir naquele "texto escrito." Nesse campo, assistiremos às manobras de reprodução de discursos de neutralidade das biociências.

A adoção de uma postura voltada ao "minimalismo genético" (WILLIAMS; JOHNSON, 2005) pelos que veem, em toda essa discussão, temas muito futuristas e que somente ocupam as telas dos cinemas deve ser contraposta ao que previu Hans Jonas (1995), para quem o futuro da humanidade sofre sérios riscos, se não houver a escuta atenta das previsões desvirtuosas que podem ser trazidas pela técnica moderna. Jonas (1995) analisa como essa técnica moderna vai representar uma nova modalidade de intervenção do homem no mundo, fazendo destaque ao fato de que, nas mãos desse poder, não somente há alteração e desvelamento da vulnerabilidade da natureza "extra-humana", como também a do próprio homem, que igualmente vai se converter em objeto da técnica. Em Jonas (1995), a fonte do saber humano deve buscar apoio na "heurística do medo", ou seja, o medo da desventura deve nortear a ética, deve servir ao controle do poder[103].

Ressalta Stepke (2004, p. 133) que a "genetização da vida" e da medicina representa uma nova maneira de medicalização e consolidação do poder de um determinado grupo de especialistas que tem a pretensão de controle do ser humano. Para eles, em sua visão otimista, a doença poderá ser derrotada quando mapeados os rastros da vulnerabilidade, as predisposições e os riscos individuais. Com o conhecimento do "destino genético" haverá a possibilidade de presumir enfermidades. No entanto, o "destino genético" não guarda equiparação com o "destino da pessoa", pois, ao contrário do primeiro, que, via de regra, tem a característica da inalterabilidade, o segundo sofre influência com o meio ambiente em que está inserido.

Como ressalta Garrafa (2000), o perigo que vai rondar todo esse cenário é a transformação de um "risco genético", na própria doença, provocando uma perigosa alteração do conceito do que é normal e do que é patológico, com indesejáveis e graves consequências sociais. Destaca o autor que a maioria das "doenças genéticas", desde cânceres e diabetes, até afecçõescardíacas e anemias, são multifatoriais e, assim, possuem suas causas vinculadas com o meio ambiente, de modo que a "genetização" das enfermidades vai superestimar o aspecto biológico e subestimar a influência do meio.

Se, por um lado, poderá ser possível a prevenção do aparecimento de indisposições e num macroplano, o plano social, a promoção da saúde populacional para evitar males maiores, por outro, especialmente nas análi-

---

(103) Por meio da "Heurística do medo" Hans Jonas (2005) sustenta que é preciso que se dê mais importância aos maus prognósticos que aos bons, sendo este o único modo para que os primeiros não se concretizem, advertência que se invoca especialmente ante o dever de preservação de nossa herança genética recebida da evolução anterior, ainda que estejamos diante da chance de um possível melhoramento. A justificativa é no sentido de que, mesmo que tudo corresse muito bem e fosse obtido algum avanço, o risco de um eventual erro converteria em séria ameaça a esse patrimônio que veio sendo construído no tempo pela própria evolução. Em oposição crítica, ver, por exemplo, Gilbert Hottois (1994, p. 106), para quem a "heurística do medo" culminaria por sufocar a liberdade. Para o autor (1994, p. 106), há uma contradição de querer preservar integralmente a humanidade como ela foi produzida por natureza, enquanto essa produção da humanidade tem sido, desde o início (ou seja, de que não havia humanidade), história, e, assim, a autoprodução, intervenção ativa (embora em grande parte inconsciente) no processo evolutivo contra a natureza, sempre existiu. Texto original: "Il y a une contradiction à vouloir préserver intégralement l'humanité telle qu'elle a été produite par la nature, alors que cette production del 'humanité a été aussi, d'emblée (c'est-à-dire dês qu'il ya eu humanité), histoire, et donc auto production, interventionactive (bien que largement inconsciente) dans le processus évolutif, contre natureparce que développement de la liberté, quand bien même celle-ci trouverait, dans la nature ce qui, pour exister, est aussi contre-nature et qui dôit donc prendre le risque de l'aventure, le risque de se perdre; si elle ne veut courir ce danger, l'humanité risque de se perdre plus sûrement encore en voulant se préserver de tout risque". (tradução nossa)

ses assintomáticas preditivas de enfermidades multifatoriais, estaremos diante do que Stepke (2004, p. 133) denomina de "sadio doente", referindo-se o autor àquelas pessoas que sem manifestação de qualquer doença devem ser objeto de "tratamento", dada a sua carga genética.

Essas ponderações nos levam a indagar se não se trata do retorno à medicina "pré-sujeito", que "constitui e torna seu o ideal da máquina" (STEPKE, 2004, p. 134).

Logicamente que toda essa dialética argumentativa e contra-argumentativa deve se submeter às "[...] etapas de clareza técnica, do domínio científico e da desejabilidade moral", que deverão conseguir, no fim, um equilíbrio entre o que seria "[...] apropriado, segundo a arte; bom, segundo a ciência; e justo, segundo a moral" (STEPKE, 2004, p. 134).

Os desafios implicam remodelamento do Direito e adaptação às novas possibilidades apresentadas pela medicina genômica, que surtirão efeito nos desafios judiciais, influenciando nas decisões morais. Nesse plano, o das decisões morais, há questões relevantes no âmbito do contexto latino-americano, onde mais facilmente os impactos das tecnologias genômicas serão bem perceptíveis não só no campo da aplicação e dos produtos, como nos impactos sociais. É legítimo perguntar-se se a adoção desses testes, sob discurso de proteção do trabalhador diante dos riscos da atividade laborativa, se sobrepõe à necessidade de repensar primeiro as precárias condições a que estão submetidos esses trabalhadores.

Adaptando as palavras de Stepke (2004, p. 134), é possível presumir, num primeiro momento, que uma "sobre tecnificação" pudesse poupar trabalhadores em razão de riscos que pudessem advir de sua atividade laboral, mas se isso for feito à custa de negligenciar ou de omitir alterações profundas no meio ambiente de trabalho de forma a torná-lo sadio, e assim negligenciar a sustentação básica de sua qualidade, não há como se compreender bem ou se aceitar essa decisão. Esse quadro importaria na renúncia da visão holística: "[...] na renúncia à responsabilidade moral envolvida pelo desenvolvimento futuro de nossas povoações" (STEPKE, 2004, p. 134).

Não podemos perder de vista os dados, especialmente no cenário brasileiro. Conforme apurado pelo INSS, referente ao ano de 2013 (BRASIL, 2013), foram registrados cerca de 717,9 mil acidentes do trabalho, o que representa aumento de 0,55% em relação ao ano de 2012 (não contando, portanto, com os acidentes não comunicados, e outros acidentes ocorridos não só no trabalho formal, como informal).

O panorama reflete, que, apesar da existência de legislações protetivas e das organizações internacionais, como a OIT, a Unesco, ou o Parlamento Europeu (para citar algumas) declararem o valor dos programas preventivos nos ambientes de trabalho, falta incentivar uma discussão bioética ante a flexibilidade e a precarização com o que esses países, especialmente os países em desenvolvimento, administram tais riscos, não obstante se tenha alertado em relação à força predadora do livre mercado, à custa dos trabalhadores (MUÑOZ POBLETE; VANEGAS LÓPEZ, 2013, p. 451). Os países em desenvolvimento pagam um preço demasiadamente alto em mortes e lesões, pois um grande percentual de pessoas está trabalhando em condições sujeitas à periculosidade, insalubridade e penosidade ou com baixíssimos níveis de segurança e proteção laboral, o que vem a demonstrar que a saúde do trabalhador nunca foi, nem é o objeto central da atividade empresarial, mas apenas uma condição para que a atividade lucrativa possa se desenvolver, pois sem trabalhador vivo, não há trabalho.

Um vez que o meio ambiente do trabalho é um campo colonizado, é preciso revelar em que plano da realidade está o discurso que se volta à defesa das provas genéticas: se tem por finalidade a proteção da saúde do trabalhador ou a transferência a este dos riscos do empreendimento e da má gestão das condições ambientais de trabalho.

Trata Berlinguer (1993) sobre a probabilidade de expansão dessa tendência de genetização do trabalhador a outros países, sob a justificativa moral de que, em assim fazendo, estariam fora de risco aqueles candidatos a emprego que, uma vez admitidos, sofressem maiores danos pelo contato com substâncias químicas em relação às quais tivesse hipersensibilidade.

Contra-argumentando essa justificativa, Berlinguer (1993) destaca alguns pontos: 1) os casos de hipersensibilidade genética são extremamente raros, de modo que o efeito prático da medida seria bem reduzido; 2) os trabalhadores que são excluídos do trabalho com base nesse tipo de *screening*, voltados a uma questão estritamente biológica, sofrem um risco potencial de permanecerem desempregados e, portanto, de efetivamente adoecer em razão dessa condição; 3) se houvesse uma adoção generalizada, somente as pessoas detentoras de maior resistência seriam admitidas, "[...] nem mesmo *Superman*, provavelmente porque [...] ele era geneticamente vulnerável à cryptonita"; 4) esses tipos de prova, como o *screening*, no momento na admissão, fundamentados numa maior ou menor resistência aos fatores nocivos presentes no ambiente de trabalho podem ser utilizados para substituir medidas de prevenção primária e, na prática, diante da existência de trabalhador com menos propensão a risco, negligenciar na adoção de medidas de intervenção no local de trabalho, tornando-o mais inseguro, perigoso ou desagradável.

O fato é que esse "essencialismo genético" cada dia ocupa mais espaço em nossa sociedade, produzindo novas categorizações sociais (STEPKE, 2004, p. 130-133). Como ressalta Frankel (2008), nesses tempos, a dimensão biopolítica está caracterizada pela eugenésia social, que provoca um permanente estado de exceção ao qual estão submetidos grupos ou conjuntos de populações. Para o autor, o novo aforismo vai ampliar o pressuposto foucaultiano por "fazer viver/deixar morrer em vida." Implica, de um lado, estirar a vida, racionalizar ao extremo o cuidado de si, gerenciar privadamente os riscos e, de outro, permite-se fomentar a "morte em vida."

Como vemos, os aspectos jurídicos que envolvem a questão das provas genéticas estão intimamente ligados às questões bioéticas, na valoração e complementação do princípio de justiça com o princípio de autonomia, e o respeito ético que merecem os seres humanos e a espécie humana, pelo simples fato de sê-los (LÉON CORREA, 2010, p. 45).

O princípio da justiça, primariamente concebido como o "dar a cada um o que é seu", deve ser compreendido, no âmbito social, na perspectiva de equidade, que impõe o agir livre de discriminações injustas e segundo a igualdade no acesso às possibilidades de saúde, pelo menos dentro de um mínimo ético exigido em cada situação concreta. E, além disso, deve ser exercido sob o marco do princípio da proteção, de modo que seja alcançado um efetivo e adequado nível de justiça dos mais vulneráveis ou mesmo já vulnerados, tanto na efetiva atenção à saúde, como diante da investigação biomédica (LÉON CORREA, 2010, p. 45-46).

Dessa forma, os testes preditivos vão interferindo na formação de castas na sociedade laboral, "[...] criando verdadeiras *categorias sociais*, empurrando o indivíduo para quadros estatísticos. Os problemas sociais são reduzidos às suas dimensões biológicas." Doenças mentais, homossexualidade, temperamento violento e até o próprio sucesso no trabalho é atribuído à... genética! Até mesmo as desigualdades decorrentes de diferenças socioeconômicas, tudo é resultado da genética (GARRAFA, 2000).

Como diz Garrafa (2000), mesmo sem sintomas, "[...] o risco genético é endeusado como a própria doença", e todo o mal concentrado sobre a vítima (*blaming the victim*), quem não quis, tampouco contribuiu para o quadro genético apresentado (BERLINGUER, 1993).

Do mesmo modo, o princípio da não maleficência transposto do plano da Bioética clínica (relação médico-paciente) para a Bioética social, deve ser interpretado como o agir contra o abandono social, contra a exclusão e com proteção daqueles que estão em estado de vulnerabilidade, conectando-se com o princípio da responsabilidade ante as consequências das decisões ético-clínicas. O campo, como diz Léon Correa, é o da responsabilidade comunitária (2010, p. 45-46).

2.2.2 Perspectivas biopolíticas nas relações de trabalho: do determinismo genético à eugenia laboral

Em um estudo efetuado por S. Lévy (1959), no fim da década de 50, destacou-se a existência de possíveis causas orgânicas que estariam a provocar problemas relacionados a comportamento em crianças. O artigo apresentou dois tipos de discurso: um discurso direcionado ao estabelecimento do nexo causal voltado às influências provocadas pelo meio social, explicação que era mais comum na década de 50; e o discurso biológico, chamando à atenção para possíveis causas orgânicas voltadas aos distúrbios de conduta, cujo fundamento estaria assentado nos efeitos provocados pelo uso de medicamentos e pela resposta positiva obtida a partir deles (LÉVY, S. 1959, p. 1062 e ss.)[104] O referencial que vamos apresentar refere-se especialmente à sequência redutiva que muitas vezes é imposta no campo genético.

No campo que pretendemos tratar, por reducionismo, compreende-se a ideia "[...] de que todas as coisas e objetos complexos e aparentemente diferentes que observamos no mundo podem ser explicados em termos de princípios universais que regem seus componentes fundamentais comuns" (BRZOZOWSKI; CAPONI, 2012).

Brzozowski e Caponi (2012) debatem sobre três tipos de reducionismo: um ontológico, um metodológico e um epistemológico. O primeiro, o campo ontológico, relaciona-se, em biologia, à estrutura dos seres vivos, e se as entidades e processos físico-químicos são subjacentes a todos os fenômenos vivos. Na seara do reducionismo ontológico, afirma-se que os organismos se compõem de partes não vivas, sendo as leis da física e da química as responsáveis por reger os processos biológicos em nível de átomos e moléculas. Trata-se apenas da origem e da formação dos seres vivos, sem se defender a tese de que os organismos são unicamente átomos e moléculas.

O reducionismo metodológico refere-se à "[...] estratégia de investigação e de aquisição de conhecimentos" (BRZOZOWSKI; CAPONI, 2012). Consiste no estudo do todo a partir das suas partes. Defende que os fenômenos vivos são melhores observados e estudados pelos menores níveis de complexidade possíveis, de modo que um fenômeno será mais facilmente observado se pudermos isolá-lo do resto do mundo e obter controle sobre eventuais interferências de variáveis. Em sua versão "radical", o reducionismo metodológico afirma que todos os fenômenos biológicos podem ser objeto de compreensão, em nível molecular e atômico, e somente as investigações de processos e componentes físico-químicos podem alcançar validez. Em sua versão moderada, o reducionismo metodológico admite que a compreensão dos processos vivos apresenta um avanço notável se os processos adjacentes a eles se fizerem conhecidos.

---

(104) Texto original: "Physicians working with children have for many years tended to focus primarily on the emotional reactions to past life experiences as major determinants of current attitudes and adjustments, and so-called psychologic factors were said to be solely responsible for behavior disorders in children and also juvenile delinquency. More recently, again, organic factors in the psychopathologic reactions of children are attracting a great deal of attention and to a great many workers seem to be of more frequent occurrence and of greater significance than had been previously supposed."(LEYY, 1959, p. 1062, tradução nossa.)

Um exemplo de reducionismo metodológico é aquele que, em uma visão estritamente biológica, limita o ser humano a um ser corporal e, assim, devendo ser metodologicamente reduzido ao seu corpo ou a partes dele (genes, aminoácidos, enzimas, órgãos, neurotransmissores, sinapses). Em nome desse rigor metodológico, os estudos, nessa perspectiva, devem eliminar o social, sem o qual não é possível obter resultados confiáveis, tampouco elaborar estatísticas ou testar hipóteses.

Há, por fim, o reducionismo epistemológico, teórico ou explicativo, produzido quando se considera que as teorias ou leis de um ramo científico são casos especiais das teorias e leis formuladas em outro (BRZOZOWSKI; CAPONI, 2012).

A discussão que estamos a introduzir se volta à revelação de uma tendência em priorizar uma explicação reducionista sobre qualquer outra (BRZOZOWSKI; CAPONI, 2012),ou melhor, explicar aspectos muito complexos concernentes ao adoecimento do trabalhador e que envolvem (como veremos no Capítulo 3) desigualdades sociais, de riqueza e de poder próprias das sociedades capitalistas industriais contemporâneas, por meio de suas partes e fragmentos biológicos, e reduzi-los a essas partes ou fragmentos, ou, nos dizeres de Aparisi Miralles (2002, p. 100, tradução nossa) seria uma espécie de reducionismo que atribuirá aos genes "[...] toda a riqueza sócio-cultural do comportamento humano."[105]

Voltando-nos à genética, discorre-se sobre o descobrimento de genes não só em relação a enfermidades e doenças como câncer de mama, mas também para comportamentos ou situações sociais, a exemplo da homossexualidade, do alcoolismo, da criminalidade e mesmo para problemas sociais, dentre os quais, como aborda Steven Rose (2001, p. 30 e ss.), para a falta de moradia fixa. Falta de moradia ligada à genética? Para o autor, a neurogenética tenta invocar para si a capacidade de oferecer respostas para nossas condições sociais e como modificá-las.

O determinismo biológico é um poderoso instrumento teórico e discursivo que se ocupa de oferecer explicação sobre as desigualdades sociais, a distribuição de riquezas e de poder vigentes nas sociedades capitalistas industriais contemporâneas, além de buscar "[...] definir os universais humanos de comportamento como características naturais das sociedades." Desse modo, se podemos considerar que as desigualdades são determinadas biologicamente, poderemos também nos satisfazer com a conclusão de que estarão elas no plano da inevitabilidade (BRZOZOWSKI; CAPONI, 2012).

---

(105) Texto completo no original: "Se trata de una forma de reduccionismo biológico que atribuye a los genes toda la riqueza sociocultural del comportamiento humano. Contrariamente a los princípios que antes he sostenido, esta corriente mantiene la reducción de los individuos a sus características genéticas. El ser humano no es más que un genoma, no más valioso que el de cualquier otro ser vivo. La consecuencia práctica de este planteamiento es que su valor dependerá de la calidad del mismo" (APARISI MIRALLES, 2002, p. 100.)

Importante ponto de partida para as recentes abordagens biológicas dos fenômenos sociais pode ser atribuído a Jensen, quando, no ano de 1969, publicou artigo com a defesa de que a maior parcela das diferenças de resultados nos testes de QI, entre brancos e negros, seria de origem genética (JENSEN, 1969; MOTA, 2005).

Pretendia-se demonstrar que os programas educacionais que tinham por finalidade equilibrar e igualar a posição social de pretos e brancos resultaria ineficaz e que, nestes, os resultados mais práticos seriam obtidos na educação dos negros para atividades voltadas às atribuições mais mecânicas, em relação às quais seus genes teriam maior predisposição. A afirmação de uma inferioridade genética impactou seriamente a comunidade científica, tendo se voltado à classe trabalhadora em geral, popularizando-se em Richard Herrnstein, professor de Psicologia em Harvard (MOTA, 2005). Outras manifestações, nesse sentido, ocorreram na Inglaterra, quando o psicólogo Hans Eysenck defendeu a premissa da existência de diferenças biológicas de QI entre raças, teoria que embasou campanha contra a imigração negra e asiática (MOTA, 2005).

Em muitas outras questões, esse determinismo demonstrou sua faceta discriminatória e de produção de injustiças sociais, podendo-se citar os programas de testagem em massa de anemia falciforme, efetuados por estados em população negra, na qual a incidência da doença atinge um percentual de um em cada 400 negros (MOTA, 2005). Para Mota (2005), além de nada ter contribuído para a melhoria da qualidade da vida daquelas pessoas, a pesquisa tornou-se instrumento propagador de discriminação aos portadores da doença, tendo sido muitos deles recusados no acesso ao emprego ou impedidos de obter seguros de saúde.

Nos dizeres de Maria Celeste Santos (2001, p. 321), o determinismo reduz o indivíduo às suas características biológicas e "[...] induz ao abandono de uma leitura unitária do ser humano e impõe ao intérprete uma visão cindida e despersonalizada do homem", tendo como um de seus efeitos mais impactantes acarretar na busca incessante pelo aperfeiçoamento genético da raça humana que vem a ganhar corpo com as teorias eugênicas. Dá origem a uma nova categoria: a do "enfermo são" (SANTOS, M. C., 2001, p. 323).

Em suas obras *Gênio Hereditário* (*Hereditary Genius*),[106] publicada em 1869, e *Investigações sobre as faculdades humanas e seu desenvolvimento* (*Inquiries into Human Faculty and its Development*),[107] de 1883,

---

(106) Na obra *Gênio Hereditário* (1869), é "[...] iniciado o estudo da hereditariedade das capacidades mentais, estabelece medidas das características mentais e sua distribuição na população, a fim de apurar se eram ou não herdadas" (CABRAL; NICK, 2006, p. 141).
(107) A obra *Investigações sobre as faculdades humanas e seu desenvolvimento* (1883) é "uma coletânea de observações destinadas a reunir dados sobre a distribuição das capacidades mentais na população inglesa. Introduz várias técnicas de mediação dessas capacidades, destacando-se o apito e a régua de Galton, os questionários de medição da imaginação e das associações mentais e a aplicação da curva de Gauss ao estudo das características mentais. Início da psicologia diferencial" (CABRAL; NICK, 2006, p. 141).

Francis Galton faz uma análise minuciosa dos fatores hereditários e dá nome a uma nova disciplina "Eugenia", palavra de estrutura grega *eugenés*, cujos antecedentes são encontrados na palavra gene (HERSALIS; JALIL, 2007). Para Schramm (1997), num sentido geral, eugenia, eugenética e eugenismo podem ser considerados sinônimos, pois todos são derivados do grego *eugenés*, composto por "*eu*" (bem), e "*génos*", (raça, espécie, linhagem), termos que, nas línguas ocidentais, ganham o significado de "bem nascido"; "de boa linhagem, espécie ou família"; "de descendência nobre"; "bem concebido ou engendrado" etc. (SCHRAMM, 1997).

Já em seu sentido mais técnico, eugenia vem a ser um "[...] um termo genérico do século 19, que indica a ciência que estuda as condições mais propícias à reprodução e melhoramento da espécie humana." Já a eugenética "[...] representa a forma contemporânea da eugenia, uma tecnociência nascida nos anos 70, do encontro entre genética, biologia molecular e engenharia genética." Por fim, o eugenismo viria a "[...] indicar a forma ideológica e "utópica" da eugenética", em que se podem substituir os genes ruins pelos genes bons (SCHRAMM, 1997).

Para Galton e seus seguidores, a seleção natural havia sido impedida entre os homens pelo fato de as instituições de caridade e os governos se voltarem à proteção dos mais fracos, dos doentes e, em geral, daqueles indivíduos que não reúnem capacidade para sobreviver e proteger sua espécie. Propunha, em contrapartida, que os governos, ao mesmo tempo que deveriam proibir casamentos entre pessoas "inferiores", esterelizando-as ainda que sem o seu consentimento, deveriam promover o encorajamento das "raças superiores" na propagação da espécie de modo a melhorar a raça humana (VARGA, 1990, p. 77).

A ideologia nazista é um grande marco no estabelecimento de uma política de higiene racial, ao recepcionar a ideia de que as diferenças entre os seres humanos têm origem biológica, o que explica a existência de raças superiores e raças inferiores. A proposta dos geneticistas nazistas deixou claro que a solução final seria o genocídio dos judeus da Europa, e de forma violenta, já que o abandono ou a morte de fome em campos de trabalho seria muito lenta (BEIGUELMAN, 2005, p. 108-123).

Por meio da eugenia negativa, busca-se pôr fim aos defeitos genéticos pela esterilização ou isolamento das pessoas "defeituosas", de modo que não possam transmitir seu gene à hereditariedade, passando-se de uma fase, em que tal dinâmica era simplesmente imposta, à fase em que se busca a adesão pela informação e persuasão (VARGA, 1990, p. 77-78). Já pela eugenia positiva, o que se busca é a promoção da reprodução de "pessoas sadias" ou com qualidades ditas "superiores", o que pode ser obtido mediante o encorajamento à reprodução dos indivíduos "bonificados" com essa "supergenética" ou mesmo pela manipulação genética em técnicas de reprodução artificial voltadas para esse fim (VARGA, 1990, p. 77-78).

Ambas as espécies de eugenia são duramente criticadas, quer do ponto de vista científico, quer do ponto de vista ético. Do ponto de vista científico, em relação à eugenia negativa, Winnacker (1998, p. 222) ressalta que somente poderia surtir algum efeito se toda a espécie humana fosse atingida. Já em relação à eugenia positiva, o mesmo autor ressalta que a espécie humana possui uma composição genética muito heterogênea, sendo que cada indivíduo é detentor de sua própria "constelação genética" (WINNACKER, 1998, p. 222).

Se a eugenia já foi objeto de condenação no Ocidente, a partir da derrota da estrutura nazi, por outro lado, sua "condenação política" não significa dizer que estão sepultadas as ideias de melhoramento racial, tampouco impede a reiteração de ataques contra coletivos tidos como inferiores (WERNECK, 2004, p. 59), nos quais estão aqueles menos avantajados geneticamente. Por isso, não se pode ver com espanto e com incredulidade os objetivos eugenistas que também podem estar por detrás das provas genéticas preditivas nas relações laborais. Tampouco se pode adotar posição acrítica sobre a existência de um patamar de neutralidade na disponibilização de testes dessa natureza[108].

No particular, Pessini e Barchifontaine (2008, p. 384) ressaltam que a grande novidade nos últimos tempos é que, ao contrário do que se esperava (dizia-se que a espécie humana tinha de 80.000 a 100.000 genes), os seres humanos só têm entre 30 a 40 mil genes. Isso significa que não é a quantidade de genes o mais importante e, sim, a função que cada um exerce, a partir da capacidade do organismo humano de promover sua combinação e transformação em "[...] usina bioquímica produtora de proteínas." Prosseguem os autores ressaltando que esse dado basicamente "derrubou por terra" o determinismo genético, que dizia que tudo pode ser explicado a partir do DNA, dando-se adeus a esse modelo de "materialismo biológico genético refinado" defendido por alguns membros da comunidade de geneticistas mais radicais. Daí é que o câncer, o diabetes, a hipertensão, o mal de Alzheimer e o Parkinson são fruto de múltiplos fatores, sofrendo influência do meio ambiente, do modo de vida (dietas, prática de esportes, alimentação equilibrada) e, portanto, dependendo de outros fatores também importantes como o são os genes.

Todo o apanhado visa despertar os problemas que podem advir dos estudos direcionados ao rastreamento de genes, especialmente sob o

---

(108) Lee Silver, professor de biologia molecular da faculdade de Princeton (EUA), resgata os pressupostos eugênicos que caracterizaram as chamadas "raças superiores" e "raças inferiores" (SILVER, 1998, p. 30 e ss.), assim como a exploração econômica que incide sobre o segundo grupo, que se converte em massa produtora das boas condições de vida do primeiro grupo.

discurso de prevenção de riscos advindos do ambiente de trabalho e que podem ser conduzidos por geneticistas despreparados no que diz respeito, inclusive, aos efeitos psicológicos e sociais decorrentes da estigmatização e da violação de direitos individuais. Por essa razão, é que se discute o poder decorrente do Projeto Genoma Humano também no ambiente laboral, pois, como ressaltado por Frota-Pessoa (1997), o conhecimento gera poder, circunstância que tem maior relevância quando estamos diante de um cenário em que uma das partes está em especial situação de vulnerabilidade e subordinação, como é o empregado.

Nesse campo, necessário o desvelar de algumas de suas perspectivas biopolíticas. Nas mãos de quem está o biopoder contido nas ciências biotecnonológicas?

Ressalta Agamben (2002, p. 9) que os gregos não dispunham de um único termo para exprimir o que concebemos como vida humana. E, assim, serviam-se de dois termos com semântica e morfologia distintas: *zoé* e *biós*. Zoé representava a vida biológica, o simples fato de viver, comum a todos os seres vivos, sejam eles animais, homens ou deuses. *Biós* reportava à forma de viver própria de um indivíduo ou mesmo de um grupo, representando, assim, a sua vida política.

Agamben (2002) traz ao campo de estudo luzes sobre as reflexões que travamos em nossa época. O corpo biológico do indivíduo passa a ocupar uma posição central nas estratégias que emanam do poder, tornando-se, desse modo, biopolítica (TASSARA, 2005).

O caminho que a cultura ocidental vem percorrendo reflete a incorporação do núcleo semântico *zoé* pelo *biós*, o que é possibilitado pelo crescimento científico das ciências biológicas e na sua "expansão naturalizada" para a vida social (TASSARA, 2005). "Vida nua" consiste em uma completa abstração, representando aquilo que *biós,* desnudada pelas tecnologias científicas, vai determinar (SCHIOCCHET, 2010, p. 118; TASSARA, 2005). Nesse cenário, questionar a vida humana implica igualmente questionar a "[...] liberdade humana, numa sociedade atravessada pela economia capitalista, pela lógica neoliberal e pela busca incessante de qualidade de vida" (SCHIOCCHET, 2010, p. 118).

No decorrer dos séculos 17 e 18, foram observadas muitas alterações nas relações de poder. Foucault (2001, 140 e ss.) relata as transformações da sociedade e do poder. O "poder soberania", materializado nas penas cruéis sobre os corpos dos indivíduos, transformou-se a partir da compaixão que os aviltamentos corporais despertaram na sociedade. Ganhou nova roupagem, a do "poder disciplinar", de modo que as monarquias vão se convertendo, aos poucos, em sociedades disciplinares. Essa passagem ocorre em razão da mudança de paradigma incentivada pelos reformadores e movidos também, como dito, pelo movimento de compaixão popular que clamou pela supressão dos martírios corporais infligidos aos condenados. Nessa passagem ao poder disciplinar, surgiram as prisões enquanto instrumentos de cumprimento da lei e de manutenção da ordem, passando a representar o novo instrumento de legitimação do poder estatal.

No decorrer desses dois séculos, houve uma multiplicação de instituições voltadas à promoção dessa disciplina e que, em Foucault (2001), vão servir para processos de adestramento, como as oficinas, as fábricas, as escolas e as prisões, que vão passando a constituir instrumentos de investigação, ou seja, em vigiar e punir.

Diferentemente do que ocorre no campo do poder que decorre da soberania, o poder disciplinar não vai obter materialização na pessoa do rei, mas nos corpos dos indivíduos, mediante técnicas disciplinares. O biopoder (relação de poder) representa a transformação do poder: ao invés do poder de "fazer morrer ou deixar viver" (constituído no poder de vida e morte que tinha o rei sobre os súditos, e que os tornava, a rigor, sujeitos sem direito de estar vivo ou morto)[109], está-se diante do poder de "fazer viver ou deixar morrer." O Estado vai utilizar esse bipoder para controlar os problemas que emergem na cidade, a exemplo das doenças epidêmicas (como a varíola), a fome, a guerra (que deixa feridos e mortos), a distribuição demográfica, o controle da natalidade e a mortalidade, entre outros. E, ao fazer viver, amplia-se, produz-se, intensifica-se e vigia-se a vida (FOUCAULT, 2005, p. 285-287).

Esse novo poder, – de "fazer viver ou deixar morrer" –, é posteriormente "[...] atravessado por uma tecnologia de poder não disciplinar, que incide sobre as vidas e os corpos humanos" (SCHIOCCHET, 2010, p. 119), que se materializará no governo político em torno da população. Trata-se do que Foucault chamou de biopolítica (prática política de governo), o que resultará mais tarde, no processo de medicalização da população e também na regulação da espécie humana por meio de um biopoder com força superior a todas as formas de soberania já vistas, e que encontra, na sociedade liberal da segurança, campo fértil para desenvolvimento (SCHIOCCHET, 2010, p. 119). Também a população será algo que se deve conhecer para que se possa controlar. Um exemplo é o sexo que, aparecendo como um problema político e econômico, se torna objeto de análise e investigação: qual a idade do casamento, quando ocorrem as relações sexuais, a incidência das práticas contraceptivas, dentre outras. Toda informação é necessária para que possa ser administrado o sexo (FOUCAULT, 2005, p. 300-301).

---

(109) Ver também Foucault na obra *Em defesa da sociedade*. Curso no Collège de France (1975-1976): "Creio que, para compreender o que se passou, podemos nos referir ao que era a teoria clássica da soberania que, em última análise, serviu-nos de pano de fundo, de quadro para todas essas análises da guerra, as raças, etc. Na teoria clássica da soberania, vocês sabem que o direito de vida e de morte era um de seus atributos fundamentais." (FOUCAULT, 2005, p. 286.)

Nessa etapa, a biopolítica vai implantar mecanismos com funções muito diferentes da disciplinar, tratando das previsões, das estatísticas, das medicações globais. Será necessário fazer cair a morbidade, esticar a vida, estabelecendo certos mecanismos reguladores de controle da vida, de seus acidentes, deficiências, eventualidades, utilizando-se de técnicas prescritivas de controle da conduta dos indivíduos na vida em sociedade (FOUCAULT, 2005, p. 292-295), ou seja, a biopolítica vai traduzir-se numa maneira de racionalizar os problemas sanitários, de "[...] levar em conta a vida, os processos biológicos do homem-espécie e de assegurar sobre eles não uma disciplina, mas uma regulamentação" (FOUCAULT, 2005, p. 294).

Assim, a medicina será o possibilitador do exercício do poder não mais sobre o direito de fazer morrer, mas sobre o poder de intervir para não só fazer viver como para intervir e regulamentar esse modo de viver (FOUCAULT, 2005, p. 294). Quanto mais conhecido o indivíduo biológico, melhores condições haverá para modificá-lo, transformá-lo, manejá-lo, de modo que a produção de saberes se tornará indispensável ao exercício do biopoder. Demandando uma verdade, somente pelo saber é que o poder poderá ser exercido.

Se antes a morte representava a expressão maior do poder sobre o homem, cujo corpo era castigado, agora, com o biopoder, a morte vai significar justamente o fim do poder sobre o indivíduo, de modo que se deve "[...] fazer o indivíduo viver além de sua morte" (FOUCAULT, 2005, p. 296).

Assim, o poder biopolítico para Foucault (2005, p. 295-296) fará tão bem às pessoas que permitirá que elas permaneçam vivas, mesmo quando biologicamente deveriam estar mortas. Essa metáfora vai significar que o indivíduo que esteve sob aquele poder que organizava tão bem a vida nem percebeu que já estava morto quando o faziam viver depois da "morte" (FOUCAULT, 2005, p. 296-297).

Não se pode perder de vista igualmente a advertência também feita por Foucault (2005), quanto às lutas políticas e estratégias econômicas que sempre perpassam a vida humana e que estão presentes nas questões sobre genoma e biotecnologia. Na sociedade voltada para o estiramento da vida e a melhoria das condições de vida, o biológico vai se traduzir em instrumento sobre o qual o poder vai incidir e governar o indivíduo. O trabalho passará também a ser analisado pela mesma racionalidade interna ao comportamento humano e, portanto, será igualmente objeto de investigação.

Foucault (2008a, p. 129) se utiliza da metáfora do barco. "O que é governar um barco?" Governar um barco não se traduzirá apenas em comandar marinheiros, o navio e a carga, mas também levar em conta os ventos, tempestades, escolhas, intempéries etc., ou seja, governar um barco significa não só a relação do navio com o marinheiro, cuja vida se precisa preservar, como da carga que precisa se levar ao porto, com todos os acontecimentos que se têm pelo caminho. O estabelecimento de toda essa relação é que caracteriza governar um barco.

O barco seria a sociedade; os marinheiros, a população; a carga, o capital humano. A manutenção da estabilidade do primeiro depende do controle da vida dos marinheiros (a população) e de todos os fatores que incidem na viagem (ou seja, as doenças, a fome, a guerra, o sexo).

É de se destacar que o interesse maior de Foucault no saber que é produzido na governamentalidade não está relacionado a uma atividade racional necessária ao exercício do governo, porém com saberes que emergem de uma manifestação de verdade e de poder. E onde tudo isso se conecta com a saúde do trabalhador?

No contexto de nossa sociedade capitalista, a população deve trabalhar e gerar lucros. E o trabalho deve ser controlado, a incluir o comportamento do empregado, tema que não é novo, mas merece ser mencionado à luz do contexto estudado.

No cenário da prevenção laboral, a mais discutível estratégia tem sido a tendência do empregador em querer controlar o comportamento do empregado, mesmo de forma extraprofissional. Berlinguer (2004, p. 138 e ss.) cita vários exemplos, que vão desde as campanhas de incentivo ao abandono do hábito de fumar, à premiação por perda de peso, ou por quilômetros percorridos em caminhadas ou corridas, visando estimular a prática de atividades esportivas.

No entanto, como destaca o autor, essas medidas aparentemente inofensivas, além de importar em controle sobre a vida pessoal do empregado, têm potencial de transferir a responsabilização da doença sobre o próprio empregado. Assim, mesmo sendo certo que algumas doenças como as cardiovasculares podem ser associadas ou agravadas a hábitos pessoais (como o fumo, o estresse, a alimentação inadequada, o sedentarismo), por outro lado, também é certo que esses componentes não raro são influenciados por outros fatores sociais, como o grau de instrução, a condição socioeconômica e a capacidade de indução. Parte-se da falsa premissa de que existe uma sociedade equânime, em que as conquistas são obtidas de acordo com o merecimento (BERLINGUER, 2004, p. 140).

Do mesmo modo, se é certo que a interrupção do hábito de fumar é benéfico para a saúde de qualquer indivíduo, pode não sê-lo a prática de exercícios físicos, tampouco a perda abrupta de peso, especialmente se é imposta.

Todas essas questões situam-se na relação existente entre noções e preconceitos, entre poder e controle presentes no saber científico e na "faculdade" da medicina de determinar os comportamentos e indivíduos sãos (BERLINGUER, 2004, p. 142).

Em Foucault (2008b, p. 308), o trabalho comporta um capital, ou seja, uma aptidão, uma competência, "uma máquina", mas que não pode se separar do trabalhador. Essa competência, que é o capital que o trabalhador possui, será chamada de capital humano (p. 311).

A economia neoliberal vai investir e formar capital humano para o mercado de trabalho, ou seja, para produzir renda (2008b, p. 315). Para Foucault (2008b, p. 315-316), será efetuada uma análise socioambiental desde a vida e o processo educacional das crianças até a análise de todos os cuidados médicos e de todas as atividades relacionadas à saúde dos indivíduos, que vão aparecer, desse modo, como os elementos em que o capital humano pode ser melhorado, conservado e utilizado pelo maior tempo possível.

A biotecnologia, nesse plano, possibilita a manipulação da vida, mediante o emprego de técnicas sofisticadas permeadas por interesses econômicos (SCHIOCCHET, 2010, p. 120). O DNA é poder na perspectiva foucaultiana. Conhecer o DNA das pessoas (e aqui incluídos os trabalhadores), dos povos, das nações vai significar ter acesso ao conhecimento da vulnerabilidade e das resistências a fatores, como micro-organismos, a agentes químicos e físicos, a reações a medicamentos, a drogas e, até mesmo, a inferências sobre comportamentos (AZEVEDO, 2004, p. 327). Toda essa informação vai se investir de um "real poder científico, político, estratégico e bélico", assim como, do ponto de vista moral, o acesso a essas informações tão sensíveis do indivíduo vai ser infinitamente mais grave do que a espionagem de arquivos, abertura de correspondências sigilosas, contas bancárias e mesmo de prontuários médicos (AZEVEDO, 2004, p. 327).

Como a compreensão do genoma está avançada, o efeito mais imediato é a disponibilidade e propagação dos testes genéticos, não se podendo ignorar, inclusive, interesse estatal em sua realização sob o argumento do desenvolvimento de políticas sanitárias públicas, num processo de estatização do biológico, não obstante a barreira que pudesse encontrar perante direitos fundamentais asseguradores da dignidade humana e da proteção à intimidade (BRUNET, 2000, p. 45-53).

Barchifontaine (2004, p. 165) chega a mencionar a possibilidade de instituição de uma "carteira de identidade genética", contendo um código de barras com o registro do genoma do portador, que poderia implicar estigmatização de pessoas portadoras de herança genética com anomalias e estratificação e discriminação social. "A pessoa será como cristal, totalmente transparente, ao menos no seu aspecto biológico-genético".[110]

Os reflexos já são sentidos nas relações de trabalho. Varga (1990, p. 86-87) ressalta que, no ano de 1982, 59 grandes empresas americanas

---

(110) No mesmo sentido ver: JUNGES, José Roque. *Bioética*: perspectivas e desafios. São Leopoldo: Unisinos, 2005.

informaram sobre o plano de submeter seus empregados a testes genéticos nos próximos cinco anos. Acrescenta ainda o autor 15 outras empresas que já usaram esses testes.

No mesmo sentido, Kurczyn Villalobos (1998), no artigo intitulado *Proyecto de genoma humano y las relaciones laborales* (Projeto Genoma Humano e Relações Laborais), apresenta uma pesquisa similar. Ressalta que, no Texas, um operador de elevador, fumante de charutos, manifestou sintoma de enfisema pulmonar. O médico, depois de submeter o trabalhador a exames, inclusive genéticos, os quais revelaram sua predisposição hereditária a essa enfermidade, advertiu-lhe que o trabalho naquela função iria contribuir por acelerar o desenvolvimento da doença. O trabalhador, que já contava com tempo de trabalho e uma idade considerável, decidiu por parar de fumar e aguardar o tempo para sua aposentadoria.

Depois de 18 meses, seu estado de saúde complicou o suficiente para torná-lo incapacitado para o exercício de suas funções. O empregador, amparado pelo diagnóstico genético, decidiu que o empregado não faria jus à aposentadoria nem aos direitos que seriam devidos se a doença tivesse sido desencadeada por fatores relacionados ao trabalho. Em primeira instância, o empregador obteve ganho de causa, situação que se modificou em grau recursal, favorecendo o trabalhador [111].

Outro caso foi o *Terri Seargent*, relatado por Stock (2003, p. 235-236). O que seria uma história de sucesso para as pesquisas genéticas tornou-se instrumento de discriminação. As modernas biotecnologias ajudaram-na a identificar um "erro de impressão" em seus genes e que a tornava receptível à insuficiência respiratória. A descoberta, embora com potencial para salvar a vida da trabalhadora, roubou-lhe a subsistência.

A sra. Terri havia procurado um médico pensando que seu problema estaria relacionado com alergias, mas, em vez disso, os exames revelaram que havia uma deficiência de alfa-1, distúrbio comumente fatal ligado à ancestralidade (vikings). Uma vez não controlada, a doença consome os pulmões e vai sufocando gradualmente a partir de dentro. A ciência de sua condição logo se espalhou e dias depois ela foi comunicada que seus serviços não seriam mais necessários. Paradoxalmente, poucos dias antes de ser diagnosticada a doença, a trabalhadora havia recebido aumento salarial de 10%, o que fez demonstrar que a intencionalidade da dispensa era de fato discriminatória e em razão das predisposições genéticas da sra. Terri.

---

(111) No direito brasileiro, não haveria dúvida para qualificar a enfermidade como relacionada ao trabalho, ainda que como concausa, a teor do disposto no inciso I do artigo 21 da Lei n. 8213/1991, ao equiparar a acidente de trabalho o evento que, embora não sendo a causa única, contribuiu para a redução ou perda da capacidade laborativa. Além disso, pode-se considerar, no direito brasileiro, que o diagnóstico não foi oportuno, dada a ausência de previsão legal de ditos exames no direito brasileiro para fins trabalhistas.

Não obstante os testes genéticos no campo empregatício ainda estejam em fase inicial, somam-se dia a dia casos voltados à tentativa de submissão de trabalhadores a esses testes, o que no nosso entender não tardará e será o caso do Brasil. Os projetos de lei relacionados neste estudo, por não o excepcionarem, admitem a adoção de testes genéticos no âmbito empregatício. Embora repilam a prática de atos discriminatórios relacionados à seleção genética de trabalhador, possibilitam a adoção desses para fins médicos e terapêuticos, abrindo perigoso espaço de ação ao poder-saber bioteconológico. Afinal, para qual finalidade médica ou terapêutica estariam esses testes autorizados a se considerar que a grande maioria das enfermidades genéticas são multifatoriais? Como ressalta Berlinguer (2004, p. 144), além das perguntas relacionadas a "riscos" que são "aceitáveis" na atividade laboral, há outra que comumente é desprezada: risco (e benefício) de quem?

Os testes não podem ser concebidos apenas como um procedimento médico, mas como um instrumento de criação de categorias sociais em que o indivíduo será compreendido num "agregado estatístico." Se as dificuldades sociais eram outrora estabelecidas por questões sociais, sofrendo grande influência das desigualdades culturais ou insuficiência nutricional, hoje, tende-se a buscar suas causas e desordens psíquicas na genética (SFEZ, 1995, p.162-163).

Sfez (1995, p. 163) ressalta que, nos Estados Unidos, o entendimento jurisprudencial tem tornado a informação genética uma exigência. Em busca da "verdade", muitos tribunais já tentam impedir ou reduzir o uso das opiniões de psiquiatras, por seu caráter demasiadamente subjetivo para substituí-los por testes mais objetivos, que se transformam em dados (ao invés de fatos).

Com base nesses dados, são firmadas responsabilidades ou determinadas reabilitações além de possibilitar a predição de recidivas, sem que se leve em conta que a interpretação desses "dados" sobre humanos está se assentando numa visão meramente estatística. Conforme também já advertia Foucault no estudo da intencionalidade dos saberes, Sfez (1995, p. 164) faz ácida acusação no sentido de que, embora possa parecer que nessas interpretações o interesse seja o bem- estar do paciente, em verdade "[...] esses testes só o interrogam para se basear em estatísticas, ignorando os comportamentos individuais", ou seja, "[...] tende a nascer uma nova medicina em que já não se trata o doente, mas uma categoria", em que o risco genético é "reificado" como a própria doença, mesmo na ausência de um sintoma que seja identificado (SFEZ, 1995, p. 164).

Entendemos que o campo abre perigoso caminho rumo a uma seleção genética nas relações laborais, indo na contramão de direitos trabalhistas já conquistados no campo da saúde do trabalhador, como é o caso do traçado do risco epidemiológico das atividades profissionais, conforme problematizaremos no capítulo a seguir.

Capítulo III

CORPOS SILENCIADOS E PRODUÇÕES DE SUBJETIVIDADES: ELEMENTOS PARA REFLEXÃO DIANTE DO PROCESSO DE SELEÇÃO DE UMA SAÚDE LABORAL ÚTIL E PERFEITA À LUZ DA BIOÉTICA DA LIBERTAÇÃO NO PENSAMENTO DE ENRIQUE DUSSEL

Todas as transformações que tratamos até agora são, em geral, encaradas separadamente. E, assim, provoca-se uma diminuição discursiva da importância que o tema desperta no chão da vida e, mais ainda, se estivermos diante das relações de trabalho, cujas problematizações sempre são relegadas a planos menores, seja no tocante a questões relacionadas à saúde (aqui voltada à perspectiva do trabalhador), seja no tocante aos problemas relacionados ao meio ambiente (do trabalho) ou, ainda, seja no campo da concretização de direitos.

Certa vez, no ano de 2014, em uma das aulas do professor Dr. Carlos Henrique Bezerra Leite, no decorrer do curso de mestrado da Faculdade de Direito de Vitória, ouvimo-lo mencionar, na condição também de Desembargador do Trabalho, sobre as disparidades existentes na jurisprudência civil e trabalhista quanto às ações de reparação de danos. Dizia ele sobre o paradoxo da maior proteção das questões referentes às lesões morais civis em relação à tímida proteção das lesões morais no campo das relações laborais. Na época, citou como exemplo desse paradoxo a existência de maciça jurisprudência reconhecendo o direito a indenizações por extravios momentâneos de malas em aeroportos, ou mesmo por atrasos de voos (cuja jurisprudência vem se consolidando em caracterizá-los como dano moral presumido), ao lado de maciça jurisprudência rejeitando pedidos indenizatórios de trabalhadores que sofrem longos e reiterados atrasos salariais injustificados (ou mesmo justificados), deles exigindo-se hercúlea prova de que sofreram abalos de natureza moral ou material, de que suas contas não foram pagas, de que seus cadastros estão negativados nas instituições protetoras aos créditos.

Outro exemplo que torna bem clara essa disparidade se dá quando observamos a pouca ou nenhuma importância dada pela imprensa e pela sociedade em geral às péssimas condições, muitas vezes desastrosas, relacionadas ao meio ambiente do trabalho, e que só vão ocupar algum pequeno espaço na pauta cotidiana quando há mortos e, mesmo assim, sendo um tipo de notícia que se dispersa em poucas horas.

O sofrimento que vem do trabalho humano definitivamente não faz eco.

Numa perspectiva crítica libertadora e sem mediações, deve-se questionar: o que a mídia revela? A quem ela interessa?

A mesma redução se faz ao analisar possíveis impactos de provas genéticas no ambiente laboral e de três ordens: a primeira, pela equivocada pretensão de entender que se trata de hipótese muito futurista e de pouquíssima concretude; a segunda, a de se entender que a mera previsão em textos legais quanto à proibição de discriminação por questão genética também resolveria a questão; a terceira, a de achar que todos os questionamentos se inserem numa ordem de violações discriminatórias a que já estamos acostumados a tratar – a exemplo dos exames para detecção de gravidez e HIV – e que, por isso, já detemos conhecimento para enfrentá-los.

Todas essas crenças que se projetam sobre o campo da saúde do trabalhador são dispositivos propícios a facilitar a exploração e a colonização discursiva do meio ambiente do trabalho. A resistência, neste estudo, se organiza a partir da Bioética da Libertação, na perspectiva dusseliana, cujo aporte teórico nos autoriza a afirmar que as três hipóteses acima tratadas são vazias de fundamento.

Traçaremos a partir de agora – e depois de ter caminhado pela Genética e pelas possibilidades que abre a desvios de sentimentos e interesses – o passo a passo nos caminhos que nos levam a destacar o real impacto do mapeamento genético no âmbito laboral. Para tanto, sem pretender fazer um estudo histórico completo, mas somente pinçar elementos essenciais, faremos uma apresentação preliminar do trajeto de exploração do corpo do trabalhador ao longo da história. Intenta-se a aproximação e a compreensão do processo de aculturação e conquista empreendidos sobre os corpos dos trabalhadores, que revelam a história de *não-ser* desse coletivo, e também outras categorias de exploração e silenciamento dusselianas. Por mais paradoxais que demonstrem ser, esses interesses que sempre estiveram em conflito no campo da saúde do trabalhador e que vão se remodelando e adequando ao contexto socioeconômico, surgem potencializados na era da genética.

3.1 A REESTRUTURAÇÃO DO CAPITAL NA TRILHA DA EXPLORAÇÃO DO CORPO DO TRABALHADOR[112]

Antes de tratar especificamente das subjetividades presentes nos movimentos de exploração do corpo do trabalhador a que denominamos "de

---

(112) Adotamos, para construção deste capítulo, a sistematização proposta por Pena e Gomes (2011, p. 86 e ss.).

assepsia laboral", devemos voltar, ainda que de forma sintética, dado o recorte proposto ao estudo, à contextualização das transformações causadas pela reestruturação do capital e seus impactos na organização da produção e nas relações de trabalho, voltando-nos especificamente para o processo de adoecimento do trabalhador. Afinal, como o trabalho pode impactar a saúde do trabalhador?

Não é novidade que o trabalho é fonte de lesões, mutilações e adoecimento desde a antiguidade. Hipócrates descreve sobre a intoxicação provocada pelo contato com chumbo sofrido por trabalhador de uma mina na época romana (ROSEN, 1994, p. 39).

Considerando a amplitude desta temática que é apresentada apenas para introdução de uma trilha dos processos de adoecimento do trabalhador, e para poupar citações inúteis ao objeto do estudo, selecionamos marcos históricos centrais a revelarem a constante associação dos métodos de produção às formas de exploração do corpo nos processos do trabalho. No trajeto, passaremos pelo método de produção feudalista, pelo escravismo no capitalismo mercantilista e pelas formas de organização do trabalho no capitalismo da contemporaneidade, como o taylorismo, o fordismo e o toyotismo até chegarmos aos dias atuais. A partir de uma perspectiva crítica, o *iter* proposto por Paulo Pena e Gomes (2011, p. 86 e ss.) revelará como os diversos processos de organização social se traduziram em mecanismos de produção de sistemas que provocam exploração e exclusão social.

Justificamos a escolha do conteúdo histórico deste capítulo: na perspectiva da *Ética da Libertação* dusseliana, repassar a história e os fatos se faz necessário para que possamos conhecer e desenvolver caminhos que nos conduzam à libertação de nossos males de origem. Não se trata, no entanto, de uma mera narrativa do passado. O *corpus* teórico escolhido nos permitirá refletir sobre o "outro lado da história", a partir de uma "outra margem", um "outro saber."

3.1.1 A sociedade feudal

O traço característico da sociedade feudal era a produção de bens e serviços mediante trabalho servil. A época se marcou pela existência de relações de produção nas quais a terra era objeto de apropriação do senhor feudal.

Os servos possuíam a terra, por eles utilizada, e detinham seus instrumentos de trabalho, produzindo os bens em atendimento às suas necessidades essenciais. A energia humana utilizada no trabalho era a familiar.

Os camponeses não eram livres, dado que não tinham juridicamente o direito de propriedade, tampouco poderiam vender livremente sua força de trabalho no mercado, em troca de salário, a quem desejasse. As ocupações num feudo eram concentradas nas atividades agrícolas, artesanais, serviçais ou militares.

Em países, a exemplo da França e Inglaterra, servos sem trabalho eram punidos com trabalhos forçados, que poderiam ir até a morte. A época foi marcada por muitas doenças relacionadas ao trabalho, as quais não despertavam interesse do clero ou dos senhores feudais, cujo único objeto de preocupação era a arrecadação de impostos e dízimos. A doença era objeto de cuidado no âmbito familiar, considerando que não havia regulamentação e interferência nos feudos, que se voltavam apenas a concentrar suas leis e regras nas imposições disciplinares, tributárias e criminais.

Os métodos de produção eram centrados no artesanal e na agricultura primitiva. No primeiro, não havia troca do trabalho por salário. Era prestado o serviço e o valor do trabalho estava contido na entrega do produto ou no serviço prestado. O artesão era detentor do *know-how* de seu trabalho e do domínio dos métodos de produção. O esforço excessivo e o adoecimento resultaram especialmente de fatores externos ao trabalho, tendo origem na miséria social ou em outras coerções externas como o pagamento de impostos, que acabavam por fomentar a aceleração de atividades.

Antes da Revolução Industrial, os artesãos constituíam uma profissão cujo trabalho ou era exercido individualmente ou por intermédio das cooperativas e nas manufaturas. Dessas organizações é que se originavam as regulamentações que resultavam nas regras a serem observadas nos ofícios e que culminavam por determinar a organização do trabalho, o uso das técnicas e os próprios cuidados que deveriam ser observados em relação aos riscos profissionais para a proteção da saúde.

No ano de 1700, houve a primeira publicação da obra de Ramazzini[113] intitulada *De morbis artificum diatriba;* livro tido até os dias de hoje como um marco na medicina do trabalho e na saúde pública. Na obra, foram descritas 54 doenças que apresentavam nexo de causalidade com 54 profissões artesanais (PENA, P. G. L.; GOMES, 2011, p. 89).

Como os artesãos participavam de todo o processo de produção, sendo bem rudimentar a divisão técnica do trabalho, cada doença que foi sendo identificada em relação a uma determinada atividade foi considerada doença profissional, "[...] representando a nocividade predominante diante do conjunto de exposições aos riscos presentes" (PENA, P. G. L.; GOMES, 2011, p. 89). O estabelecimento desse nexo causal é mais complexo nos

---

(113) Trabalhamos, neste estudo, com a edição do ano de 1985, da Fundacentro – Ministério do Trabalho (RAMAZZINI, 1985).

dias atuais em razão da marcante divisão do trabalho (PENA, P. G. L.; GOMES, 2011, p. 89).

Como ressaltado por Verthein e Minayo-Gomez (2011, p. 273), o processo de luta pela saúde, enquanto direito do trabalhador, ganhou força quando os trabalhadores, no alvorecer do século 20, passaram a reivindicar mecanismos de regulamentação da vida no "[...] espaço das instituições em que subjetividades produtoras de homens-máquinas capturavam memória, inteligência, sensibilidades, inconscientes."

Esse movimento acontece simultaneamente a várias transformações sofridas pelas sociedades contemporâneas, a exemplo da reestruturação do capitalismo, que impactou material e subjetivamente no mundo do trabalho, desde as formas de sua produção e organização até as condições de vida e de saúde dos trabalhadores (ALVES, G., 2000, p. 20). A perda da predominância da produção artesanal coincide com a Revolução Industrial, que deu origem às sociedades modernas.

Todo esse processo, entretanto, não ocorreu ao mesmo tempo, em todo o globo.

Em sociedades em menor estágio de desenvolvimento, como o Brasil, as atividades artesanais perduraram (algumas até hoje, inclusive), como é o caso da atividade pesqueira, da atividade agrícola familiar, além de outras profissões, como vendedores ambulantes, sapateiros, estofador etc., representando uma população de trabalhadores que atinge o número de mais de 8 milhões de pessoas e que, em geral, considerados autônomos, estão ainda à margem das políticas públicas de saúde do trabalhador (PENA, P. G. L.; GOMES, 2011, p. 90). Tanto o é que a Consolidação das Leis do Trabalho (CLT) a esses não se aplica, pois, além da maior parte desse trabalho ocorrer no setor informal, diferentemente dos assalariados, o serviço não é prestado para um empregador de quem se pode exigir a observância das regras de proteção da saúde do trabalhador. Por isso, defende-se, desde já, para concluir esse aspecto e voltar à evolução histórica proposta, que a saúde dos profissionais artesãos deveria ser objeto de maior preocupação e atuação, no Brasil, do Sistema Único de Saúde, o SUS (PENA, P. G. L.; GOMES, 2011, p. 90).

3.1.2 A exploração dos corpos no trabalho escravo no Brasil e nas Américas: o trabalhador "coisa"

No Brasil Colônia e Império, foi de extrema importância a força de trabalho escrava no plano econômico, social e cultural, formando o primeiro coletivo de trabalhadores que estavam submetidos às mais violentas técnicas de disciplina e contenção do trabalho aprisionado (PENA, P. G. L.; GOMES, 2011, p. 91).

Enquanto, no capitalismo mercantil, os europeus de um lado faziam a passagem da produção industrial para a produção em grande escala com a Revolução Industrial, de outro, submetiam suas colônias, nas Américas, Ásia e África, às grandes explorações e atrocidades do escravismo. O escravo não era proprietário do seu corpo, tampouco tinha liberdade ou autonomia para condução de sua vida. Seus corpos, sua vida e sua morte (e de seus dependentes) e sua liberdade (a de ir e vir, inclusive), assim como todos os meios de produção, eram de propriedade do escravista[114].

Como o escravo era visto como um bem material e como era mais caro comprar um outro escravo, eram mantidas mínimas condições de sobrevivência. Quando havia interesse, pelo valor patrimonial, o escravo era submetido a tratamento (normalmente com as terapias aplicadas a um animal) (ROCHA; BRANDÃO, 2013; CARNEIRO, 2005). Caso contrário, poderia ser trocado por outro mais saudável ou até sacrificado (CARNEIRO, 2005).

Contrariamente ao que ocorre nas relações trabalhistas capitalistas – em que o tratamento médico forçado não existe e, em geral, o trabalhador que perde sua capacidade laborativa por doença é dispensado ou não admitido[115] – o escravo enquanto coisa de seu proprietário era submetido a tratamento forçado. Carneiro (2005) ressalta, inclusive, o uso de máscara como um "equipamento de proteção individual", uma técnica de "proteção" da saúde do escravo para impor abstinência ao álcool para aqueles que tinham essa propensão, uma espécie de "zootecnia aplicada ao ser humano escravizado" (PENA, P. G. L.; GOMES, 2011, p. 96).

A organização social para manutenção do regime de cativeiro a que estavam submetidos os escravos impunha-se pelo medo e o terror, mediante punições, mutilações e castigos que poderiam chegar à "[...] castração e retirada dos seios, mortes em rituais públicos e, mesmo após a morte, esquartejamentos", de modo a desestimular que os escravos se rebelassem contra "[...] esse regime típico de animais de carga" (PENA, P. G. L.; GOMES, 2011, p. 93). Também, de modo constante, os escravos eram marcados com ferro para negar a sua condição de ser humano e caracterizar a sua condição

---

(114) Ver Oliveira Mendes (2007), que apresenta a relação existente entre as enfermidades mortais e o péssimo tratamento dado a escravos em todas as etapas do comércio negreiro, assim como os efeitos trágicos dos excessivos castigos e punições, além de outras injustiças sobre sua saúde. E Gilbeto Freyre (1987, p. 464) na descrição sobre a condição de saúde dos escravos do Rio de Janeiro no séc. 17, inclusive a saúde psicológica, pela saudade da terra natal: "Houve os que se suicidaram comendo terra, enforcando-se, envenenando-se com ervas e potagens dos mandingueiros. O banzo deu cabo em muitos. O banzo – a saudade da África. Houve os que de tão banzeiros ficaram lesos, idiotas. Não morreram: mas ficaram penando [...] Doenças africanas seguiram-no até o Brasil, devastando-os nas senzalas".
(115) Não iremos, aqui, tratar das garantias legais existentes no ordenamento jurídico voltadas à proteção do empregado doente e/ou acidentado (por exemplo, previstas na Lei n. 8.213/1991), por não serem oportunas ao estudo, devendo ser ressaltado, inclusive, que comumente são inobservadas.

de coisa (cujo patrimônio é atribuído a alguém), submetida a comércio (mercado de escravos).

Limitado o escravo à sua condição de coisa, cujo valor estava integralmente em sua corporeidade, os seus valores de avaliação eram sopesados por meio de inspeções sobre suas respectivas situações físicas, dentição, existência de enfermidades, deformidades ou outras indicações de sua higidez. Como ressaltam Paulo Pena e Gomes (2011, p. 94), a visibilidade das doenças relacionadas ao trabalho era perdida no cenário de violência extrema, caracterizada por um "[...] desastre epidêmico, mortandade elevada e constrangimento moral extremo", processos que iniciavam desde o transporte normalmente efetuado em caravelas concebidas para transportar madeira, ouro e outros materiais. Nesse contexto, também o escravo era transportado como carga viva, de forma similar aos animais, e não como tripulante.

Em conclusão, pode-se dizer que a origem da Medicina do Trabalho no Brasil, voltada àquela aplicada à força de trabalho escrava, se traduzia na assistência à saúde aos escravos por meio de "[...] práticas pré-científicas de medicina veterinária aplicadas aos seres humanos nos cativeiros" (PENA, P. G. L.; GOMES, 2011, p. 94). Justamente, esse desconhecimento e pouco (ou nenhum) interesse das doenças relacionadas ao trabalho vão dar o traço da invisibilidade histórica sobre as crueldades a que os escravos eram submetidos.

Embora abolida em 1888, a escravidão ainda persiste com outras facetas. A chamada "escravidão contemporânea" (ROCHA; BRANDÃO, 2013) vai ocorrer de várias formas, dentre elas: pela escravidão direta, com a submissão de trabalhadores forçados ao labor, muitas vezes em regime de cárcere privado[116]; pela dependência química, o que se dá com a disponibilização de drogas para uso das crianças que servem ao narcotráfico, tornando-as dependentes químicas; pela ameaça física, dependência econômica ou química que subjugam os profissionais do sexo ao trabalho forçado etc. (PENA, P. G. L..; GOMES, 2011, p. 94).

Nos dias atuais, a falta de informação e também de melhor oportunidade é que vão fazer com o que os trabalhadores se vejam atraídos por ilusórias condições de trabalho que vão se assemelhar àquelas condições vividas pelos escravos no período colonial e imperial. Se no passado o escravo integrava o patrimônio do escravista, sendo melhor manter as mínimas condições de sua sobrevivência, nos dias atuais, o mais rentável é

---

(116) Rocha e Brandão (2013), analisando dados fornecidos pela fiscalização do Ministério do Trabalho e Emprego (MTE), relatam que "[...] entre 1995, quando iniciaram as ações de fiscalização voltadas ao enfrentamento do trabalho escravo no Brasil, e o segundo semestre de 2012, 39 mil pessoas foram encontradas em situação de trabalho análogo ao de escravo – conforme tipificado no artigo 149 do Código Penal Brasileiro em vigor."

não contratar ou descartar um trabalhador que não tenha a melhor higidez. Embora não seja uma coisa, é muitas vezes considerado um "[...] produto para consumo imediato e posterior descarte" (ROCHA; BRANDÃO, 2013).

3.1.3 A Revolução Industrial e o corpo parcelado e disciplinado do trabalhador[117]

Desde a sua origem, o território do capital manifestou seu notório viés destrutivo em relação ao trabalho, o mesmo viés que também impactou destrutivamente de forma direta a natureza e, sob a forma ainda mais perversa, por meio da guerra, além de tantos outros (ANTUNES, 2011).

Em Karl Marx, encontramos a seguinte advertência:

> O capital tem a tendência de reduzir ao necessário o trabalho vivo diretamente empregado, a encurtar sempre o trabalho requerido para fabricar um produto — explorando as forças produtivas sociais do trabalho — e, portanto, de economizar o mais possível o trabalho vivo diretamente aplicado.[...] Se observamos de perto a produção capitalista, abstraindo do processo de circulação e da hipertrofia da concorrência, verificamos que procede de maneira extremamente parcimoniosa com o trabalho efetuado, corporificado em mercadorias. Entretanto, mais do que qualquer outro modo de produção, esbanja seres humanos, desperdiça carne e sangue, dilapida nervos e cérebro. Na realidade, só malbaratando monstruosamente o desenvolvimento individual assegura-se e realiza-se o desenvolvimento da humanidade na época histórica que precede a fase em que se reconstituirá conscientemente a sociedade humana. Todas as parcimônias de que estamos tratando decorrem do caráter social do trabalho, e é de fato esse caráter diretamente social do trabalho a causa geradora desse desperdício de vida e da saúde dos trabalhadores. (MARX, K., 1974, p. 97 e 99.)

Diz Giovani Alves (2007, p. 35 e ss.) que, a partir do momento em que se dá a centralidade do modo de produção na mercadoria, se passa a uma fase de valoração das relações sociais de produção por meio das coisas num processo de transparência e fetiche. A expropriação social e do trabalho desencadeou o regime de propriedade e a divisão de classes,

---

(117) No título, inspiramo-nos na sistematização efetuada por Pena e Gomes (2011, p. 105).

estabelecendo de igual modo a separação entre os que têm a propriedade (como os donos dos meios de produção) e os que não têm, representados pelo proletariado.

Busca-se um consenso de que, enquanto fenômeno, a industrialização ocorreu no fim do século 18, especialmente na Grã-Bretanha, com três formas características que a diferiam do trabalho artesanal: a) a divisão técnica do trabalho; b) o uso intensivo de maquinários pertencentes à empresa; c) a existência de uma força motriz que impulsionava e movimentava as máquinas, representada pela energia a vapor e, depois, energia elétrica. Nesse contexto, houve um parcelamento das atividades, com tarefas mais divididas que acabam por exigir muito de partes específicas do corpo do trabalhador (PENA, P. G. L.; GOMES, 2011, p. 105).

A partir da troca de mercadoria é que o proletariado vende sua força de trabalho, aqui representada como o "conjunto de faculdades físicas e mentais existentes no corpo e na personalidade viva de um ser humano, as quais ele põe em ação toda vez que produz valores-de-uso de qualquer espécie" (MARX, K., 2002, p. 197).

A Revolução Industrial trouxe grandes mudanças econômicas e sociais e que também causaram impactos negativos na saúde do trabalhador.

À medida que o processo de trabalho vai sendo objeto de alienação, dá-se um aumento da exploração e também do grau de subordinação dos trabalhadores. No mesmo cenário, há o incremento do mercado mundial e o surgimento das grandes cidades industriais (ENGELS, 2008, p. 67), a maior parte sem qualquer planejamento e num cenário em que as políticas públicas custavam a se afirmar (LOURENÇO, 2009). Desse modo, os ambientes domésticos se "[...] tornaram propícios à propagação de doenças infecto--contagiosas que, somadas à fome e à desnutrição, geraram altas taxas de mortalidade" (LOURENÇO, 2009, p. 58).

Na obra *A Situação da Classe Trabalhadora na Inglaterra*, Engels (2008) faz uma denúncia da exploração sofrida pelos trabalhadores nesse período, o que se expressa no elevado número de acidentes e doenças relacionadas ao trabalho e nas precárias condições de vida e moradia a que estavam submetidos, estendendo-se às mulheres e crianças.

A revolução industrial apenas levou tudo isso a consequências extremas, completando a transformação dos trabalhadores em puras e simples máquinas e arrancando-lhes das mãos os últimos restos de atividade autônoma – mas, precisamente por isso, incitando-os a pensar e a exigir uma condição humana (ENGELS, 2008, p. 47).

Engels (2008, p. 187 e ss.) denuncia as péssimas condições de trabalho dos indivíduos, inseridos num meio ambiente hostil e insalubre, comparando a Revolução Industrial à guerra, com muitos acidentes e mortos por queimaduras, afogamentos, quedas etc. Mas não só os acidentes despertam a atenção de Engels. Outras enfermidades nos operários são relatadas como deformações da coluna vertebral (algumas, efeitos de uma simples sobrecarga de trabalho, outras, em consequência de trabalhos prolongados sobre constituição corporal, originariamente fraca ou enfraquecida por má alimentação), varizes, pés chatos, úlceras nas coxas e na barriga das pernas, joelhos aparecem torcidos para dentro, os tendões dos tornozelos relaxados e distendidos com muita frequência, e os ossos das pernas, que apareciam hipertrofiadas, constantemente estavam tortos e deformados. Some-se ao cansaço físico o cansaço mental daquelas atividades de vigiar máquinas e reatar fios quebrados, atividade que roubava os pensamentos do trabalhador, numa espécie de "[...] aborrecimento mais paralisante, mais deprimente possível", pelo enfraquecimento de todas as forças e que consiste em aborrecer-se o dia todo, não podendo se ausentar um só instante (ENGELS, 2008, p. 225).

Nesse contexto, a expectativa de vida não era superior a 50 anos e não havia escolha por parte do trabalhador, que vivia sob regime de explícita crueldade como constava nos pareceres médicos citados por Engels (2008).

São citados também o trabalho infantil e as precárias condições de seu desenvolvimento, com excesso de peso, má postura, sucateamento de salários, gerando uma massa de crianças "embrutecidas" e "[...] tão estúpidas que afirmavam frequentemente que eram bem tratados e viviam bem, quando trabalhavam catorze horas por dia, andavam andrajosos, não comiam o suficiente e batiam-lhe tanto que alguns dias depois ainda se ressentiam" (ENGELS, 2008, p. 229). Naturalizou-se o trabalho infantil enquanto "complemento" da renda familiar, dadas as péssimas condições salariais dos adultos, quadro que não se limitou à Revolução Industrial.

Como ressalta Lourenço (2009, p. 93) "[...] o sistema capitalista absorve crianças e adolescentes como força de trabalho, a qual custa menos e, portanto, oferece mais condição de lucros." Também mulheres vão submeter-se à variada série de explorações, inclusive morais e sexuais. Diz Engels (2008, p. 195):

> Acontece que a servidão da fábrica, como qualquer outra e mesmo mais que todas as outras, confere ao patrão o *jus primae noctis*. Desse modo, o industrial é também o dono do corpo e dos encantos das suas operárias. O despedimento é uma sanção suficiente para, em noventa ou mesmo noventa e nove por cento dos casos, anular qualquer resistência da parte das raparigas, que, alem disso, não têm disposições particulares para a castidade.

Não existiam, até então, legislações específicas tratando da saúde do trabalhador até a primeira Revolução Industrial. Diante da possibilidade de estar-se ante uma supressão da mão de obra, Engels (2008, p. 47 e ss.) adverte que se instaurou uma preocupação que, mais uma vez, não estava propriamente relacionada com a vida e a saúde dos trabalhadores e, sim, com a manutenção da produção, a partir daí implementando-se algumas medidas de proteção.

A primeira inspeção médica do trabalhador, na Inglaterra, ocorreu em 1898 e, na França, no ano de 1917, se deu a introdução da prática de Medicina do Trabalho nas empresas (PENA, P. G. L.; GOMES, 2011, p. 108).

Esse fenômeno também é verificado no Brasil, porém, em período posterior. Como ressalta Adolfo Santos (2012), de 1500 a 1889 (período colonial e imperial), a maior parte do trabalho era prestado por escravos (negros e índios), além de homens pobres, em relação aos quais a preocupação com as condições de segurança e saúde no trabalho eram bem pequenas e essencialmente de natureza privada. Somente com o processo de industrialização, ocorrido no decorrer da República Velha é que se desencadeou o desenvolvimento de uma legislação voltada ao trabalho, incrementada no Governo Vargas, com a CLT, instituída pelo Decreto-Lei n. 5.452, de 1º de maio de 1943.

3.1.4 A Organização Científica do Trabalho. O taylorismo/fordismo e a busca do "homem boi"

A Organização Científica do Trabalho (OCT), que emergiu nas décadas iniciais do século 20, caracterizou-se pelo modelo taylorista/fordista de produção, que vigeu até fins da década de 60. No primeiro modelo, o corpo é "descerebrado e dividido ao extremo", enquanto, no segundo, o corpo é "flexível e precário" (PENA, P.G.L.; GOMES, 2011, p. 105 e ss).

Frederick Winslow Taylor, um engenheiro norte-americano, visando incrementar a produtividade, instituiu a execução de tarefas de forma individualizada e fragmentada. Como estratégia de desmobilização da classe operária, estabeleceu pagamento por produtividade e realizou pesquisas para redução do tempo morto na execução das atividades. Já o sistema fordista, de Henry Ford, incorporando aspectos do taylorismo, ampliou as estratégias para fora da fábrica ou do ambiente de trabalho, centrando-se nas linhas de montagem. Por identificar a importância da vida social sobre o trabalho, buscou um maior controle dos trabalhadores neste campo (LOURENÇO, 2009, p. 59).

No entanto, nos dizeres de Elmar Altvater (1995), o que impactou efetivamente o aumento da produtividade foi o novo método de gerenciamento que converteu os salários ou rendimentos em fonte potencial de consumo de massa. No fordismo, o avanço da produtividade não se resume, assim, a um processo econômico estritamente voltado ao mercado, firmando-se numa relação de regulação social. O aumento do poder de compra pelo trabalhador possibilitou o crescimento da capacidade de consumo permitindo uma estrutura social de acumulação em nível global, dando o tom da sociedade de consumo no estilo americano (GRAMSCI, 1976). O operário-padrão era também um consumidor em potencial dos produtos, submetidos a um "[...] adestramento que a psicologia industrial e a assistência social desenvolveram nesse período, reeducando a rotina familiar" (RICCI, 1999, p.146).

Para Gramsci (1976), o taylorismo/fordismo representava muito mais do que um sistema e método de organização racional de atividades de trabalho, ou seja, não se reduzia ao plano tecnológico, mas um contexto e um *pool* de princípios conectados que serviam como instrumento de coação, persuasão e cooptação dos trabalhadores para além do limite espacial do meio ambiente de trabalho, influenciando o seu modo de viver. Investia-se, assim, na intervenção sobre o "[...] universo biopsíquico, social e cultural do trabalhador para adaptá-lo às necessidades técnicas e econômicas, o que implica hipossolicitação ou hipersolicitação psicofisiológica, ambas nocivas à saúde" (PENA, P. G. L.; GOMES, 2011, p. 111).

Há uma relação de correspondência entre a produtividade do trabalho (produção de massa) e os salários (demanda de massa). Por isso, um elemento primordial para a viabilização das relações fordistas era o "Estado keynesiano", que se destacava por assegurar à classe trabalhadora alguns direitos sociais (ALTVATER, 1995).

Diz Gramsci:

> Efetivamente, Taylor exprime com cinismo brutal o objetivo da sociedade americana: desenvolver ao máximo, no trabalhador, as atitudes maquinais e automáticas, romper o velho nexo psicofísico do trabalho profissional qualificado, que exigia uma determinada participação ativa da inteligência, da fantasia, da iniciativa do trabalhador e reduzir as operações produtivas apenas ao aspecto físico maquinal (GRAMSCI, 1976, p. 397).

Nesse período, as atividades passaram a ser executadas de forma mais parcelada, "[...] com tarefas divididas e, portanto, solicitando exageradamente partes do corpo do trabalhador" (PENA, P. G. L.; GOMES, 2011, p. 105-6.)

A organização científica do trabalho, consolidada no século 20, importa em "simplificação" da atividade humana, de modo que é antecipada e preparada pelo outro – o administrador – que dará os comandos àqueles que executam e não precisam pensar, como queria Taylor" (PENA, P. G. L.; GOMES, 2011, p. 111). A expressão utilizada por Taylor para referir-se ao trabalhador do chão da fábrica é o homem "tipo boi", ou seja, apto para exercício de uma atividade eminentemente física e não intelectual, enquanto, no topo, estariam os administradores, os planejadores, responsáveis pela tecnologia empregada. O "homem boi" seria tão demasiadamente imbecil que não se prestaria a outros trabalhos (BRAVERMAN, 1981, p. 99). E sua especialização se equipararia ao adestramento (RICCI, 1999, p. 146).

No taylorismo, exigia-se uma adequação do biorritmo do corpo do trabalhador ao tempo regido pelo cronômetro, símbolo da produtividade (PENA, P. G. L.; GOMES, 2011, p. 111) e que somente seria obtida se vencidos os obstáculos da lentidão proposital dos operários e a anarquia dos processos de produção (RAGO; MOREIRA, 1993). Com a associação ao fordismo, há uma maior valorização do trabalhador enquanto parte de uma "equipagem completa" e que resultou em processos voltados à manutenção de sua saúde por práticas relacionadas à medicina, à alimentação, à psicologia, à segurança e à higiene industrial, evitando-se assim as abstenções ao trabalho por motivo de saúde, capazes de impedir a continuidade da atividade produtiva (PENA, P. G. L.; GOMES, 2011, p. 111).

Essa nova perspectiva introduziu as profissões de saúde e segurança voltadas à prevenção de doenças e acidentes de trabalho, para possibilitar a manutenção da saúde, evitar as ausências ao trabalho e, assim, aumentar a produtividade e o lucro. (PENA, P. G. L.; GOMES, 2011, p. 111).

Ressaltam Paulo Pena e Gomes:

> A organização fordista-taylorista criou a prática de medicina do trabalho na indústria moderna como um serviço especializado em manter a capacidade de trabalho tendo em perspectiva o aumento da produtividade. Essa prática, embora incorporasse o discurso da prevenção introduzida pelo fordismo, procurava aplicar, juntamente com a engenharia de segurança, os princípios do taylorismo na adaptação do trabalhador à precariedade das fábricas, apesar de sua nocividade em matéria de saúde. **Na prática sobre o corpo do trabalhador, a ênfase se estabelece na seleção dos mais aptos e saudáveis para o trabalho por meio de rigorosos exames pré-admissionais, associados ao processo de exclusão por adoecimento, nas sequências de exames periódicos e demissionais**. (2011, p. 112, grifo nosso.).

A partir desse monitoramento voltado à investigação da saúde do trabalhador, o seu descarte da atividade laboral pode ocorrer não só no momento da admissão, como também no curso da relação de trabalho, mediante exames periódicos, quando muitas vezes se omite do trabalhador, ou mesmo das instituições sindicais e previdenciárias, informações sobre diagnósticos de doenças ou acidentes de notificações obrigatórias. E, nesses casos, quando o diagnóstico que concluiu pela invalidez ou menor higidez é confirmado, podendo assim impactar a produtividade e o lucro, o empregado é dispensado, voltando-se a avaliação sobre a saúde do trabalhador não propriamente para o seu tratamento ou sua reabilitação profissional.

Assim, o perfil epidemiológico que é produzido nas empresas acaba por sofrer influência dessa tendência de recrutamento que subestima a ocorrência dos problemas de saúde no ambiente de trabalho, e que é traduzido no "efeito do trabalhador sadio" (MEDRONHO, 2002). Ressaltam Paulo Pena e Gomes (2011, p. 113) que o "efeito do trabalhador sadio" representa um importante conceito da epidemiologia do trabalho que desmascara o discurso de que nas empresas há menor prevalência de doenças do que na população em geral, ou seja, todas essas práticas médicas podem ser relacionadas ao taylorismo por não objetivarem propriamente prevenir doenças ou a reabilitar o empregado, mas, sim, excluir doentes e pessoas suscetíveis a doenças do mercado de trabalho. É de se ressaltar, numa aproximação preliminar, que o contexto atual emerge remodelado pela hegemonia que se estabeleceu entre as novas alianças consolidadas entre capital, ciência e tecnologia (ou tecnociência), enquanto novos instrumentos de acumulação (ROTANIA, 2004, p. 16).

Essas alianças se caracterizam pela "[...] instrumentalização, objetivação, modificação e mercantilização da vida material, biológica, das diferentes espécies e no valor econômico da informação produzida" (ROTANIA, 2004, p. 16). Estamos na era em que o poder traduz-se na informação genética. E a vida, "apropriada e expropriada" por esse novo *modus operandi* do capitalismo tardio se converte em objeto que se submete ao patenteamento ou ao uso privado, num processo de mercantilização não só do conhecimento, como do uso dos materiais biológicos e demais recursos genéticos e cuja legitimação social e cultural advém do mito da neutralidade científica, que concebe a inevitabilidade do avanço do progresso tecnológico e em sua beneficência implícita (ROTANIA, 2004, p. 16).

3.1.5 Do toyotismo ao trabalhador paranoico

Retomando ao ponto em que paramos, na tentativa de juntar os rastros da exploração do corpo do trabalhador, volta-se ao processo de estruturação dos sistemas produtivos, implementado no Japão no começo dos anos 60 e que se expandiu nos anos 90, tendo recebido várias denominações: *ohnismo* (em referência ao engenheiro Ohno, que implantou o método); *toyotismo* (em referência à primeira fábrica que promoveu sua reestruturação produtiva, a Toyota); *Kanban* (representado por um sistema de reposição de estoques no exato tempo em que o mesmo é consumido – reposição *Just in time* de fluxo intenso); flexibilização técnica e também social do trabalho e "subcontratação em cascata" ou terceirização (PENA, P. G. L.; GOMES, 2011, p. 116).

A mudança de perspectiva implementada pela fábrica Toyota traduziu-se no objetivo de fabricação somente do necessário, em substituição à fabricação em massa propalada pelo taylorismo. Não se desejavam mais os grandes estoques à espera de consumidores, que nem sempre apareciam. Assim, o engenheiro Ohno, a partir da técnica de reabastecimento de supermercado, implementou o método *Kanban*, que remeteu "[...] à emergência de um racionalismo originário da introdução do método fordista no setor terciário" (PENA, P. G. L.; GOMES, 2011, p. 116).

Partiu-se à terceirização das atividades não essenciais à linha de produção em busca da fábrica mínima. Surgira dois grupos de trabalhadores: uns com seus vínculos de trabalho estáveis e outros com vínculos precários. Àqueles que compunham o chamado "núcleo duro" eram asseguradas as conquistas do fordismo, como as práticas de saúde preventiva, assistência médica preventiva, medicina e segurança do trabalho; aos demais, menos direitos. No *modus operandi* fordista, a terceirização impunha-se como um instrumento que permitisse a maior compatibilização da relação entre o tempo e quantitativo de trabalho à demanda, ainda que essa dinâmica pudesse importar em precarização das relações trabalhistas.

Nesse cenário, é fomentada a flexibilização das leis do trabalho, de modo a adaptá-la ao modelo flexível de produção dos serviços. Traduz-se na eliminação de barreiras representadas por conquistas de proteção do trabalho e saúde alcançadas pelo trabalhador, com finalidade de dar agilidade aos contratos e assegurar a possibilidade de demissão, em função das exigências impostas pelas mudanças nas linhas de produção. Especificamente em relação ao Brasil, o tempo é de "[...] retorno aos marcos do Estado liberal do início do século 20", com a privatização do sistema previdenciário público e do seguro de acidente de trabalho (PENA, P. G. L.; GOMES, 2011, p. 118).

Sucedem-se, ainda, os processos de automação da agroindústria e dos serviços e a robotização, impactando no número de postos de trabalho, com o aumento do desemprego. Muitos trabalhadores se veem substituídos por máquinas. Nesse contexto, se há, por um lado, implementação de medidas preventivas de riscos oriundos do processo do trabalho, por outro, há a eclosão de outros fatores que impactaram negativamente a saúde do trabalhador, como o aumento do ritmo do trabalho, a sobrecarga psíquica, a multiplicidade de funções e o acúmulo de responsabilidades (PENA, P. G. L.; GOMES, 2011, p. 116).

Esse novo trabalhador que surge em meados dos anos 80 vai necessitar desenvolver outras habilidades, voltadas ao raciocínio analítico e ao poder de decisão. Precisa antecipar-se às inovações, deve ser polivalente, investir em formação contínua, trabalhar à exaustão.

Ricci (1999, p. 154) ressalta uma pesquisa efetuada no Japão, na qual se apurou que naquele país dados oficiais revelam que 10 mil operários morrem por ano, vítimas de estresse, os denominados Karoshi. Cita também o autor uma inovação implementada pela empresa Volvo, que resultou na criação de um ônibus em que o retrovisor é substituído por uma câmera de circuito interno de TV (instrumento já difundido em nível planetário). A engenhoca foi criada por uma equipe de operários num sistema de trabalho denominado "docas" que consiste, segundo Roberto Marx (1992, p. 43), uma tentativa dita radical voltada à transformação de uma produção que por tradição está sob o comando dos "tempos impostos" (a exemplo da linha de montagem comandada por correias transportadoras) para outra, a produção submetida à lógica dos "tempos alocados", em que o controle do ritmo da produção (incluindo o início e o término de atividades de montagem) são comandadas pelo próprio trabalhador, dando-lhe algum tido de participação nas decisões cotidianas, diversamente do modelo proposto pela empresa Toyota.

Ricci (1999, p. 154) destaca ainda o enfoque dado por alguns administradores norte-americanos (a quem atribui uma "certa dose de exagero") quanto ao perfil do novo trabalhador dos anos 90: o trabalhador paranoico, em constante sensação de atraso em relação ao presente.

Como nem todos os trabalhadores são assim, tão polivalentes, a exigência que vai cair sobre eles é próxima da exaustão. Deter uma considerável gama de informações transforma-se numa exigência para obter emprego. E, ao lado deles, também persistem outros vivendo em situações de grande insegurança como os temporários, os empregados domiciliares, os trabalhadores de empreiteira etc. (RICCI, 1999, p. 155).

Esse rápido olhar pelo trajeto histórico do trabalho humano já evidencia muitas das razões das desordens e das constantes agitações que povoam o campo da saúde do trabalhador. São verdades bem corriqueiras essas que resumidamente acabamos de relembrar, mas que nem por isso são reconhecidas ou lembradas. E mesmo aqueles que a reconhecem, muitas vezes procedem como se não as conhecessem.

No Brasil, há persistência de variados aspectos arcaicos e violentos oriundos de uma precarização estrutural que é acumulada a outra precarização de ordem produtiva, revelando a história que o modo de exploração do corpo do trabalhador vai se remodelando de acordo com os processos de trabalho e seus marcos regulatórios (PENA, P. G. L.; GOMES, 2011, p. 119). Assim, para se estabelecer uma mudança na perspectiva de saúde do trabalhador, implicaria, antes de tudo, implementar transformações no processo de trabalho, de modo a priorizar o "[...] o estatuto humano e da saúde diante dos interesses privados e econômicos" (PENA, P. G. L.; GOMES, 2011, p. 119).

Os mentores de todos esses modelos econômicos fazem pensar que a causa de todos os problemas está no trabalhador, e as generalizações sem fundamento acabam por substituir a observação. Essas teorias silenciam as histórias de dominação e de dependência estrutural a que os trabalhadores, especialmente, os trabalhadores na América Latina, se viram obrigados. Há que se aceitar que a causa estrutural do adoecimento do trabalhador aponta a uma injustiça estrutural com muitos séculos e séculos de existência, e que vai se perpetuando sob novos discursos, sendo necessário romper com esses silenciamentos a fim de que se promova a construção de uma identidade própria laboral que possa combater esses processos de exclusão e exploração (DUSSEL, 1998a, 1999, 2005).

Aprofundando no tema de nosso estudo, nos dias atuais e sobretudo, quando essa dinâmica se vê inserida no contexto laboral capitalista, ressurge, sob a forma molecular, a "[...] ideologia de eliminação dos considerados inaptos", o que ocorre na contramão dos avanços obtidos em nível social, voltados à inclusão (cite-se como exemplo as legislações inclusivas voltadas às pessoas com deficiência). O corpo do trabalhador se vê mais uma vez diante da possibilidade de se converter em objeto de exploração, desta feita pela biotecnologia, a pretexto de ajudar na preservação da saúde do próprio trabalhador (REIS, 2004). A fórmula simplista de adoção de testes genéticos com vistas à prevenção da saúde do trabalhador parece resolver tudo, mas, na prática, o que vai ocorrer é que somente aqueles que gozarem de saúde perfeita serão contratados, remodelando-se as técnicas de "melhoramento" da população laboral.

A saúde e o corpo são indissociáveis do conceito de qualidade de vida, e a exploração do trabalho vai culminar na doença e na morte precoce. Como ressaltam Paulo Pena e Gomes (2011, p. 120), assim como a saúde se traduz em conquista, a saúde do trabalhador e a proteção do corpo também vão resultar dos processos de luta histórica por vida digna.

O objetivo traçado, neste trajeto de exploração do corpo do trabalhador que tentamos reproduzir, está voltado ao desejo de produção de um conhecimento crítico, dialético, de recuperação de sentidos e de elaboração de uma proposta ético-política que englobe o futuro tecnológico voltado à saúde do trabalhador como um objeto de responsabilidade (ROTANIA, 2004, p.17).

E tudo isso sem olvidar o coletivo concreto, a diversidade, os processos de exclusão e de injustiça social, os processos de opressão socioeconômica, o presente, o passado, o futuro e, especialmente, as pessoas consideradas em sua individualidade no processo de relação de poder assimétrico que difere o homem no mundo.

Por isso, a proposta de estabelecimento de uma Bioética da Libertação, a partir da perspectiva dusseliana, vai permitir a crítica do modelo hegemônico que se impõe como vontade própria excludente.

Procuramos preparar o terreno para prosseguir, neste estudo, a partir de um pensar crítico que rejeite a hermenêutica que se traduza em reduzir o homem a um "usuário tecnológico de si mesmo", tanto em virtude da exacerbação do *logos*, quanto em razão do exercício efetivo e concreto do poder (ROTANIA, 2004, p. 19). A Bioética crítica, na perspectiva da *Ética da Libertação* (DUSSEL, 1995), deve voltar-se ao questionamento da neutralidade da tecnociência e da propalada existência, não só de um inevitável progresso tecnológico como em sua cega beneficência enquanto instrumento propiciador da felicidade humana.

Essa inevitabilidade da técnica moderna remete ao que Jonas (1997, p. 18 e ss.) vai tratar como "compulsoriedade" de sua utilização cuja dialética interna do poder vai abranger, de um lado, o domínio e controle sobre a natureza e, de outro, a compulsão pela sua utilização lógica que funde o poder e a sujeição.

Se a tecnologia a serviço do homem traz a humanização, quando serve a fins utilitaristas e interesses dominadores, traduz-se em mecanismo de destruição. Um exemplo é a bomba atômica (JASPERS, 1960). Também não há dúvida de que as sondas enviadas ao espaço produziram um poderoso conhecimento sobre o planeta e os demais que compõem o universo. Por outro lado, também não há dúvida de que a mesma ciência e tecnologia também propiciaram um planeta que esquenta, a cada ano, com águas contaminadas, com interferência nociva na biodiversidade (ÁLVAREZ GOMEZ, 2007, p. 333). Nesse mesmo cenário, surgiram medicinas que anunciaram curas milagrosas e que depois foram retiradas do mercado por produzirem efeitos devastadores sobre a saúde das pessoas. O mesmo se aplica ao objeto de estudo.

É difícil (e também não é a pretensão) catalogar todos os efeitos bons e maus da aplicação do mapeamento genético preditivo do trabalhador, até porque não há como prever as consequências de sua concretude em grandes escalas, tampouco se serão reversíveis ou não. A bioteconologia é um campo em aberto, com múltiplas e indefinidas possibilidades.

Por isso, diz Jonas (1997, p. 30 e ss.) que a técnica contemporânea é ambivalente em seus efeitos. Desse modo, algo que é praticado sobre uma pessoa, no dia de hoje, vai surtir efeitos futuros, repercutindo num número indeterminado de pessoas que nem mesmo eram vivas quando aquele ato foi efetivado. Está-se diante de uma extensão espaço temporal sem precedentes, a partir de uma corporalidade investigada e cujo histórico perdurará no tempo, para futuras gerações.

Deve-se ter, pois, uma referência permanente na comunidade crítica e organizada das vítimas (refiro-me, aqui, aos trabalhadores dos corpos explorados), unida à experiência prática que as retire da passividade, de modo a possibilitar tomada de consciência de sua dimensão histórica e de classe social, libertando-os de sua culpável incapacidade (DUSSEL, 1995). Esse movimento só se faz possível examinando e conhecendo a realidade da vida do trabalhador e as reais causas de um adoecimento permanente.

A libertação exige uma dimensão nova em que a pessoa humana se sinta responsável e protagonista de seus atos, ao mesmo tempo que se insira num ambiente que lhe assegure possibilidades de criação. O ser humano é um ser de possibilidades materiais e não de possibilidades fictícias (DUSSEL, 1998a, 1999, 2005). O trabalhador é uma corporalidade humana, conceito que se diferencia do caráter de corporalidade do animal. Por isso, deve ser capaz de compreender uma realidade interior a seu próprio corpo físico e que, em sua complexidade, não é só composto por células, genes, músculos, ossos, mas também por desejos, sentimentos, pulsões e tudo o que lhe permite sentir alegria, dor, prazer, vontades e que o coloca em contato com o exterior (DUSSEL, 2002, p. 300 e ss.).

A consciência da necessidade de criação de uma nova racionalidade passa necessariamente pelo desenvolvimento de uma comunidade crítica que desconstrua no sistema sua negatividade, de forma a transformá-lo para que as vítimas possam nele viver em relações mais simétricas, o que requer a tradução dos diversos processos discursivos de produção de subjetividades na relação trabalho/saúde (DUSSEL, 1998a, 1999, 2005), de que nos ocuparemos a seguir.

3.2 A COMPOSIÇÃO DO QUARTETO CORPO, SAÚDE, TRABALHO E SUBJETIVIDADES NA DIMENSÃO DA GENÉTICA E OS IMPACTOS NA CONSTRUÇÃO DO NEXO TÉCNICO EPIDEMIOLÓGICO

As possibilidades prometidas pelas sofisticadas técnicas de mapeamento genético atuais pretendem conformar a história cultural dos males[118] no

---

(118) A história cultural dos males pretende revelar alguns aspectos ignorados pela história natural dos males. Faz-se uma abordagem a partir de várias perspectivas, dentre as quais o fato de diversas enfermidades não existirem mais em determinadas culturas, outras inclusive tendo desaparecido por completo, enquanto outras vão aparecendo ou mudando de fisionomia. A história cultural da enfermidade se propõe a problematizar a causalidade contextual para reconhecer que o cuidado com a saúde carece de sentido sem o cuidado da vida em suas diversas manifestações, de onde vai derivar o imperativo de lutar por condições e circunstâncias cada vez mais propícias para uma vida digna, satisfatória, serena, fraternal, em sociedades includentes e solidárias (VINIEGRA VELÁZQUEZ, 2008, p. 527).

domínio do mal latente, havendo um "estado de ser portador" que promove um novo deslocamento de submissão do sujeito às regras do controle médico (SENDRAIL, 1981, p. 431 e ss.). Para Verthein e Minayo Gomez (2011, p. 273), cria-se uma medicina preventiva que vai trazer a ideia dos exames complementares como uma terapia, em que o sujeito não seria somente frágil, como também incapaz de perceber ele próprio sobre a iminência de uma doença. Nesse cenário, a história dos males vai se converter mais do que numa história natural dos males e, sim, numa história tecnológica dos males.

Essa é a tendência que sempre esteve presente na prática laboral: a instituição da doença do trabalho como algo descontextualizado, reduzido ao plano individual e subjetivo, em que o adoecimento adere ao discurso da produção de culpa, a partir da transferência ao trabalhador da responsabilidade pelas adversidades que estão no ambiente de trabalho (VERTHEIN; MINAYO-GOMEZ, 2011, p. 273).

Exarceba-se a paranoia da segurança, em várias facetas, com a produção de verdades sobre os trabalhadores no sentido de que, se não redobrarem o cuidado e a vigilância, a "fatalidade" do adoecimento vai acontecer (VERTHEIN; MINAYO GOMEZ, 2011, p. 273). O mesmo cenário é percebido no desejo de construção e seleção de pessoas sem "defeitos", mediante o diagnóstico genético desde a concepção até a vida adulta, com a submissão aos testes preditivos, ao argumento de se alcançar, assim, a segurança ao trabalhador, de forma a impedi-lo de trabalhar, por suas predisposições genéticas, em ambientes considerados hostis à saúde. Como ressalta Ana Reis (2004, p. 30), "[...] o acolhimento dos mais fracos, do diferente, não faz parte deste mundo" e o "[...] produto final dessa linha está longe de ser a saúde das pessoas."

A procura constante por segurança e pela melhoria das condições sanitárias laborais (e aqui nos referimos, numa perspectiva crítica, mais uma vez à motivação econômica e não propriamente à preocupação com a saúde do trabalhador) ao lado dos evidentes benefícios, também vai somar grandes riscos à proteção do trabalhador, que se vê constantemente objeto de ameaça não só pelos grandes grupos empresariais, como pelo Estado e pela própria tecnologia (JONAS, 1997, p. 33 e ss.). Portanto, aceitar um outro argumento, o argumento do Outro vai supor primeiro uma posição ética de aceitar esse Outro como igual, o que vai passar pela consciência de que o argumento não se reduz a uma questão de verdade (aqui, a verdade tecnológica) e, sim, de aceitação da pessoa do Outro (DUSSEL, 1999; 2002; 2005).

Por isso, adverte Jonas (1997, p. 38-40; 54-57) que o referencial ético que deve nortear o processo de normatização da vida social diante do avanço e do potencial destrutivo da técnica deve impor barreiras de responsabilidade que obste que o poder tecnológico acabe por exercer seu domínio e sua hegemonia sobre nós mesmos ou às gerações futuras.

Nesse âmbito das muitas possibilidades tecnológicas de intervenção nos corpos e na vida dos humanos, os desejos (ou pelo menos, muitos deles) devem se curvar diante da alteridade do outro, ganhando relevo a solidariedade enquanto valor moral universal (SCHIOCCHET, 2010, p. 133), o que, para Dussel (2012), representará possibilidade de colaboração entre todos os seres humanos para resolução dos problemas atuais. A razão sensível da Bioética da Libertação parte de um encontro libertador do exercício da alteridade que vai se manifestar na sensibilidade do encontro com o rosto da vítima: esse é o verdadeiro diálogo que constitui experiência originária (2012). Antes da decisão, teremos a experiência do outro, o reconhecimento do outro como parte negada, como sujeito sem autonomia.

Em Lévinas (1988), Dussel vai compreender a importância da primazia das relações humanas como ética. A partir da descoberta dessa proximidade entre a teoria e a prática, o sujeito e o outro, é que Dussel vai elaborar os conceitos como o de Exterioridade, em contraposição à totalidade hegemônica. A Exterioridade expõe a existência de um espaço onde se manifesta o Outro como uma realidade que está fora do sistema, por isso, sem importância.

A visibilidade da relação assimétrica se imporá como imperativo ético de sua superação, enquanto condição *sine qua non* ante qualquer discurso. E o único caminho para obtenção da simetria será a luta libertadora da vítima, a quem devem ser devolvidas a voz e a razão, a partir da incorporação dos direitos e deveres, de modo que o consenso deixe de ser formal para atingir o plano da concretude corporal, material e histórica[119].

A ciência exige a valorização de um novo paradigma de cooperação pois a insensibilidade e a indiferença são sérios perigos nesses processos de transformação social. No entanto, dada a fragilidade das bases científicas, pois não deixam de ser fruto da modernidade burguesa, torna-se difícil o estabelecimento das racionalidades (DUSSEL, 1995; ALVAREZ GOMEZ, 2007).

É certo que a ciência se volta à descoberta de autênticas possibilidades para manutenção e melhoramento da vida, mas, para isso, demanda imergir numa nova cosmovisão. A ciência não tem poder de decisão sobre o modo de viver, tampouco estabelece normas, ainda que se chegue a conclusões técnicas sobre novas formas de se relacionar com a natureza e com o outro. Por isso, esse novo cenário reclama de forma urgente que a Filosofia e a Ética priorizem os grupos humanos que estarão diante de uma nova racionalidade tecnológica, que sem dúvida deve vir marcada pela ideia de solidariedade e de responsabilidade (ÁLVAREZ GOMEZ, 2007, p. 365).

---

(119) Na abertura do Capítulo 7, intitulado "La ética de la liberación ante la ética del discurso", Dussel apresenta citação de Chiapas Ezln: "Em nossa voz irá a voz dos demais, dos que nada têm, dos condenados ao silêncio". Texto original: "En nuestra voz irá la voz de los demás, de los que nada tienen, de los condenados al silencio". (1998a, p. 217, tradução nossa).

A constituição de uma nova racionalidade que dê um caráter edificante aos processos de luta social é a garantia e condição da continuidade da existência e do processo humano de criar vida e desenvolvimento. A vítima deve deixar de ser conhecida apenas como uma funcionalidade ou coisa (seja a mulher na sociedade patriarcal, o negro nas sociedades de raça branca ou o trabalhador perante o processo de produção capitalista etc.). O momento ético por excelência vai ocorrer assim no "conhecimento prático" que transcende à mera funcionalidade instrumental e constitui o outro como pessoa. A partir do momento em que o outro já reconhecido como pessoa descobre a escravidão (aqui representada na exploração, nas precárias condições de trabalho, no adoecimento no trabalho) enquanto perversidade e como negatividade, ou seja, como negação da dignidade, haverá a sua libertação (DUSSEL, 1998a, p. 221)[120].

Se a ética não tem a pretensão ou a possibilidade de controlar o futuro ou de apresentar *a priori* uma solução para todos os problemas, o novo ramo da ética filosófica se apresenta como uma possibilidade de mudança de perspectiva hegemônica e dogmática por outra de viés crítico e questionador, em que se reconheça o outro e se estabeleça um acordo provisório, pelo menos no que concerne a uma possibilidade de ética comum (HOTTOIS, 1999a, p. 159-160,180 e ss.)

Partindo da argumentação crítica proposta e considerando o trajeto inconstante e móvel que marcou as relações entre o trabalho e os cenários de adoecimento do trabalhador, somos impelidos a desvelar algumas armadilhas de capturas de silêncio e os perigos que podem advir deste plano discursivo, especialmente no campo das provas genéticas preditivas. Justifica-se o debruçar sobre as subjetividades, por serem a matéria-prima primordial das relações de produção do capital.

Vários elementos contribuíram para uma permanente interlocução na formação histórica dos processos de adoecimento do trabalhador, sendo característico das variadas formas de produção do capital a destituição ou simplesmente a exclusão daqueles que não se vejam capazes de se enquadrar no perfil polivalente e flexível exigido (LIMA, 2011, p. 315).

No quadro argumentativo das discussões, a preocupação com os custos das indenizações pagas aos trabalhadores lesionados torna-se mais elevada. Há uma tentativa de separação do trabalho em relação ao processo de adoecimento e que vai se traduzir num dispositivo político de exclusão (VERTHEIN; MINAYO-GOMEZ 2011, p. 278).

---

(120) Texto original: "La Ética de la Liberación puede emprender, desde el "reconocimiento" del Otro, y desde el imperativo o norma ética básica ("¡Libera al Otro negado en su dignidad!"; sea el pobre, la mujer, la clase obrera, la nación periférica, la cultura popular dominada, la raza discriminada, las generaciones futuras, etc.)". (DUSSEL, 1998a, p. 221).

A doença, na perspectiva em que trabalhamos, é vista não como um conceito nosológico ou classificatório presente na biologia médica, mas enquanto um emaranhado de relações que o indivíduo mantém com o corpo, com os sistemas materiais (representados pelo acesso à saúde, a condições com qualidade de vida), com os sistemas sociais e culturais envolvidos, articulados e produtores de sentidos, afetos e interesses (VERTHEIN; MINAYO-GOMEZ, 2011, p. 278 e ss.).

A caracterização do nexo da doença com o trabalho nunca foi um território neutro, sendo palco de disputas discursivas que circulam e produzem forma de poder, de afetar e ser afetado. E, nesse plano, os discursos produzidos por médicos, trabalhadores, empregadores são efeitos das formações e desconstruções de sentido que vão resultar das alianças e das exclusões (VERTHEIN; MINAYO-GOMEZ, 2011, p. 278 e ss.). A engrenagem é bem abordada por Dussel (1996) quando afirma que a opressão a uma coletividade vai exatamente ocorrer quando se lhe permite conhecer apenas e diretamente o conhecimento e as subjetividades construídas por aqueles que oprimem, sem possibilidade de submeter esse conhecimento a um modo crítico de pensar com autoconsciência da dominação. Aqui, há apenas uma importação de conhecimentos e discursos.

Por isso, as práticas em torno das enfermidades adquiridas pelo trabalhador, assentadas sobre uma "economia política de verdade" (FOUCAULT, 1986, p. 13) vão relacionar discurso, verdade, poder e estratégias, em cada sociedade, tornando-se, assim, pertinente também à caracterização do nexo (VERTHEIN; MINAYO-GOMEZ, 2011, p. 278 e ss).

Diz Foucault (1986, p. 12):

> Cada sociedade tem seu regime de verdade, sua política geral de verdade, isto é, os tipos de discurso que ela acolhe e faz funcionar como verdadeiros; os mecanismos e as instâncias que permitem distinguir os enunciados verdadeiros ou falsos; a maneira como sanciona uns e outros; as técnicas e os procedimentos que são valorizados para a obtenção da verdade; o estatuto daqueles que têm o encargo de dizer o que funciona como verdadeiro.

Nesse sentido, também o campo e a fala debruçada sobre o trabalho igualmente possui uma materialidade de produção do fazer, do pensar e do sentir, sendo produtores de subjetividades e de territórios existenciais, definindo que não haverá sujeitos que não estejam inseridos num "campo virtual de articulações" (VERTHEIN;MINAYO-GOMEZ, 2011, p. 278-79). O campo do trabalho no sistema capitalista é um território de produção econômica e também um campo de produção de subjetividades, aqui compreendidas como produções externas de sentido, definindo formas de agir, de pensar, de sentir, de trabalhar. Diz Guattari:

> A ordem capitalista produz os modos das relações humanas até em suas representações inconscientes: os modos como se trabalha, como se é ensinado, como se ama [...] etc. Ela fabrica a relação com a produção, com a natureza, com os fatos, com o movimento, com o corpo, com a alimentação, com o presente, com o passado e com o futuro – em suma, ela fabrica a relação do homem com o mundo e consigo mesmo. (GUATTARI; ROLNIK, 1999, p. 42.)

Para os autores, a subjetividade, enquanto produção social, vai se desenvolver num movimento pendular entre a opressão e a alienação. Não haverá o somatório de várias subjetividades construídas internamente pelos indivíduos e, sim, há uma incorporação das subjetividades construídas externamente, que produzirão, no plano interno, singularizações. Submetidos a essa dinâmica, os grupos vão se conformando aos padrões, como as mulheres de determinada idade, que devem se conformar a tal limite, usar tais roupas, cabelos em determinados tamanhos, sob o risco de serem consideradas loucas ou delinquentes.

Essas construções de sentido também estão presentes no campo da saúde e na produção do nexo entre o trabalho e a doença e que implicam negação do nexo, quer no plano privado (os empregadores), quer no plano público (representado pelas instituições previdenciárias), por questões econômico-financeiras e também por questões políticas (VERTHEIN; MINAYO-GOMEZ, 2011, p. 278 e ss.).

Num exemplo prático, Verthein (2001; 2011) analisou as redes discursivas presentes no estabelecimento de nexo de Lesões por Esforços Repetitivos (LER) a partir da problematização dos encaminhamentos de trabalhadores, no INSS/RJ, no período de março 1997 a dezembro de 1998. A negativa de estabelecimento de nexo foi dividida em dois blocos argumentativos: no primeiro, o nexo era sempre negado pela perícia; no segundo, a possibilidade dessa negação da LER como doença do trabalho era efetivada pelo argumento da predisposição do paciente a adoecer.

Em sua pesquisa, Verthein apurou que articulações complexas estavam envoltas nesses diagnósticos da LER, a exemplo das doenças crônicodegenerativas, que eram usadas como argumentos à separação entre o processo de adoecimento e o trabalho, em razão da predisposição do sujeito.

Para a autora, as estratégias de negar o nexo deixavam muitas dúvidas não só quanto à referência de "sujeito-portador-segurado" como e principalmente quanto à constituição mórbida que vinculava a doença a um "perfil de natureza", que se formava a partir da "constatação" da presença de quadro de ansiedade, tensão, obsessividade, e até fingimentos e simulações (VERTHEIN; MINAYO-GOMEZ, 2011, p. 283 e ss.).

Analisando os enunciados assinalados pelo INSS para definição do trabalhador e a doença osteomuscular, constatou a construção de alguns conceitos que consideram a doença como algo subjetivo e que viam os trabalhadores como pessoas astutas ou simuladoras, as quais, segundo os médicos peritos, fingiam o fato de estarem doentes para se furtar ao trabalho.

A autora reproduz a fala de alguns dos pacientes entrevistados: "Fui ao médico e ele falou: O que você tem é um sistema nervoso muito forte, e deu lá um nome estranho que está causando isso em você e mandou eu procurar um psiquiatra" (Bancária, 40 anos, 17 anos na função). "Faço fisioterapia e tomo cortisona. Sinto dor e dormência. Já não tenho tato. Os médicos dizem apenas que sou lerda porque estou nervosa" (Bancária, 45 anos, 20 anos na função) (VERTHEIN; MINAYO-GOMEZ, 2011, p. 283-84), ou seja, a questão do reconhecimento ou não da doença extrapolava a questão médica. Em outros casos, o nexo da enfermidade com o trabalho era negado ao argumento de o trabalhador possuir especial predisposição.

Várias pesquisas e estudos se voltam a buscar o elo entre a subjetividade e o trabalho e, a partir dela, o estabelecimento do nexo de causalidade entre a doença e o trabalho. Pode-se citar Marie-France Hirigoyen (2011), ao analisar a psicodinâmica do assédio moral no ambiente de trabalho e as respectivas produções de subjetividades.

Cita a autora o exemplo da vítima-objeto do assédio moral (HIRIGOYEN, 2011, p. 152). A vítima é vítima por ter sido designada assim pelo perverso, tornando-se o bode expiatório, o alvo da violência e responsável por todo o mal. Mesmo sendo inocente do "crime", as testemunhas da agressão vão desconfiar dela, imaginando-se várias hipóteses, como o seu consentimento tácito ou sua condição de cúmplice.

Não sendo mais do que um objeto, não possui subjetividade interior a seu próprio físico, interioridade composta por ossos, músculos, sentimentos, sistema nervoso, desejos e tudo aquilo que lhe permite sentir dor, prazer, intenções (DUSSEL, 2002, p.319 e ss.).

Como já acentuado neste estudo, o corpo sempre foi objeto de intervenções estratégicas de controle e um campo de batalhas discursivas em que construções sobre a relação saúde/trabalho e corpo/doença vão mapear as possibilidades de leitura para o corpo inútil (VERTHEIN; MINAYO-GOMEZ, 2011, p. 278).

Todo esse apanhado evidencia que a dicotomia capaz/incapaz, doente/ saudável, ligado ao bem ou ao mal, nem sempre é objeto de decisões tão técnicas, pois o campo da saúde há muito tempo está inserido num campo de luta política e econômica. A rede discursiva produz subjetividades descartáveis no trabalho, decidindo e propagando o que deve ser considerado normal ou anormal (VERTHEIN;MINAYO-GOMEZ, 2011, p. 278 e ss.).

É imperioso, portanto, que não nos deixemos seduzir pelas evidências, especialmente na era da biotecnologia, em que o *bad gene*, que se comporta como "inimigo", como a representação do "imperfeito", não está no outro, no selvagem ou nas condições perversas de trabalho: está no interior do corpo, o potencial causador de problemas, a quem devemos desalojar, evidenciar, descobrir, vencer ou, na impossibilidade, isolar e descartar (SFEZ, 1995, p. 117). O inimigo, o Outro, o risco, está em nós.

No entanto esse Outro agora está muito escondido, e, na nova era, em que o homem é reduzido a suas células, abomina-se tudo o que é oculto, secreto: tudo deve ser muito transparente, legível e decifrável. O Outro, o risco, que está em nosso interior, é descontrolado. É o que até então não podia ser mudado, tocado e que agora precisa ser igualmente controlado: o gene (SFEZ, 1995, p. 117).

Se a produção de subjetividades externas sempre nos controlou e se somos o que querem que sejamos, se conseguirmos mapear, domar ou descartar as más maneiras (os *bad gene* ou mesmo seus "portadores"), teremos condição de corrigir se não a espécie, pelo menos, a ordem. Tudo isso a partir da perspectiva de que uma enfermidade é uma desordem que sobrecarrega e põe em risco toda a sociedade (SFEZ, 1995, p. 117), aqui incluídos o próprio trabalhador, os colegas de trabalho, os clientes da empresa, o Estado e uma infinidade potencial de terceiros.

Depois que esse *bad gene* (aqui traduzido na pessoa que o "porta") é isolado e encurralado, deve ser transformado ou expulso. Porém como esse "inimigo", que provoca "risco", está em nós mesmos, temos que concordar em nos submeter aos testes, torná-lo visível. Para Sfez (1995, p. 32), esse corpo "virtual" rastreado "[...] é um compromisso vivo/técnico, existe e não existe"; "[...] é mais rico, mais informal, mais perfeito que o nosso pobre corpo que esconde as suas misérias. Não é um puro espírito, mas um corpo-conceito mais elevado, mais puro, mais complexo que o corpo-carne." Nesse empreendimento, aquilo que seria das profundezas do corpo torna-se visível e "propagado na praça" (SFEZ, 1995, p. 117).

O que isso representa no estabelecimento dos nexos trabalho/adoecimento?

Atendendo a reiteradas reivindicações dos trabalhadores e de profissionais de saúde, foi criado pela Resolução n. 1.236, de 28 abril de 2004, do Conselho Nacional da Previdência Social (posteriormente Resolução n. 1.269, de 15 de fevereiro de 2006, do mesmo órgão), o Nexo Técnico Epidemiológico Previdenciário (NTEP), também objeto da Lei n. 11.430/2006, cuja regulamentação ocorreu pelo Decreto n. 6.042/2007, Instrução Normativa n. 16 do INSS, de 27 março de 2007 e pela Portaria n. 457 de 27 de novembro de 2007.

Pelo NTEP, é presumido o nexo de causalidade entre a doença e o trabalho em relação àquelas atividades classificadas por seu risco, a partir do cruzamento das informações constantes do Código da Classificação Internacional de Doenças – CID-10 e do código da Classificação Nacional de Atividade Econômica – CNAE. A presunção é relativa, admitindo-se, pois, prova em contrário. Esse cruzamento de dados é um registro estatístico que proporciona dar visibilidade às atividades econômicas que apresentam maior número de patologias, considerada a média geral, servindo também para mapear os fatores de risco, tendo ou não o empregador emitido a Comunicação de Acidente de Trabalho – CAT.

A fundamentação dada à instituição do NTEP é múltipla, reunindo vários fatores, como o impacto na produtividade econômica e também sobre o sistema de proteção social, além de influenciar o nível de satisfação do trabalhador e o bem-estar geral da população. Os dados registram que, no Brasil, ocorrem três mortes a cada duas horas de trabalho e, ainda, três acidentes a cada minuto de trabalho, considerados os números apenas do setor formal, sem considerar que o número de Comunicações de Acidente de Trabalho – CAT emitidas é inferior ao de acidentes(121) (BRASIL, 2006.)

O impacto imediato do NTEP no estabelecimento de nexos causais com o trabalho pode ser traduzido em números.

Dados oficiais publicados no sítio eletrônico do Ministério da Previdência Social[122] indicam que o NTEP foi implementado nos sistemas informatizados do INSS para concessão de benefícios no mês de abril de 2007 e de forma imediata provocou uma mudança significativa no perfil da concessão de auxílios-doença de natureza acidentária, com um incremento da ordem de 148%, ou seja, número assustadoramente maior de doenças teve o nexo de causalidade reconhecido em relação à atividade laboral desenvolvida.

Esse índice foi tido pela própria Previdência Social como uma verossímil hipótese de que haveria um mascaramento na notificação de acidentes e

---

(121) Vide, por exemplo, o Anexo à Resolução n. 1269, de 15 de fevereiro de 2006, do Conselho Nacional da Previdência Social (BRASIL, 2006).
(122) Maiores informações verificar o site do Ministério da Previdência Social: nexo técnico epidemiológico previdenciário – NTEP. Ministério da Previdência Social. Disponível em: <http://www.previdencia.gov.br/a-previdencia/saude-e-seguranca-do-trabalhador/politicas-deprevencao/nexo-tecnico-epidemiologico-previdenciario-ntep/> Acesso em: 10 jul. 2015.

doenças do trabalho[123]. Entendemos que faltou, no entanto, o *mea culpa*, pois só com um vazio total de crítica não se pode enxergar como as subjetividades coloniais que povoaram as avaliações dos órgãos previdenciários (tratadas acima) também garantiram e propagaram muita iniquidade e tirania no campo da saúde do trabalhador.

Não se pode perder de vista que, em sendo prerrogativa do órgão previdenciário a decisão sobre a natureza da enfermidade, é de se reconhecer que além dos números, o NTEP alterou qualitativamente as conclusões periciais, representando um ponto de inflexão nas subjetividades até então vigentes nas análises dos nexos causais[124]. Essas produções subjetivas, políticas e econômicas ressaltadas, como a banalização do corpo, expressas no cotidiano laboral, foram postas em xeque ao se ver invertido o ônus da prova.

Para Vertheim e Minayo Gomez (2011, p. 285), ao (pré) assumir o nexo, o NTEP impõe uma nova lógica às antigas polêmicas envolvendo as ações ressarcitórias movidas por trabalhadores vítimas de acidente, especialmente por barrar uma visão economicista que impunha aos acidentados a condição de réus que deveriam, com esforço hercúleo, provar sua inocência. O trabalhador passa, num estalar dos dedos, da condição de possível "simulador" à condição de vítima presumida.

E qual o possível impacto das possibilidades ofertadas pela Genética e, em específico, pelos testes genéticos, em tudo isso?

Há uma questão que deve ser problematizada. E está no artigo 21-A da Lei n. 8.213/1991.

Diz o artigo 21-A da Lei 8 n.123/1991 (BRASIL, 1991):

> Artigo 21-A perícia médica do Instituto Nacional do Seguro Social (INSS) considerará caracterizada a natureza acidentária da incapacidade quando constatar ocorrência de nexo técnico epidemiológico entre o trabalho e o agravo, decorrente da relaçãoentre a atividade da empresa ou do empregado doméstico e a entidade mórbida motivadora da incapacidade elencada na Classificação Internacional de Doenças (CID), em conformidade com o que dispuser o regulamento. (Redação dada pela Lei Complementar n. 150, de 2015).

---

(123) Maiores informações verificar o *site* do Ministério da Previdência Social: nexo Técnico Epidemiológico Previdenciário – NTEP. Ministério da Previdência Social. Disponível em: <http://www.previdencia.gov.br/a-previdencia/saude-e-seguranca-do-trabalhador/politicas-deprevencao/nexo-tecnico-epidemiologico-previdenciario-ntep/> Acesso em: 10 jul. 2015.
(124) *Vide* artigo 21-A da Lei n. 8.213/1991 com a redação dada pela Lei n. 11.430/2006 e Lei complementar n. 150/2015: "Artigo 21-A. A perícia médica do Instituto Nacional do Seguro Social (INSS) considerará caracterizada a natureza acidentária da incapacidade quando constatar ocorrência de nexo técnico epidemiológico entre o trabalho e o agravo, decorrente da relação entre a atividade da empresa ou do empregado doméstico e a entidade mórbida motivadora da incapacidade elencada na Classificação Internacional de Doenças (CID), em conformidade com o que dispuser o regulamento".

§ 1o A perícia médica do INSS deixará de aplicar o disposto neste artigo quando demonstrada a inexistência do nexo de que trata o *caput* deste artigo. (Incluído pela Lei n. 11.430, de 2006.)

Como já dito, a norma estabelece a presunção relativa do nexo de causalidade quando constatado o nexo técnico epidemiológico, admitindo-se prova em contrário, como reza o seu § 1º. Assim, a empresa poderá requerer ao INSS a não aplicação do nexo técnico epidemiológico ao caso concreto mediante a demonstração de inexistência de correspondente nexo causal entre o trabalho e o agravo. Seria a predisposição genética um fator excludente do Nexo Técnico Epidemiológico Previdenciário?

Num primeiro plano, o da validade do fornecimento da informação genética para efeito de escusa do NTEP, entendemos que no estado atual, inexistindo previsão legal de tais exames genéticos, haveria impossibilidade de ordem formal em relação a essa prova. No entanto, não é a falta de previsão legal que retira a pertinência e urgência do debate considerando que os fatos tendem a se anteceder à norma, não se podendo olvidar, inclusive, à circunstância de já estarem em tramitação dezenas de projetos de lei abordando a temática Genética, como trataremos no capítulo seguinte. Ademais, a informação genética de um trabalhador pode chegar à ciência do empregador por outros caminhos que não o teste em si feito em decorrência do contrato de trabalho, podendo advir do cruzamento de históricos genéticos familiares, ou mesmo por informação fornecida pelo próprio trabalhador, além de outras fontes.

Do mesmo modo, instrumentos internacionais já preveem a possibilidade de adoção do teste genético preditivo na relação de trabalho como, o artigo 12 da Convenção para a Proteção dos Direitos do Homem e da Dignidade do Ser Humano em face das Aplicações da Biologia e da Medicina, que, embora consagre a não discriminação por razões genéticas, permite em caráter excepcional a adoção de testes preditivos de doenças genéticas nos casos médicos ou de investigação, com o devido acompanhamento do aconselhamento médico apropriado. No mesmo sentido, a recente Recomendação n. 5, de 2015, do Conselho de Europa, voltada especificamente ao âmbito do emprego (artigo 9º, item 9.3)[125], que expressamente limita o tratamento dos dados genéticos a circunstâncias excepcionais, dando-se como exemplo a hipótese de evitar qualquer prejuízo grave para a saúde da pessoa ou de terceiros, e apenas se for prevista pela legislação nacional e

---

(125) "9.3. Os dados genéticos não podem ser processados , por exemplo, para determinar a adequação profissional de um empregado ou um candidato a emprego, mesmo com o consentimento do titular dos dados. O tratamento de dados genéticos só podem ser autorizados em circunstâncias excepcionais, por exemplo, para evitar qualquer prejuízo grave para a saúde da pessoa em causa ou de terceiros, e apenas se for prevista pela legislação nacional e com as devidas salvaguardas" (tradução nossa) (Texto original: 9.3. "Genetic data cannot be
processed, for instance, to determine the professional suitability of an employee or a job applicant, even with the consent of the data subject. The processing of genetic data may only be permitted in exceptional circumstances, for example to avoid any serious prejudice to the health of the data subject or third parties, and only if it is provided for by domestic law and subject to appropriate safeguards." (CONSELHO DA EUROPA, 2015).

com as devidas salvaguardas, aqui compreendidas, no nosso entender, com a devida observância dos direitos e garantias fundamentais do trabalhador.

O plano internacional anuncia, portanto, o campo de possibilidades legislativas sobre a institiuição das provas genéticas preditivas na relação de emprego, para o qual caminha também o ordenamento jurídico nacional.

No entanto considerando somente essas duas normas internacionais citadas, pergunta-se: o que seria exatamente a hipótese de iminência de grave risco ao trabalhador de modo a permitir a instituição dos testes genéticos? Que fatores seriam considerados para precisar que constituição genética, em determinada atividade laboral, implicaria riscos para a saúde da pessoa ou de terceiros? O risco, na hipótese, seria provocado pelo trabalhador "portador" do *bad gene* ou pela atividade laboral em razão da incidência de fatores nocivos à saúde? Como será cientificado o trabalhador de sua "má" formação genética? Que informações serão transmitidas? Quem as transmitirá? Elas levarão em conta o contexto dos processos de adoecimento do trabalhador?

Se é certo que no Brasil se admite a sobreposição de causas para o estabelecimento no nexo trabalho/adoecimento, o que na hipótese de enfermidades genéticas multifatoriais importaria na possibilidade de reconhecimento do nexo de causalidade provocado também por agentes presentes no ambiente de trabalho, a caracterização desse nexo não será algo de simples resolução, considerando a complexidade de fatores já relatados. Do mesmo modo, a seleção poderia ser feita *a priori*, no momento da contratação, ao argumento de que aquele trabalhador, que possui os *bad genes*, teria a sua saúde prejudicada ao se submeter àquele trabalho considerado de risco.

Já pontuamos aqui que as investigações proporcionadas pelo genoma contribuem e continuarão contribuindo para o tratamento de inúmeras enfermidades vinculadas a vários genes ainda hoje desconhecidos. Também será possível predizer se uma pessoa contrairá determinada doença no futuro ou, ao menos, se dispõe de predisposição genética para fazê-lo em razão de agentes externos (enfermidades poligênicas ou multifatoriais), o que permitirá a adoção de estratégias sanitárias e alteração de hábitos de vida etc. E, ainda, num estágio de maior avanço, poder-se-á adotar medidas que visem à terapia gênica, com a possibilidade de intervenção nos genes com defeito, com o fim de impedir que a doença venha a se manifestar. (ROMEO CASABONA, 1999, p. 72-73).

No entanto, e é o propósito deste estudo, não se pode perder o olhar crítico e olvidar que estamos no campo da saúde do trabalhador, cenário onde historicamente há disputas de poder e produções de subjetividades que desencadeiam exclusões, discriminações e explorações, fermento em pó para os discursos biotecnológicos, que são discursos justificativos que representam a biotecnologia como algo necessário e mesmo fatal (SFEZ, 1995). A informação genética, especialmente no campo laboral, pode ser utilizada para diversos outros fins não desejáveis, tão vastos que não podemos nem sequer prevê-los a todos.

Como ressalta Habermas (1968, p. 50), quando se procede à análise do caráter ideológico da técnica e da ciência, o domínio científico sobre a natureza, ao mesmo tempo que melhora a vida dos indivíduos, os submete ao estado de completa dominação. Diz o autor (HABERMAS, 1968, p. 70-72) que essa mesma racionalidade se projetou como uma tendência de cientificação da técnica que marca o capitalismo tardio e cujo objetivo está assentado no desejo de aumento da produtividade. Assim, a legitimação do capitalismo está sustentada pela ideologia do rendimento, sendo, no entanto, inédito nesse novo fenômeno provocado pela biotecnociência o fato de não se limitar mais à luta de classes, incidindo sobre "[...] todo o gênero humano e sua possibilidade de emancipação" (SCHIOCCHET, 2010, p. 30).

A Genética potencializou a intensidade das questões relativas ao corpo. Se as diversas subjetividades foram transformadas no campo da relação trabalho/adoecimento, a partir do estabelecimento do NTEP, reformulando concepções e debates, a Genética reabre a possibilidade de *re-construção* de novas realidades e subjetividades, sobre a mesma ordem de dominação de outrora.

No entanto, aqui, é totalmente diferente, pois estamos trabalhando no campo do que "somos" e não do que podemos "fazer." As antigas formas de tratar a doença, de pensar o corpo já não estão mais em condição de responder aos novos paradigmas (SFEZ, 1995, p. 43). Como reagirão os profissionais da saúde? Os peritos da Previdência Social? Os tribunais? E como reagirão os próprios trabalhadores se estiverem diante de um diagnóstico não apenas seu, mas de algum familiar que aponte predisposições genéticas a determinadas enfermidades?

Muitos profissionais da área da saúde e do direito não têm a educação genética formal que lhes permitiria explorar plenamente a riqueza de informações que pode agora ser obtida a partir de testes genéticos de forma a proporcionar melhores cuidados de saúde aos seus pacientes e melhores percepções sobre os relatórios que poderão ter de examinar.

A *Era da Genética* inaugura a busca pela "grande saúde", com vestígios dos discursos da saúde total e da imortalidade (SFEZ, 1995, p. 31). Exacerba-se a angústia do corpo, que volta ao primeiro plano, que exige muitos cuidados e atenção, que se oferece como sujeito e objeto, investigado em seus mais íntimos cantos, foco de pesquisas, imersos em discursos midiáticos confusos e em práticas autoritárias (SFEZ, 1995, p. 41). Todavia esse corpo não remete a uma construção anatômica palpável, mas a uma modelização que se constrói a partir de sequências de imagens visualizadas em modernas engenhocas tecnológicas que fornecem milhões e milhões de dados ligados a uma base de conhecimento capaz de revelar todas as funções, as doenças reais ou possíveis etc. (SFEZ, 1995, p. 32).

Se é certo que a Medicina sempre existiu, assim como a vida e a saúde do corpo sempre foram destinatários de uma preocupação maior, aquilo que antes era uma prática um pouco mais aberta e empírica, vê-se dotada de meios tecnológicos que mudam a relação do médico com o paciente e também da relação dos indivíduos com o seu corpo (SFEZ, 1995, p. 41). A tudo isso são somadas as legislações complexas que vão surgindo sem que se vejam inseridas num maior debate e especialização sobre o novo tema.

Não é só. Se o conhecimento é poder, na era da comunicação onipotente e onipresente, toda a informação sobre os dados genéticos (que traz a marca da imutabilidade) circula em todos os passos, entre culturas, tendendo a homogeneizar as práticas particulares e tornar o "vírus da saúde" um valor universal (SFEZ, 1995, p. 41). A distinção entre o ser e o parecer é novamente perturbada.

Voltando ao emaranhado de normas nacionais citado neste título, especialmente a Lei n. 11.430/2006, é de se destacar também a nova sistemática de cálculo do Seguro de Acidente de Trabalho, o SAT, pago pelo empregador, previsto pelo artigo 7º, inciso XXVIII, da CRFB/1988.

O SAT vai ser determinado pelo ramo de atividade da empresa, variando a alíquota de 1% a 3% sobre o total das remunerações pagas. Com a nova sistemática implementada, essas alíquotas podem ser reduzidas ou majoradas pela aplicação do Fator Acidentário Previdenciário – FAP. O FAP, calculado sobre os dois últimos anos de todo o histórico de acidentes registrados sobre a empresa na Previdência Social, serve para calcular as alíquotas da tarifação individual, de cada empresa, relativas ao Seguro Acidente de Trabalho (alíquota SAT), cuja variação, para maior ou para menor, vai ocorrer de acordo com a quantidade/gravidade/custo dos acidentes e doenças do trabalho ocorridos no período.

Por essa metodologia, pagará mais a empresa que mais registrar acidentes ou doenças ocupacionais, ao tempo em que aumenta a bonificação das empresas que tiverem menos acidentes. Se não houver registro de qualquer acidente, a empresa pagará a metade da alíquota do SAT[126].

---

(126) Ver mais informações e dados das alíquotas para o ano de 2015 no site da Previdência Social: SAÚDE e segurança: índices do FAP com vigência em 2015 estão disponíveis para consulta. Ministério da Previdência Social. Disponível em: <http://www.previdencia.gov.br/2014/09/saude-e-seguranca-indices-do-fap-com-vigencia-em-2015-estao-disponiveis-para-consulta/> Acesso em: 10 ago. 2015.

A intenção do Governo é ao mesmo tempo incrementar a arrecadação e punir as empresas que registrarem maior número de acidentes, e que vai impactar radicalmente nos custos do INSS e também das empresas. O cenário remete mais uma vez a uma problematização importante que se relaciona ao fato de essas mudanças e implementações não se voltarem propriamente à discussão sobre a precariedade das condições de trabalho e, sim, sobre os custos da saúde do trabalhador.

O fato é que toda essa sistemática importou num movimento ferrenho pela busca por uma assepsia no ambiente laboral: a doença do trabalho deve estar "fora do alcance" ou "fora do olhar" (VERTHEIN; MINAYO-GOMEZ, 2011, p. 288), produzindo-se outros modos discursivos de forma a interferir no real e dar invisibilidade às precarizações do trabalho. Como diz Certeau, em sua obra de sugestivo nome *Arte do cotidiano*: artes do fazer:

> Esses relatos têm o duplo e estranho poder de mudar o ver num crer e de fabricar real com aparências. Dupla inversão. De um lado, a modernidade, outrora nascida de uma vontade observadora que lutava contra a credulidade e se fundava num contrato entre a vista e o real, transforma agora essa relação e deixa ver precisamente o que se deve crer. (CERTEAU, 2008, p. 288.)

Nessa seara, teremos que lidar com a persistência das subnotificações e com a atitude de muitos empregados em esconder a própria doença para não se virem no perigo de perder o emprego ou mesmo de ser hostilizados e estigmatizados no ambiente de trabalho. Temos que lidar com o fato de que esse cenário vai redobrar a intensidade do discurso do treinamento individual e da utilização de equipamentos de proteção como sendo a solução de todos os problemas, transferindo ao trabalhador o ônus de gerenciar o risco de um meio ambiente do trabalho muitas vezes hostil (VERTHEIN; MINAYO--GOMEZ, 2011, p. 289/290), especialmente nos países em desenvolvimento. São várias as estratégias discursivas utilizadas sobre o empregado, muitas delas disfarçadas em prêmios e bonificações, inclusive.

Levantamento efetuado pela Revista Exame[127] relacionou empresas, como o caso da *United Parcel Service (UPS)*, que instituiu prêmio a motoristas que não se envolvem em acidentes dentro de determinados períodos de tempo. A cada 100 dias sem acidentes, há distribuição coletiva de brindes na companhia (camisetas, carrinhos de coleção), almoços ou jantares, fora os passeios. E, a cada 300 dias sem acidentes, os motoristas participam

---

(127) Ver maiores informações no *site* da Revista Exame: ITAÚ é condenado em 21 milhões por reduzir férias. Revista Exame. Disponível em: <http://exame.abril.com.br/negocios/noticias/itau-e-condenado--em-r-21-milhoes-por-reduzir-ferias> Acesso em: 15 out. 2015.

de sorteios de produtos eletrônicos como Tvs, computadores e videogames. Se completarem um ano, participam do sorteio de uma viagem com direito a acompanhante, com destino escolhido pelos próprios funcionários. A prática, muito difundida no ambiente empresarial, cria uma espécie de movimento corporativo entre os empregados, cujo resultado é a subnotificação de acidentes, transferindo ao trabalhador a culpa, perante todos os demais colegas de trabalho, pela perda do direito à premiação, quando em verdade muitos outros fatores relacionados ao ambiente de trabalho (por exemplo, a excessiva jornada, a fadiga, as condições do veículo etc.) podem ser elementos importantes à ocorrência dos sinistros[128]. Para não ser tolos, devemos ao menos desconfiar do que podem esconder alguns anúncios empresariais que estampam informações como: "Estamos há 100 dias sem acidentes."

Some-se a isso o fato de que o descrédito na doença a transforma em negatividade, negação que se faz permanente, mesmo quando a realidade faz prova do contrário (HIRIGOYEN, 2011, p.149), sendo necessário o compromisso ético-crítico com a transformação da realidade que causa as vítimas. E o "saber ouvir" será constitutivo dessa nova racionalidade (DUSSEL, 1986, p. 198 e ss.).

Os pormenores escondem o conjunto, e o discurso passa a não ser percebido e apreendido em sua globalidade. Desenvolve-se todo um processo em que as causas do adoecimento devem ser fuçadas no jogo do "certo ou do provável" e aqui não há consenso nem sequer sobre o que pertence efetivamente a um determinismo intransigente e imutável, a não ser algumas doenças monogências específicas, como a Distrofia de Duchenne (SFEZ, 1995, p. 57). Todo o restante vai estar no campo da probabilidade e vai sofrer influência de acordo com o meio social, o ambiente, o grau de cultura e de informação (SFEZ, 1995, p. 57).

O fato é que todas essas subjetivações produzidas no campo da saúde do trabalhador estão estritamente assentadas em dispositivos capitalistas (MIRANDA, 2000), o que não significa, no entanto, que estão sob estado de total aprisionamento. A história não acabou, por analogia a Fukuyama (1992). E a prova disso é que estamos, neste momento, debatendo criticamente esse discurso. É sempre possível o movimento de resistência às modelizações dominantes totalizantes, é sempre possível singularizar (GUATTARI; ROLNIK, 1999).

E isso ocorre a partir de uma nova racionalidade que conceba, nos dizeres de Dussel (2002, p. 319 e ss.), a subjetividade como um momento interno

---

(128) Ver maiores informações no *site* da Revista Exame: ITAÚ é condenado em 21 milhões por reduzir férias. Revista Exame. Disponível em: <http://exame.abril.com.br/negocios/noticias/o-que-7-empresas--fazem-para-premiar-e-mimar-funcionarios> Acesso em: 15 out. 2015.

da corporalidade humana, indicando uma perspectiva interior que o conduz a se relacionar com o mundo exterior. A subjetividade como uma realidade consciente, que muito longe de ser uma compreensão egocêntrica e fechada, vai se preocupar em vivenciar e questionar o que ocorre em sua exterritorialidade.

Com a tomada da subjetividade consciente, como um momento da corporalidade humana, será possível ao trabalhador saber como "ser-no-mundo", o que vai implicar uma dimensão ativa que difere da forma estática, passiva que pode emanar da subjetividade inconsciente que impede enxergar e compreender a realidade social (DUSSEL, 2002)[129].

O outro, o estranho, o trabalhador vitimado não resultava em problema porque estava submetido naturalmente. A partir do instante em que se estabelece a compreensão e se incorpora a dimensão pessoal à social, o sujeito se sente também parte e responsável pela exterioridade, agregando a dimensão crítica à realidade, atitude que provoca a consciência situada diante dos fatos e a consciência ética perante as possibilidades a serem construídas. Esse componente dinâmico e criativo permite que a subjetividade amplie seu universo consciente levando o trabalhador a se reconhecer como sujeito (DUSSEL, 2002, p. 319-344).

O que propomos até aqui é que todo esse campo de saberes críticos, contextualizados jogue luzes sobre as possibilidades da instituição de provas genéticas preditivas nas relações de trabalho e possíveis consequências. O tema é complexo e não se esgota numa lei, sendo necessário um contínuo agir consciente e múltiplo que deve se colocar ao coletivo de trabalhadores e a todos em situação de avaliação crítica, a cada movimento, de modo a assegurar processos emancipatórios engajados nas transformações das condições precárias de trabalho.

---

(129) Ver a respeito também Álvarez Gomez ao analisar a obra de Dussel (ÁLVAREZ GOMEZ, 2010, p. 354 e ss.).

Capítulo IV

PROVAS GENÉTICAS PREDITIVAS NA RELAÇÃO DE TRABALHO

4.1 CONCEITO, TIPOS E MARCOS REGULATÓRIOS BIOÉTICOS E JURÍDICOS

Todas as células do corpo humano são formadas por 46 cromossomos agrupados em pares, sendo 22 pares correspondentes aos autossomas, e os cromossomas restantes correspondem aos cromossomas sexuais, XX nas mulheres e XY nos homens (ZATZ, 2004). Os cromossomas estão localizados no interior de nossas células, formando o DNA, que contém nossa informação genética, ou seja, os 25.000 genes que constituem nosso patrimônio genético (ORTIZ, 2011, p. 11).

São inúmeras as aplicações do Projeto Genoma Humano. Deter-nos-ermos às aplicações diagnósticas, utilizando, a seguir, para exemplificá-la, a sistematização efetuada por Ortiz (2011, p. 13-15):

- diagnóstico de exclusão das enfermidades monogênicas, a exemplo da fibrose cística, hemacromatoses, enfermidades neurodegenerativas, como a Doença de Huntington. São conhecidos mais de 150 genes responsáveis por enfermidades genéticas, de modo que, quando há suspeita diagnóstica, é possível realizar o estudo do gene para confirmação se está alterado ou normal;

- o diagnóstico de portadores é mais uma aplicação importante nas enfermidades relacionadas ao sexo (hemofilia), em que a mulher será a portadora do gene alterado, mas somente o homem vai ter a enfermidade. Por esse motivo, em famílias em que tenha havido vários homens afetados por uma enfermidade severa, como é o retardo mental ligado ao sexo ou a distrofia degenerativa de Duchenne, as mulheres podem conhecer sua condição de portadoras ou não, para decidir sobre o planejamento familiar;

- o diagnóstico pré-natal de todas as enfermidades genéticas em relação àquelas cujo gene responsável seja conhecido, da mesma maneira que se efetua o teste de sangue;

- diagnóstico pré-sintomático que permite conhecer se um indivíduo vai desenvolver com o tempo alguma enfermidade. Muitos cânceres familiares podem se beneficiar deste tipo de diagnóstico já que a enfermidade vai aparecer em idades avançadas (mais de 40 anos) e, em alguns casos, há a possibilidade de prevenção de um tumor mediante um acompanhamento adequado às pessoas em risco, ou seja, aquelas que possuem a mutação do gene responsável.

Deixamos por último ainda a possibilidade de diagnóstico das enfermidades poligênicas ou multifatoriais que ao contrário das demais, não são causadas apenas pela alteração de um só gene, mas pela interação de vários genes, cada um deles contribuindo com uma parcela do risco, além da incidência de fatores ambientais (SOLARI, 2007, p. 287; ORTIZ, 2011, p. 13-15).

Assim é que, submetidas essas pessoas a certas condições, pode ser provocada uma descontinuidade que deságua na aparição da enfermidade (SOLARI, 2007, p. 287). Essa natureza de enfermidade tem uma importância significativa já que é a responsável pelas enfermidades ditas "comuns", ou seja, aquelas que muito frequentemente estão presentes na nossa população, por exemplo, a hipertensão, a obesidade, a depressão, a diabetes mellitus, a artrite reumatoide ou mesmo o câncer, dentre outras (SOLARI, 2007, p. 287; ORTIZ, 2011, p. 13-15).

Voltando-nos à relação de trabalho, objeto deste estudo, os avanços que têm sido verificados no campo de genética têm permitido a identificação, com uma precisão cada vez maior, de quem é portador de genes específicos que vão determinar a aparição de determinadas enfermidades genéticas, bem como quais são aqueles candidatos a emprego que têm determinados genes que, em combinação com outros fatores, podem potencializar as chances de desenvolvimento de enfermidades no futuro. Esses avanços contrastam com a escassa regulamentação, no ordenamento jurídico nacional e internacional, das específicas hipóteses que essas provas podem ser utilizadas no âmbito laboral.

Como adverte Sfez (1995, p. 27), não é mais de cima, do Estado, que vem a razão. Também as luzes não vêm de baixo, do povo. "'Isso' vem, hoje, da ciência, isto é, de toda a parte, sem controle, dos grandes laboratórios instituídos aos pequenos erráticos." O que fazer com os diagnósticos? Como atender à obstinação terapêutica? Embora pudéssemos citar vários exemplos, para seguir na nossa trajetória, vamos deixar à percepção de cada um a observação sobre o mal-estar do legislador, dos órgãos previdenciários, do Estado, dos tribunais, dos comitês de ética e da sociedade.

4.1.1 Mediação pelo mercado ou pelo Estado?[130]

Como se observou, na Europa, há uma tendência regulatória que dá maior enfoque à superioridade da pessoa e de sua saúde sobre os interesses que se voltem exclusivamente para a ciência, às pesquisas e ao mercado. Em outros locais, há maior inclinação política pelo estímulo, ainda que de forma sutil, para a participação em pesquisas genéticas, materializada pela promoção do acesso à saúde pela via dos testes genéticos, voltando-se a proteção jurídica à não discriminação genética (SCHIOCCHET, 2010, p. 63).

Número crescente de empresas privadas estão oferecendo, na atualidade, serviços de testes genéticos diretos ao consumidor. Os tipos de testes ofertados são: testes diagnósticos, testes pré-concepcionais, testes de predisposição de doenças comuns, testes de perfis ou riscos para dependência, testes nutrigenômicos, testes farmacogenômicos, e testes de ancestrabilidade etc. Para as empresas que vendem esses testes, os indivíduos têm o direito fundamental de acesso à informação sobre si, incluindo a informação genética (BORRY *et al.*, 2012). A lógica é do "eu disponho do dinheiro necessário e tenho o desejo disso", da saúde perfeita, da felicidade total e da imortalidade (SFEZ, 1995, p. 29 e ss.).

A comercialização está assentada na autonomia, na liberdade e no beneficiamento: na premissa de que os consumidores serão capazes de utilizar os resultados do teste, em sua cotidianidade, especialmente voltando-se à melhoria das condições de saúde. Além disso, as empresas privadas também argumentam que a utilização desses testes, fora do sistema oficial de saúde, lhes assegura maior privacidade dos dados, ao menos, perante as companhias de seguro e empregadores, sendo esses os dois maiores focos de preocupação diante da possibilidade de discriminação (BORRY *et al.*., 2012).

As palavras-chave normalmente utilizadas para atrair os consumidores do setor privado interessados nos testes preditivos são autonomia, empoderamento, prevenção, comodidade e privacidade (BORRY *et al.*, 2012).

Borry e colaboradores (2012) ressaltam que esse modelo de prestação de serviços de testes genéticos tem sido criticado por sua falta de supervisão médica individualizada, pela pouca (ou duvidosa) qualidade de atenção ao cliente, pré e pós-teste, quanto à informação e ao aconselhamento genético etc. Solicitam ainda as preocupações quanto ao valor preditivo limitado de vários testes genéticos, como também de sua validade clínica e utilidade. Outras preocupações incluem a maneira com que as empresas de testes genéticos realizam as pesquisas e a qualidade (ou falta) do respeito pela privacidade e a carga potencial de impacto em recursos públicos de saúde.

---

(130) Este estudo se baseou na sistematização proposta por Schiocchet (2010, p. 63 e ss.).

São várias as empresas americanas que oferecem pacotes de testes genéticos pela internet. Na empresa 23andMe[131], por exemplo, na data desta pesquisa, com 99 dólares (99 USD), o cidadão comum, sem pedido médico, podia adquirir diversos tipos de rastreamento genético especialmente voltados à investigação dos rastros da ancestralidade. Com a compra pela internet, um *kit* é enviado ao consumidor, com um recipiente onde será coletada uma amostra de saliva (basta um cuspe). Depois da coleta, o material é enviado de volta para o laboratório e, num prazo aproximado de oito semanas, o resultado é disponibilizado. Outros testes podem conter dados, relatórios, informações de hereditariedade, predisposições a variados tipos de doenças como diabetes, câncer de mama, Alzheimer, câncer de próstata, doença de Parkinson, aneurisma cerebral, vitiligo etc.

Os testes também fornecem relatórios indicativos de drogas dos medicamentos mais compatíveis com o corpo e possíveis reações, além de outras informações, como vulnerabilidade à cafeína, propensão à calvície etc.

Essa é a tendência dos EUA: de não se questionar o direito em si, de acesso do cidadão comum a esses serviços, e, sim, de permitir a comercialização privada dos testes genéticos, com a ênfase voltada especialmente à questão da proteção contra a discriminação. Nesse cenário, no ano de 2008, foi criada a Lei de Informação Genética e Não Discriminação (GINA)[132].

GINA é a primeira lei de antidiscriminação federal dos Estados Unidos criada, para abordar uma área onde não havia qualquer história bem documentada de uma discriminação generalizada nem grupo estigmatizado a proteger (GREEN *et al.*,. 2015). A linguagem da lei é incomum e de dupla perspectiva, voltando-se não só à proteção do público contra a discriminação, como também para afastar as preocupações do mesmo público quanto à possibilidade de ser vítima dessa discriminação, de modo a permitir que as pessoas possam usar e tirar proveito desses testes genéticos, tecnologias, pesquisas e novas terapias (GREEN *et al.*, 2015).

Green e colaboradores (2015) ressaltam que GINA foi inicialmente aclamada como um grande sucesso legislativo, embora sob o alvo de críticas quanto ao fato de não ter ido suficientemente longe na proteção abrangente. Um exemplo repousa no fato de a lei ter definido informação genética para incluir resultados de testes genéticos e história familiar, mas excluindo da proteção pessoas com doenças manifestas.

No campo das relações de emprego, as críticas repousam na explícita exclusão estabelecida entre as proteções ao emprego oferecidas para

---

(131) Todas as informações podem ser obtidas no *site* da empresa: 23ANDME. Disponível em: <https://www.23andme.com/> Acesso em: 10 jul. 2015.

(132) THE GENETIC information nondiscrimination act. Authenticated U.s. government information. Disponível em: <http://www.gpo.gov/fdsys/pkg/PLAW-110publ233/pdf/PLAW-110publ233.pdf> Acesso em: 7 jul. 2015.

pessoas assintomáticas em relação às demais, com deficiências substancialmente limitadoras, em que há uma lacuna legislativa. Além disso, seus preceitos somente são aplicados a empregadores privados com mais de 15 empregados (GREEN *et al.*. 2015). A Lei veda expressamente a requisição, solicitação ou compra pela empresa de informação genética do empregado ou de seus familiares.

Os dados levantados por Green e colaboradores (2015) apontam que, nos últimos seis anos, o teste genético aumentou de forma importante nos Estados Unidos, estimando-se que, em 2013, havia 333 acusações relacionadas à discriminação no emprego, dentre elas, indagações sobre histórias familiares de empregados.

Recentemente, deu-se início ao projeto intitulado "MedSeq"[133], um estudo em que os resultados de todo o sequenciamento do genoma são armazenados eletronicamente em prontuários médicos dos participantes, e os resultados do paciente e do médico são acompanhados. Esses serviços privados de sequenciamento estão sendo muito usados por médicos e pacientes para a pesquisa e a prática clínica. Dentre participantes potenciais que se recusaram à pesquisa, 25% fundamentaram a recusa no medo de sofrerem discriminação por empresas seguradoras e empregadoras (GREEN *et al.*, 2015).

O cenário mescla euforia diante da utopia de alcance de uma saúde total e, ao mesmo tempo, pavor diante do desconhecido e de discriminações.

A GINA surge como uma resposta legislativa que estabelece inúmeras restrições ao uso da informação genética por terceiros, especialmente numa época em que o sequenciamento do genoma inteiro vai se tornar barato e onipresente, sendo utilizado não só por pessoas saudáveis, visando obter *insights* sobre riscos futuros de saúde e, assim, investir em vigilância (medicina preventiva), como em pacientes que possuem histórico familiar ou sintomas de uma doença (GREEN *et al.*, 2015).

Na França, os testes genéticos estão enquadrados no contexto da saúde. De acordo com a lei francesa, os testes genéticos (Código Civil, artigo 16-10) (FRANÇA, 2005) só podem ser realizados por um indivíduo para "fim de investigação médica ou científica."[134] e, em três hipóteses: com finalidade médica, para pesquisa científica e para investigação de filiação em ação judicial.

Apesar da existência de "[...] forte demanda social dos franceses de ter acesso diretamente às informações sobre sua saúde" (SHIOCCHET, 2010, p. 65), em França, não há possibilidade de o indivíduo aceder a um

---

(133) Maiores informações sobre o projeto estão disponíveis no *site*: THE MEDSEQ Project. Disponível em: < http://www.genomes2people.org/the-medseq-project/> Acesso em: 20 ago. 2015.
(134) "Article 16-10. L'examen des caractéristiques génétiques d'une personne ne peut être entrepris qu'à des fins médicales ou de recherche scientifique" ("O exame das características genéticas de uma pessoa só pode ser efetuado para fins médicos ou de investigação científica") (FRANÇA, 2005, tradução nossa).

teste genético para outra finalidade, por exemplo, só pelo desejo de obter a informação, pois os testes se voltam ao paradigma sanitário do diagnóstico (BORRY et al., 2012).

Se, nos países europeus, há de um lado ampla regulamentação em relação às hipóteses de utilização dos testes genéticos, por outro, há uma maior restrição ao acesso direto a tais testes (SCHIOCCHET, 2010, p. 64).

A nova lei de Bioética que entrou em vigor em 7 de julho de 2011 (Lei n. 2011-814) (FRANÇA, 2011) implementou algumas regras.Borry e colaboradores (2012) destacaram seus pontos principais, dentre os quais ressaltamos os que seguem.

A mais significativa das mudanças é que, a partir da perspectiva dos direitos das pessoas, pela primeira vez, o Código Francês da Saúde Pública[135] (*Code de la Santé Publique*) proíbe uma pessoa de solicitar teste genético para si mesma ou para uma terceira pessoa, ou para identificação pelo seu perfil de DNA, fora das condições previstas pela lei (artigo L.1133-4-1, tradução nossa)[136].

Outro destaque contido na lei francesa, do ponto de vista institucional, reforça as condições que devem ser cumpridas pelos laboratórios que realizam testes genéticos. Em particular, o artigo L. 1131-2-1 (FRANÇA, 2015, Código de Saúde Pública, tradução nossa) especifica que o estudo das características genéticas de uma pessoa ou a identificação de uma pessoa pelo seu perfil de DNA só pode ser realizado por laboratórios credenciados e autorizados (o que exclui as empresas que não são consideradas como laboratórios)[137].

Além disso, o Código de Saúde Pública francês fornece algumas disposições complementares voltadas aos requisitos para funcionamento dos laboratórios. Uma delas é a de que a autorização de funcionamento dada pelo Chefe da Agência Regional de Saúde é de cinco anos, depois de consulta da Agência de Biomedicina (artigo R1131-14). Da mesma forma, os geneticistas devem estar em conformidade com os requisitos específicos para realizar testes genéticos. Eles devem ser capacitados especificamente para verificação dos resultados de uma análise genética (artigos R1131-6 e R1131-7,

---

(135) O código de saúde pública francês está disponível no *link*: FRANÇA. *Code de la santé publique*. Versão consolidada em 12 de out. de 2015. Disponível em: <http://www.legifrance.gouv.fr/affichCode.do?cidTexte=L EGITEXT000006072665&dateTexte=20151013> Acesso em: 20 out. 2015.
(136) "Article L1133-4-1. Le fait, pour une personne, de solliciter l'examen de ses caractéristiques génétiques ou de celles d'un tiers ou l'identification d'une personne par ses empreintes génétiques en dehors des conditions prévues par la loi est puni de la peine prévue à l' article 226-28-1 du code penal." (frança, *Code de la santé publique*, 2015).
(137) "Article L. 1131-2-1. L'examen des caractéristiques génétiques d'une personne ou son identification par empreintes génétiques à des fins médicales ne peuvent être pratiqués que dans des laboratoires de biologie médicale autorisés à cet effet dans les conditions prévues au chapitre II du titre II du livre Ier de la sixième partie et accrédités dans les conditions prévues au chapitre Ier du titre II du livre II de la même partie [...]."

Código de Saúde Pública). Em segundo lugar, a utilização de testes genéticos, no contexto clínico, significa que a relação entre o utilizador (paciente) e o fornecedor (médico) deve ser definida como um "relacionamento médico." Qualquer outro uso fora desse contexto é ilegal e não pode ser abrangido pelas disposições normativas.

A lei francesa dá detalhes sobre o respeito de vários deveres em relação aos pacientes (ou seus familiares), informação, prescrição de teste e anúncio dos resultados (artigos R1131-4 e ss.). A lei também é rigorosa sobre os requisitos para autorização, que deve ser obtida por escrito depois de o paciente ter sido informado sobre a natureza e os propósitos do teste. O regulamento insiste na importância da qualidade da informação fornecida por um médico ou explicado por um conselheiro genético.

Como se vê, há uma diferença de perspectiva quanto ao alcance da mediação feita pelo Estado de acordo com o contexto socioeconômico e cultural, em que entram em cena os limites impostos sobre a liberdade individual em nome da saúde pública.

A biotecnologia enquanto atividade econômica sempre despertou grande interesse para investidores. Os serviços de saúde se converteram em linha de produção. O intensivo uso de tecnologias e maquinários, por meio dos quais os exames e testes sobre os corpos são realizados, operou a substituição da escuta, do contato pessoal, do toque entre quem presta o serviço de cuidado e o paciente. Nessa engrenagem, novamente o produto e o objetivo final estão distantes de ser a saúde das pessoas (REIS, 2004, p. 31).

Para Reis (2004, p. 31), nesse paradigma biotecnológico, os viventes são percebidos como um conjunto de moléculas que se constroem segundo desenhos que vão ser guiados pelos padrões de normalidade ou por sua utilidade, não havendo espaços para subjetividades ou sentimentos, cenário que faz ressurgir a ideologia da eliminação dos menos aptos.

Schiocchet (2010, p. 65) alerta para as estratégias utilizadas na comercialização dos testes genéticos e não só nas hipóteses voltadas ao contexto médico-sanitário, mas também em outros, como é o caso do Projeto Genográfico (*The Genographic Project*)[138], cuja finalidade é o rastreamento das origens da humanidade de modo a obter novos conhecimentos sobre a história das migrações da espécie humana a partir da análise de amostras de DNA enviadas de todo o globo. Adverte a autora quanto ao incômodo ético existente no percurso da pesquisa, sem que exista a mediação de um médico ou profissional de saúde legitimado a

---

(138) "Trata-se de uma parceria entre a National Geographic e a IBM, que, financiada pela *Waitt Family Foundation e Applied Biosystems*, auto-intitula-se anônima, sem finalidade médica, apolítica, sem fins lucrativos e comerciais, bem como de domínio público" (SCHIOCCHET, 2010, p. 65.) Outras informações sobre o Projeto ver site: THE HUMAN story: join the Project to learn about your story. National Geographic. <https://genographic.nationalgeographic.com/> Acesso em: 10 out. 2015.

fazer aconselhamento genético. Além disso, no caso brasileiro, persiste a preocupação em termos do acesso universal e da justiça retributiva, cuja materialização depende da disponibilização dos resultados da pesquisa.

Um caso paradigmático estudado por Diniz (2007) diz respeito à expedição de James Neel e Napoleon Chagnon que, no final dos anos 60, coletou 12.000 amostras de sangue entre os *yanomamis* e que estão armazenadas em universidades nos Estados Unidos dedicadas ao Projeto Genoma Humano. Diversas questões éticas, desde a oferta de presentes aos índios, como estímulo à participação em pesquisas, até a omissão, quanto ao armazenamento das amostras, o que somente veio a conhecimento dos *yanomamis* em 2001, envolvem essa pesquisa.

As novas técnicas da comunicação e dos computadores, que são "auto-estradas" eletrônicas, impõem uma lógica que não é mais da procura, é da oferta. Fabrica-se a procura por meio da propaganda, da publicidade, tentando fazer crer à população que o conhecimento de seu mapeamento genético, de suas predisposições dará mais sentido à vida (SFEZ, 1995, p. 361). Quem poderá contestar a ciência e a inevitabilidade de suas aplicações tecnológicas? Como adverte Sfez (1995, p. 364), "quem pode contestar o desejo utópico de sobrevivência e imortalidade"?

A questão, como adverte Bauman (2001, p. 92 e ss.), é que, em muitas ocasiões, o que parece livre-arbítrio nada mais é do que a submissão do indivíduo a determinados padrões, que, embora se apresentem não coercitivos, estão flagrantemente além do campo da autodeterminação individual.

A expressão "genetização" tem sido usada para descrever esse tipo de campanha publicitária genética marcada pelo excesso de ênfase no componente genético na vida humana e da identidade baseada na percepção de que o conhecimento genômico é excepcional e determina o curso da vida, doenças, níveis de energia, felicidade e carreira, dando menor importância à circunstância de que o ambiente, juntamente com as condições sociais, também têm um enorme impacto sobre a forma como os nossos genes se expressam (SOINI, 2012).

Além disso, ressalta Soini (2012) que os códigos dos seres humanos acabaram por ser muito mais complexos do que se imaginava. Por exemplo, o chamado DNA-lixo não era esse lixo em tudo. Agora, o foco fundamental da pesquisa genética moderna está na epigenética, que se acredita controlar a expressão de genes, afetando eventos de desenvolvimento e doenças. Lotes de importantes descobertas foram feitas, mas as estimativas de risco de contribuição genética subjacente a doenças mais estudadas ainda são consideradas instáveis.

Do mesmo modo, prossegue Soini (2012) advertindo que o sequenciamento do genoma inteiro em breve poderá ser uma opção para um teste genético específico da doença, mas também levantará novas questões éticas e legais, tais como o que fazer com todas as informações adicionais, cujo significado não é claro no momento dos testes, como lidar com resultados incidentais e o uso do armazenamento e futuro das amostras e dos dados.

Os testes genéticos podem ser realizados para muitas finalidades diferentes dentro e fora do campo médico, as necessidades reguladoras vão depender do contexto em que estão sendo realizados: se para fins médicos ou não médicos, se para detecção de doenças monogênicas, predisposições ou testes veiculares, testes preditivos para doenças de início tardio, diagnóstico e tratamento, resposta de drogas, planejamento familiar, rastreio da população, forense e perfis de DNA ou de pesquisa (SOINI, 2012).

Também as partes interessadas envolvidas são muitas: os indivíduos e seus familiares, a investigação biotecnológica, a indústria, a investigação criminal, os seguros e os empregadores (SOINI, 2012).

A necessidade de uma maior regulação e mediação estatal no campo das provas genéticas preditivas não é pacífica. Muitos juristas argumentam que a resposta regulatória reflete excepcionalismo genético infundado, aqui compreendido como a tendência da prática social de tratar os dados genéticos como diferentes de outros tipos de dados de saúde para efeitos de avaliação de segurança e privacidade e a regulamentação das proteções (GOSTIN; HODGE, 1999, p. 31). Sustentam ser falha a tese do excepcionalismo genético, além de não ser legalmente justificado considerar os dados genéticos de forma distinta de outros dados de saúde.

Ponderam que discriminação por outros motivos pode ser igualmente devastadora para outras pessoas como as observações clínicas, estilo de vida, história familiar e dados biométricos, que podem também fornecer os meios para detectar e prever a saúde atual e futura de uma pessoa.

No caso do Brasil, há escassez legislativa tratando a temática. A questão do acesso aos testes é focada no próprio direito ao acesso, raramente se questionando sobre a pertinência de se acessar ou mesmo seus reflexos em relação a terceiros, especialmente em razão do potencial informativo também em relação aos familiares (SCHIOCCHET, 2010, p. 67).

Diz também Schiocchet (2010, p. 67) que, no momento atual, não se vislumbra a possibilidade do ordenamento jurídico nacional impor controle estatal abrangente, de forma a afastar interesses mercadológicos, capaz de alterar esse quadro que, para a autora, é de "[...] completo *laissez-faire* nas mãos de laboratórios e indústrias farmacêuticas", que, valendo-se dos instrumentos da mídia, vão ofertar esses testes em consonância com os interesses e as leis do mercado. Embora ainda de forma incipiente, a inserção dos testes preditivos já está disponível ao consumidor brasileiro, como é o caso da empresa Biogenetika[139], de Florianópolis.

---

(139) Informações sobre os produtos comercializados no *site* da empresa: BIOGENETIKA CENTRO DE MEDICINA INDIVIDUALIZADA. Disponível em: < http://biogenetika.com.br/> Acesso em: 10 maio 2015.

Se esse cenário pode aparentar total liberdade ou total ausência de controle, a verdade é que, nessas situações, em que há um vácuo na regulamentação, o controle é feito pelo mercado e pelo fator econômico, que será o divisor de águas de quem terá acesso ou não aos testes genéticos (SCHIOCCHET, 2010, p. 67).

Berlinguer (2004, p. 178) ressalta que o déficit de documentação e de análises no campo do "mercado humano" se deve em grande parte ao esquecimento ou subestimação do debate bioético sobre o papel assumido pelo mercado. São mantidos no centro do debate os gametas e embriões humanos, as espécies vivas em seus habitats, as ciências médicas, as ciências biológicas, biotecnológicas, instituições públicas, as leis, os comportamentos, as orientações morais. Já o mercado, mesmo possuindo um grande impacto nas reações entre a ciência e a vida material (nos princípios, atitudes, leis) é quase sempre mantido fora de discussão, sendo considerado um assunto à margem (BERLINGUER, 2004, p. 178).

Porter, no ano de 1999 (1999, p. 279 e ss.), previa a chance de que o mercado pudesse substituir o Estado no controle da assistência sanitária no século 21, o que de certo modo já está acontecendo. Como destaca Berlinguer (2004, p. 179), as doenças do corpo humano se tornaram fonte de lucro, e sua imagem usada como um veículo para venda de mercadorias, sendo mais relevante ainda o novo fenômeno inaugurado pela biotecnologia, cujo aspecto moral ainda é mais impactante: o mercado voltado para as partes isoladas do corpo como instrumento para combater doenças, mediar esterilidades ou apenas para satisfazer curiosidades. A questão é que, junto com a destinação benéfica desses materiais humanos, se deu a sua conversão em produtos, em mercadorias (BERLINGUER, 2004, p. 179).

Berlinguer (2004, p. 180 e ss.) faz um paralelo do mercado biotecnológico com a escravidão, que foi a mais duradoura experiência de comércio do corpo humano da história da humanidade. Essa experiência perversa, embora ainda não exterminada, especialmente em países em grande desigualdade social, é concebida como uma barbárie nos dias atuais.

O paralelo é traçado por Berlinguer (2004, p. 183) em razão das motivações práticas e raciocínios morais utilizados. Nos séculos 17 e 18, quando a escravidão se tornou essencial à colonização das Américas e da África e do processo de industrialização da Europa, o uso do corpo, enquanto bem comercializável, baseava-se na tese de que o homem poderia ser objeto de avaliação como coisa. Outro argumento, de maior popularidade, era o de que a escravidão fosse essencial à economia, irrenunciável e insubstituível, dado o fato de ser um "bem comum." O mesmo ocorre com o conhecimento científico.

O conhecimento se veria contido se não houvesse remuneração dos fármacos, a pesquisa seria obstada se não houvesse a possibilidade de patenteamento do DNA humano, os transplantes seriam limitados sem a possibilidade de venda de órgãos, não se poderiam prevenir doenças de forma satisfatória se fosse negada ao indivíduo a liberdade de comprar ou de se submeter a testes preditivos genéticos. Assim, somente o mercado seria eficaz para controle da demanda e da oferta. Ou "compra, ou morre", sem alternativa. E aquele que se opuser a isso estará limitando a liberdade pessoal (e talvez de terceiros) e possivelmente a sua liberdade de viver.

Outra comparação feita por Berlinguer (2004, p. 188 e ss.) se dá em relação ao alegado "beneficiamento da vítima." Esse argumento também foi utilizado na escravidão. Ao lado do interesse econômico e da utilidade da escravidão, estava a compaixão pelas vítimas e as "vantagens" dos escravos na manutenção de sua condição. O autor, citando Kolchin, destaca que era um discurso recorrente nos Estados Unidos o de que longe de serem oprimidos pela escravidão, os escravos do sul eram receptores de cuidados e proteção e estavam em condições melhores que trabalhadores livres da Inglaterra e do norte dos EUA.

O mesmo discurso também é utilizado no plano de biotecnologia, citando o autor a defesa feita por um cirurgião de transplantes, o qual sustentou a possibilidade de um indivíduo pobre, que está morrendo de fome, de vender um rim a um xeique árabe rico, fazendo-se assim o bem a duas pessoas (BERLINGUER, 2004, p. 195 e ss.).

Podemos dar outro exemplo: há nos países subdesenvolvidos muitos trabalhos insalubres, desagradáveis, precarizantes e que vitimizam, promovem adoecimentos. Permitir que esses trabalhadores se submetam a testes genéticos preditivos para verificação das maiores pré-disponibilidades a doenças atenderia a interesse do empregador (que tem o dever de zelar pela saúde de seu empregado) e do próprio empregado pela redução de chances de adoecimento. E vários outros exemplos, como o discurso das melhores chances de vida que poderiam ser possibilitadas com a venda de crianças pobres da Somália para famílias europeias abastadas.

Se não se acata nem o fundamento do "bem comum", nem o da proteção das vítimas, resta ainda o argumento da "inferioridade natural" daqueles que são diferentes de nós, a maioria. Se a exploração do conhecimento das partes do corpo é feita pelo mercado, pelos empregadores, um outro tipo de inferioridade dominará e separará os grupos em castas sociais, entre a riqueza e a pobreza, entre os incluídos e os excluídos, entre os aptos e não aptos. Nessa engrenagem, o sofrimento do "não apto" é interpretado como ato inevitável. E se esse ser "diferente", "bárbaro" se opuser a esse processo de "assepsia", que "coloniza" o campo da saúde do trabalhador, é considerado culpado, sendo justificada uma ação disciplinadora (DUSSEL, 1995, 2005).

A Declaração da Unesco sobre o genoma humano, de 1997 (UNESCO, 1997), estabelece o genoma em sentido simbólico como "patrimônio da humanidade." Proclama o princípio da dignidade humana e obriga a não se reduzirem os indivíduos às suas características genéticas, respeitando-se o seu caráter único e a diversidade. Mas como conciliar os interesses morais com os interesses individuais, comerciais, econômicos, industriais?

Certamente, não haverá apresentação de soluções neste estudo. As reflexões apontam a necessidade de atenção e consciência crítica de que na nova era tecnológica há novas subjetividades, novas formas de exploração do corpo e de escravidão.

O fato é que a decisão entre uma política estatal ou mercadológica de controle irá definir os rumos da produção normativa do Brasil. Em foco, a dicotomia público privado (SCHIOCCHET, 2010, p. 67).

Para os defensores da supremacia do interesse público sobre os interesses privados, a exemplo de Celso Bandeira de Mello (2003, p. 60), o princípio trata de uma premissa reconhecida no moderno Direito Público, por meio do qual há a proclamação da superioridade do interesse da coletividade sobre o particular, como condição de sobrevivência deste, sendo o pressuposto de uma ordem social estável em que "[...] todos e cada um possam sentir-se garantidos e resguardados." O interesse público, para o autor seria o "[...] interesse resultante do conjunto dos interesses que os indivíduos pessoalmente têm quando considerados em sua qualidade de membros da sociedade", estando caracterizado em dois planos: o primário, voltado aos interesses gerais da coletividade; e o secundário, correspondendo aos interesses particulares do Estado, enquanto pessoa jurídica, e não como depositário da vontade coletiva (MELLO, 2003, p. 53-57).

Também Osório (2000, p. 81) defende a prevalência da supremacia do interesse público sobre os particulares no ponto de vista da ordem constitucional brasileira, tratando-se para o autor de um princípio implícito inferido da direção teleológica da atuação administrativa. Essa direção está de forma prioritária voltada à promoção do bem comum, à dignidade da pessoa humana e à igualdade, e não para a proteção de interesses particulares, sendo justificadora, inclusive, de restrições a direitos individuais, embora também não possa ser aplicada em todas as hipóteses de conflitos.

Em sentido contrário, Sarmento (2007, p. 27 e ss.), não só considera inadequado o princípio da supremacia do interesse público na ordem constitucional brasileira, como também pelos riscos que a sua assunção pode representar para a tutela dos direitos fundamentais. Destaca que o conceito de interesse público está fragmentado na sociedade contemporânea, sendo um campo de luta discursiva não homogênea sobre o que representa o bem comum e a vontade geral. Adverte que o "interesse público" tem o perigo de fazer ressurgir as "razões de Estado", muitas vezes invocadas para obstar o exercício de garantias fundamentais, ainda mais em um momento em que o mundo vivencia o "11 de setembro."

Contudo, ele próprio reconhece a complexidade da questão e destaca que também a desvalorização completa desse princípio com a prevalência da superioridade dos interesses individuais sobre os coletivos assenta-se numa "premissa antropológica distorcida", típica de um "individualismo liberal-burguês" que vê as pessoas enquanto seres isolados e desenraizados, típicas "mônadas ensimesmadas", citando Marx (SARMENTO, 2007, p. 28)[140].

Já lamentando pelo corte sumário dessa abordagem, dada a necessidade de prosseguirmos para os tópicos subsequentes, é necessário pontuar, como o faz Sarmento (2007, p. 33), que esse pêndulo tem oscilado no sentido ora da proteção da dimensão pública da vida humana, ora na priorização da dimensão privada.

O campo é de disputa entre os interesses públicos e os interesses privados, cuja análise vai demandar um aporte da filosofia constitucional e da teoria dos direitos fundamentais contextualizada em cada cenário político.

4.1.2 A tentativa de estabelecimento de alguns marcos regulatórios para os testes genéticos preditivos na relação de trabalho

Do que discorremos até aqui, podemos concluir que os dados genéticos pertencem à categoria dos dados sensíveis. Nesse sentido, Darío Bergel (1999, p. 171-172) vai afirmar que, pelas consequências que pode causar a difusão desses dados para o indivíduo, o manejo vai importar em especial dever de cuidado a todos aqueles que tenham acesso a eles, sob qualquer motivação com que tenha esse acesso ocorrido.

No entanto o estudo se volta especificamente a buscar a sistematização, a partir da inter-relação existente para a temática, dos marcos bioéticos e jurídicos voltados aos testes genéticos, de modo que, nas linhas seguintes, buscaremos oferecer um panorama sobre as variadas iniciativas adotadas por diversos países e instâncias internacionais ou que ainda se encontram em fase de aprovação, com a finalidade de apresentação de um panorama do arcabouço regulatório existente, além de demonstrar não só o crescente interesse sobre a temática, como a necessidade de se avançar no campo do debate bioético e jurídico nacional.

---

(140) O autor prossegue destacando que essa cautela no trato de questão é potencializada pelas características do cenário brasileiro, marcado por costumes administrativos e políticos, o qual possui dentre suas mais perniciosas anomalias a confusão entre o público e o privado, com gestão da *res publica* como se fosse privada (SARMENTO, 2007, p. 28).

Com essa exposição, pretende-se igualmente apontar que o interesse pelo tema não é distanciado de uma realidade que já se mostra posta em sua concretude e, por isso, tem reclamado a atenção do legislador e das instâncias jurídicas. Além disso, apesar do fato de que, dentre os instrumentos que trataremos e dentre outras numerosas normas que tratam do genoma humano, estejam aquelas que não são vinculantes em nosso ordenamento jurídico e, algumas, não tendo nem sequer conteúdo, nem natureza jurídica, servem como um repertório normativo capaz de jogar luzes sobre os conflitos éticos que surgem dessas temáticas, estabelecendo critérios éticos de orientação e possível regulação.

4.1.2.1 A Bioética e o *soft law*: derrubando mitos quanto à ineficácia

Nos dizeres de Andorno (1997, tradução nossa):

> A bioética é uma disciplina nova que tenta dar respostas a questões colocadas pelo desenvolvimento das ciências biomédicas. O problema ético surge porque as novas tecnologias permitem o exercício dos poderes inéditos sobre o homem e sobre os mecanismos fundamentais da vida humana. Por isso é que a questão central em que se coloca a bioética é esta: como devemos tratar a vida humana? [141]

Podemos distinguir três acepções para a Bioética, utilizando-nos da sistematização proposta por Aline Albuquerque Sant'Anna de Oliveira (2011, p. 31 e ss): a Bioética teórica, institucional e normativa.

A Bioética teórica é definida como o "[...] conjunto de teorias e princípios cuja natureza é de ética setorial aplicada a dilemas morais relacionados à medicina, às ciências da vida e às tecnologias a ela associadas" (OLIVEIRA, A. A. S., 2011, p. 30). É formada pelas várias correntes e escolas bioéticas que, possuindo suas raízes em teorias éticas distintas, vão manter diversas sustentações teóricas e práticas, como é o caso, apenas para exemplificar, da Bioética estadunidense e da Bioética latino-americana, em que se insere a Bioética da Libertação, nosso marco teórico a partir da perspectiva de Enrique Dussel.

---

(141) Texto original: "La bioéthique est une discipline nouvelle qui essaie d'apporter des réponses aux questions posées par le développement des sciences biomédicales. Le problème éthique naît du fait que les nouvelles technologies permettent l'exercice de pouvoirs inouïs sur l'homme et sur les mécanismes fondamentaux de la vie humaine. C'est pourquoi la question centrale que se pose la bioéthique est bien celle-ci: comment doit-on traiter la vie humaine?"

Por Bioética institucional, compreendemos a perspectiva bioética voltada ao estudo dos órgãos de ética relacionados à medicina, às ciências da vida e às tecnologias que a ela estejam associadas. É um campo ainda em desenvolvimento. Envolve dois tipos de instituição: os órgãos essencialmente bioéticos, os comitês de ética, ou comitês de Bioética, a exemplo dos comitês de aconselhamento ético em decisões clínicas, comitês relacionados a pesquisas envolvendo seres humanos etc. (OLIVEIRA, A. A. S., 2011, p. 30).

Por fim, a Bioética normativa, campo que nos interessa no momento, é compreendida como:

> [...] o conjunto de normas principiológicas referentes a questões éticas ligadas à medicina, às ciências da vida e às tecnologias a ela associadas, cujo processo de produção se caracteriza como dialógico, não obstante a repercussão no mundo jurídico. (OLIVEIRA, A. A. S., 2011, p. 38.)

É de ressaltar que a perspectiva adotada neste estudo difere a Bioética normativa do Biodireito, sendo o segundo voltado:

> [...] ao ramo do saber jurídico, didaticamente autônomo, que tem por área de conhecimento o conjunto das proposições jurídicas atinentes, imediata ou mediatamente, à vida, desde o momento em que surge com um novo ser até o derradeiro momento em que não há mais vida, envolvendo também aquelas que têm por escopo delimitar o uso das novas tecnologias biomédicas. (PIÑERO, 2006 p. 74.)

Para Romeo Casabona (2005, p. 22), a Bioética é um:

> [...] claro exemplo de aproximação a um objeto de estudo comum, multidisciplinar, para onde confluem diversas ciências, além da Ética, com suas perspectivas metodológicas próprias. Nesse sentido amplo de sua manifestação empírica, também o Direito se integraria nela.

Prossegue Romeo Casabona (2005, p. 23) no sentido de não ser a Bioética um substituto de um sistema moral, mas um poderosíssimo, e em certo grau, também um potencial instrumento de reflexão, voltado à elaboração de critérios de orientação e também de ponto de partida para orientar a tomada de decisões oponíveis aos excessos, quer do Estado, quer dos poderes de pressão (políticos, econômicos e industriais), como também dos próprios pesquisadores.

Também há um problema de delimitação do campo da Bioética e do Biodireito, uma vez que ambos têm objetos de estudo comuns, ou seja, as ciências biomédicas e sua incidência no ser humano. No entanto, fazem-no sob diversas óticas: a primeira, ocupando-se de uma reflexão ética e, portanto, exercendo influência sobre o Direito[142]; o segundo, ocupando-se da regulação jurídica. O Direito, assim como a Ética, também tem desenvolvimento no campo axiológico, mas a separação entre um e outro deve revelar-se não só na natureza coercitiva do primeiro, como nos instrumentos em que se manifestam em sua origem, a lei (ou decisões judiciais na *Common Law*), vindo adquirir legitimidade quando emanadas num contexto de um Estado Democrático e pluralista. Partindo-se desse ponto, a Bioética seria assim, em seu sentido mais abrangente, "[...] o ponto de encontro do estudo multidisciplinar das implicações das Ciências Biomédicas para o ser humano, mas insistindo no fato de que, cientificamente, aquelas são disciplinas independentes e autônomas" (ROMEO CASABONA, 2005, p. 23).

O campo normativo da Bioética é inaugurado no Código de Nuremberg, marco das primeiras diretrizes éticas relativas à experimentação humana (SCHIOCCHET, 2010, p. 70; ROMEO CASABONA, 2005, p. 24).

O Tribunal Internacional de Nuremberg (instituído em 1945 pelo Estatuto de Londres) teve como finalidade submeter a julgamento os responsáveis pelas atrocidades do regime nacional-socialista e alguns pesquisadores que realizaram experimentos considerados cruéis com indivíduos recolhidos a campos de concentração. Dessa instituição jurídica, adveio o Código de Nuremberg (1947), sucedido pela Declaração de Helsinki, também um documento de conteúdo ético, com recomendação de orientação aos médicos na investigação bioética em seres humanos. E, por fim, o Informe da Comissão de Belmont (1978) dos EUA, ponto de partida da sistematização dos princípios gerais da Bioética (ROMEO CASABONA, 2005, p. 24-25).

Todo esse emaranhado ético influenciou e vem influenciando o Direito, como o Pacto Internacional sobre Direitos Civis e Políticos de 1966, o qual estabelece, de forma pioneira, em seu artigo 7º, que "[...] ninguém deve ser submetido à experimentação médica sem seu consentimento." Também motivou a criação de comitês de ética e Bioética e, por fim, a criação de um "direito internacional de Bioética" (SCHIOCCHET, 2010, p. 70).

---

(142) A exemplo nas orientações em relação à admissibilidade da doação de órgãos de doadores vivos (ROMEO CASABONA, 2005, p. 24).

No artigo intitulado "O papel inestimável da soft law no desenvolvimento de normas universais em Bioética" ("The invaluable role of soft law in the development of universal norms in bioethic") Andorno (2007) destaca os tratados e o direito consuetudinário como as grandes fontes do Direito Internacional. Os tratados são os acordos estabelecidos entre os Estados com natureza jurídica e vinculativa, ao passo que o segundo, o direito consuetudinário deriva da prática contínua de Estados na medida em que tal prática é motivada na obrigação legal. Já a *soft law* seria uma terceira fonte de direito internacional, cujo *boom* de desenvolvimento tem ocorrido nas últimas décadas, especialmente para tratar de temas sensíveis, como o são os Direitos Humanos, a proteção do meio ambiente e os aspectos bioéticos.[143] A categoria da *soft law* vai incluir uma variedade de instrumentos, tais como declarações, recomendações, cartas e resoluções.

Existe alguma resistência em relação à categoria dos instrumentos que compõem a *soft law* sob o argumento de seu caráter não vinculativo. Para Nasser (2005), a forma de *soft law* que mais apresenta interesse está mais relacionada com a transformação dos modos de produção de Direito Internacional, que consistem em instrumentos que *a priori* não são obrigatórios, sendo exemplo de uns dos mais marcantes dentre esses as resoluções da Assembleia Geral da ONU.

A questão não gira em torno só da atribuição ou não de valor jurídico a essas normas (NASSER, 2005) em razão de sua coercitibilidade ou não. Diz Larenas (2004, p. 51) que, além da crítica da ineficácia que se faz presente sempre que tais regramentos estiverem desprovidos de coerção, também recebem a crítica de serem antidemocráticos, dado o fato de serem impostos por determinados seguimentos de profissionais que não representam o interesse do corpo social em sua totalidade, ou seja, por advirem de um *locus* onde não se fez presente o debate crítico[144]. Entretanto, como ressalta Schiocchet (2010, p. 71), citando os dois autores, tampouco inúmeras leis sairiam ilesas dessas críticas.

Além disso, toda essa desconfiança em relação à *soft law*, embora, na concepção de Andorno (2007), não seja totalmente errada, pode ser enganosa, pois embora não tenha um efeito *per se* obrigatório, é concebida para ter efeito a longo prazo, ou seja, enquanto os tratados seriam obrigatórios

---

(143) Texto original: "Historically, there are two main sources of international law: **treaties** and **customary law**. Treaties are agreements between states which are legally binding, while **customary law** is derived from the continuous practice of states insofar as such practice is motivated by the sense of legal obligation. **Soft law** is a third source of international law that has rapidly developed in recent decades, especially to deal with sensitive matters such as human rights, the protection of the environment and bioethical issues." (ANDORNO, 2007, tradução nossa.)

(144) Texto original: "Al respecto se han hecho dos clases de críticas. La primera, que dichas disposiciones son ineficaces, toda vez que se encuentran desprovistas de cualquier coerción y pueden ser fácilmente modelables; por lo tanto, no permiten alcanzar el objetivo buscado. La segunda, que son antidemocráticas al ser impuestas por determinados segmentos de profesionales que no representan el interés del cuerpo social en su totalidad, es decir, por no ser propuestas extraídas de un debate público." (LARENAS, 2004, p. 51, tradução nossa.)

(depois da sua ratificação pelos Estados), os instrumentos de *soft law* são vinculativos apenas em potencial. São fruto de um processo gradual em que se fazem necessárias outras medidas complementares para tornar essas regras vinculativas aos Estados.

A introdução apresentada por Andorno (2007) é essencial para que não seja reduzida a importância da *soft law* à criação de um compromisso **moral ou político** para os Estados. Se esse é de fato o efeito **imediato** da *soft law*, de uma forma mais indireta vai servir como instrumento jurídico de persuasão não vinculativo que influenciará os Estados. Daí por que têm conotação muito diversa dos tratados, que, não obstante tenham natureza legal, não possuem uma natureza estritamente ética. Justamente aqui vai estar estabelecida a principal diferença entre as declarações da Unesco relativas à Bioética e outras diretrizes estabelecidas por organizações não governamentais, como a Declaração de Helsinki da Associação Médica Mundial.

A intenção dessas declarações da Unesco é a de que, a longo prazo, sejam incorporadas pelos Estados, tornando-as vinculativas, quer pela tomada de corpo em um tratado (no qual se faça remissão aos princípios contidos nas declarações), quer surtindo influência direta sobre a prática legislativa ou consuetudinária dos Estados. Uma vantagem é a inexigência de ratificação formal pelos Estados, podendo assim ter influência mais direta e rápida sobre questões sensíveis[145].

Em resumo, o potencial impacto dessas normas não pode ser desprezado, tendo especial relevância em sede de Bioética, marcada por uma pluralidade de fontes e sistemas normativos, que vão pouco a pouco formando um arcabouço normativo no plano internacional e que, não obstante, por vezes, pequem pela vagueza e ausência de concretude dos sujeitos e diversos contextos socio culturais envolvidos, orientam pesquisadores, cientistas, sociedade e o próprio Estado no enfrentamento das questões que lhes servem de objeto (SCHIOCCHET, 2010, p. 72-73).

4.1.2.2 Arcabouço normativo internacional

O Direito Internacional foi o pioneiro em oferecer resposta às questões sobre o genoma humano, voltando-se à tentativa de buscar um aporte global

---

(145) Ressalta Adorno (2007) que, nos trabalhos preparatórios da Declaração Universal sobre Bioética e Direitos Humanos da 2005, restou claro desde o início que uma abordagem *soft law* foi a melhor, se não a única opção, disponível. Em 2003, o Comitê Internacional de Bioética (CIB) produziu um relatório que recomenda expressamente a forma de uma "Declaração". A circunstância de ser este tipo de instrumento especialmente adaptado para alcançar um **amplo e relativamente rápido consenso** entre os governos, a comunidade científica e do público em geral, desempenhou um papel decisivo neste aspecto. Diz ainda o autor que um destaque deve ser dado ao fato de que a diferença entre a eficácia de um tratado e de uma declaração não é tão grande quanto pode parecer, além de serem cumpridas em similar medida.

regulatório tendo em vista que o que se relaciona ao genoma suplanta aos territórios nacionais e às questões de soberania. As relações dialéticas entre liberdade e autonomia no campo da genética devem ser analisadas de modo que não ofendam a dignidade humana, transcendendo, portanto, à vontade do próprio indivíduo e dos cientistas (SCHIOCCHET, 2010, p. 70).

A partir de uma seleção por pertinência temática e relevância ao objeto de estudo, destacaram-se no plano dos documentos internacionais os seguintes:

a) Declaração Universal dos Direitos Humanos (ONU, 1948): embora não traga de forma explícita a temática da genética humana relacionada aos avanços científicos, invoca a aplicação do princípio da igualdade ante os avanços tecnológicos, afirmando, ainda, em seu artigo 27, que "todo ser humano tem o direito de participar no progresso científico e de seus benefícios";

b) Pacto Internacional dos Direitos Civis e Políticos (ONU, 1966)[146]: estabelece em seu artigo 7º e a necessidade de consentimento para a submissão experiências médicas ou científicas[147];

c) Pacto Internacional dos Direitos Econômicos, Sociais e Culturais (ONU, 1966)[148]: prevê, além do direito à saúde, o direito universal de participação do benefício do progresso científico, promovendo a cooperação entre os povos;

d) Convenção das Nações Unidas sobre a Diversidade Biológica (ONU, 1992): a Convenção foi estabelecida durante a ECO-92 – a Conferência das Nações Unidas sobre Meio Ambiente e Desenvolvimento – CNUMAD, realizada no Rio de Janeiro em junho de 1992 – e traduz-se num importante fórum mundial para questões relacionadas ao tema, recebendo a assinatura de mais de 160 países.

A Convenção contempla alguns aspectos principais: a necessidade de conservação da diversidade biológica, do uso sustentável da biodiversidade (ecossistemas, espécies e recursos genéticos) e da repartição justa e equitativa dos benefícios provenientes da utilização dos recursos genéticos.

A Convenção também iniciou a negociação de um Regime Internacional sobre Acesso aos Recursos Genéticos e Repartição dos Benefícios resultantes desse acesso, estabelecendo parâmetros éticos em relação às pesquisas biotecnológicas. Outros destaques:

– reconhece a essencialidade do acesso e a repartição de recursos genéticos e tecnologia, bem como a utilização sustentável de seus componentes e a repartição justa e eqüitativa dos benefícios derivados da utilização dos recursos genéticos;

---

(146) Recepcionado pelo Brasil pelo Decreto n.592/1992.
(147) Artigo 7º "Ninguém poderá ser submetido à tortura, nem a penas ou tratamento cruéis, desumanos ou degradantes. Será proibido, sobretudo, submeter uma pessoa, sem seu livre consentimento, a experiências médias ou científicas."
(148) Recepcionado pelo Brasil pelo Decreto n. 591/1992.

– conceitua material genético como "todo material de origem vegetal, animal, microbiana ou outra que contenha unidades funcionais de hereditariedade" (artigo 2);

– submete o acesso ao recurso genético ao consentimento prévio;

e) Declaração de Bilbao (1993): não obstante não tenha sido o primeiro texto internacional tratando a questão, tampouco tendo conteúdo normativo, merece destaque em termos precedentes. A Declaração de Bilbao de 1993 foi concebida no bojo da Reunião Internacional sobre o "Direito ante o Projeto Genoma Humano", na qual estiveram presentes aproximadamente 200 especialistas de todo o mundo. A importância da Declaração de Bilbao é atribuída ao fato de ter abordado, de forma global, inúmeros aspectos relacionados ao genoma humano, desde o ponto de vista do Direito (ROMEO CASABONA, 1999, p. 44);

f) Declaração Universal sobre o Genoma Humano e os Direitos Humanos da Unesco, aprovada em 11 de novembro de 1997 (UNESCO, 1997): nesse âmbito, devem ser mencionadas várias iniciativas da UNESCO, sendo a mais significativa a Declaração Universal sobre o Genoma Humano e os Direitos Humanos, aprovada em 11 de novembro de 1997 (UNESCO, 1997).

A norma foi preparada pela Comissão Jurídica, presidida pelo uruguaio Héctor Gros Espiell, do Comitê Internacional de Bioética (ROMEO CASABONA, 1999, p. 39). A iniciativa merece destaque por trazer ao campo de debate internacional a complexidade das questões que envolvem o genoma humano e sob uma perspectiva multidisciplinar, conectando-o à Bioética e aos Direitos Humanos. O instrumento normativo marca alguns pontos importantes: trata-se de um instrumento jurídico em sentido estrito, qualidade que não possuem as demais declarações, recomendações, pareceres e conclusões até então adotadas internacionalmente como as inúmeras resoluções e Convenção do Conselho de Europa; embora se volte especificamente para o genoma humano, tem uma natureza interdisciplinar, abordando vários aspectos que emergem do estudo e problematização do genoma; e é universal, um ponto que, assim como outros, embora contenha o potencial positivo da norma, pode ao mesmo tempo constituir um ponto de debilidade a necessitar de complementação a depender da concretude dos variados contextos culturais e que podem assim reduzir a sua eficácia normativa (ÁLVAREZ GONZÁLEZ, 2007, p. 145).

Algumas ponderações sobre a Declaração da Unesco são feitas por Gediel (2000a):

– o título da Declaração, ao dizer-se universal, desde logo evidencia a sua raiz iluminista, buscando a sobreposição sobre as ordens jurídicas nacionais, com vistas ao alcance de uma comunidade ideal-universal. Por outro lado, a visão universalista vai apresentar traços peculiares em relação às demais declarações universais, considerando que não está apenas apoiada na ideia abstrata de igualdade entre os homens, mas apoia-se igualmente na identidade biológica que integra o genoma. Em seu artigo 1º, ao mesmo tempo que declara que o genoma constitui a base da unidade da "família humana", ressaltando a dimensão biológica do humano, remete ao reconhecimento da dignidade e das diversidades a ela inerentes e, portanto, os contextos culturais, evitando-se sua redução àquelas características biológicas;

– a concretude dessa proposta axiológica é dada pelos artigos 6º e 7º da Declaração, os quais tratam, por exemplo, da proibição à discriminação genética e da obrigação de sigilo.

Apesar das críticas à ambiguidade e extensão de conteúdo contidas na norma, que cumula temas que foram sistematizados, no dizer de Romeo Casabona (2002, p. 44 e ss.), de modo "pouco claro", na Declaração, foram destacados pontos muito relevantes, contemplando valores e princípios presentes em outras Declarações de Direitos e em ordenamentos jurídicos nacionais, como a dignidade humana, os princípios da autonomia individual (se bem que já se pontue a necessidade da análise contextualizada dos ambientes de vulnerabilidade em que esta autonomia é mitigada – como é a relação de emprego, e, mais ainda, quando esta se insere no cenário de países em desenvolvimento), a não discriminação fundada nas características genéticas, a confidencialidade dos dados genéticos (associados a uma pessoa identificável, conservados ou tratados com fim de investigação ou mesmo sob qualquer outra finalidade), a liberdade e a responsabilidade na investigação, a solidariedade entre os povos (ROMEO CASABONA, 1999, p. 39).

Adverte Gediel (2000a) que a compreensão crítica da Declaração demanda a análise dos "grandes grupos de posições políticas e teóricas que determinaram a formulação de instrumentos jurídicos internacionais sobre o genoma humano", até porque, como ressalta Schiocchet (2010, p. 76), embora a Declaração pareça supor uma constante harmonia entre a dignidade humana e a liberdade, sabe-se que, diante dos avanços tecnocientíficos em genética humana, o cenário muitas vezes é de embate da liberdade com a dignidade humana.

Do mesmo modo, há que se promover uma análise da ingerência dessas posições num cenário político em que disputam espaço os blocos de países que exportam e os que importam a biotecnologia, bem como o fato de existirem países que também são, principalmente, fornecedores de material genético para a pesquisa, sendo esse o caso brasileiro. Enfim, o plano da concretude, do desenvolvimento e da efetiva aplicação da Declaração somente vai dar clareza e visibilidade se esse instrumento se inscrever efetivamente como um novo modelo de regulação jurídica sobre a natureza, ou se tão somente acrescentar mais alguns tantos elementos de complexidade na racionalidade moderna, que tem o homem como o centro e poder jurídico sobre todas as coisas.

Outras características:

– representa o primeiro texto de natureza internacional sobre o genoma humano, contendo um rol de direitos e obrigações sobre o tema;

– é um texto que traz explícita a necessidade de observância da multiculturalidade;

– reconhece expressamente que os avanços científicos do genoma humano têm grande potencial ofensivo aos Direitos Humanos;

– a reivindicação do respeito aos "Direitos Humanos" conecta a temática aos demais instrumentos protetores dos Direitos Humanos, como a Declaração Universal de 1948, dentre outros;

g) Declaração Internacional sobre os Dados Genéticos Humanos da Unesco (UNESCO, 2004)

É de ressaltar o reconhecimento efetuado pelo Conselheiro da Delegação permanente do Chile na Unesco (2003-2005), Cruz-Coke (2005), no sentido de que, não obstante a amplitude do consenso que foi alcançado na Declaração Universal sobre o Genoma Humano e os Direitos Humanos de 1997, muitas questões éticas deixaram de ser contempladas em razão da impossibilidade de se alcançar um consenso. Citou como exemplo o princípio ético do "respeito à vida", que não pode se ver inserido no artigo dedicado à dignidade humana e aos direitos humanos, o mesmo tendo ocorrido com a tentativa de introdução de um "direito reprodutivo da mulher", juntamente ao artigo que trata das responsabilidades sociais e sanitárias.

O fato é que também o avanço da utilização do genoma humano demonstrou na prática a insuficiência da Declaração Universal sobre o Genoma Humano e os Direitos Humanos (UNESCO, 1997) para fixação de princípios a serem manejados na sua instrumentalização.

A Declaração Internacional sobre os Dados Genéticos Humanos (UNESCO, 2004) tem como objetivo declarado o de promover a garantia do respeito à dignidade humana, a proteção dos direitos humanos e as liberdades fundamentais que estejam voltados a recolha, ao tratamento, à utilização e à conservação dos dados genéticos humanos, com observância dos princípios da igualdade, justiça e solidariedade, exceção feita apenas à "investigação, detecção e julgamento de casos de delito penal, e de testes de paternidade, que se regem pelas leis internas em conformidade com o Direito Internacional relativo aos direitos humanos" (artigo 1º).

A norma traz à aplicação da genética o princípio da proteção de dados, recorrendo expressamente aos chamados princípios da qualidade de dados, exatidão, fiabilidade, segurança, finalidade e o princípio da autodeterminação informativa aos quais retornaremos no Capítulo 5.

No que respeita especificamente ao direito à não discriminação por dados genéticos, diz o artigo 7º que:

> (a) Deverão ser feitos todos os esforços no sentido de impedir que os dados genéticos e os dados proteômicos humanos sejam utilizados de um modo discriminatório que tenha por finalidade ou por efeito infringir os direitos humanos, as liberdades fundamentais ou a dignidade humana de um indivíduo, ou para fins que conduzam à estigmatização de um indivíduo, de uma família, de um grupo ou de comunidades.
>
> (b) A esse respeito, será necessário prestar a devida atenção às conclusões dos estudos de genética de populações e dos estudos de genética do comportamento, bem como às respectivas interpretações.

Outro importante destaque contido na Declaração diz respeito ao direito à autodeterminação informativa. Assim, o direito à informação – ao que se adiciona o direito de decidir não ser informado – e os direitos de cancelamento da informação constam expressos no texto da Declaração, em seus artigos 8º, 9º, 10º, 13º e 21º.

É de ser observado por fim o disposto no artigo 23, que conclama os Estados a adotarem todas as medidas necessárias, tanto de natureza legislativa como administrativa para colocar em prática os princípios anunciados na Declaração. Portanto, os Estados é que se comprometerão a adotar as medidas normativas que se façam necessárias à proteção do genoma humano, pois os princípios anunciados na Declaração devem ser objeto de cristalização nas normas internas;

h) Declaração Ibero-Latino-Americana sobre Direito, Bioética e Genoma Humano (Declaração de Manzanillo de 1996, revisada em Buenos Aires, em 1998, e em Santiago do Chile, em 2011):

No âmbito da América Latina, as proposições da Declaração Universal da UNESCO de 1977 foram discutidas e analisadas em variados encontros, destacando-se o encontro de Santiago do Chile, em 1995, e no México (Manzanillo), em 1996. E, logo que foi aprovada a Declaração, já foi objeto de temática em diversas conferências, cujos debates culminaram com a elaboração da Declaração Ibero-Latino-Americana sobre Direito, Bioética e Genoma Humano, no ano de 1996, em Manzanillo, México, revisada no encontro de Buenos Aires, de 1988 (FIGUEROA YÁNEZ, 2000)[149].

---

(149) Em seu preâmbulo, é ressaltada a necessidade de manutenção do diálogo aberto e permanente sobre o genoma humano e suas consequências ao ser humano, destacando-se a importância da Declaração Universal da Unesco sobre o Genoma Humano (1997) e o Convênio do Conselho de Europa para a Proteção dos Direitos do Homem e da Dignidade do Ser Humano em face das Aplicações da Biologia e da Medicina (1997, tradução nossa), os quais constituem o "primeiro passo" para a "[...] proteção do ser humano em relação aos efeitos não desejáveis dos desenvolvimentos científicos e tecnológicos no âmbito da genética, através de instrumentos jurídicos internacionais" (texto original: "**Primero:** Nuestra

Um primeiro aspecto levantado, diz Fiqueroa Yanéz (2000), respeita a existência de um consenso na América Latina, quanto à necessidade de um tratamento igualitário tanto para os povos desenvolvidos, quanto para os povos em desenvolvimento, ante aos benefícios que trazem o Projeto Genoma Humano, ao mesmo tempo que existe um temor de condutas abusivas dos primeiros em relação aos segundos, considerando a persistência de relações assimétricas de poder. O item terceiro da Declaração Ibero-Latino-Americana expressamente consagra o princípio da solidariedade entre os povos. Nesse sentido, estatui que, em razão dos diferentes estágios de desenvolvimento econômico e social dos povos e em virtude de nossa região participar em grau menor dos benefícios do desenvolvimento científico e tecnológico, se torna necessário um agir de forma mais solidária entre os povos, especialmente por parte dos países com maior grau de desenvolvimento.

Romeo Casabona (1995, p. 171, p. 167-169) ressalta que a Declaração da Unesco de 1997 (Declaração Universal sobre o Genoma Humano e dos Direitos Humanos da Unesco) faz referência a algo valioso que deve ser compartilhado por toda a comunidade e que, por isso, não pode ser objeto de qualquer transação, constituindo patrimônio da humanidade. No entanto, prossegue o autor, na versão final da Declaração, constou, em seu artigo 1º, que essa noção de "patrimônio da humanidade" teria um caráter meramente simbólico, tornando vazio de conteúdo o preceito[150].

No mesmo sentido, Figueroa Yáñez (2000) aponta que, ao converter a afirmação originária do genoma enquanto patrimônio da humanidade a uma mera concepção "simbólica", a Declaração perdeu em grande parte sua força, sustentando que a adoção dessa qualificação enquanto efetivo (e não simbólico) patrimônio da humanidade, além de retirar ditos direitos das regras usuais de comercialização, relaciona-os intimamente com o conceito da dignidade humana, vinculando-se estreitamente com a individualidade própria de cada pessoa e de seus direitos.

Em sentido diverso, Vilo-Coro (1998) sustenta que a indicação do genoma enquanto "patrimônio simbólico" significou avanço. Para a autora, ainda que a ideia de patrimônio comum no direito internacional tenha um sentido mais amplo, distinto do conceito de patrimônio do direito civil, que estava caracterizado por uma ideia econômica, não há como se modificar a índole do "patrimônio." Não há nenhuma mudança em sua natureza jurídica.

---

convicción em los valores y principios proclamados tanto en la Declaración Universal sobre el Genoma Humano y los Derechos Humanos como en el Convenio Europeo sobre Derechos Humanos y Biomedicina, encuanto constituyen un importante primer paso para la protección del ser humano en relación con los efectos no deseables de los desarrollos científicos y tecnológicos en el ámbito de la gen ética, a través de instrumentos jurídicos internacionales").
(150) Art 1º "O genoma humano constitui a base da unidade fundamental de todos os membros da família humana bem como de sua inerente dignidade e diversidade. Num sentido simbólico, é o patrimônio da humanidade."

O conceito de patrimônio indica um bem exterior ao sujeito pelo que não pode compreender o genoma humano. Pondera a autora que as culturas ao longo da história vêm sendo criadas pelo homem, sendo que uns povos podem se apropriar da cultura do outro, sofrer suas influências, estar sob o seu domínio, como tem ocorrido ao longo da história da humanidade em uma multiplicidade de ocasiões. Esse cenário indica que não é o fato de ser imaterial que vai impedir que um bem seja exterior ao sujeito, tampouco as priva de sua natureza de patrimônio. No entanto, ressalta que o genoma constitui o próprio sujeito. Assim, o genoma deve-se proteger não por ser "patrimônio da humanidade" mas sim pelo fato de constituir o próprio humano, ao ponto de que, por exemplo, se se o modifica de forma substancial, a espécie humana deixará de ser tal, transformando-se em outra não humana. O caráter de bem que se aplica ao genoma não pode se equiparar aos oceanos, ao espaço ultraterrestre, aos monumentos, porque o genoma é um elemento que constitui, não um patrimônio comum, mas ao próprio homem (VILO-CORO, 1998).

Por isso, e abstraindo das questões semânticas, a autora viu com satisfação a opção da UNESCO na Declaração de 1997, em sua redação definitiva, ao definir o genoma humano como patrimônio da humanidade apenas em seu sentido simbólico[151].

Em reação, contrária à redação que foi dada ao artigo 1º da Declaração sobre Genoma Humano da Unesco, o 2º Encontro Latino-Americano de Bioética e Genética, que ocorreu em Buenos Aires em 1998, acordou a revisão da Declaração Ibero-Latino-Americana sobre Ética e Genética (1996), que expressamente passou a tratar o genoma humano como patrimônio da humanidade, suprimindo-se a expressão "simbólica." O artigo 2º, *b*, passou a contar com a seguinte redação: "[..] o genoma humano constitui parte do patrimônio comum da humanidade[152] como uma realidade e não como uma expressão meramente simbólica."

Outra importante inovação que não constou das versões anteriores da Declaração Ibero-Latino-Americana sobre Direito, Bioética e Genoma Humano diz respeito à introdução do princípio da equidade no acesso aos serviços, estando elencado dentre os demais princípios éticos que devem guiar o tratamento da genética, sendo eles os princípios da prevenção, a reger o tratamento e a reabilitação das pessoas com enfermidades genéticas como parte

---

(151) Ver também Gros Espiel (1995) a respeito do conteúdo simbólico do genoma enquanto patrimônio da humanidade. Para o autor, a expressão confere o necessário equilíbrio entre os interesses da humanidade e o respeito sobre o patrimônio genético de todos os homens e os direitos de cada ser humano sobre seu próprio genoma.
(152) No caminho percorrido, cabe também a distinção breve entre humanidade e espécie humana, que não se equivalem. A espécie humana expressa a essência do homem, toda a sua essência, tendo assim uma conotação qualitativa e nos relata como é o homem, cada homem em particular que tenha existido, existe ou existirá. Assim, a essência se realizará em cada um dos indivíduos (VILO-CORO, 1998, p. 412).

do direito à saúde, a voluntariedade no acesso aos serviços, o consentimento livre e informado baseado no aconselhamento genético, a vinculação à finalidade, o respeito à autonomia e o respeito à intimidade genética e à confidencialidade (artigo 4º). No artigo 6º, é elencado o princípio da não comercialização do corpo humano, de suas partes ou seus produtos.

Finalizando essa primeira aproximação com a Declaração, vale destacar a advertência, contida em seu artigo 5º, quanto à necessidade de os países regulamentarem sobre o manejo, o armazenamento e a difusão da informação genética, destacando que algumas aplicações da genética humana já se têm operado naqueles países sem uma adequada regulamentação;

i) Declaração Universal de Bioética e Direitos Humanos da Unesco adotada em outubro de 2005 (UNESCO, 2005):

A Declaração da Unesco de 2005 trata de forma mais ampla sobre Bioética e Direitos Humanos, demonstrando maior consciência quanto aos reflexos sociais relacionados à exploração científica e também econômica relacionada à biotecnologia (SCHIOCCHET, 2010, p. 79).

Como ressaltado, a Declaração da Unesco de 2005, não obstante tenha se constituído num importante marco na conexão da Bioética com os Direitos Humanos, não se viu livre da abordagem crítica sobre a pretendida universalização dos direitos humanos, universalidade que muitas vezes é capaz de provocar o silenciamento das diversidades étnicas ou de gênero e as diferenças culturais, políticas e sociais de todos os povos em seus processos de luta pelo direito à diferença (HERRERA FLORES, 2009).

O fato é que a Declaração tem o destacado mérito de trazer para o plano internacional a conexão entre a Bioética e os Direitos Humanos, estendendo o seu âmbito de atuação também para o campo sanitário, social e ambiental, traduzindo-se em importante alteração para a agenda da Bioética do século 21, "[...] democratizando-a e tornando-a mais aplicada e comprometida com as populações vulneráveis e mais necessitadas" (MALUF, 2010, p. 80).

No ano em que completa seus 10 anos, a Declaração foi objeto, no Brasil, do 1º Congresso Internacional de Bioética e Direitos Humanos (I CONIBDH), evento realizado no mês de maio de 2015, na cidade Vitória, no Espírito Santo, pelo Grupo de Estudos, Pesquisa e Extensão em Políticas Públicas, Direito à Saúde e Bioética (Biogepe), da Faculdade de Direito de Vitória (FDV), em parceria com a Unesco, em que foram conferencistas importantes nomes da Bioética nacional e internacional, a exemplo da Dra. Susana Vidal (médica argentina, representante da Unesco na América Latina), do Dr. Volnei Garrafa (odontólogo, coordenador da Cátedra Unesco de Bioética da Universidade de Brasília – UnB/Brasil); do Dr. Miguel Kottow (médico, membro do Comitê Assessor da Rede Latino-Americana e do Caribe de

Bioética da Unesco – Redbioética, Chile); da Dra. Heloísa Helena Barbosa (Doutora em Ciências pela Escola Nacional de Saúde Pública Sergio Arouca – ENSP/FIOCRUZ, Livre docente em Direito Civil pela UERJ e pesquisadora em Bioética e Biodireito); da Dra. Laura Rita Segato (antropóloga, professora do Programa de Pós-graduação em Bioética da Unb), entre outros.

O Congresso, sob o tema "Dez anos depois, os desafios de (re) pensar a Declaração Universal sobre Bioética e Direitos Humanos da Unesco", discutiu temas que conectam a Bioética aos Direitos Humanos, especialmente voltados aos limites da pesquisa científica envolvendo seres humanos, manipulação genética, clonagem, reprodução assistida, autonomia e privacidade na contemporaneidade, terminalidade da vida, judicialização da saúde, pluralismos moral e jurídico, intolerância religiosa, pobreza, questões de gênero, trabalho, movimentos sociais, maioridade penal, biodiversidade ambiental, políticas públicas, vulnerabilidade, exploração, democratização do acesso à saúde, à água, dentre tantos outros.

Mais especificamente em relação ao objeto de estudo, destacamos na Declaração da Unesco de 2005:

– a ratificação dos princípios enunciados na Declaração Universal sobre o Genoma Humano e os Direitos Humanos e a Declaração Internacional sobre os Dados Genéticos Humanos;

– o reconhecimento da importância de um acesso adequado aos recursos biológicos e genéticos e "[...] de uma utilização adequada desses recursos, o respeito pelos saberes tradicionais, bem como o papel dos seres humanos na proteção do meio ambiente, da biosfera e da biodiversidade" (artigo 17);

– a determinação de que "as repercussões das ciências da vida sobre as gerações futuras, nomeadamente sobre a sua constituição genética, devem ser adequadamente tomadas em consideração" (artigo 16);

– a determinação de que "Os Estados devem tomar medidas apropriadas, tanto em nível nacional como internacional, para combater o bioterrorismo e o tráfico ilícito de órgãos, tecidos, amostras, recursos e materiais de natureza genética" (artigo 21, item 5).

j) Declaração sobre as Responsabilidades das Gerações Presentes em Relação às Gerações Futuras da Unesco (1997):

Também a Declaração sobre as Responsabilidades das Gerações Presentes em Relação às Gerações Futuras, adotada em 12 de novembro de 1997, pela Conferência Geral da Unesco em sua 29ª sessão, prevê, em seu artigo 6º[153], que o genoma humano deve ser objeto de proteção, ressaltando que o progresso científico e tecnológico não deve, de forma

---

(153) "Artigo 6º Genoma humano e biodiversidade. O genoma humano, com pleno respeito à dignidade da pessoa humana e aos direitos humanos, deve ser protegido, e a biodiversidade salvaguardada. O progresso científico e tecnológico não deve, de forma alguma, prejudicar ou comprometer a preservação da espécie humana e de outras espécies" (UNESCO, 1997).

alguma, prejudicar ou comprometer a preservação da espécie humana e de outras espécies.

Na Declaração, enumeram-se as responsabilidades referentes à conservação do planeta, do meio ambiente ecologicamente equilibrado e protegido, a perpetuação da humanidade, a proteção do genoma e do patrimônio comum da humanidade. As gerações presentes obrigam-se a livrar as gerações futuras do flagelo da guerra.

Especialmente, a partir da década de 80, ganha mais ênfase a preocupação com as "gerações futuras." Esse compromisso está inserido num dever de solidariedade e de fraternidade que transcende ao indivíduo e à própria coletividade em que está inserido, voltando-se aos problemas criados com os avanços trazidos, como o genoma, os avanços tecnológicos, dentre outros, temas que vão além das questões jurídicas tradicionais e que buscam consolidar um direito à paz, à conservação de um patrimônio comum da comunidade, um meio ambiente adequado, ao desenvolvimento (BENÍTEZ ORTÚZAR, 2008, p. 204).

A questão segue também girando em torno do respeito à dignidade humana (artigos 1 e 2 e 3 e 6), aqui na perspectiva de uma dignidade essencial a toda humanidade (FEMEÍNA LÓPEZ, 1998, p. 101), incluindo também a dignidade individual do ser humano e que tenha alcance à totalidade da natureza. A dignidade, nesta Declaração, está intimamente relacionada com o direito de não sofrer discriminação por características genéticas. No artigo 11, estabelece-se que as gerações atuais não devem realizar atos que possam resultar em forma de discriminação e que afetem as gerações futuras.

Assim, proíbe-se causar dano de qualquer natureza à forma humana, de modo particular, em relação àqueles atos que comprometem de maneira irreversível a manutenção e a perpetuação da humanidade (ROMEO CASABONA, 1999, p. 40).

Merecem destaque algumas considerações postas por Benítez Ortúzar (2008, p. 208 e ss.) em relação à categoria de proteção "espécie humana":

– primeiramente, deve-se pensar na possibilidade de construção de um conceito de dignidade coletiva. Embora tal instrumento possa não se traduzir em mecanismos de tutela direta, vai se constituir no fundamento de outros direitos e deveres que possuem a espécie humana como sujeito/objeto de direitos e deveres;

– deve-se indagar se essa tutela, cuja abordagem venha a surgir desse debate preliminar sobre uma dignidade humana coletiva, poderá ser concebida como uma proteção direta da evolução da espécie humana ou como um direito subjetivo das gerações futuras, sendo assim a espécie, na primeira possibilidade, a titular do direito-dever ou, numa segunda possibilidade, a partir de uma visão mais individualista, garantindo-se mediante uma ficção jurídica alguns "direitos subjetivos para as gerações futuras, o que seria, nos dizeres de Bellver Capella (1999, p. 63) "deveres Intergeracionais" do ser humano[154];

– apesar de não haver perfeito paralelismo entre as questões, a ideia de defesa da evolução da espécie humana guarda similitude com o respeito à tutela do meio ambiente. O meio ambiente é o meio em que o sujeito vai desenvolver sua vida, seja ele o sujeito atual, seja o futuro. E a espécie humana é formada pelo conjunto de seres humanos dotados de certas características biológicas determinadas que vão qualificá-lo como humano, diferenciando-o dos outros seres.

É preciso que se discuta a possibilidade de se falar em melhoria da espécie humana para além da melhoria das condições sociais e individuais em que estejam inseridos, ou seja, deverá compor o foro de debate a delimitação do que constituiria efetivamente melhorar a espécie humana e, assim, em que se constituiriam as condutas que supõem um melhoramento das condições sociais e individuais das gerações futuras sem afetar a herança biológica. A mesma consideração é feita em relação ao objeto de estudo e, especificamente, sobre os riscos que seriam evitados com a introdução de provas genéticas preditivas na relação de trabalho. Afinal, qual é a causa deste risco, o que precisa ser mudado e melhorado para que o trabalho não seja causa de adoecimento do trabalhador?

A Declaração Universal sobre Genoma Humano da Unesco de 1997 foi a primeira que assumiu a espécie humana como uma "[...] realidade digna de proteção, considerando o genoma humano, ainda em sentido simbólico, como patrimônio da humanidade"[155] (BENÍTEZ ORTÚZAR, 2008, p. 209, tradução nossa). Para Benítez Ortúzar, esta redação pode não ter sido a mais acertada, mas a própria pretensão de atingimento a uma universalidade em relação aos avanços biotecnológicos demonstra o reconhecimento da insuficiência da pluralidade de marcos nacionais ou regionais não inseridos em acordos mais abrangentes a partir de consensos mínimos para aplicação em

---

(154) Para Vilo-Coro (1998, p. 407-409, tradução nossa), a norma trata mais de uma "declaração de boa vontade", considerando que os indivíduos de gerações futuras não são sujeito de direito, não podendo ser, assim, amparados pela lei. "A lei não pode amparar o que não existe" ("La ley no puede amparar lo que no existe.") No entanto, se, por um lado, não há vínculo que possa se estabelecer entre sujeitos da geração presente em relação à geração futura, por outro, pode-se comprometer moralmente os cidadãos deste mundo que habitam o planeta terra a conservá-lo para gerações futuras. Outro aspecto abordado pela autora é que o genoma não é para a geração futura e, sim das gerações futuras. O genoma é da espécie humana e que pertence todas as gerações que foram, são e serão. Assim, conclui (2008, p. 408, tradução nossa): "As gerações futuras só estarão protegidas se o está a espécie humana, que é, em minha opinião, "vínculo novo e exigível' solicitado" (texto original: "Las generaciones futuras estarán protegidas si lo está la espécie humana, que es en mi opiniónel 'vínculo nuevo y exigible solicitado", tradução nossa).
(155) Texto original: "La Declaración Universal de 1997 [...] es el primero texto asumido por la comunidad internacional que contempla a la especie humana como una realidad digna de protección considerando el genoma humano, aún, en sentido simbólico, como patrimonio de la humanidad."

todos os lugares do mundo. Assim, o genoma humano deve ser protegido tanto em sua vertente individual, garantindo-se a individualidade biológica de cada indivíduo dentro de uma espécie, no caso, a espécie humana, como em sua vertente coletiva, dado o fato de ser a base molecular que permite a evolução dessa espécie e que, com o passar o tempo, pode sofrer as mutações (alterações no mecanismo de transmissão genética) que permitem a adaptação do homem ao meio (BENÍTEZ ORTÚZAR, 2008, p. 209).

Sem cientificismos ou sem reducionismos, sem cegueira pela euforia ou pelo pavor, é preciso ter em conta que a biotecnologia não é uma ciência que só traz implicações negativas, mas também pode promover o favorecimento da vida humana em vários aspectos, a depender de seu uso e manejo, a depender da proteção que confira ao ser humano, sua diversidade biológica e global, a preservação do meio ambiente e, em geral, a vida no planeta. Por isso, as variadas utilizações da biotecnologia podem ser efetivamente aplicadas pelas gerações presentes em benefício próprio e das gerações futuras, objetivo perseguido pela Declaração estudada;

k) ações do Conselho da Europa e da União Europeia:

O Conselho da Europa, há mais de 30 anos, desenvolve atividades voltadas aos Direitos Humanos e às ciências biomédicas e, particularmente, em relação à genética humana, o que é favorecido em grande parte à criação, em seu âmbito, do Comitê Diretor de Bioética (CDBI) (ROMEO CASABONA, 1999, p. 41). Merecem destaque algumas das recomendações sobre vários aspectos jurídicos que dizem respeito à genética humana (ROMEO CASABONA, 1999, p. 41)[156]:

- 1982, sobre engenharia genética: Recomendação n. 939 (1982);
- 1986, sobre a utilização de embriões e fetos humanos com propósitos diagnósticos, terapêuticos, científicos, industriais e comerciais: Recomendação n. 1046 (1986);
- 1990, sobre rastreamento genético pré-natal, diagnóstico genético pré-natal e aconselhamento genético: Recomendação n. 13 (1990);
- 1992, sobre modelo de análise do DNA na Justiça Penal; e sobre a análise e rastreamento genético com fins de assistência sanitária: Recomendação n. 1 (1992);
- 1994, sobre a proteção e patenteabilidade do material de origem genética; e sobre rastreamento como instrumento de medicina preditiva: Recomendação n. 1240 (1994).

---

[156] Ver também o Banco de Dados das Recomendações no *site* do Conselho da Europa: COUNCIL OF EUROPE. Disponível em: <http://www.coe.int/t/dghl/standardsetting/dataprotection/default_EN.asp:> Acesso em: 22 jul. 2015.

Deve-se assinalar ainda, e com especial ênfase, duas normas fundamentais voltadas à proteção dos dados genéticos: o Convênio n. 108 para a proteção das pessoas com respeito ao tratamento de dados de caráter pessoal[157] (CONSELHO DA EUROPA, 1981), e a Convenção para a Proteção dos Direitos do Homem e da Dignidade do Ser Humano face a Aplicações da Biologia e da Medicina: Convenção sobre Direitos Humanos e Biomedicina (1997).

O objetivo da Convenção de Direitos Humanos e Biomedicina (1997) é proteger o ser humano em seus direitos e liberdades fundamentais nas aplicações da biotecnologia e biomedicina (ÁLVAREZ GONZÁLEZ, 2007, p. 148). Sua estrutura formal é composta de 38 artigos, divididos em 14 capítulos, precedidos por um preâmbulo. Embora não seja um instrumento específico voltado ao genoma humano e seu âmbito de partida seja regional, contém artigos que de maneira indireta fazem referência ao uso de dados genéticos como os artigos 11 a 14. O artigo 11 proíbe qualquer forma de discriminação de uma pessoa por causa de seu patrimônio genético (Artigo 11. "É proibida toda forma de discriminação contra uma pessoa em virtude do seu patrimônio genético") e o artigo 12, particularmente importante para abordagem da temática tratada neste estudo, proíbe a realização de provas genéticas, salvo para fins médicos e mediante aconselhamento médico apropriado[158].

Esses artigos se interconectam com o artigo 5º que, ao dispor sobre o consentimento, remete à necessidade do consentimento livre e informado em toda a intervenção no âmbito sanitário e que, por isso, também, vai influenciar as provas genéticas, assim como o artigo 10 que reconhece o direito de todos a conhecer suas informações médicas e de ser ou não informado sobre elas (Artigo 10, item 2: "Qualquer pessoa tem o direito de conhecer toda a informação recolhida sobre a sua saúde. Todavia, a vontade expressa por uma pessoa de não ser informada deve ser respeitada").

---

(157) Está em curso, no Conselho da Europa, o processo de revisão da Convenção para a Proteção das Pessoas Relativamente ao Tratamento Automatizado de Dados de Caráter Pessoal (Convenção n.108) com vista à sua atualização em decorrência dos desenvolvimentos tecnológicos e sociais no domínio da utilização dos dados pessoais, passados mais de 30 anos do início da sua vigência. Sobre esse processo, o Comitê ad hoc sobre a proteção de dados (CAHDATA) do Conselho da Europa aprovou em 3 de dezembro de 2014, depois de discussões e emendas, as propostas de modernização da Convenção para a Proteção das Pessoas relativamente ao Tratamento Automatizado de Dados de Caráter Pessoal (Convenção n. 108), durante a sua terceira e última reunião realizada em Estrasburgo, em 1-3 de dezembro de 2014. Um projeto que altera o Protocolo será preparado com base nisso e transmitido ao Comitê de Ministros para análise e aprovação. Ver mais informações no site do Conselho da Europa: COUNCIL OF EUROPE. Disponível em: <http://www.coe.int/t/dghl/standardsetting/dataprotection/default_EN.asp> Acesso em: 22 jul. 2015.
(158) Artigo 12. "Não se poderá proceder a testes preditivos de doenças genéticas ou que permitam quer a identificação do indivíduo como portador de um gene responsável por uma doença, quer a detecção de uma predisposição ou de uma susceptibilidade genética a uma doença, salvo para fins médicos ou de investigação médica e sem prejuízo de um aconselhamento genético apropriado."

Uma questão em aberto é dada pelo item número 3 do artigo 10, quanto à possibilidade, a título excepcional, de prever a lei, no interesse do paciente, restrições ao exercício dos direitos mencionados no item 2, incompletude que deve ser preenchida pelo princípio da finalidade que rege a proteção dos dados genéticos. Recorre-se, nesse caso, ao contido no artigo 5º do Convênio n.108[159] (cujo âmbito é internacional), que limita a obtenção dos dados às finalidades concretas.

O Conselho da Europa editou protocolo adicional à Convenção para Proteção dos Direitos do Homem e da Biomedicina (CDHBM) referente aos testes genéticos para fins de saúde, aberto para ratificação no ano de 2008 (CETS n. 203/2008), mais tarde conhecido como o Protocolo Adicional à Convenção para a Proteção dos Direitos do Homem e a Biomedicina (CDHBM) referente aos Testes Genéticos para Fins Relacionados com a Saúde. O objetivo geral é proteger contra a utilização indevida de testes genéticos. Estados-membros junto ao Conselho da Europa que ratificaram a Convenção de Biomedicina podem ratificar esse Protocolo para aplicá-lo em sua própria jurisdição (SOINI, 2012).

Considerando sua importante relevância temática e conexão ao objeto deste estudo, deter-nos-emos em uma análise mais minuciosa do Protocolo.

O artigo 2º determina o âmbito de aplicação do Protocolo Adicional. Define que o Protocolo se aplica aos testes realizados para fins de saúde, envolvendo análise de amostras biológicas de origem humana e que visam especificamente identificar as características genéticas de uma pessoa, hereditárias ou adquiridas durante o desenvolvimento pré-natal precoce. Exclui de sua incidência os testes genéticos efetuados em embriões ou fetos humanos e realizados para fins de investigação. Desse modo, os testes para determinar os genes desportivos ou outras condições não médicos não são cobertos (SOINI, 2012).

Como princípios gerais inerentes à realização e disponibilização de testes genéticos reafirma no campo dos testes genéticos o primado do ser humano (artigo 3º). Explicita que os interesses e o bem-estar do ser humano que se vejam afetados pelos testes genéticos devem prevalecer sobre o interesse da sociedade ou da ciência. Enuncia-se também o princípio da não discriminação e da não estigmatização (artigo 4º), proibindo-se, assim, qualquer forma de discriminação contra a pessoa com base no seu patrimônio genético, cabendo aos Estados a adoção de todas as providências para impedir a estigmatização com base em características genéticas.

---

(159) Artigo 5º "[...] Os dados de caráter pessoal que sejam objeto de um tratamento automatizado devem ser: [...] b) Registados para finalidades determinadas e legítimas, não podendo ser utilizados de modo incompatível com essas finalidades."

O artigo 5º estabelece o dever de adoção das medidas necessárias para garantir que os serviços de genética estejam revestidos de qualidade adequada, científica e clinicamente válida, seguindo-se ao programa de garantia de qualidade que se entende ao pessoal envolvido na prestação de serviços. Um ponto é a fixação, dada pelo artigo 6º, da utilidade clínica como critério essencial para tomar a decisão de oferecer o teste em primeiro lugar. Sob o relatório explicativo, a aferição da utilidade clínica dos testes genéticos deve ser avaliada numa base individual, prestando atenção aos aspectos sociais e culturais. O ponto a considerar é então voltado à investigação se o teste pode orientar a pessoa a escolher estratégias preventivas ou terapêuticas (SOINI, 2012).

O Protocolo Adicional também contém um capítulo sobre informação, aconselhamento genético e consentimento livre e esclarecido (artigos. 8º e 9º), abordando questões relacionadas à informação do indivíduo – que é livre de ser ou não informado – quando os resultados do teste genético também possam ter relevância para a saúde de outros membros da família (artigo 18).

A proteção aos vulneráveis está contida nos artigos 10 e 11, que contêm a obrigação de proteção das pessoas sem capacidade para consentir. Para essas, os testes apenas poderão ser realizados em caso de reverter em seu benefício direto e pessoal. Ao menor, via de regra, é vedado. O teste genético somente pode ser realizado depois de atingida a maioridade, exceção que se faz apenas em caso de prejuízo a sua saúde.

Um ponto importante a ser destacado volta-se aos testes genéticos ofertados diretamente ao consumidor. O artigo 7º do Protocolo de Testes Genéticos estabelece que um teste genético, para fins de saúde, só pode ser realizado sob supervisão médica individualizada. Essa é a regra básica e inclui exceções voltadas à exigência de que o teste não deverá conter implicações importantes para a saúde da pessoa envolvida, tampouco aos membros da sua família ou com importantes implicações em matéria de opções de procriação.

O Capítulo VII do Protocolo contempla a proteção da informação genética pessoal, determinado o respeito à reserva da vida privada e ao direito à informação genética. O artigo 16 estabelece a proteção dos dados pessoais provenientes de testes genéticos; prevê o direito de cada indivíduo de conhecer qualquer informação obtida sobre a sua saúde oriunda de teste genético. Também o direito de não ser informado deve ser respeitado. Em caráter excepcional, é admitido que os direitos à informação podem ser restringidos pela lei.

Outro avanço jurídico importante, em relação à proteção de dados de caráter pessoal no âmbito da União Europeia, é a Carta de Direitos

Fundamentais da União Europeia (2000), que assegura em seu artigo 8º o direito de toda pessoa à proteção de dados de caráter pessoal, elencando os princípios que regem a matéria de proteção de dados, bem como os direitos do indivíduo diante de esse tratamento. Também o artigo 5º determina que, no domínio da Medicina e da Biologia, devem ser respeitados o livre consentimento, a proibição de práticas eugênicas, especialmente as que têm por finalidade a seleção de pessoas e, a proibição de comercialização do corpo e da clonagem reprodutiva.

Além dessas previsões, devem-se destacar textos vigentes na União Europeia em matéria geral de proteção de dados pessoais na Diretiva 95/46/CE, do Parlamento Europeu e do Conselho da Europa, de outubro de 1995, que trata da proteção de Dados de Pessoas Físicas.

Já a Recomendação n. 5, de 1997, sobre proteção de dados médicos, nos itens 4.7, 4.8 e 4.9, contém critérios específicos de utilização de dados genéticos. Apesar de ser um texto voltado à comunidade europeia e carente de força jurídica, traz com maior clareza e precisão suas posições e, por isso, converte-se em importante instrumento de formação de uma base teórica sobre o tema estudado, considerando, ainda, o vazio existente no ordenamento jurídico nacional e no âmbito da América Latina sobre o tema.

Os artigos mencionados impõem as seguintes limitações à coleta e tratamento dos dados genéticos:

– os dados genéticos coletados e processados para o tratamento preventivo, o diagnóstico e o tratamento médico somente devem ser empregados com esse fim ou permitir ao afetado tomar uma decisão livre e informada com essas medidas;

– o processamento para fins judiciais ou para efeito de investigação criminal deve ser objeto de lei especifica que ofereça "medidas de salvaguarda" adequadas;

– os dados somente devem ser utilizados na hipótese de um perigo real ou para reprimir um delito específico. Diz também a recomendação que, em caso algum, poderá ser empregado para determinar outras categorias que possam ser estabelecidas geneticamente;

– a colheita e o tratamento de dados em situações diversas das anteriores somente serão permitidos por razões de saúde e, em particular, para evitar um sério prejuízo à saúde do afetado ou de terceiros. A exceção que se estabelece é em relação à colheita e ao tratamento de dados genéticos para prever enfermidades em casos que estejam presentes interesses superiores e de acordo com as medidas de proteção definidas em lei.

Em suma, a abordagem do uso de dados genéticos, na Recomendação, é semelhante à de outros dados médicos, com algumas exceções, incluindo a sua natureza e as potenciais implicações de seus resultados (SOINI, 2012).

Em termos bem próximos, está redigido o artigo 5º da Declaração Internacional sobre os Dados Genéticos Humanos (UNESCO, 2004), que amplia as hipóteses de colheita e tratamento de dados quando a admite para "[...] qualquer outro fim compatível com a Declaração Universal sobre o Genoma Humano e os Direitos Humanos e com o direito internacional relativo aos direitos humanos."

Também a recente Recomendação n. 5, de 2015, do Conselho da Europa, voltada ao âmbito do emprego (artigo 9º, item 9.3, tradução nossa)[160] expressamente, limita o tratamento dos dados genéticos na relação de emprego em circunstâncias excepcionais, dando-se, como exemplo a hipótese de evitar qualquer prejuízo grave para a saúde da pessoa ou de terceiros e apenas se for prevista pela legislação nacional e com as devidas salvaguardas, aqui compreendidas, no nosso entender, com a devida observância dos direitos e garantias fundamentais do trabalhador.

Há outras numerosas normas que tratam do genoma humano no marco do Conselho da Europa. Todas essas normas, apesar de não serem vinculantes em nosso ordenamento jurídico, servem como um repertório de orientação a possível regulação.

4.1.2.3 O ordenamento jurídico brasileiro

Podemos antecipar um posicionamento neste estudo, a partir da hipótese proposta, quanto ao potencial violador das provas genéticas preditivas em relação aos direitos fundamentais do trabalhador. Por outro lado, também assumimos a posição no sentido de reconhecer que o progresso da ciência médica contribui para salvar vidas humanas, diminuir a carga de doença e o sofrimento associado e melhorar a qualidade de vida, sendo evidentes os benefícios decorrentes da genética, e também de testes genéticos na chamada "medicina de precisão" ou "medicina personalizada."[161]

---

(160) "9.3 Os dados genéticos não podem ser processados, por exemplo, para determinar a adequação profissional de um empregado ou um candidato a emprego, mesmo com o consentimento do titular dos dados. O tratamento de dados genéticos só pode ser autorizado em circunstâncias excepcionais, por exemplo, para evitar qualquer prejuízo grave para a saúde da pessoa em causa ou de terceiros, e apenas se for prevista pela legislação nacional e com as devidas salvaguardas" (tradução nossa) (Texto original: 9.3. Genetic data cannot be processed, for instance, to determine the professional suitability of an employee or a job applicant, even with the consent of the data subject. The processing of genetic data may only be permitted in exceptional circumstances, for example to avoid any serious prejudice to the health of the data subject or third parties, and only if it is provided for by domestic law and subject to appropriate safeguards."

(161) "Medicina personalizada é o uso de biomarcadores, em sua maioria marcadores moleculares, para a detecção de traços genéticos específicos, a fim de orientar diversas abordagens para a prevenção e o tratamento de diferentes doenças. A identificação de vários genes relacionados a doenças hereditárias, oncológicas e infecciosas permite a detecção de polimorfismos genéticos que estão envolvidos em diferentes evoluções clínicas dessas doenças, bem como com variações na resposta ao tratamento." (PINHO; SITNIK; MANGEIRA, 2014, p. 366.)

Assim, faz-se necessário, a partir do panorama internacional que valida os aludidos testes quando destinados a salvaguardar os interesses vitais da pessoa em causa ou de outros empregados e terceiros, problematizar e pensar criticamente sobre o âmbito de abrangência desses interesses no âmbito laboral, e que abre perigoso campo investigativo sobre a intimidade genética do trabalhador.

Do mesmo modo, as narrativas anteriores demonstraram como existe um grave vazio no espaço normativo brasileiro voltado especificamente sobre a proteção dos dados pessoais genéticos. Efetivamente, não há na legislação constitucional ou infraconstitucional norma específica tratando da temática, não obstante estando em curso mais de dezenas de projetos de lei dispondo sobre a matéria.

Por outro lado, é fato que existe um arcabouço jurídico no Brasil que é "[...] potencialmente fértil para a construção e legitimação de direitos frente às demandas das pesquisas genéticas em seres humanos" (SCHIOCCHET, 2010, p. 80), além de dispor de outras normas regulamentares internas que, de algum modo, absorveram normas internacionais em Bioética.

Sendo assim, o que se pretenderá, neste momento, é a construção de uma base jurídica a partir das normas existentes e que possa dar conta das questões ético-jurídicas que envolvem o tratamento dos dados genéticos, dando-se especial relevância ao que afeta mais diretamente o trabalhador.

a) Constituição da República Federativa do Brasil de 1988

Não há, no ordenamento jurídico constitucional, o reconhecimento a um direito à intimidade genética tal como existente no § 3º do artigo 26 da Constituição de Portugal[162] (PORTUGAL, 1976). Tampouco existe uma previsão direta mais abrangente relacionada à proteção dos dados pessoais, ou mesmo em relação a possíveis ameaças que possam surgir em razão das novas tecnologias. Como ressalta Danilo Doneda (2006, p. 323), não existe um "complexo normativo unitário", mas apenas múltiplas disposições que, analisadas conjuntamente, venham a fazer frente às questões envolvidas.

Sem prejuízo da afirmação preliminar quanto à necessidade de regulamentação específica voltada à temática, o fato é que a construção de um arcabouço jurídico brasileiro pode ser efetuado com fundamento, especialmente, no inciso III do artigo 1º, c/c inciso X e § 2º do artigo 5º e § 1º do artigo 225, todos eles da CRFB/1988.

Primeiramente, destaca-se o contido no inciso III do artigo 1º da CRFB/1988, que traz o princípio da dignidade da pessoa humana como um dos fundamentos do Estado Democrático de Direito, cuja amplitude permite

---

(162) "3. A lei garantirá a dignidade pessoal e a identidade genética do ser humano, nomeadamente na criação, desenvolvimento e utilização das tecnologias e na experimentação científica." (PORTUGAL, 1976)

a fixação do elo entre os direitos da personalidade e o direito à intimidade genética. A especial relevância que a Constituição Federal de 1988 conferiu ao princípio da dignidade aponta que ela deve nortear a concretização de todos os demais direitos e garantias reconhecidos. Do mesmo modo, em decorrência de seu paradigma social-democrático, há o estabelecimento de princípios fundamentais, como a erradicação da pobreza e a marginalização, e a redução das desigualdades sociais e regionais (artigo 3º, inc. III,), além de assumir como fundamento o valor social do trabalho e, ao lado e no mesmo plano, a livre iniciativa (artigo 1º, inc. IV).

O direito à liberdade (artigo 3º, I) e à igualdade (artigo 3º, IV e artigo 5º, *caput,* e inc. I) também vem servir de embasamento às possíveis regulamentações na área da genética humana, da pesquisa e testes relacionados aos seres humanos.

Também o direito social à saúde está previsto expressamente na CRFB/1988, tanto como um direito individual e subjetivo (artigo 6º),[163], como um dever estatal, prevendo o artigo 196 a saúde como um direito de todos e dever do Estado "[...]garantido mediante políticas sociais e econômicas que visem à redução do risco de doença e de outros agravos e ao acesso universal e igualitário às ações e serviços para sua promoção, proteção e recuperação", universalidade assegurada com a instituição do Sistema Único de Saúde (SUS) pela Lei n. 8080/1990.

Sarlet e Figueiredo (2008) ressaltam que uma das principais características do regime constitucional brasileiro, em relação ao direito à saúde, é: a) a sua conformação à concepção estabelecida pela Organização Mundial de Saúde (OMS), compreendendo-se a saúde como o completo bem-estar físico, mental e social; b) a ampliação do leque de proteção constitucional nessa seara, ultrapassando a noção estritamente curativa para abranger aspectos protetivos e voltados à promoção da tutela à saúde; c) a instituição de um sistema único, que simultaneamente é caracterizado pela regionalização das ações e dos serviços à saúde; d) a universalização dos serviços de saúde de modo a assegurar o acesso a todos, e não restritamente àqueles com vínculo formal de trabalho; e) o reconhecimento da relevância pública das ações e serviços voltados à saúde.

Além de um direito fundamental, a tutela jusfundamental da saúde vai efetivar-se igualmente enquanto um dever fundamental, conforme artigo 196 da CRFB/1988. E nesse campo, vai impor deveres não só de caráter originário, (como na hipótese das políticas públicas, voltadas ao Estado) ou em outras obrigações de natureza derivada, sempre que forem dependentes

---

(163) "Artigo 6º São direitos sociais a educação, a saúde, a alimentação, o trabalho, a moradia, o lazer, a segurança, a previdência social, a proteção à maternidade e à infância, a assistência aos desamparados, na forma desta Constituição." (BRASIL, 1988)

da superveniência de lei infraconstitucional reguladora. Do mesmo modo, apesar do principal destinatário dos deveres fundamentais ser o Estado, tal fato não afasta a sua eficácia no âmbito privado. O direito-dever à saúde está intimamente conectado com o princípio da solidariedade, sendo assim toda a sociedade também responsável pela sua efetivação e proteção (SARLET; FIGUEIREDO, 2008).

Também o inciso II, do § 1º, do artigo 225, da CRFB/1988, estabelece o direito ao meio ambiente equilibrado, impondo ao poder público e à coletividade o dever de defendê-lo e preservá-lo não só para as gerações presentes como para as futuras. O inciso II do § 1º determina a preservação da diversidade e do patrimônio genético, materializada com a obrigação de fiscalização das entidades dedicadas à pesquisa e manipulação de material genético.

Exatamente, nesse ponto, uma questão que merece ser destacada resulta do fato da proteção constitucional do patrimônio genético vir inserida no Capítulo V destinado à proteção ao meio ambiente. Primeiramente, deve--se ressaltar que esse capítulo está inserido no Título VIII, voltado à Ordem Social, que tem como base o primado do trabalho e por meta o bem-estar e a justiça social.

O arranjo constitucional nos remete à *ecosofia* de Guattari (1999, p. 37-40), representada na necessidade da articulação ético-política que devemos formar para a sobrevivência da humanidade, a abranger três registros ecológicos: o meio ambiente (a "ecosofia ambiental", ligada ao meio ambiente), as relações sociais (a "ecosofia social", voltada às relações sociais como a família, o trabalho) e a subjetividade humana (a "ecosofia mental", vinculada à relação do indivíduo com seu corpo, seu tempo, seu inconsciente, a vida, a morte, enfim, consigo mesmo).

Essa concepção difere da visão conservadora que se baseia num pragmatismo voltado à proteção do meio ambiente perante pressões destrutivas causadas pelas sociedades humanas, e que concebe o homem, em suas interações socioeconômicas, enquanto o causador de todos os problemas socioambientais (SORRENTINO, 1995). Como ressaltado por Leonardo Boff (2015, p. 7), essa percepção conservadora omite uma reflexão sobre um elo fundamental e que respeita o contexto social, com suas contradições. Diz o autor que não existe apenas o meio ambiente, pois nele também se inserem os seres humanos em sua maneira de morar, de trabalhar, de distribuir os bens, de agir e reagir em relação a este meio ambiente. E, nesse contexto, há violência, há precárias condições de vida, há ar poluído, há vida em péssimas qualidades. Tudo se conecta.

Lora Alarcón (2004, p. 226) sustenta que o modo como foi promovida a proteção do patrimônio genético de maneira abrangente na Constituição

Federal de 1988, ou seja, sem limitá-lo ao aspecto humano, permite a proteção de toda e qualquer espécie pertencente à biodiversidade brasileira, sendo o homem parte dela.

Berlinguer (2004, p.156-157) vai além, destacando que o problema do meio ambiente (e aqui o estamos conectando com a genética e as questões advindas dela) necessita ser avaliado não só na relação entre os homens e os outros seres vivos, ou mesmo no plano das gerações futuras, mas também com base na categoria da justiça. Cita o exemplo da classe trabalhadora. Num caso de poluição ao meio ambiente causado por indústrias, o trabalhador sofre seus efeitos várias vezes, suportando um peso desproporcional relacionado à degradação ambiental. E como ocorre esse processo? O sofrimento ocorrerá no ambiente de trabalho (onde, em geral, a poluição é produzida), em sua saúde (em que as consequências de um labor insalubre produzirão a enfermidade), sofrerá na cidade onde mora (onde a poluição é alastrada) e também poderá sofrer em sua estabilidade econômica, pois, não raro, as interdições de atividades poluidoras importarão na dispensa em massa de trabalhadores[164].

Esse apanhado teórico nos remete à necessidade de se produzir uma interpretação sistemática da CRFB/1988 também nos temas relacionados à genética humana, que deve se orientar dentro dos valores que estão consagrados constitucionalmente, e que tem como pilar fundamental a dignidade humana.

Neste sentido, também se pode estender aos dados pessoais genéticos a proteção prevista no inciso X do artigo 5º da CRFB/1988 que assegura o direito à privacidade, ao garantir a inviolabilidade da vida privada, da intimidade[165], da honra e da imagem da pessoa, alçada a direito fundamental.

Há diversos outros dispositivos constitucionais que estão relacionados com o direito à privacidade e que tocam diretamente os dados genéticos, pois voltados à questão da discriminação, tendo sido estabelecido pelo inciso IV do artigo 3º da CRFB/1988 constituir objetivo fundamental do Estado promover o bem comum, sem preconceitos e discriminações. Também o inciso XLI do artigo 5º da Carta Constitucional dispõe que a lei punirá qualquer discriminação que atente aos direitos e garantias fundamentais.

---

(164) Ver Belinguer (2004, p. 156-157): "[...] é de ressaltar que ao longo da história os trabalhadores foram as cobaias de experimentações em relação aos efeitos patogênicos de substâncias químicas ou outros fatores físicos existentes no ambiente de trabalho. O primeiro contágio que é provocado pela atividade industrial nasce com frequência dentro do local onde os materiais são extraídos e transformados, daí se alastrando para outros locais."
(165) Considerando o recorte metodológico proposto, tentar descrever neste trabalho as divergências conceituais que "intimidade" e "vida privada" não é a intenção. Até mesmo um só termo "privacidade" pode ser usado em vários sentidos diversos para supressão de necessidades estruturais de um ordenamento jurídico, dificultando reduzi-las a um conceito comum (DONEDA, 2006,294-296). Assim e a despeito de eventuais divergências doutrinárias, considerando a especificação de tais pontos de conflito não apresenta necessidade prática para fins deste estudo, adota-se a posição constitucional que confere a mesma tutela à intimidade e à vida privada, ambas espécie do gênero privacidade.

Igualmente se aplicam aos dados genéticos os direitos, estabelecidos no inciso XIV do artigo 5º, que asseguram a todos os indivíduos o acesso à informação, à garantia de resguardo ao sigilo da fonte, quando necessário ao exercício profissional.

Considerando a conexão que o princípio da dignidade humana tem com a liberdade e autonomia, o direito à saúde é fundamental, por si só, para servir de substrato na análise dos reflexos jurídicos da pesquisa genética e entendemos que também dos testes genéticos realizados sobre seres humanos. A conexão ocorre pelo fato do direito à saúde se traduzir no "[...] anseio de que todos possam usufruir o mais alto padrão de saúde mental e física, não se reduzindo à mera ausência de doenças (nos padrões da Organização Mundial de Saúde)" (SCHIOCCHET, 2010, p. 83). No mesmo patamar, está o direito ao livre exercício do trabalho ou profissão, respeitadas as qualificações profissionais que a lei estabelecer (artigo 5º, inciso. XVIII).

Para atender ao disposto no artigo 196 da CRFB/1988[166], que dá ao Estado o dever de assegurar a todos o acesso "universal e igualitário" às ações que sirvam à promoção, proteção e recuperação à saúde, o artigo 7º da Lei n. 8.080/1990, que dispõe sobre a criação do SUS, estabelece que, nas ações e serviços públicos ou privados de saúde, serão observadas as diretrizes previstas no artigo 198 da CRFB/1988[167] e obedecidos, dentre outros, os princípios da:

a) universalidade de acesso aos serviços de saúde em todos os níveis de assistência;

b) integralidade de assistência, entendida como conjunto articulado e contínuo das ações e serviços preventivos e curativos, individuais e coletivos, exigidos para cada caso em todos os níveis de complexidade do sistema;

c) preservação da autonomia das pessoas na defesa de sua integridade física e moral;

d) igualdade da assistência à saúde, sem preconceitos ou privilégios de qualquer espécie;

e) direito à informação, às pessoas assistidas, sobre sua saúde;

f) divulgação de informações quanto ao potencial dos serviços de saúde e a sua utilização pelo usuário;

---

(166) "Artigo 196. A saúde é direito de todos e dever do Estado, garantido mediante políticas sociais e econômicas que visem à redução do risco de doença e de outros agravos e ao acesso universal e igualitário às ações e serviços para sua promoção, proteção e recuperação."(BRASIL, 1988)
(167) "Artigo 198. As ações e serviços públicos de saúde integram uma rede regionalizada e hierarquizada e constituem um sistema único, organizado de acordo com as seguintes diretrizes: I – descentralização, com direção única em cada esfera de governo; II – atendimento integral, com prioridade para as atividades preventivas, sem prejuízo dos serviços assistenciais; III – participação da comunidade." (BRASIL, 1988)

g) utilização da epidemiologia para o estabelecimento de prioridades, a alocação de recursos e a orientação programática;

h) participação da comunidade;

i) descentralização político-administrativa, com direção única em cada esfera de governo.

Também é de se ressaltar o disposto nos seguintes dispositivos da Lei n. 8.080/1990:

- incisos I (alínea "c") e V do artigo 6º, que incluem no campo de atuação do SUS a colaboração em relação ao meio ambiente do trabalho e a promoção da saúde do trabalhado;

- o § 3º do artigo 6º, que conceitua a saúde do trabalhador enquanto:

> [...] um conjunto de atividades que se destina, através das ações de vigilância epidemiológica e vigilância sanitária, à promoção e proteção da saúde dos trabalhadores, assim como visa à recuperação e reabilitação da saúde dos trabalhadores submetidos aos riscos e agravos advindos das condições de trabalho.

- os incisos I a VIII do § 3º do artigo 6º que dão abrangência, no campo da saúde do trabalhador, à assistência às vítimas de acidente de trabalho ou àqueles que portarem doenças profissionais ou de trabalho; a participação no SUS, voltada também ao estudo, pesquisa, avaliação e controle dos riscos e agravos potenciais à saúde existentes no processo de trabalho; a avaliação do impacto das tecnologias na saúde do trabalhador; prestação de informação ao trabalhador, aos sindicatos e às empresas quanto aos riscos de acidentes de trabalho, doenças profissionais e do trabalho, bem como sobre resultados de fiscalizações, avaliações ambientais e exames de saúde, admissão, periódicos e de demissão; revisão periódica de listagem oficial de doenças originadas no processo de trabalho, dentre outras.

Não obstante o avanço obtido em relação à saúde com a CRFB/1988, o fato é que a reforma constitucional que estabeleceu o sistema universal e público não logrou incorporar todos os cidadãos à assistência pública, tampouco rompeu o padrão segmentado (MENICUCCI, 2009). Essa duplicidade é expressa na própria Constituição com o estabelecimento de um plano de assistência sanitário híbrido, em que o sistema público de saúde (SUS) vai coexistir com um seguimento complementar seletivo (sistema privado), baseado na oferta de seguros e planos de saúde (cuja adesão é voluntária ou por intermédio do empregador), e também em uma menor medida pelo pagamento direto no ato em que o serviço é consumido (RUIZ, 2012).

Em números, significa dizer que o SUS, na prática, responde pela saúde de 190 milhões de indivíduos, "[...] enquanto os planos de saúde privados respondem por 49,2 milhões", sendo que, em relação aos últimos, representam uma cobertura duplicada para 25,9% da população que usam tanto o SUS como o sistema privado (RUIZ, 2012)[168].

Manoel Carlos Ribeiro e colaboradores (2006), a partir da análise dos dados da Pesquisa Mundial de Saúde e da PNAD 2003(IBGE, 2005), apuraram a importância do critério socioeconômico dos usuários do SUS, destacando que:

- há predominância de mulheres, pretos e pardos;
- predomínio de atendimento a pessoas com baixa escolaridade (52,8% até 3 anos de estudo);
- predomínio de usuários com baixa renda (ou seja, 92,8% recebendo até dois salários mínimos)[169].

Outras demonstrações da desigualdade apuradas nas entrevistas prévias ao PNAD-2008 são apontadas por Silvia Porto e colaboradores (2011): 7,9% dos usuários do SUS utilizaram atendimentos nos 15 dias anteriores à entrevista da PNAD- 2008, enquanto 18,9% das pessoas que possuem plano de saúde os utilizaram. O mesmo foi verificado em relação às taxas de utilização de internações e entre as pessoas que usaram o SUS e aquelas que usaram serviços financiados pelo plano de saúde: enquanto 4,8% da população que usa o SUS se internou em 2008, 8% das pessoas com plano o fizeram.

Qual a pertinência desses dados ao presente estudo? Fazer uma análise crítica e contextualizada é a resposta.

O cenário aponta que existe uma desigualdade em matéria de acesso à saúde no Brasil, no qual também se insere a saúde do trabalhador. E também no campo da tecnologia médica. Como ressaltam Pessini e Barchifontaine (2008, p. 90-93), não só no Brasil, mas em alguns países da América Latina "[...] a simples existência de alta tecnologia e centros de cuidado médico avançados levanta questões sobre a discriminação e a injustiça na assistência médica." E as

---

(168) Embora ressaltando pesquisa efetuada por Manoel Carlos Ribeiro e colaboradores (2006):"Segundo dados da Pesquisa Mundial de Saúde e da PNAD 2003, o sistema privado oferece cobertura a cerca de 34,5% da população brasileira, enquanto o sistema público está destinado a 100% da população."
(169) Em contrapartida, no setor privado há uma predominância de brancos, escolaridade alta e concentração de renda superior a 2 salários mínimos (RIBEIRO, M. C. *et al.*, 2006).

interrogações não só vão desde a indagação de como é usada a tecnologia, mas também por quem é a mesma usada, sendo necessária a socialização dos resultados. Não se pode perder de vista que na América Latina a Bioética tem encontro marcado com a pobreza, a exclusão e a exploração (e aqui, especialmente observada no âmbito laboral), daí a necessidade de que conceitos fortes como a solidariedade, a justiça e a equidade componham a sua pauta, a partir de uma visão global dessa realidade excludente (PESSINI; BARCHIFONTAINE, 2008, p. 91).

Como visto, a CRFB/1988 consagrou direitos e garantias que formam um importante arcabouço a ser utilizado na análise das questões envolvendo a possibilidade de submissão de trabalhadores a testes genéticos, o que não implica, no entanto, dizer que não se faz necessária a regulamentação de forma específica, não se podendo menosprezar essa importante fonte legal do Direito, que vai dar concretude aos preceitos constitucionais (SCHIOCCHET, 2010, p. 85).

Partindo-se desse pressuposto, chegaremos ao resultado da pesquisa documental de normas infraconstitucionais (em construção e já em vigência) e administrativas existentes, especialmente emanadas do Poder Legislativo e Executivo, que foram selecionadas por sua pertinência temática à genética humana, de maneira ampla.

Vejamos a seguir:

a) a normatividade infraconstitucional

Como se evidenciou, a legislação brasileira está aquém das exigências estabelecidas nas normas internacionais que regem a matéria, especialmente na Declaração Universal sobre o Genoma Humano e os Direitos Humanos e na Declaração Internacional sobre os Dados Genéticos Humanos.

No entanto, nesse campo, há de se destacar um ambiente normativo desencadeado pela Lei n. 11.105/2005 (BRASIL, 2005), Lei de Biossegurança. A lei, que estabelece como diretrizes "o estímulo ao avanço científico na área de Biossegurança e Biotecnologia, a proteção à vida e à saúde humana, animal e vegetal e a observância do princípio da precaução para a proteção do meio ambiente" (artigo 1º), permite dentre outras coisas a pesquisa com células-tronco embrionárias (artigo 5º).

Especificamente no campo das relações de trabalho, prevê a criação obrigatória de uma Comissão Interna de Biossegurança – CIBio em toda a instituição que utilizar técnicas e métodos de engenharia genética[170] ou realizar pesquisas com organismos geneticamente modificados e seus derivados (artigo 17), tendo dentre suas atribuições manter informados os trabalhadores

---

(170) O conceito de engenharia genética está definido no inciso VI do artigo 3º do Decreto n. 5.591/2005): "VI - engenharia genética: atividade de produção e manipulação de moléculas de ADN/ARN recombinante". (BRASIL, 2005)

e demais membros da comunidade quando suscetíveis de serem afetados pela atividade, quanto às "[...] questões relacionadas com a saúde e a segurança, bem como sobre os procedimentos em caso de acidentes."

Tramitam vários projetos de lei destinados à regulamentação da matéria. Schiocchet (2010, p. 86), em pesquisa realizada no ano de 2010, nos respectivos *sites* oficiais, identificou 66 projetos de lei em trâmite no Senado Federal e 106, na Câmara dos Deputados com o termo de busca "genética." Discriminaremos alguns deles, além de outros, voltados mais detidamente ao propósito deste estudo:

a) PL n. 4.610/1998 de autoria do Senador Lúcio Alcântara, que, embora tramite em regime de prioridade, ainda se encontra na CID depois 16 anos de sua elaboração. O projeto estabelece que a realização de testes preditivos de doenças genéticas ou que permitam a identificação de pessoa portadora de um gene responsável por uma doença ou pela suscetibilidade ou predisposição genética a uma doença só é permitida com finalidades médicas ou de pesquisa médica e depois de aconselhamento genético, por profissional habilitado;

b) PL n. 4.900/1990 – "Dispõe sobre a proteção contra a discriminação da pessoa em razão da informação genética e dá outras providências";

c) PL n. 3.377/2000 – "Dispõe sobre a utilização e a pesquisa do código genético e dá outras providências";

d) PL n. 4.661/2001– "Dispõe sobre a proteção ao código genético de cada ser humano e dá outras providências";

e) PL n. 4662/2001– "Dispõe sobre a isenção da apresentação do exame de DNA nos casos que menciona e dá outras providências";

f) PL n. 7.373/2006 – "Acrescenta dispositivo à Lei n. 9.656, de 3 de junho de 1998, que dispõe sobre os planos e seguros privados de assistência à saúde para coibir a exigência de realização de testes genéticos para detecção de doenças";

g) PL n. 4.212/2008 – "Altera a redação do artigo 1º e do caput do artigo 20, além de acrescentar o artigo 15-A à Lei n. 7.716, de 5 de janeiro de 1989" (tipifica o crime de discriminação contra pessoa com predisposição genética ao desenvolvimento de doenças);

h) PL n. 4.215/2008 – "Altera a redação do artigo 1º e do inciso I do artigo 2º da Lei n. 9.029, de 13 de abril de 1995, para proibir a discriminação de pessoas em cujo DNA há predisposição a doenças".

Os projetos descritos nos itens "b" a "h" acima indicados foram apensados ao PL n. 4.610/1998 (item "a"), com apresentação de substitutivo pelo

Deputado Talmir Rodrigues, tratando de diversas questões relativas ao uso das informações genéticas, proibições, possibilidades, crimes e penalidades, destacando-se no estudo proposto especialmente a menção expressa às provas genéticas no âmbito da relação laboral, como se observa de sua redação, ora parcialmente transcrita:

> Dispõe sobre o uso e a divulgação de informações genéticas, tipifica crimes resultantes da discriminação genética e dá outras providências.
>
> O Congresso Nacional decreta:
>
> **Capítulo I – Disposições iniciais**
>
> Artigo 1º Esta lei dispõe sobre a proteção da informação genética da pessoa, de forma a assegurar seu direito contra a discriminação, em razão das suas características genéticas.
>
> Artigo 2º Para os efeitos desta lei, considera-se informação genética o conjunto das informações constantes dos genes, cromossomos, DNA, RNA e demais produtos genéticos, relacionados às características hereditárias da pessoa ou de sua família.
>
> Artigo 3º Para os efeitos desta Lei, entende-se por discriminação genética a discriminação de pessoas em razão de seu patrimônio genético.
>
> **Capítulo II – Das permissões para obtenção de informações genéticas**
>
> Artigo 4º A informação genética da pessoa é confidencial e inviolável, nos termos desta Lei.
>
> Parágrafo único. A obtenção de informação genética de uma pessoa não autoriza seu receptor a transmitir essa informação a terceiros, que só poderão ter acesso à mesma mediante nova autorização.
>
> Artigo 5º A informação genética da pessoa só poderá ser obtida nos seguintes casos:
>
> I – diagnóstico, prevenção e tratamento de doenças genéticas e aconselhamento genético da pessoa ou de membro de sua família;
>
> II – desenvolvimento de pesquisa científica, desde que a informação não identifique a pessoa portadora dos dados;
>
> III – exame de paternidade;
>
> IV – investigação criminal.
>
> [...]
>
> **Capítulo III – Das proibições do uso de informações genéticas**
>
> Artigo 7º A informação genética não poderá ser utilizada:
>
> I – como fator de discriminação na relação de trabalho, incluindo:
>
> a) demitir ou deixar de contratar empregado ou aprendiz, ou discriminá-lo com respeito a salários, benefícios ou condições de trabalho;
>
> b) limitar, segregar ou classificar empregado ou aprendiz de forma a restringir suas oportunidades de ascensão na carreira [...]

VII – em qualquer outro sistema de seleção de pessoas em funcionamento na sociedade.[...]

Capítulo V – Do manuseio das informações genéticas nos serviços de saúde

Artigo 8º A informação genética deve ser registrada separadamente de outras informações médicas.

[...]

Capítulo VI – Dos crimes e das penalidades

Artigo 12. Recusar, negar ou impedir inscrição em concurso público ou em quaisquer outras formas de recrutamento e seleção de pessoal com base em informação genética do postulante, bem como, com base em informações dessa natureza, obstar, impedir o acesso e a permanência em trabalho, emprego, cargo ou função, na Administração Pública ou na iniciativa privada.

Pena: detenção, de três meses a um ano, e multa.

[...]

Artigo 16. Incidem nas penas cominadas aos crimes definidos nesta Lei:

I – quem, de qualquer modo, concorrer para sua prática;

II – o diretor, o controlador, o administrador, o membro de conselho e de órgão técnico, o gerente, o preposto ou mandatário de pessoa jurídica, que, sabendo ou devendo saber da conduta criminosa de outrem, deixar de impedir a sua prática, quando podia agir para evitá-la.

Parágrafo único. Em qualquer caso, os agentes do ilícito e, se for o caso, as instituições a que pertençam são obrigados a reparar os danos morais e materiais decorrentes de seus atos." (BRASIL, 1998)

Tramitam outros dois outros projetos de lei voltados à proteção de dados no Brasil: o Projeto de Lei n. 3.494/00, cujo autor é o senador Lúcio Alcântara (PSDB/CE), que dispõe sobre "a estruturação e o uso de bancos de dados sobre a pessoa e disciplina o rito processual do *habeas data* e o Projeto de Lei n. 6.981/2002[171], de autoria do deputado Orlando Fantazzini (PT/SP), que está apensado ao anterior, tratando sobre o estabelecimento de normas para a proteção e tratamento dos dados pessoais.

Concordamos com Schiocchet (2010, p. 87) no sentido de que as propostas legislativas, na maioria das vezes, são discutidas apenas entre os parlamentares, sem apropriação devida do objeto de regulamentação, e

---

(171) Sem tratar especificamente a questão do tratamento dos dados genéticos nas relações de trabalho, o artigo 3º do Projeto inclui os dados genéticos na categoria dos dados da saúde e dados sexuais, verbis: "Artigo 3º É proibido o tratamento de dados pessoais referentes a convicções filosóficas ou políticas, filiação partidária ou sindical, fé religiosa, vida privada e origem racial ou étnica, bem como o tratamento de dados relativos à saúde, à intimidade e à vida sexual, incluindo os dados genéticos. Parágrafo único.
O tratamento dos dados referentes à saúde e à vida sexual, incluindo os dados genéticos, somente será permitido quando for necessário para efeitos de medicina preventiva, de diagnóstico médico, de prestação de cuidados ou tratamentos médicos ou de gestão de serviços de saúde, desde que o tratamento desses dados seja efetuado por um profissional de saúde obrigado a sigilo ou por outra pessoa igualmente sujeita a segredo profissional." (BRASIL, 2002)

distanciadas dos conflitos éticos e jurídicos atuais e até mesmo dos avanços obtidos no cenário internacional. Esse contexto é também favorecido pelo suporte técnico deficitário, sendo pequena igualmente a participação popular nesses temas.

É de ressaltar que, recentemente, com a Lei n. 12.654/2012, tendo como premissa a busca pela agilização e segurança às investigações criminais, foi regulamentada a criação de bancos de dados de perfis genéticos àqueles efeitos. Pela lei, os dados são armazenados em perfis de dados e serão gerenciados por peritos que numa etapa futura promoverão o confronto genético. A matéria já tem despertado uma série de debates envolvendo não só os contornos jurídicos sobre o tema, voltados a questões, como a obrigatoriedade de cessão da amostra biológica, a seletividade de crimes e criminosos, dentre outros pontos, como os contornos bioéticos, especialmente girando em torno da proteção das informações genéticas constantes dos perfis genéticos arquivados nos bancos.

A Lei de Biossegurança (n. 11.105/2005) desencadeou outros normativos, podendo-se citar:

> Decreto n. 5.591/2005 (BRASIL, 2005), que, além de autorizar a pesquisa com células-tronco embrionárias no Brasil, estabeleceu como diretrizes o estímulo ao avanço científico na área de biossegurança e biotecnologia, a proteção à vida e à saúde humana, animal e vegetal e a observância do princípio da precaução para a proteção do meio ambiente;
>
> Portaria n. 2.256/2005 do Ministério da Saúde (BRASIL, 2005), que dispõe sobre a informação de dados necessários à identificação de embriões humanos produzidos por fertilização in vitro;
>
> Resolução n. 33, da ANVISA (2006), que regulamenta a criação de banco de células e tecidos germinativos;
>
> Resolução n. 29, da ANVISA (2008), que "aprova o Regulamento técnico para o cadastramento nacional dos Bancos de Células e Tecidos Germinativos (BCTG) e o envio da informação de produção de embriões humanos produzidos por fertilização in vitro e não utilizados no respectivo procedimento";
>
> Resolução Normativa n. 338, da ANVISA (2013)[172] e Nota Técnica n. 876/2013 (ANS, 2013). A Nota Técnica ampliou os critérios para o adequado uso das tecnologias de rastreamento e tratamento de 29 doenças genéticas em planos de saúde. Um exemplo é a cobertura obrigatória em relação ao exame genético para rastreamento do gene BRCA1/BRCA2, para detecção de câncer de mama e ovário hereditários. Outros destaques são identificados em relação ao exame para a detecção da síndrome de Lynch (câncer colorretal não poliposo hereditário); de hemofilia A e B; e de doenças relacionadas ao gene FMR1, como a Síndrome do

---

(172) A ampliação da lista dos serviços mínimos e obrigatórios prestados pelos planos de saúde, de modo a englobarem também os testes genéticos foi introduzida pela Resolução Normativa n. 167, de 2008, da ANS, e mantida nas resoluções posteriores, sendo a última delas, em vigência na data de realização deste estudo, a Resolução Normativa n. 338, de 2013, do mesmo órgão (ANVISA, 2013).

X Frágil, Síndrome de Ataxia/Tremor Associados ao X Frágil e Falência Ovariana Prematura[173].

Deve-se dar destaque a que, pela primeira vez, na história do SUS, o aconselhamento genético[174] e os exames genéticos também passam a ser contemplados nos ditames traçados pela Portaria do Ministério da Saúde n. 199, de 30 de janeiro de 2014 (BRASIL, 2014), que institui a Política Nacional de Atenção Integral às Pessoas com Doenças Raras. A Portaria aprova as Diretrizes para Atenção Integral às Pessoas com Doenças Raras no âmbito do SUS, instituindo incentivos financeiros de custeio.

Somem-se a esses normativos muitos outros, a exemplo das diretrizes da Sociedade Brasileira de Genética (SBGC) envolvendo Avaliação Genético--Clínica do Recém-nascido, Teste Laboratorial para Diagnóstico de Doenças Sintomáticas, Testes Preditivos e Câncer Familial (BRUNONI, 2001; RASKIN *et al.*, 2004; LOPES *et al.*, 2007).

Outra questão de grande importância, no campo da intimidade genética e da proteção dos dados genéticos, e que não abordaremos em profundidade em razão do corte da pesquisa, deve ser levantada em relação ao ESUS – Sistema de Prontuário Eletrônico, cuja pretensão é a consolidação dos usuários dos programas de saúde nacionais de modo a possibilitar uma efetiva gestão da saúde brasileira (Portarias ns. 2.073/2011, 2.488/2011, 1.412/2013, 14/2014 e 1.976/2014)[175]. Se, por um lado, a implantação e desenvolvimento desse sistema, que implicará o compartilhamento de dados de saúde dos usuários do SUS, poderá resultar na otimização da gestão da saúde pelo Governo Federal, possibilitando a obtenção, de forma mais célere, do "RX" da saúde no país e a consequente tomada de decisões e estabelecimento de políticas de saúde mais eficazes, por outro, demanda a adoção de medidas severas para impedir fragilidades que coloquem em risco a segurança dos dados, especialmente dos dados genéticos que por ele trafegarem, e que possam submeter esses usuários a situações de

---
(173) Ver mais informações no *site* da ANS: ANS amplia cobertura obrigatória para 29 doenças genéticas. Agência Nacional Reguladora (ANS). Disponível em: <http://www.ans.gov.br/a-ans/sala-de-noticias-ans/consumidor/2316-ans-amplia-cobertura-obrigatoria-para-29-doencas-geneticas-> Acesso em: 10 jul. 2015.
(174) Vale ressaltar a definição adotada pela Sociedade Brasileira de Genética Médica no Processo--consulta CFM n. 4.720/2000 PC/CFM n. 29/2001 sobre Projeto de Lei n. 2.642/2000, acerca do aconselhamento genético, a partir do conceito dado pela *American Society of Human Genetics*: "[...] trata-se do processo de comunicação que lida com problemas humanos associados com a ocorrência, ou risco de ocorrência, de uma doença genética em uma família, envolvendo a participação de uma ou mais pessoas treinadas para ajudar o indivíduo e (ou) sua família a: 1) compreender os fatos médicos, incluindo o diagnóstico, provável curso da doença e as condutas disponíveis; 2) apreciar o modo como a hereditariedade contribui para a doença e o risco de recorrência para parentes específicos; 3) entender as alternativas para lidar com o risco de recorrência; 4) escolher o curso de ação que pareça apropriado em virtude do seu risco, objetivos familiares, padrões éticos e religiosos, atuando de acordo com essa decisão; 5) ajustar-se, da melhor maneira possível, à situação imposta pela ocorrência do distúrbio na família, bem como à perspectiva de recorrência do mesmo." (CFM, 2001)
(175) Ver Portal da Saúde: Portal da saúde. Legislação: INFORMES Legislação. Portal da saúde. Brasil. Disponível em: <http://dab.saude.gov.br/portaldab/biblioteca.php?conteudo=legislacoes/esus>Acesso em: 10 ago. 2015.

vulnerabilidade que resultem em ofensa à privacidade e intimidade genética do indivíduo e de seus familiares, com possibilidade de graves prejuízos, estigmatizações e discriminações, no cenário laboral, inclusive.

Ainda no âmbito das normas infralegais, citem-se:

– as Resoluções ns. 196/1996 e 340/2004, ambas do Ministério da Saúde, as quais vão fixar alguns parâmetros em relação a pesquisas envolvendo seres humanos, com referência à privacidade dos dados genéticos obtidos nas investigações;

– a Resolução n. 196/1996, do Ministério da Saúde, que, em seu artigo 11, estabelece a observância de algumas exigências, tais como: a confidencialidade, a privacidade, proteção à imagem, não estigmatização e, dentre outros, o consentimento livre e esclarecido, com liberdade do indivíduo de se recusar a participar ou retirar seu consentimento em qualquer fase da pesquisa. Também prevê o item "t" do artigo III. 3 que o material seja utilizado exclusivamente para a finalidade prevista em seu protocolo.

- a Resolução 466 de 2012, do Ministério da Saúde.

Observe-se que as normativas são genéricas e esparsas, voltando-se mais para as pesquisas médicas e científicas. Não tratam efetivamente dos testes genéticos, tampouco de forma efetiva do campo da saúde do trabalhador. O atraso existe, não só no plano legislativo, como também no plano da pauta de discussão. Há um enorme desconhecimento dos operadores de direito em relação a essas questões, que, para muitos, não passam de questões muito futuristas e de difícil concretização. A implantação das provas genéticas preditivas no direito do trabalho é altamente impactante para os direitos do trabalhador, podendo dar ensejo a uma nova era: a eugenia laboral.

Deve-se ressaltar, no entanto, que a utilização de exames médicos na relação laboral não é novidade no ordenamento jurídico nacional, como veremos a seguir.

4.2 TRABALHO, SAÚDE E EXAMES LABORAIS

4.2.1 Evolução normativa dos exames médicos e de saúde na relação de trabalho: o que o exame genético traz de novo?

Dois séculos depois que o médico Bernadino Ramazzini compilou, na obra *De Morbis Artificum Diatriba*, as doenças dos trabalhadores de dezenas de ofícios da época (desde os coveiros, mineiros, químicos, quebradores de pedra, das lavadeiras aos lacaios, escrivães, artesãos e vários outros acrescentados em sucessivas edições) (BERLINGUER, 2004, p. 110-111), foi criada a Organização Internacional do Trabalho, que iniciou seus trabalhos em 1919.

O histórico foi bem relatado por Sebastião Oliveira (2007, p. 107-130) e a ele nos reportaremos em breve síntese até chegar à Constituição Federal vigente e ao ordenamento jurídico atual.

A Revolução Industrial possibilitou o incremento da produção em série, deixando aparente a fragilidade do trabalhador na luta desigual com a máquina. O cenário produziu um assustador número de mortos, doentes, mutilados e viúvas. Nesse período, surgiu a Medicina do Trabalho, cuja principal inovação foi a colocação do médico do trabalho no interior das empresas para atendimento aos acidentados.

Esse processo começou na Alemanha, em 1884, estendendo-se em medidas legislativas específicas pela Europa até chegar ao Brasil, no ano de 1919, pelo do Decreto Legislativo n. 3.724, de 1919.

O incremento das normas preventivas tomou grande impulso com a criação da Organização Internacional do Trabalho (OIT) – Em sua primeira reunião, no ano de 1919, adotaram-se seis convenções relacionadas à proteção de saúde, integridade física e bem-estar dos trabalhadores. Dispuseram especialmente sobre limitação de jornada, idade mínima ao labor, trabalho noturno para os menores, bem-estar, integridade física dos trabalhadores, desemprego e com proteção à maternidade.

Com o tempo, voltou-se à preocupação também com a prevenção e a intervenção nos fatores causais, indo assim além do simples atendimento médico. Nesse cenário, surgem a Higiene Ocupacional e, posteriormente, a Ergonomia, cuja apreensão multidisciplinar passou a contar com a participação de diversos profissionais, como fisiologistas, arquitetos, psicólogos, médicos e engenheiros. No início do século XX, iniciou-se a etapa da Saúde Ocupacional e que, nos dizeres de Mendes e Dias (1991, p. 344), em razão de seu modelo, "[...] desenvolvido para atender a uma necessidade da produção", com mantuenção do referencial mecanicista na Medicina do Trabalho, não conseguiu atender aos objetivos propostos.

Com a criação da Organização Mundial de Saúde (OMS), no ano de 1946, ampliou-se o conceito de saúde. No mesmo período, o Brasil incrementou as normas de Segurança e Medicina do Trabalho, criando os Serviços Especializados em Engenharia de Segurança e Medicina do Trabalho (SESMT) e as Comissões Internas de Prevenção de Acidentes – CIPA[176] A reformulação do Capítulo V, Título II, da CLT (introduzido pela Lei n. 6.615/1977) (BRASIL, 1943), teve por objetivo a ampliação das medidas preventivas de modo a reverter a posição mundial do Brasil enquanto recordista em acidentes de trabalho. Em 1978, o Ministério do Trabalho publicou a consolidação das

---

(176) "O papel das CIPAs é cuidar, zelar por adequadas e seguras condições nos ambientes de trabalho, observando e relatando condições de risco, solicitando ao empregador medidas para reluzi-los e eliminá--los, bem como para prevenir a ocorrência de acidentes e doenças, e ainda, orientar os trabalhadores quanto à prevenção de tais eventos." (MELO, 2004, p. 82)

normas de Medicina do Trabalho por meio da Portaria n. 3214/1978. Essas normas passaram a ser elaboradas e revisadas de forma tripartite, com a participação do governo, dos empregados e dos empregadores.

Não obstante o avanço legislativo, o adoecimento no trabalho não cessou. Prosseguiram situações precárias de trabalho e, em geral, a fiscalização foi ineficiente (MELO, 2004, p. 82). Proliferaram-se as reivindicações dos trabalhadores por melhores condições de trabalho, de condições de segurança, higiene e saúde, além do direito de participar ativamente na tomada de decisões voltadas a essas questões. Iniciou-se um processo de maior mobilização sindical em torno da temática, sucedendo-se questionamentos sobre a validade da paga de adicionais remuneratórios (insalubridade e periculosidade) como compensação ao trabalho em condições hostis, com o forte argumento de não ser válida a venda da saúde por preço algum, chegando-se a rotular o adicional de insalubridade como o "adicional do suicídio" (MENDES, 2007, p. 109)[177].

Nessa direção, a Convenção n. 155 da Organização Internacional do Trabalho – OIT, voltada à segurança e saúde do trabalhador, impulsionou a participação dos trabalhadores de forma ativa nessas questões voltadas à segurança, saúde e meio ambiente do trabalho, temas que permanecem na pauta de reivindicações das entidades sindicais.

Não obstante os avanços alcançados, não se pode perder de vista, como já revelado neste estudo, que o campo saúde/trabalho é cenário de poder e produção de subjetividades voltadas a encobrir explorações em busca da maior produtividade, rendimento e lucro e que buscam transferir ao trabalhador as responsabilidades pelo adoecimento, em que o vitimado é o próprio culpado de sua situação de incapacidade. No mesmo contexto de produção de culpas, está o modelo produtivo laboral moderno e pós-moderno, que, mesmo com seus imponentes aportes tecnológicos, pouco alterou o excesso e as condições precárias do trabalho que vão assumindo novas formas.

O campo da Saúde do Trabalhador se apropria dos estudos críticos da Medicina Social Latino-Americana, que se volta à compreensão do processo do trabalho enquanto um espaço de exploração, e da necessidade de se buscar o estabelecimento do nexo entre os diversos fatores que impactam na saúde do trabalhador, como os físicos, biológicos, mecânicos (LAURELL; NORIEGA, 1989), o que, para Freire (2000, p. 170 e ss.), também provoca impactos de natureza social, provenientes das situações de autoritarismo, pela situação de impotência do trabalhador diante das condições agressoras.

---

(177) A esse respeito, ressalta Melo (2004, p. 65): "[...] quanto custa a vida de um trabalhador? 10%, 20% ou 40% do salário mínimo, se trabalhar em contato com agentes insalubres ou 30% do salário, se exercer atividade periculosa, nos termos da lei. Conforme a situação pode pleitear uma indenização por danos moral ou material. Mas há ainda uma grande diferença de enfoque: enquanto nos EUA, para efeito do custo de uma vida, leva-se em conta o que o trabalhador deixará de produzir em benefício da economia nacional, aqui considera-se o quanto terá o patrão que pagar de indenização."

Todas essas problematizações e abordagens críticas aos modelos incorporados pela Medicina do Trabalho e pela Saúde Ocupacional surtiram influência no processo de Reforma Sanitária no Brasil, a partir da incorporação das demandas que vinham do campo da saúde do trabalhador (LOURENÇO, 2009, p.132).

É inegável que, no Brasil, a Constituição Federal de 1988 trouxe importantes alterações no campo da saúde do trabalhador. A saúde e o trabalho foram integrados ao conceito de cidadania e dos direitos sociais, constituindo a República Federativa do Brasil em Estado Democrático de Direito e que tem, dentre seus fundamentos, a dignidade da pessoa humana e o valor social do trabalho (artigo 1º).

A Ordem Econômica está apoiada na valorização do trabalho (artigo 170), e o primado do trabalho é imposto à ordem social, constituindo objetivo da República a construção de uma sociedade livre, justa e solidária (artigo 3º, I).

Toda essa opção do legislador constitucional é consequência da importância que se dá ao trabalho humano. Ao assegurar a redução dos riscos inerentes ao trabalho (artigo 7º, XVII), estabelecendo-se que a saúde é direito de todos e dever do Estado (artigo 196), particularizou de modo especial a saúde do trabalhador, atendendo à dignificação que o trabalho conquistou perante a sociedade.

E os direitos previstos no texto constitucional não são exaustivos, estabelecendo-se, no § 2º do artigo 5º, a incorporação de outros que venham a decorrer do regime e dos princípios por ela adotados ou dos tratados internacionais que o Brasil seja parte, o que englobará as convenções ratificadas pela Organização Internacional do Trabalho (OIT).

O Brasil é um dos membros fundadores da OIT, tendo ratificado diversas convenções relacionadas com a segurança, a saúde e o meio ambiente do trabalho. Essas convenções, uma vez ratificadas pelo Brasil, vão se incorporar ao ordenamento jurídico nacional, devendo ser objeto de observância e cumprimento no plano interno, cabendo ao Estado-membro o envio de relatórios periódicos e anuais à OIT para acompanhamento, podendo empregados e empregadores apresentar reclamação à Repartição Internacional do Trabalho (Constituição da OIT, artigo 25).

A Carta de Princípios e Objetivos da OIT (1919) estabelece que o trabalho não é uma mercadoria. A liberdade de expressão e de associação é uma condição indispensável a um progresso ininterrupto; a penúria constitui um perigo para a prosperidade geral, esteja onde estiver; deve-se aplicar infatigável energia na luta contra a carência, em qualquer nação, aplicando-se também um esforço internacional contínuo e conjugado, com participação conjunta de representantes dos empregados com possibilidade de discussão, em igualdade, com os dos governos, cujas decisões devem ser tomadas com vistas ao ideal democrático e o bem comum.

São várias as convenções da OIT ratificadas pelo Brasil que contemplam a temática da segurança, saúde e meio ambiente do trabalho. No entanto, merecem maior atenção, a título exemplificativo, por se voltarem à imposição de exames voltados ao trabalhador as seguintes[178]:

Convenção n. 16 : estabelece a obrigatoriedade de exames médicos periódicos, em período não superior a um ano, para os menores em trabalho marítimo, com a apresentação, a cada novo exame, de um certificado médico que prove a aptidão para o trabalho marítimo.

Convenção n. 113: estabelece a obrigatoriedade de exame médico como condição de empregabilidade a bordo de barco de pesca em trabalho a ser realizado em alto-mar. A determinação da natureza do exame levará em conta a idade do interessado e a natureza do trabalho a ser efetuado e o certificado deverá atestar, especialmente, que o portador não é acometido de doença que possa ser agravada pelo serviço no mar ou o incapacite para aquele serviço, tampouco traga riscos para a saúde de outras pessoas a bordo.

Convenção n.124: estabelece a obrigatoriedade de exame médico dos trabalhadores para o labor subterrâneo nas minas. Exige-se exame médico completo e outros periódicos, cujos intervalos não serão superiores a doze meses para pessoas com idade inferior a 21 anos.

Convenção n.136: estabelece a obrigatoriedade de exame médico admissional e periódicos completos, que incluam análise de sangue, a trabalhadores expostos ao benzeno ou produtos contendo benzeno.

Convenção n. 152: estabelece a obrigatoriedade de acompanhamento da saúde e exames a trabalhadores portuários, por meio de exames admissional e periódicos;

Convenção n.167: estabelece a obrigatoriedade de que os trabalhadores em ar comprimido sejam previamente submetidos a exame de aptidão física e na presença de pessoa competente para supervisionar o desenvolvimento das operações.

A lei orgânica da saúde (Lei n. 8.080/1990) e as leis previdenciárias (8.212/1991 e 8.213/1991) também são normas instituidoras de garantias à saúde do trabalhador.

---

(178) Sobre as convenções ratificadas pelo Brasil, consultar o *site* da OIT Brasil: CONVENÇÕES ratificadas pelo Brasil. Organização Internacional do Trabalho (OIT). Disponível em: <http://www.oit.org.br/convention> Acesso em: 10 maio 2015.

Na Lei n. 8.080/1990 (BRASIL, 1990) está a obrigação de que o empregador adote ações de vigilância epidemiológica e vigilância sanitária, voltadas à promoção e à proteção da saúde dos trabalhadores, assim como a recuperação e reabilitação da saúde dos trabalhadores submetidos aos riscos e agravos advindos das condições de trabalho. O dever imposto às empresas decorre do preceito inserto no § 2º do artigo 1º da Lei que expressamente declara que o "[...] dever do Estado não exclui o das pessoas, da família, das empresas e da sociedade" na promoção da saúde e redução de riscos e doenças. Também contém expresso que estão incluídas, no âmbito da atuação do Sistema Único de Saúde (SUS), a execução de ações de saúde voltadas ao trabalhador, bem como a proteção do meio ambiente de trabalho (artigo 6º).

Além disso, elenca as atividades que estão englobadas no conceito de saúde, valendo, pela pertinência temática e relevância, a transcrição do § 3º artigo 6º:

> § 3º Entende-se por saúde do trabalhador, para fins desta lei, um conjunto de atividades que se destina, através das ações de vigilância epidemiológica e vigilância sanitária, à promoção e proteção da saúde dos trabalhadores, assim como visa à recuperação e reabilitação da saúde dos trabalhadores submetidos aos riscos e agravos advindos das condições de trabalho, abrangendo:
>
> I – assistência ao trabalhador vítima de acidentes de trabalho ou portador de doença profissional e do trabalho;
>
> II – participação, no âmbito de competência do Sistema Único de Saúde (SUS), em estudos, pesquisas, avaliação e controle dos riscos e agravos potenciais à saúde existentes no processo de trabalho;
>
> III – participação, no âmbito de competência do Sistema Único de Saúde (SUS), da normatização, fiscalização e controle das condições de produção, extração, armazenamento, transporte, distribuição e manuseio de substâncias, de produtos, de máquinas e de equipamentos que apresentam riscos à saúde do trabalhador;
>
> IV – avaliação do impacto que as tecnologias provocam à saúde;
>
> V – informação ao trabalhador e à sua respectiva entidade sindical e às empresas sobre os riscos de acidentes de trabalho, doença profissional e do trabalho, bem como os resultados de fiscalizações, avaliações ambientais e exames de saúde, de admissão, periódicos e de demissão, respeitados os preceitos da ética profissional;
>
> VI – participação na normatização, fiscalização e controle dos serviços de saúde do trabalhador nas instituições e empresas públicas e privadas;
>
> VII – revisão periódica da listagem oficial de doenças originadas no processo de trabalho, tendo na sua elaboração a colaboração das entidades sindicais; e
>
> VIII – a garantia ao sindicato dos trabalhadores de requerer ao órgão competente a interdição de máquina, de setor de serviço ou de todo ambiente de trabalho, quando houver exposição a risco iminente para a vida ou saúde dos trabalhadores.

A Lei n. 8213/1991, que trata dos Planos de Benefícios da Previdência Social, estabelece, nos §§ 1º e 3º do 19 parágrafo, a obrigação da empresa pela "adoção e uso das medidas coletivas e individuais de proteção e segurança da saúde do trabalhador" e de "prestar informações pormenorizadas sobre os riscos da operação a executar e do produto a manipular."

Também a CLT (BRASIL, 1943), em seu artigo 168, dispõe sobre a obrigatoriedade de exame médico, "por conta do empregador, nas condições estabelecidas neste artigo e nas instruções complementares a serem expedidas pelo Ministério do Trabalho: I – na admissão; II – na demissão; III – periodicamente." Deixou-se a cargo do Ministério do Trabalho a regulamentação sobre os casos em que serão exigidos os exames[179]. No § 2º do mesmo artigo abriu-se a possibilidade de se exigir outros exames complementares, a critério médico, para "apuração da capacidade ou aptidão física e mental do empregado para a função que deva exercer."

A regulamentação dos dispositivos contidos na CLT ficou a cargo do Ministério do Trabalho, por meio da Portaria n. 3.214/1988 que representa em nível normativo "[...] uma primeira consolidação das normas de segurança e saúde do trabalhador", com eficácia jurídica equiparada à lei ordinária (OLIVEIRA, S., 2007, p. 125).

Dentre as normas regulamentadores da Portaria n. 3.214/1978, está a Norma Regulamentar n. 7 (NR.7), que instituiu o Programa de Controle Médico de Saúde Ocupacional – PCMSO, voltado à promoção e preservação da saúde do conjunto dos seus trabalhadores.

No item 7.4 e subitens da Norma Regulamentar n. 7 (BRASIL, 1996), são estabelecidos os exames admissionais, periódicos, de retorno de trabalho, mudança de função e demissionais (e a respectiva periodicidade), além de exames complementares obrigatórios para determinadas atividades de risco e a critério do médico nas demais hipóteses previstas na norma.

No item 7.4.2 da Norma Regulamentadora n. 7 (NR.7), os exames médicos são classificados como: a) avaliação clínica, abrangendo anamnese ocupacional e exame físico e mental; b) exames complementares." No item 7.4.4, é determinada a emissão de Atestado de Saúde Ocupacional para cada exame médico realizado nos termos da norma. Uma das vias ficará arquivada na empresa e será exibida aos agentes da fiscalização, contendo, nos termos do item 7.4.4.3 (BRASIL, 1996):

---

(179) Em relação à administração pública federal, o artigo 6º do Decreto n. 6.856, de 25.05.2009, dispõe que os servidores devem se submeter à avaliação clínica e exames laboratoriais que contenham: a) hemograma completo; b) glicemia; c) urina tipo I (Elementos Anormais e Sedimentoscopia - EAS); d) creatinina; e) colesterol total e triglicérides; f) AST (Transaminase Glutâmica Oxalacética - TGO); g) ALT (Transaminase Glutâmica Pirúvica - TGP); h) citologia oncótica (Papanicolau), para mulheres; i) pesquisa oftamológica e de sangue oculto nas fezes (método imunocromatográfico); j) mamografia, para mulheres; e PSA, para homens para servidores com mais de quarenta e cinco anos de idade: oftalmológico.

a) nome completo do trabalhador, número de registro de sua identidade e sua função;

b) os riscos ocupacionais específicos existentes ou a ausência deles, na atividade do empregado, conforme instruções técnicas expedidas pela Secretaria de Segurança e Saúde no Trabalho-SSST;

c) indicação dos procedimentos médicos a que foi submetido o trabalhador, incluindo os exames complementares e a data em que foram realizados;

d) o nome do médico coordenador, quando houver, com respectivo CRM;

e) definição de apto ou inapto para a função específica que o trabalhador vai exercer, exerce ou exerceu;

f) nome do médico encarregado do exame e endereço ou forma de contato;

g) data e assinatura do médico encarregado do exame e carimbo contendo seu número de inscrição no Conselho Regional de Medicina.

A Norma Regulamentar n. 7 (NR.7) (BRASIL, 1996) determina que os "dados obtidos nos exames médicos, incluindo avaliação clínica e exames complementares, as conclusões e as medidas aplicadas" (item 7.4.5) deverão ser registrados e "[...] mantidos por período mínimo de 20 (vinte) anos após o desligamento do trabalhador" (item 7.4.5.1)[180].

Assim, vê-se que a realização de exames laboratoriais sobre o trabalhador não é uma novidade em nosso ordenamento jurídico. E não é por esse motivo que não deixou de ser usada com intuito discriminatório, como ocorreu com os trabalhadores portadores do vírus da AIDS. No mesmo sentido discriminatório, os testes para verificação de gravidez, dentre inúmeros outros.

Em resposta ao que acontecia no mundo dos fatos, a Lei n. 9.029, de 1995 (BRASIL, 1995), expressamente veio proibir a exigência de atestados de gravidez e esterilização, além de outras práticas discriminatórias na relação de emprego. Tipificou como prática discriminatória "a adoção de quaisquer medidas, de iniciativa do empregador, que configurem:

a) indução ou instigamento à esterilização genética;

b) promoção do controle de natalidade, assim não considerado o oferecimento de serviços e de aconselhamento ou planejamento familiar, realizados através de instituições públicas ou privadas, submetidas às normas do Sistema Único de Saúde (SUS).

---

(180) A esse respeito Araújo (2005, p. 305): "A conservação dos prontuários médicos é da responsabilidade do médico coordenador. Por se tratar de documento que contém informações confidenciais da saúde das pessoas, o seu arquivamento deve ser feito de modo a garantir o sigilo das mesmas. Este arquivo pode ser guardado no local que o médico coordenador considerar que atende aos pré-requisitos acima, podendo ser na própria empresa, em seu consultório ou escritório, na entidade que está vinculado, etc. O prontuário médico pode ser informatizado, desde que resguardado o sigilo médico conforme prescrito no código de ética médica."

Em relação à AIDS, a Portaria do Ministério do Trabalho n. 1.246, de 2010 (BRASIL, 2010), levando em consideração, dentre outras, a Convenção da Organização Internacional do Trabalho – OIT n. 111/1968, que proíbe todo tipo de discriminação no emprego ou profissão, bem como a Resolução n. 1.665, do Conselho Federal de Medicina, de 7 de maio de 2003, que veda a realização compulsória de sorologia para o (HIV), publica orientações às empresas e trabalhadores em relação à testagem relacionada ao vírus da imunodeficiência adquirida (HIV), estabelecendo em seu artigo 2º, que:

> Artigo 2º Não será permitida, de forma direta ou indireta, nos exames médicos por ocasião da admissão, mudança de função, avaliação periódica, retorno, demissão ou outros ligados à relação de emprego, a testagem do trabalhador quanto ao HIV.

A mesma Portaria também estabelece que o disposto no *caput* do artigo 2º não obsta que "[...] campanhas ou programas de prevenção da saúde estimulem os trabalhadores a conhecer seu estado sorológico quanto ao HIV por meio de orientações e exames comprovadamente voluntários" (artigo 2º, parágrafo único). Tais campanhas, no entanto, serão processadas "[...] sem vínculo com a relação de trabalho e sempre resguardada a privacidade quanto ao conhecimento dos resultados" (artigo 2º, parágrafo único).

Dado o histórico da presença de exames de saúde nas relações de trabalho, o que existe de novo em relação aos testes genéticos preditivos? Ainda que a informação genética guarde alguma similaridade com as demais informações de saúde, é de se destacar a fragilidade dessas comparações quando efetuadas sem as devidas incursões quanto à especial natureza dos dados genéticos.

Em primeiro lugar, é de se ressaltar, como já o fizemos, que não há no ordenamento jurídico nacional regulamentação sobre o tema, não obstante os diversos projetos de lei em tramitação.

Em termos comparativos, mesmo diante de outras provas seletivas aplicadas à população em geral, para identificação de indivíduos sujeitos a algumas enfermidades, como a AIDS, os testes genéticos se mantêm singulares. Pelas características de grande sensibilidade que revestem os seus dados, os testes genéticos nos levam a uma nova fronteira que permitirá não só revelar as enfermidades ou predisposições genéticas do indivíduo investigado, como também a de seus familiares, o que permite a perpetuação das informações, geração por geração (FERNÁNDEZ-DOMÍNGUEZ, 1999, p. 71 e ss.). Portanto, ao ter acesso e ao armazenar dados genéticos de um trabalhador, automaticamente, tem-se a ciência e o registro genético de um indeterminado número de pessoas presentes e futuras.

Admitindo-se a possibilidade das provas genéticas, como será efetuada a guarda dessas informações? Como procederá uma empresa quando se vir diante de um familiar de um trabalhador com maiores predisposições genéticas a enfermidades buscando acessar a um posto de emprego? A família deverá ser avisada diante da identificação de um diagnóstico genético com predisposições a enfermidades? Quem dará a notícia ao empregado? Serão contratados profissionais aptos a promover aconselhamentos genéticos ao trabalhador? O empregado terá direito a não saber a informação? O que justificará a adoção dos testes genéticos? Qual a implicação efetiva do teste genético na prevenção contra o adoecimento do trabalhador e quem efetuará o controle dessa efetividade? Não seria a hipótese de alterar o ambiente de trabalho que submete o trabalhador a risco, interferindo assim nos agentes exógenos? Como se estabelecerá o real valor preditivo dessas informações e como delimitar os adequados meios preventivos?

Outra consideração importante que já fizemos ao longo do estudo recai sobre as distintas origens das possíveis alterações genéticas detectadas, pois ainda são de menor número as doenças monogênicas em relação às doenças plurigênicas.

As enfermidades monogênicas vão ser transmitidas pelos mecanismos da herança mendeliana, existindo mais de 5 mil enfermidades dessa natureza, cujo diagnóstico pode ser feito pela prova genética (NICOLÁS JIMÉNEZ, 2006, p. 11).

Já as enfermidades poligênicas são determinadas por vários genes e fatores ambientais, sendo mais numerosas por envolver más formações congênitas e patologias crônicas próprias da vida adulta naquelas que possuem um componente genético determinante (NICOLÁS JIMÉNEZ, 2006, p. 11).

Os estudos aqui são estatísticos (tem-se ciência de que, quem tem parente em primeiro grau, tem mais chances de ter a enfermidade do que aqueles com parentesco mais distante) ou baseados em fatores de risco conhecidos (exemplo, a partir do estudo das cardiopatias, buscam-se genes responsáveis pela aterosclerose, que tem como fator a acumulação do colesterol nas células). A multifatoriedade nas doenças poligênicas vai designar um tipo de herança em que estão envolvidos vários genes e fatores ambientais, não se referindo especificamente aos poligenes clássicos, sendo considerada uma herança complexa, dadas as múltiplas interações entre diversos fatores genéticos e ambientais (NICOLÁS JIMÉNEZ, 2006, p. 13 e ss.).

Assim, apesar de o componente genético desempenhar um papel fundamental nas alterações de origem monogênica, não ocorrerá o mesmo com as que apresentam origem multifatorial como a maior parte dos cânceres, o diabetes, a artrite reumática, as enfermidades infecciosas etc., pois, nessas, o fator genético não é nada além de mais um elemento de risco em potencial, não sendo, assim, campo fixo de exploração, tampouco uma definição permanente (FERNÁNDEZ DOMÍNGUEZ, 1999, p. 71 e ss.).

Seja como for, e aqui estão assentadas as bases para uma análise bioética da questão, ainda diante da possibilidade de se alcançar certo grau de certeza nessas informações, seja na atualidade ou no futuro, é de se indagar se tudo o que é técnico e cientificamente possível (mesmo que no plano único da multiplicidade de testes e de intercruzamento de resultados) deve ser sempre permitido por mais que possa entrar em colisão com critérios morais e éticos vigentes na sociedade (FERNÁNDEZ DOMÍNGUEZ, 1999, p. 84 e ss.). Como ressalta Dussel (1993, 1995), aceitar um argumento não é somente uma questão de verdade é, também, uma aceitação da pessoa do outro, da valorização da vida humana. A racionalidade deve ser compreendida como uma dimensão da vida humana, que vai permitir ao indivíduo ver melhor, cabendo aqui a noção de "qualidade de vida" trabalhada por Dora Porto (2006, p. 39) "[...] em sua dimensão coletiva, relacional, referindo-se à transformação de padrões de relação assimétricos que levam a subjugação do outro, podendo incidir também na expropriação de seus direitos."

Na perspectiva dos Direitos Humanos, o progresso é louvável, mas às vezes parece que para a sociedade só vai existir o progresso. E deve-se ter em conta até onde ele vai e que meios vai utilizar para consegui-lo. E se os avanços científicos entrarem em rota de choque com os princípios éticos e morais que não respeitem a dignidade humana, deve-se primar pela prevalência da última. (HERNÁNDEZ IBÁNEZ, 1992, p. 965 e ss.).

Na perspectiva da *Bioética da Libertação*, deve-se revelar a desigualdade com que as partes concorrem ao contrato de trabalho e os conflitos de interesses que a informação genética vai desencadear. Além disso, não se pode perder de vista que ainda que se proíba a submissão do trabalhador aos testes genéticos de forma absoluta, sem exceções (o que não é a proposta de defesa deste estudo), isso não será suficiente para erradicar completamente a discriminação genética do campo laboral. Por isso, não se trata aqui de utilizar uma teoria ética que possa ser empregada para, *a priori*, afastar a necessidade irrenunciável da reflexão moral, num espaço democrático, interdisciplinar e multicultural, em que se viabilize o diálogo.

Nesse ambiente dialógico, devem ser consideradas as hipóteses argumentativas para utilização dos testes genéticos preditivos no âmbito laboral, o que veremos, em seguida, a partir da sistematização dos interesses presentes neste debate.

4.2.2 Hipóteses argumentativas (em oposição, ou não) para a utilização das provas genéticas preditivas. Respostas nada matemáticas

Estamos trabalhando aparentemente em uma fase pré-jurídica em que ainda se encontra a temática voltada à aplicação das técnicas genéticas na relação de emprego em nosso país. Referimos-nos, aqui, propriamente à inexistência de uma legislação nacional específica tratando da matéria, ao contrário do que ocorre nos EUA e em boa parte dos países europeus[181].

No entanto, vive-se na era do genoma, da genetização das relações sociais. A ideologia do gene ganha cada vez mais espaço e vê-se materializada no avançado estágio do estado da arte da biotecnologia.

O que intentamos, neste momento, é nos antecipar às demandas com vistas a preparar, sem alarmismos ou reducionismos, um material teórico que possa ser utilizado para auxiliar ações futuras e resoluções de conflitos que já surgem no contexto internacional e que são especialmente sensíveis nas relações laborais, dado o cenário em que se insere. Busca-se, neste momento, não mais repetir as normas citadas no título antecedente, mas também, a partir do que comandam, buscar uma aproximação, de algumas hipóteses argumentativas para utilização das provas genéticas preditivas, na perspectiva dos interesses em jogo para, no capítulo seguinte, e a partir do trajeto crítico já percorrido, e à luz da Bioética e dos Direitos Humanos, harmonizá-los com o ordenamento jurídico vigente, além de servir de material propositivo para uma regulamentação futura.

Como já ressaltado, o teste genético voltado às relações do trabalho se apresenta especialmente em duas formas: monitoramento e a triagem. O monitoramento genético detecta anormalidades genéticas potencialmente causadas pela exposição a toxinas no local de trabalho: um alerta para perigos no local de trabalho, semelhante ao que ocorre com a radiação (MacDONALD, WILLIAMS-JONES, 2002). Em contraposição, há a triagem genética, usada para detectar doença hereditária ou suscetibilidade a toxinas presentes no local de trabalho, voltando-se à fase pré-admissional, à lotação de trabalhadores em seus postos de trabalho e à prevenção de riscos, sendo todas essas ferramentas, a princípio, úteis tanto ao empregado, como especialmente ao empregador (MacDONALD, WILLIAMS-JONES, 2002).

Apontamos interesses em quatro níveis para a adoção, ou não, das provas genéticas preditivas no âmbito laboral (FERNANDÉZ DOMÍNGUEZ, 1999, p. 90; BERLINGUER, 2004, p. 129 e ss.): trabalhador/empregador[182], trabalhador/trabalhador; trabalhador/terceiros; empregador/terceiros.

---

(181) Para citar alguns: Áustria, França, Alemanha, Noruega, Portugal, Espanha, Suíça, Suécia (SOINI, 2012). No âmbito da América Latina, os países começam a debater sobre a necessidade de proteção dos direitos dos trabalhadores, particularmente em relação à sua intimidade genética e proibição de discriminação genética, a exemplo do Chile. Maiores informações estão disponíveis no site do Senado da República do Chile: COMIENZA discusión acerca del proyecto que prohibe la discriminación laboral por test genéticos. Republica de Chile. Senado. Disponível em: <http://www.senado.cl/comienza-discusion-acerca-del-proyecto-que-prohibe-la-discriminacion-laboral-por-test-geneticos/prontus_senado/2014-10-14/201631.html> Acesso em: 10 maio 2015.

(182) E por equiparação trabalhador/tomador de serviços, independentemente da relação contratual empregatícia.

Como ressaltado por Romeo Casabona (1999, p. 74 e ss.) e Berlinguer (2004, p. 129 e ss.), o conhecimento dos riscos genéticos no âmbito trabalhista vai despertar variados pontos de interesse em função da ótica que se adote.

Em relação ao próprio trabalhador, o interesse em ter acesso a suas condições genéticas está voltado, num primeiro momento, em seu presumido desejo de prevenção, para que possa tratar-se e, inclusive, decidir se pretende executar determinada atividade que o submeterá a riscos mais importantes ou não. A genética permitiria o exercício pleno do mandamento "conhece-te a ti mesmo", garantindo-se ao trabalhador, inclusive, orientar seu futuro profissional de acordo com suas aptidões físicas ou psíquicas, tendo em seu favor a possibilidade de afastar-se dos riscos que poriam em perigo sua saúde (FERNANDÉZ DOMÍNGUEZ, 1999, p. 90; BERLINGUER, 2004, p. 129 e ss.).

Ademais, é direito do empregado ser informado dos riscos de sua atividade (Lei n. 8.080/1990, artigo 6º, § 3º).

Por outro lado, também se pode pensar, num plano mais subjetivo, nem por isso ausente de concretude, que o trabalhador identificado como "de risco" possa ser afetado por uma maior angústia, desencadeando problemas de toda a ordem (física ou psicológica) e que possam vir a acompanhá-lo por toda a vida, afetando sua imagem e autoestima (GARRAFA, 2000). Um candidato a emprego poderia ter o interesse em administrar a sua conveniência o segredo sobre suas condições genéticas, considerado um elemento tão fundamental de sua personalidade (FERNANDÉZ DOMÍNGUEZ, 1999, p. 90 e ss.).

Num plano mais avançado, poderíamos pensar também no interesse econômico do próprio trabalhador em querer voluntariamente valer-se de uma condição genética mais vantajosa para obter melhores postos, construindo uma espécie de *curriculum* genético que o beneficie em detrimento dos demais, estabelecendo-se, assim, espécie de seleção positiva que, não obstante tenha sido aparentemente desencadeada pelo próprio trabalhador, não deixará de inserir-se em importantes questões morais, éticas e jurídicas[183].

Em relação a terceiros, abrem-se dois planos: o primeiro, diz respeito aos outros trabalhadores da empresa; o segundo volta-se à coletividade externa à empresa, como a clientela e o próprio Estado[184].

Os conflitos de interesses entre os próprios trabalhadores no campo estudado e que têm especial relevância bioética e jurídica diz respeito à hipótese em que um ou mais trabalhadores se vejam como potenciais afetados por uma doença contagiosa ou mental, ou causadas por toxicodependência

---

(183) No mesmo sentido, ver: Fernandéz Domínguez (1999, p. 90), não sendo, no entanto, intenção deste estudo o aprofundamento nessa questão, o que será, pela complexidade, objeto de construção futura.
(184) Há ainda reflexos na contratação de seguro por acidentes pessoais e doenças profissionais cuja obrigação de contratações pelo empregador é cada vez mais habitual por força de normas coletivas.

(BERLINGUER, 2004, p. 162). O dano pode se dar, dentre outras hipóteses, pelo contágio e pelo distúrbio na execução das atividades, acentuando a possibilidade de acidentes.

Embora os temas não sejam novos, vão se renovando e se acirrando à ocorrência de novos fenômenos, como o caso não tão longínquo do HIV, ou mesmo os conflitos que sucederam à tomada de consciência dos males adquiridos pelo "fumante passivo" ou, ainda, outros indicadores de riscos reais revelados por testes genéticos (BERLINGUER, 2004, p. 163). Para o próprio trabalhador, a exclusão do "potencial perigo" do ambiente de trabalho está intimamente relacionada com a sua própria segurança (ROMEO CASABONA, 1999, p. 74).

A segurança também é o principal fundamento do interesse de terceiros na informação genética do trabalhador. Quanto aos clientes da empresa e a população em geral para que vejam evitados acidentes que possam ser derivados da manifestação de determinadas enfermidades para as quais o empregado apresenta predisposição, como os condutores de meios de transporte de passageiros, especialmente voltados ao transporte aéreo (ROMEO CASABONA, 1999, p. 75-76).

Também o Estado surge na condição de terceiro interessado na informação genética, com a finalidade de poder imprimir maior eficácia na prevenção de acidentes e na proteção da saúde dos trabalhadores, o que se materializará na adoção de variadas medidas de prevenção de riscos e de higiene do trabalho. Deve-se ressaltar igualmente o interesse econômico estatal, já que as medidas voltadas à prevenção de enfermidades laborais impactam positivamente na redução da concessão de benefícios previdenciários (ROMEO CASABONA, 1999, p. 76).

Por fim, há também o interesse estatal em realizar uma política voltada ao pleno emprego, não excepcionando, pelo menos nos dias atuais, a possibilidade de criação de coletivos de trabalhadores diferenciados em razão de seu patrimônio genético (FERNANDÉZ DOMÍNGUEZ, 1999, p.102-103). Afinal, como recepcionar os "excluídos" do mercado de trabalho sabendo-se que o "patrimônio genético" do indivíduo é em geral imutável, acompanhando-o por toda a vida? Ou numa hipótese mais otimista, como tratá-los ou reabilitá-los para outras atividades?

Grande parte dos interesses relatados são, ao menos no plano discursivo, também o fundamento do interesse do empregador em obter, além das informações pessoais e dos dados de saúde que já possui, as informações de natureza genética do empregado. Vislumbramos, nesse campo, os interesses "preventivos" e "econômicos."

No primeiro bloco, os "preventivos", estariam os interesses que decorrem da obrigação do empregador voltados à saúde, higiene e segurança no trabalho. No mesmo grupo, está a obrigação de fornecer ao empregado informações sobre os riscos da atividade, já tratados no título antecedente. Deverá de igual modo promover a prevenção, a eliminação e a redução dos riscos inerentes ao trabalho.

No dever de prevenção do empregador, está o de efetuar exames médicos periódicos (CLT, artigo 168 c/c NR – 7), dentre as quais poderia ser inserido o exame genético com vistas à adoção de medidas preventivas, especialmente se no contexto do desenvolvimento de atividades de maior risco. A medida permitiria o redirecionamento do trabalhador a outro setor ou atividade em que não houvesse contato com o agente que tivesse potencial de provocar especial predisposição a enfermidades.

Outro argumento e que toca interesse dos outros trabalhadores está o dever empresarial de promoção da saúde do conjunto de todos os trabalhadores (item 7.1.1 da NR – 7) e de assegurar um meio ambiente saudável e equilibrado (CRFB/1988, artigo 225).

No plano dos interesses econômicos, a redução de empregados com predisposições a enfermidades irá impactar positivamente na redução de custos, tanto no que diz respeito à atividade empresarial em si mesma (a manutenção de uma força de trabalho saudável e produtiva salvaguarda interesses corporativos, e impacta na redução dos custos associados com doença profissional, perda de produtividade e excesso de absentismo), como em relação ao trabalhador e a terceiros. No que se refere aos primeiros, pela responsabilidade por indenizações por adoecimento e impactos previdenciários contributivos; em relação aos segundos, por responsabilidades por acidentes causados pelos trabalhadores.

O argumento também nos remete ao direito de defesa da propriedade alçada a direito e garantia fundamental pelo inciso XXII, do artigo 5º, da CRFB/1988. o mesmo direito abrange a liberdade de contratar.

Ainda, no campo dos interesses econômicos do empregador, como já tratado, identificamos a possibilidade de arguição da predisposição genética como excludente ao Nexo Técnico Epidemiológico, cujas problematizações já foram tratadas no título 3.2 deste estudo.

Finalizando, sabe-se que a contratação de um empregado importa em investimentos, formação, capacitação funcional, cursos técnicos. Espera-se que o investimento reverta em rendimento, produtividade e lucro futuro. Como esses fatores influenciam o momento da contratação?

Pode-se argumentar que as empresas não estarão agindo injustamente e com finalidade discriminatória contra trabalhadores com risco de doença hereditária ou suscetibilidade genética. Ao invés de "discriminação no trabalho", estar-se-ia diante da "exigência do trabalho" que poria em risco o trabalhador (MacDONALD; WILLIAMS-JONES, 2002).

Também os mecanismos preditivos não colidem, em primeira análise, com as diretrizes traçadas pela Medicina do Trabalho e voltadas à vigilância da saúde do trabalhador, assim definida pela OIT como o termo que vai englobar "[...] procedimentos e investigações para avaliar a saúde dos trabalhadores no sentido de identificar e detectar qualquer anomalia" (OIT, 2005, p. 41).

Muitas outras problematizações poderiam ser apresentadas. Sintetizamos as mais importantes e visíveis para que esse importante cenário de interesses, às vezes opostos, às vezes coincidentes, não seja reduzido e equivocamente percebido como indagações vazias e provenientes da mera curiosidade abstrata. O cenário possibilita a conclusão de que a abordagem transcende à dicotomia bem x mal ou licitude x ilicitude dos testes genéticos preditivos, levando-nos a pensar na possibilidade de estabelecimento de alguns limites a partir dos quais se poderia alcançar um equilíbrio justo entre direitos.

Fernandéz Domínguez (1999, p. 106) põe uma questão especialmente importante: o que seria pior, a perda em valores econômicos ou a perda em valores humanos?

O desafio central para a ética, na era da tecnociência, será justamente debruçar-se sobre os contornos dessa relação estabelecida entre a tecnologia, a pessoa e o meio ambiente em que estão inseridos todos os seres viventes.

Capítulo V

A ARTICULAÇÃO DA BIOÉTICA DA LIBERTAÇÃO COM OS DIREITOS HUMANOS FUNDAMENTAIS IMPLICADOS NA VIDA DO TRABALHADOR

Em uma perspectiva crítica também defendida por Joaquín Herrera Flores (2009) em relação a uma pretensa universalidade dos Direitos Humanos, Kottow (2012, p. 30) destaca que uma grande "[...] falácia cometida nos primeiros anos da recepção da Bioética no Terceiro Mundo foi cogitar uma assimilação acrítica do discurso proveniente e vigente nas nações desenvolvidas."

Essa necessária criticidade também é tema crucial, no legado dusseliano, sendo a base do estudo da "colonialidade do saber", aqui sintetizado, nos dizeres de Porto-Gonçalves (2005) como um "[...] legado epistemológico do eurocentrismo que nos impede de compreender o mundo a partir do próprio mundo em que vivemos e das epistemes que lhes são próprias." Citando pensamento de Walter Mignolo (2005), o autor exemplifica dizendo que é necessário termos em conta que o fato de ser atribuído aos gregos a "invenção" do pensamento filosófico não significa que tenham inventado também "O Pensamento." Esse "Pensamento" está em nós, está em todos os lugares onde se desenvolveram e se desenvolvem os mais diversos povos com suas variadas culturas, de modo que são inúmeras epistemes com seus muitos modos de vida (PORTO-GONÇALVES, 2005).

Por isso, partimos de três premissas (HERRERA FLORES, 2009, p. 146). A primeira: não haverá conhecimento crítico da Bioética e dos Direitos Humanos se não começamos pela crítica ao próprio conhecimento; ao conhecimento que vê no Outro "[...] um objeto que pode ser manipulado pela "vontade" superior do que coloniza"; a segunda, é preciso sempre superar as abstrações que veem os seres enquanto um mito e, nessa perspectiva, "despojados de um corpo", portanto, sem que possuam necessidades, vulnerabilidades ou carências; a terceira; a função social vai reclamar o conhecimento do Outro em sua concretude, em sua cotidianidade, em sua esfera de vida pública e privada; a terceira, há necessidade de reconhecimento que "não pensamos o mundo" e, sim, "pensamos e atuamos no mundo", de modo que devemos desenvolver nossas aptidões e atitudes que nos habilitem a "[...] conseguir as maiores cotas de dignidade para todas e todos os que nele convivemos."

A nossa abordagem é dialético-crítica, mas é importante que se destaque, não reduziremos essa crítica a um tipo de versão "terceiro-mundista" que simplesmente nega o diálogo com o legado de conhecimento europeu ou norte-americano no campo da Bioética e dos Direitos Humanos, mas que dialoga com a consciência de um legado que possui seu *topoi*[185] e que, assim como todas as culturas, tem a característica da incompletude.

Adverte Dussel (2002) que é imperativo o abandono do reiterado e estéril debate entre comunitaristas e liberais. Nessa mesma ordem, propõe relativizar, regionalizar o foco de atenção ocidental sobre os direitos e Estado, muito voltados a generalizações inaceitáveis feitas pelo Ocidente em relação a outros povos e dentro do Ocidente, inclusive. O que é concebido como fundamental não deve sê-lo em seu sentido dogmático ou escolástico, como é o caso de várias leis e princípios que estão fora de toda crítica. E somente aquelas normas, leis, que foram guiadas em sua manifestação por uma razão política que seja material e prática, ainda que universal e, que também tenha sido debatida, dialógica e democraticamente legitimada, contendo a possibilidade real de atualização, podem efetivamente fazer uma defesa da justiça política.

O que intentamos com esta introdução é importar para a Bioética e para os Direitos Humanos a crítica a uma episteme que seja universal e única e que acaba por operar, nos dizeres de Porto-Gonçalves (2005), "[...] separações sucessivas e reducionismos vários." Como destaca o autor, para muito além do legado de desigualdades e profundas injustiças sociais provenientes do colonialismo e do imperialismo do saber, há também um legado colonial que nos impede de obter uma melhor compreensão de mundo a partir do próprio mundo e de suas realidades concretas.

Não se pode deixar de considerar que o homem é um ser predatório, consumidor, agressivo e que está em constante luta por estabelecer hegemonias, mas por viver em sociedade, relacionando-se com o outro, deverá encontrar um modo para conviver de forma pacífica (KOTTOW, 2005, p. 32).

Como ressalta Boaventura Santos (1997), os Direitos Humanos por muito tempo foram parte integrante da política da Guerra Fria e também, frequentemente, foram invocados numa perspectiva que atende a duplo critério na avaliação das violações perpetradas a esses direitos: de um lado, a

---

(185) Para Ducrot, a Teoria dos Topoi pertence à semântica da enunciação e revela que "[...] a significação de certas frases contém instruções que determinam a intenção argumentativa a ser atribuída a seus enunciados" (DUCROT, 1989, p. 18). Com princípios argumentativos que possuem as propriedades da universalidade e generalidade "[...] os topoi seriam esses princípios gerais, aceitos, de modo consensual, no seio de uma comunidade, que permitiriam garantir que o fato de assertar A seja visto como um argumento válido para se concluir C ou, pelo menos, para não rejeitá-lo (CHABROL; EMEDIATO, 2002, p. 297). Para Boaventura Santos (1997, p. 23), os topoi são os lugares comuns retóricos mais abrangentes de determinadas culturas. Funciona como premissas de argumentação que, por não se discutirem, dada a sua evidência, tornam possível a produção e troca de argumentos. Topois fortes tornam-se altamente vulneráveis e problemáticos quando usados numa cultura diferente. O melhor que lhes pode acontecer é serem despromovidos de premissas de argumentação a meros argumentos." Para Boaventura Santos, somente a consciência da incompletude da cultura permitiria o diálogo cultural, processo que denomina de "hermenêutica diatópica."

complacência com os "amigos", muitos ditadores; e, de outro lado, a defesa de sacrifício desses próprios direitos em nome de um "desenvolvimento." Destaca o autor que um discurso "generoso e sedutor" dos Direitos Humanos permitiu inúmeras vezes a manipulação da temática pelos meios sociais de comunicação, ressaltando uma "política de invisibilidade", como a que ocorreu com o silenciamento do genocídio do povo Maubere, no Timor Leste, e uma "política de supervisibilidade", como aconteceu com a "exuberância" com que os atropelos pós-revolucionários dos Direitos Humanos no Irã e no Vietnã foram relatados nos Estados Unidos, o mesmo tendo ocorrido em relação à União Europeia (2007, p. 20).

Essa marca ocidental-liberal presente no discurso dominante dos Direitos Humanos também é muito presente em Declarações, como a Declaração Universal de 1948, elaborada sem a participação de vários países, com a maior prevalência dos direitos individuais, materializada na priorização dos direitos cívicos e políticos, e na menor prevalência dos direitos econômicos, sociais e culturais etc.

Destaca Boaventura Santos (1997) que, enquanto os Direitos Humanos forem universais e impostos de cima para baixo (entendendo-se o mesmo à Bioética), serão sempre instrumento do "choque de civilizações", ou seja, como arma de uma parcela do Ocidente contra o resto do mundo, e contra parcela do próprio Ocidente. É preciso que se reconheça que a legitimidade de sua abrangência global dependerá de sua legitimidade local, num movimento de "baixo-para-cima" ou "contra-hegemônica." Os Direitos Humanos e a Bioética devem ser reconceitualizados como multiculturais, enquanto condição para atingimento de uma relação equilibrada[186].

Como ressalta Krohling (2010, p. 80), o que falta é a percepção e o reconhecimento de que "[...] as respectivas formas culturais de pensar os critérios, os postulados fundamentais precisam ser intercambiados e compreendidos." Assim, quando intentamos compreender o sentido de um texto ou mesmo de uma experiência humana, não devemos pretender que sejam os mesmos que aqueles presentes na cultura interlocutora. O momento é do "despojamento", ou seja, de colocar entre aspas os próprios valores para compreensão do mundo vivido do Outro, o que será possível a partir do exame aprofundado das regras, das estruturas mentais e dos "mitos profundos" para que inicie a compreensão se são ou não os mesmos (KROLHING, 2010, p. 80).

---

(186) Boaventura Santos (1997, p. 19)" Atualmente são consensualmente identificados quatro regimes internacionais de direitos humanos: o europeu, o interamericano, o africano, o asiático." Prossegue o autor afirmando que, não obstante exista uma tendência de cada cultura em considerar os seus valores máximos enquanto aqueles que detêm maior abrangência, a formulação de sua universalidade "[...] é uma questão particular da cultura ocidental."

Nesse cenário, os Direitos Humanos são concebidos como direitos históricos que podem ser questionados desde a consciência ético-política que se origina dos movimentos sociais em processo de luta pela dignidade negada (DUSSEL, 2002, p. 150 e ss.). São assim um direito conquistado para viver numa realidade que se mantenha sempre com abertura para o futuro, daí se falar em "gerações", ou "dimensões" dos Direitos Humanos, a demonstrar que o seu nascimento decorre dos processos de luta, das necessidades concretas dos seres humanos. Volta-se a Hannah Arendt (2000, p. 123 e ss.) e a sua percepção de que os Direitos Humanos não devem ser concebidos como algo acabado e já definitivamente pronto, mas como uma invenção do homem, um construído, e que devem refletir, nos dizeres de Krohling (2010, p. 52), "[...] a resistência militante das lutas dos oprimidos em defesa da dignidade da pessoa humana."

A partir do momento em que são institucionalizados em textos normativos, passam a compor o sistema normativo vigente. Assim, a importante contribuição das vítimas é o processo de luta que vai provocar a construção de uma realidade nova, cenário em que a crítica é o motor principal. A construção de novas possibilidades e a transformação da realidade ocorrerá por meio das críticas aos sistemas que se apresentem insuficientes e, igualmente, na formulação de novas proposições de organização. E o discurso crítico será um discurso ético que seja capaz de promover uma reflexão sobre as relações humanas num cenário democrático (DUSSEL, 2002).

Deve-se, pois, revelar o fato opressivo da dominação e identificar aquele que está sendo vitimizado, instrumentalizado e reduzido à coisa na engrenagem prevalecente em determinado ambiente, tarefa que somente poderá ter seu intento alcançado com o movimento da *práxis*, a partir de sujeitos concretos.

A *Bioética da Libertação* descobre a incidência de contravalores que necessitam ser combatidos. Especialmente, se volta contra a indignidade e situação de injustiça a que muitos seres humanos estão submetidos, não se limitando apenas ao reconhecimento de valores e direitos já existentes, mas também vislumbrando novas possibilidades ao ser humano (DUSSEL, 2012).

Justamente essa busca incessante por novos valores vê, na *práxis*, uma perspectiva de ação definida, supondo organização e execução, supondo que os grupos sociais das vítimas e da exclusão possam ser reconhecidos como cidadãos. Trata a *Bioética da Libertação* de uma ética que vai propor a troca e a transformação social, o que somente será alcançado a partir do momento em que se assegure a participação efetiva daqueles que vivem sob o ideal de uma sociedade mais humana (DUSSEL, 2012).

Assim como no campo dos Direitos Humanos, o grande desafio para uma perspectiva crítica para a Bioética será o desenvolvimento de uma Bioética latino-americana que se volte ao ajuste prático daquilo que se traduziu, para nós, latinos, em extrapolações das outras perspectivas (especialmente americana e europeia) de modo a se resgatar e valorizar a cultura latino-americana naquilo que lhe é singular e único. Mais uma vez, voltando a Pessini (2008, p. 91), não se pode esquecer de que em América Latina a Bioética, e acrescentamos os Direitos Humanos, têm encontro marcado com a pobreza e a exclusão social, de modo que a elaboração de estudos de casos no plano "micro", de sabor deontológico, sem levar em consideração essa realidade, e que inclusive tentamos demonstrar neste estudo, não atenderia aos anseios de uma vida digna.

Por exemplo, o campo das provas genéticas preditivas nas relações de trabalho. No contexto do trabalhador latino-americano, inserido num cenário de importante assimetria de poder e de potencializada exploração, o discurso bioético que priorize a autonomia pode encobrir a despersonalização dos cuidados médicos e os riscos da exploração do corpo, da alienação da saúde, da estigmatização e da discriminação. Não se nega a aplicação do direito humano da autonomia, mas em sua concretude deverá justapor-se a outros princípios como a solidariedade, a equidade, a justiça, a responsabilidade. O *corpus* teórico permitido pela *Bioética da Libertação* na perspectiva dusseliana nos conduz sempre a investigar o outro lado da história e a reconhecer a diversidade dos contextos sócioculturais.

O progresso científico e tecnológico, ao mesmo tempo que é expressamente reconhecido como um direito humano e um dos mais importantes fatores para a promoção do desenvolvimento da sociedade humana, garantindo a possibilidade de melhoria das condições de vida dos povos e nações, também é expressamente reconhecido em seu potencial destruidor, notadamente por sua possibilidade de uso indevido e de consequências negativas aos direitos individuais e coletivos, à vida privada, à proteção da pessoa humana em sua integridade física e intelectual (ONU, 1975)[187] Esses efeitos perversos encontram um hábitat propício para o seu desenvolvimento nos países periféricos, no contexto de desigualdades sociais e nas relações assimétricas de poder (a exemplo das relações de trabalho) e, por isso, devem receber da Bioética uma atuação "menos complacente ou otimista" (PESSINI, 2008, p. 92) em relação a esse progresso de modo a exercer um papel crítico e contextualizado diante desse e de outros conceitos, diante desse e de outros direitos humanos proclamados.

A realidade latino-americana requer da Bioética e dos Direitos Humanos uma perspectiva de ética social que se volte à realização do bem comum,

---

(187) *Vide* preâmbulo da Declaração sobre o uso do progresso científico e tecnológico no interesse da Paz e em benefício da Humanidade. Proclamada pela Assembleia Geral das Nações Unidas em 10 de novembro de 1975 – Resolução n. 3.384 (XXX) (ONU, 1975).

da justiça e da equidade em relação de prevalência às perspectivas estritamente individuais ou virtudes pessoais. Esses são os maiores problemas no contexto latino-americano a demandar a proposição de uma "macroética" em saúde diante da "microética" ou da ética clínica da Bioética anglo-americana, não se podendo perder de vista que a Bioética "*made in* Tio Sam", em grande parcela, simplesmente ignorou questões básicas que habitam o cotidiano de nosso continente, enfocando em muitas outras que ainda nos são marginais. A Bioética consolidada num *bios* de alta tecnologia e num *ethos* individualista, com conceitos fechados de autonomia, privacidade, liberdade e consentimento informado, deve ser objeto de complementação na América Latina por um *bios* voltado à concepção humanista e por um *ethos* guiado pelo sentido comunitário de equidade, solidariedade, responsabilidade (PESSINI; BARCHIFONTAINE, 2008, p. 93).

Caminhando para a conclusão deste título, em que nos preparamos para uma tentativa de estabelecimento da interconexão da Bioética de Libertação a uma perspectiva crítica dos Direitos Humanos no campo do objeto da pesquisa, entendemos a partir do construído teórico proposto, que temos condições de afirmar que os Direitos Humanos e a Bioética percorrem, lado a lado, o mesmo caminho na promoção da vida humana. Toda e qualquer intervenção que se estabeleça sobre a pessoa humana se subordina à ética e "[...] exige reflexão para a defesa da pessoa humana, de sua vida e de sua dignidade" (DALLARI, 1998, p. 233).

Os Direitos Humanos e a Bioética são campos em aberto que se deparam com inúmeras formas de vida e modos diferentes de consideração e apreensão de aspectos éticos com elas relacionados, multiplicando-se suas áreas de atuação para uma ética do meio ambiente, do dever com os animais, com a vida humana, o desenvolvimento tecnológico e científico, aqui inserido o uso das variadas biotecnologias no campo da medicina e suas diversas intercessões com outras áreas, como é o trabalho humano. Pretendemos unir a Ética da Libertação ao trabalho humano, para a construção das bases de uma "Bioética Laboral", pelo reconhecimento do trabalhador como o sujeito individual e um ser social em caráter indissolúvel, desvelando-se todas as crenças que colonizam o ambiente de trabalho.

É o que intentaremos agora: a partir do cenário sociopolítico, cultural e econômico situado, dar concretude à proposta ora apresentada de articulação da Bioética da Libertação na perspectiva dusseliana com os direitos humanos fundamentais do trabalhador diante das provas genéticas preditivas nas relações de trabalho.

5.1 CATEGORIAS DA BIOÉTICA DA LIBERTAÇÃO E DOS DIREITOS HUMANOS FUNDAMENTAIS EM PRESENÇA

Nossa proposta de fundamentação em referenciais teóricos da Bioética da Libertação se volta ao interesse em adotar postura que não se limite à mera contemplação, tampouco à resignação. A ação ético-crítica dusseliana é de transformação, e não somente de reforma ou de adaptação aos critérios hegemônicos. É de assumir o mundo do trabalho como uma tarefa a ser executada sempre a partir da oposição e do tensionamento às tendências à coisificação do trabalhador.

O interesse da Bioética da Libertação surge quando há a constatação de pessoas excluídas do sistema de direitos porque lhes são negados esses direitos. São essas as "vítimas", categoria central da ética dusseliana. Nesse grupo, podem ser inseridas as vítimas de gerações futuras de crimes ecológicos, os homossexuais num contexto social organizado de forma heterossexual, assim como grupos sociais explorados e economicamente marginalizados pela economia do lucro, os moradores de rua numa sociedade que defende a propriedade privada, imigrantes nos países centrais, camponeses sem terra, desempregados no contexto de uma sociedade que tem, no trabalho, uma manifestação da realização humana (DUSSEL, 2012), e também o trabalhador "portador" de genes defeituosos numa sociedade em que se busca uma saúde laboral útil e perfeita.

Para pensar uma participação simétrica dos afetados, deve-se supor um princípio democrático cuja finalidade seja a equidade e a justiça. A manifestação das vítimas deve se converter em ponto de partida para a legislação futura ou norma em desenvolvimento. Justamente ao "partir" da perspectiva das vítimas ou "desde" as vítimas, Dussel enuncia que a sua Ética não é uma ética "da vítima" ou uma ética piedosa sobre a vítima. O ponto de partida desde a vítima propõe um projeto que vise à promoção de sua vida plena, de sua libertação e superação dessa condição de vítima. Por isso, a mera crítica ao sistema é insuficiente. O compromisso ético-crítico deve se fazer acompanhar do desenvolvimento de estratégias e movimentos que se dirigem para o núcleo do presente opressivo, de modo que a política possa se converter numa política transformadora de libertação. Seria assim uma anti-política do *statu quo,* que se converterá na política de libertação do sistema futuro (DUSSEL, 2002, p. 150 e ss.).

Assim, a crítica vai sempre se revelar num processo dialético que parte da ética da vida que foi negada (DUSSEL, 1998b). Deve-se lutar contra um "déficit de sentido" (a coisificação do humano) e contra o "excesso de sentido" (a idealização do humano). Quanto mais pudermos exercer as nossas possibilidades criativas e de transformação, mais livres seremos (HERRERA FLORES, 2009, p. 147-148).

Não se trata, por conseguinte, de propor, quer a rejeição total, quer a submissão inocente à biotecnologia, sem que se assegure a proteção a seus possíveis riscos e sem que se adotem as necessárias precauções, antes que se veja cometido um imperdoável "deslize" que conduza a um caminho de destruição sem retorno dos direitos humanos fundamentais dos trabalhadores e trabalhadoras (FERNÁNDEZ DOMÍNGUEZ, 1999, p. 107-108). O estudo também visa apresentar aos empregadores alguns condicionantes à utilização dessas provas, pois se sabe que também muitos equívocos são cometidos por falta de adequada informação, ou seja, o campo é de debate e também de prevenção.

Longe de pretender esgotar todas as problematizações possíveis, o desenvolvimento de um paradigma de resistência e de uma construção social, a partir da Bioética da Libertação e de alguns de seus correspondentes nos Direitos Humanos, selecionados por sua relevância temática ao tema de estudo proposto, é o que almejamos alcançar.

Na perspectiva dusseliana, a satisfação das necessidades é condição de possibilidade de vida. Satisfazer as preferências irá tornar a vida agradável, o que, no entanto, somente será alcançado diante da possibilidade de vida digna e quando projetos de vida possam ser realizados.

Para a Bioética da Libertação, o critério para se pensar a realidade será a própria vida humana como um cenário aberto à transformação dessa realidade, tendo o homem como um ser carnal, material, físico, concebido como um ser vivente, com produção de subjetividades reais e concretas. Assim, o ser vivente é um sujeito de vivência prática, a quem deve ser permitido avançar em sua formação pessoal e em seu desenvolvimento constante, pois a vida humana não se reduz à sobrevivência física, biológica ou corporal. A vida humana não é apenas uma realidade que possa ser mediatizada subjetivamente. É condição de possibilidade. Portanto, a vida é a categoria da Bioética da Libertação por excelência.

Como a vida humana é o conteúdo principal da ética, Dussel (1998a) apresenta como primeira preocupação a recuperação dessa vida contra qualquer negação de vida. A aplicação prática se volta prioritariamente para aqueles que tiveram a vida negada, especialmente, na perspectiva da Ética da Libertação, os pobres, os oprimidos e os explorados do sistema. Esses devem ser concebidos não como seres isolados, mas como sujeitos e grupos humanos que terão o direito de produzir, reproduzir e transformar sua vida como sujeito em comunidade. A consequência dessa postura será a adoção de um compromisso para defesa e justificação da vida plena desses indivíduos, provocando a criação de uma consciência que deverá transcender a situação e imaginar uma nova realidade.

No entanto, o plano, aqui, não é o de assimilação de um individualismo liberal e, sim, da necessária compatibilização desses direitos e liberdades com as escolhas sociais coletivas e solidárias preconizadas pela Constituição Federal de 1988 e que também informam a Bioética da Libertação na perspectiva de Dussel.

Se historicamente, no capitalismo, o indivíduo foi coisificado, tratado como objeto, um não homem, na Ética da Libertação, o grande desafio será convertê-lo em uma realidade completamente humana e que deverá muni-lo da consciência quanto à possibilidade de uma nova produção, reprodução e desenvolvimento da realidade. O mesmo sujeito que é excluído tomará a consciência da realidade para mudá-la. Assim, o que Dussel (2012) propõe é que o princípio da libertação seja reconhecido como uma responsabilidade de orientação social.

As categorias bioéticas eleitas se entrosam perfeitamente à dimensão concreta que se pretende dar, neste estudo, ao princípio fundamental da dignidade humana (CRFB/1988, artigo 1º, inciso III).

As modernas correntes humanistas têm agido com acerto em destacar a necessidade de reconhecimento da dignidade humana e o livre desenvolvimento da personalidade enquanto valores do ser humano de primeira grandeza (FERNÁNDEZ DOMÍNGUEZ, 1999, p. 121 e ss.). Como ressalta Barroso, "[...] a dignidade da pessoa humana tornou-se, nas últimas décadas, um dos grandes consensos éticos do mundo ocidental" (BARROSO, 2010).

Consistindo em princípio que vai fortalecer os efeitos dos outros princípios e, ao mesmo tempo, obter sua realização neles, na discussão que se volta aos testes e exames genéticos, a dignidade humana vai ser considerada o princípio informador e raiz fundante de todos os direitos básicos do homem, reconhecidos na Constituição Federal e nos Tratados Internacionais de Direitos Humanos, especialmente quando concernentes ao direito à vida, ao direito à liberdade, à integridade física, à intimidade e à não discriminação (FERNÁNDEZ DOMÍNGUEZ, 1999, p. 121 e ss.). Todo esse processo de positivação promovido pelos Direitos Humanos tem sua base material radicada na dignidade humana e constitui a juridificação das exigências éticas e, em sua essência, os direitos humanos mediante sua conversão em norma jurídica.

Não por outra razão, a Constituição Federal de 1988 enuncia, em seu artigo 1º (BRASIL, 1988), a dignidade humana como fundamento da República, ao lado dos valores sociais do trabalho e da livre-iniciativa, regendo-se sob os valores da liberdade, da segurança, do bem-estar, do desenvolvimento, da igualdade e da justiça enquanto valores supremos de uma sociedade fraterna (BRASIL, 1988).

A dignidade humana, ao transcender da Filosofia para o Direito, mantém seu valor fundamental e, ao mesmo tempo, adquire *status* de princípio jurídico, servindo tanto como justificação moral, como fundamento normativo para os direitos fundamentais[188]. Enquanto a tradição positivista negou a possibilidade de rigor científico de toda a ética normativa, dentre as quais se insere a Ética da Libertação, por concebê-la como um aglomerado de juízos de valor incompatíveis com o rigor científico (DUSSEL, 2002)[189], a cultura do pós-positivismo reaproxima o Direito e a Ética, dando mais permeabilidade ao ordenamento jurídico para os valores morais (BARROSO, 2010).

Especificamente para o objeto de estudo, do princípio da dignidade humana vão ser extraídos regramentos específicos e objetivos, como aqueles que vedam a discriminação. Também na esteira desse marco axiológico cuidou o legislador constitucional de conformar a atividade econômica com os valores constitucionais ao desenvolvimento de uma sociedade fraterna, vinculando-a à valorização do trabalho humano que tem por finalidade assegurar a todos a existência de uma vida digna, em conformidade com os ditames da justiça social (artigo170).

Nos casos em que houver a normatividade específica, o intérprete também se valerá dela sempre que se fizer presente a necessária recondução ao valor maior da dignidade. No caso de um vazio, como é o caso normativo interno das provas genéticas preditivas nas relações de trabalho, será possível buscar, na dignidade humana, a exigência de que esses testes não sejam efetuados com fins discriminatórios, tampouco que impliquem ofensa ao direito ao acesso ao trabalho, à liberdade e à intimidade. A dignidade "[...] será critério para valoração de situações e atribuição de pesos em casos que envolvam ponderação", exercendo também uma função integrativa diante da ausência normativa e não apenas em atos de natureza estatal, mas também no contexto de condutas privadas (BARROSO, 2010).

A dignidade é, assim, um ponto de referência imprescindível a ser utilizado para dirimir qualquer e todo eventual conflito de valores. No entanto, a enorme facilidade com que se argui esse princípio na prática é proporcional à imensa dificuldade para defini-lo no plano ético-jurídico, o que se traduz nas variadas tentativas de manipulação discursiva ao longo da história, e que reduzem a capacidade de exercer a sua missão de impedir a coisificação do humano, degradando-o à condição de mero objeto (FERNÁNDEZ DOMÍNGUEZ, 1999, p. 121 e ss.). Com grande frequência, a

---

(188) Em razão do corte da pesquisa, não é o caso, no entanto, de avançarmos no estudo que se volta às distinções entre princípios e regras.
(189) O direito à vida está presente em inúmeros documentos internacionais, sendo alguns deles: a Declaração Universal dos Direitos Humanos (DUDH), 1948, artigo III; o Pacto Internacional dos Direitos Civis e Políticos (Pacto ONU), 1961; a Convenção Americana sobre Direitos Humanos (Convenção Americana), 1969; a Carta Europeia de Direitos Fundamentais (Carta Europeia), 2000, artigo 2º, que expressamente proíbe a pena de morte; a Declaração Universal sobre Bioética e Direitos Humanos da Unesco (UNESCO, 2005), que expressamente declara em seu prefácio que "[...] ao consagrar a bioética entre os direitos humanos internacionais e ao garantir o respeito pela vida dos seres humanos, a Declaração reconhece a interligação que existe entre ética e direitos humanos no domínio específico da bioética" etc. Também o direito à vida está previsto na Constituição Federal de 1988 (BRASIL, 1998) em vários dispositivos a exemplo do artigos 5º, *caput*, inciso X.

dignidade humana "[...] funciona como um mero espelho, no qual cada um projeta sua própria imagem de dignidade" (BARROSO, 2010). E, por esse motivo, muitas vezes é defendida a sua absoluta inutilidade, reduzindo-se sua importância a um argumento ilusório e retórico (MACKLIN, 2003)[190]. Outras vezes, destaca Barroso (2010), recebe críticas, como ocorre nos Estados Unidos (prevalência da liberdade individual), por ser manifestação de um constitucionalismo voltado a valores, de caráter comunitarista, especialmente à admissão de direitos sociais que geram prestações positivas a exemplo do trabalho, da saúde e do meio ambiente saudável.

Pelo corte da pesquisa, não intentaremos discorrer sobre a complexidade teórica envolta na temática da dignidade da pessoa humana. A pretensão é apenas libertá-la do estigma da vagueza para que seja capaz de servir a legitimar soluções concretas ao objeto de estudo, tornando-a operacional.

Como temos dito, a utilização do genoma humano como fonte de conhecimento sem fissuras nem limites ontológicos constitui um grande atentado contra o livre desenvolvimento da personalidade do indíviduo (direito subjetivo intimamente conectado à relação da pessoa com seu corpo ou a sua liberdade física), afetando a sua dignidade ao abrir espaço a limitações a sua criatividade e produtividade, ao promover a sua dependência econômica e impedir o acesso ao trabalho (FERNÁNDEZ DOMÍNGUEZ, 1999, p. 122 e ss.). Em alguns casos, até mesmo ao acesso à saúde pública, considerando que o medo da marginalização poderá levar à evasão os tratamentos e aconselhamentos genéticos que lhes permita, uma vez seguros contra a discriminação, adequado diagnóstico e prognóstico genético (FERNÁNDEZ DOMÍNGUEZ, 1999, p. 122 e ss.).

O preâmbulo da Declaração Universal sobre o Genoma Humano e os Direitos Humanos da Unesco (1997) estabelece, expressamente, que a pesquisa sobre o genoma humano e as aplicações que dela sejam resultantes devem respeitar inteiramente a dignidade, a liberdade e os direitos humanos, proibindo-se qualquer forma de discriminação.

Na perspectiva adotada neste estudo, que tem como referência teórica a Bioética da Libertação, a *práxis* da libertação deve ser garantia efetiva de uma existência digna e que vai abranger mais do que a mera sobrevivência física, situando-se, portanto, para além do limite da pobreza absoluta e da vida biologicamente saudável. A importância da *práxis* da libertação está assentada em seu caráter *analético* que faz emergir a indigação ética, em que a vítima se manifesta em resistência às variadas formas de opressão, de dominação e de manipulação.

---

(190) Prossegue Macklin (2003, tradução nossa) no sentido de que a genética humana é uma área importante de desenvolvimento do princípio, em que existem preocupações sobre violações da dignidade defendendo, no entanto, que esse argumento nada mais é do que uma capacidade de pensamento racional embasado no respeito, na responsabilidade, na autonomia. Para o autor, a "dignidade é um conceito inútil em ética médica e pode ser eliminada sem qualquer perda de conteúdo."(texto original: "Dignity is a useless concept in medical ethics and can be eliminated without any loss of content".)

Diz Sarlet (2013, p. 33) que uma vida despida de alternativas jamais corresponderá às exigências da dignidade humana, uma vez que a vida humana não pode ser reduzida à mera existência. Citando o jurista alemão Heinrich Scholler, Sarlet destaca que a existência digna deverá assegurar a plena fruição dos direitos fundamentais e o pleno desenvolvimento da personalidade (SARLET, 2013).

A ideia de dignidade da pessoa implica "[...] uma dimensão sociocultural e que é igualmente considerada elemento nuclear a ser respeitado e promovido" (SARLET, 2013, p. 33). As ações humanas devem ter por base reconhecer o homem enquanto sujeito de sua prática, quando pode atuar livremente, pensando e decidindo num espectro de possibilidades concretas (HINKELAMMERT, 1986, p. 280). Com isso, outras prestações básicas, seja em termos dos direitos culturais (como a educação), seja em termos de direito ao acesso ao trabalho, estão inseridas dentre o espectro de direitos necessários à fruição de uma vida digna (SARLET, 2013, p. 33 e ss.), como é o caso do direito à igualdade, intimamente vinculado à não discriminação (CRFB/1988, artigo 5º, inciso I c/c, XLI), à integridade física (CRFB/1988, artigo 5º, inciso XLIX), o direito à intimidade (genética) (CRFB/1988, artigo 5º, inciso X), o direito ao livre acesso ao trabalho (CRFB/1988, artigo 5º, inciso XIII e artigo 6º) e a busca do pleno emprego (CRFB/1988, artigo 170, inciso VIII), que se somam ao respeito à liberdade (CRFB/1988, artigo 5º, *caput*), do qual deriva o direito à autonomia.

O que buscaremos agora é contextualizar essas categorias à temática de estudo, tensionando-as perante o uso das provas genéticas preditivas nas relações de trabalho.

A igualdade[191]. Como ressaltam Noemí González e Eltel Papo (2008), por sua natureza de dados sensíveis, a correta proteção dos dados genéticos é condição indispensável para assegurar o respeito ao princípio da igualdade. Todos os instrumentos que tratam a temática proíbem toda e qualquer discriminação fundada em questões genéticas e buscam garantir a privacidade dessa informação, como é o caso da Declaração Universal sobre o Genoma e Direitos Humanos, artigos 6º e 7º (UNESCO, 2003). A proteção a outros direitos como o direito à saúde, o direito ao trabalho, à integridade pessoal e à intimidade estão também diretamente conectados à segurança de que nenhum dado genético será revelado a terceiros, que possam utilizá-los como instrumento de discriminação.

A OIT, no informe denominado "[...] igualdade em trabalho: enfrentando os desafios", faz um panorama das situações de discriminação no trabalho

---

(191) O princípio da igualdade está assegurado pela Constituição Federal de 1998 (BRASIL, 1988) em vários dispositivos, como em seu preâmbulo, no artigo 3º, III, artigo 5º *caput* etc. Também está previsto em Declarações e Tratados Internacionais.

em vários países. Em relação ao Brasil, apresentou um suplemento nacional com os principais aspectos, bem como alguns dos avanços na luta contra a discriminação no país (OIT, 2007b). O relatório traz o indicativo da discriminação de gênero e de raça, apontando que os rendimentos das mulheres e dos negros continuam sendo expressivamente inferiores aos dos homens brancos. O estudo também demonstrou que, no país, 52% das pessoas com deficiência ainda estão inativas no mercado de trabalho, segundo dados da Federação Brasileira dos Bancos (Febraban), ressaltando as medidas que foram tomadas em nível nacional para proteção dos trabalhadores portadores do vírus HIV contra a discriminação no trabalho.

A igualdade formal, dadas as limitações nela contidas, é alvo de muitas críticas (FREDMAN, 2002). Primeiro, pois a legislação não consegue abarcar todas as diferenças existentes entre os indivíduos. Além disso, do conceito não se extrai, tampouco, a exigência de que as pessoas devem ser tratadas adequadamente de modo a acomodar essas suas diferenças. Por isso, defende-se que, no campo da igualdade formal, não há espaço para medidas de natureza positiva que valorizem a diferença de maneira a atingir a igualdade real (FREDMAN, 2002, p.10).

Diz Kottow (2005, p. 41) que proclamar a justiça da igualdade para todos é uma abstração e uma fórmula vazia que deve se ver confrontada com algumas indagações: igualdade em quê? Igualdade para quem? Quem são os "todos" que devem ser tratados com igualdade?

O ideal de justiça a que aspiramos, a partir da perspectiva dusseliana, deve habilitá-la para enfrentamento das questões práticas, do homem de carne e osso (DUSSEL, 2012). É uma justiça universal, porém, que se volta à *práxis*, em favor daqueles que mais necessitam. É universal, porque condena as discriminações e é voltada à prática porque intenta ações focais que se voltem às necessidades concretas e específicas dos mais suscetíveis. Justamente por focar nas ações sociais que vão se direcionar ao coletivo de maior suscetibilidade, de forma inequívoca, deverão deixar de atender aos requisitos neutros da equanimidade (KOTTOW, 2005, p. 42).

O diferencial entre as éticas aplicadas anglo-saxônicas e as latino-americanas é que enquanto as primeiras são individualistas e contratualistas, as segundas estão inseridas num cenário de profundas desigualdades sociais e, assim, sem condições de estabelecer "[...] uma mesa de negociações contratuais." Essa diferença explica os motivos por que a autonomia pode se cristalizar enquanto um princípio inviolável no mundo anglo-saxão, ao tempo em que também explica os motivos de sua predominância postergada nos países da América Latina "[...] onde as brechas socioeconômicas impedem que todos possam exercer sua autonomia com igual incondicionalidade" (KOTTOW, 2005, p. 42). Por isso, na América Latina, vem se insistindo na luta contra a injustiça, tema que serviu ao 6º Congresso

Mundial de Bioética, cujas principais contribuições foram condensadas na obra "*Bioética Poder e Injustiça*" (GARRAFA; PESSINI, 2004).

A proposta, como temos defendido neste estudo, a partir da Bioética da Libertação, é de afastamento do utópico, voltando-se o foco para uma coletividade de indivíduos que sofre restrições de uma liberdade diminuída por privações. Grupos não empoderados e suscetíveis.

No ideal apresentado pela Ética da Libertação, a reflexão ética dá valor ao grupo de excluídos. E não é somente a existência de uma categoria de excluídos que deve ser condenada e, sim, a permanência dos sistemas que alimentam e mantêm a exclusão (DUSSEL, 2012).

Como adverte Kottow (2005, p. 43), deve-se estar atento para que o discurso bioético não caia na tentação de aceitar um *status quo* que provoca empobrecimento material e moral ao mundo, insistindo na busca de éticas coerentes e efetivas.

Transportada a questão para o plano jurídico, fala-se em igualdade material, que se ocupa com o conteúdo da norma e com os impactos que vai causar nos indivíduos. Há mais do que a preocupação de tratamento igual de todos no plano jurídico. Volta-se ao mundo dos fatos, estando no plano da chamada perspectiva positiva da igualdade, a partir da qual se percebe que, estando os indivíduos em condições de partida diferentes, a igualdade não será atingida se não houver uma atuação intervencionista do público. Nesse sentido, tem-se consolidado no plano nacional e internacional o debate sobre a igualdade formal e material, sobre a diferença e sua importância na concretização dos direitos humanos. Exemplos de legislações positivas que se inspiram no ideal de concretização de igualdade material citadas por Flávia Piovesan (2003, p. 199-203) são: o inciso XX, do artigo 7º, da Constituição da República Federativa do Brasil, que confere proteção ao trabalho da mulher e serve de fundamento à Lei n. 9.799/1999, assim como o o inciso VII do artigo 37 da mesma Carta Constitucional, o qual determina a reserva de percentual de cargos e empregos públicos para pessoas com deficiência, comando protetivo que pode igualmente abarcar os indivíduos com predisposição a enfermidades genéticas, assintomáticos ou não.

Todo o apanhado importa para o objeto de estudo. Aponta para a tentativa de uma nova direção para a Bioética e os Direitos Humanos e ilustra como o interesse empresarial muitas vezes se distancia do interesse social e, por isso, é limitado, citando-se em complementação aos anteriores o artigo 93 da Lei n. 8213/1991 que determina às empresas a contratação de percentual mínimo de empregados reabilitados ou com deficiência. O comando legal, fundamentado na função social da pessoa jurídica, obriga empresas a criarem ambiente adequado ao labor para essas pessoas, e não o contrário (a adaptação desse coletivo à realidade empresarial posta)[192].

Também decorre do valor intrínseco da dignidade humana o direito à integridade física, alvo de especial atenção da Bioética, notadamente no campo das pesquisas clínicas envolvendo seres humanos, a proteção contra a eugenia, o comércio de órgãos etc. Além da integridade física, também a integridade moral ou psíquica, que vai incluir desde o próprio direito de ser reconhecido como pessoa, assim como os outros direitos dele decorrentes, a exemplo do direito ao nome, à imagem, à honra, resguardando o indivíduo contra ele mesmo, inclusive, para que se vejam protegidas condutas lesivas a si próprio (BARROSO, 2010, p. 24).

Especialmente, em relação ao corpo humano, Gediel (2000b, p. 28-30) também citado por Schiocchet (2010), destaca que é possível identificar, num mesmo sujeito, "a fonte e o objeto do direito subjetivo", o que se revela na existência de um consenso ético-jurídico em direção à sua não comercialização[193]. A mesma problematização pode ser trazida em relação às provas genéticas preditivas na relação de trabalho e a *(im)possibilidade* de sua realização de forma indiscriminada, ainda que com a anuência do trabalhador.

Em igual inteligência, a possibilidade concreta de segregação laboral do trabalhador com predisposições a doenças genéticas reclama a devida proteção da intimidade, aqui compreendida como intimidade genética. Como ressalta Romeo Casabona (1999, p. 78), a proteção à intimidade genética se dá não só sobre o seu objeto (aqui incluído o direito de proteção da informação genética obtida pelas provas genéticas preditivas, como também o direito de oposição a esses testes), como pela forma de seu registro e embasamento. Se os dados de saúde foram elevados à categoria de dados sensíveis por seu potencial violador dos direitos e garantias fundamentais, aumentando a vulnerabilidade do indivíduo, essa potencialidade destrutiva é elevada em se tratando de informação genética.

Para Romeo Casabona (1999, p. 79), corolário do direito à intimidade genética também está o direito de não saber, de não conhecer os resultados das análises às quais foi submetido, podendo de igual modo opor-se

---

(192) Ao Estado, é dado o dever de garantir o atendimento educacional especializado (artigo 208), bem como a criação de programas de prevenção e atendimento especializado às pessoas com deficiências físicas, sensorial ou mental, e integração social do adolescente, mediante o treinamento para o trabalho e a convivência, e a facilitação do acesso aos bens e serviços coletivos, com a eliminação de preconceitos e obstáculos arquitetônicos (artigo 227).
(193) Ver artigo 194 ,§ 4º, da CRFB/1988: "[...] a Lei disporá sobre as disposições e os requisitos que facilitem a remoção de órgãos, tecidos e substâncias humanas para fins de transplante, pesquisa e tratamento, bem como a coleta, processamento e transfusão de sangue e seus derivados, vedado todo tipo de comercialização." (BRASIL, 1988.) Ver também artigos 13 e 14 do Código Civil (trata sobre direitos da personalidade e proíbe as hipóteses de disposição de partes do corpo a título gratuito), a Lei n. 9.434/1997 (regulamenta a remoção de partes do corpo para transplante) e Lei n. 10.205/2001 (veda a comercialização de sangue), dentre outros.

à realização desses exames, de forma a impedir uma intromissão em sua vida íntima, e de seus familiares, inclusive, bem como o processamento e transmissão dessas informações.

Não existe, no ordenamento jurídico brasileiro, disposição legal que assegure o direito à intimidade genética de forma autônoma, sendo necessário, portanto, neste período de vazio normativo específico, reconduzi-lo a outras categorias de dados pessoais, cuja proteção está, assim, assegurada pelo inciso X, do artigo 5º, da CRFB/1988, ao proclamar o direito à vida privada e à intimidade.

No mesmo sentido, o sigilo dos dados previsto no inciso XII do mesmo artigo. Esses preceitos devem ser observados diante dos atos que visem à coleta de dados de natureza genética.

Somem-se igualmente as normas internacionais já tratadas neste estudo[194], bem como as normas deontológicas voltadas ao dever de sigilo médico com relação às informações confidenciais de que tiver conhecimento o médico no desempenho de suas funções (Resolução CFM n. 1.246/1988, artigo 11)[195].

O direito ao trabalho (que também se conecta diretamente ao direito à não discriminação por razões genéticas) reclama a oportunidade do direito de acesso e de permanência, que não pode ser desviado pelo mau uso da informação genética. Está consagrado no inciso XIII do artigo 5º da CRFB/1988 e materializa-se não só na adoção, pelo Estado, de prestações positivas de fomento ao pleno emprego, como também de prestações negativas voltadas à proteção contra a não discriminação e igualdade de acesso, observadas, quanto à igualdade, as considerações já efetuadas.

O direito ao trabalho também está conectado à função social da propriedade em sua exigência de que as empresas devam adotar "[...] posições como agentes transformadores da sociedade, assumindo papéis para coibir ações que possam prejudicar seu público, seus clientes, seus fornecedores e a sociedade em que está estabelecida" (MENJIVAR, 2008, p. 208).

Todo o apanhado se insere numa categoria que se conecta muito diretamente com a Bioética da Libertação, a qualidade de vida, que, muito além de conceber a saúde enquanto um conceito atrelado à doença, se volta à noção eminentemente humana, "aproximada ao grau de satisfação encontrado na vida familiar, amorosa, social e ambiental e à própria estética existencial" (MINAYO; HARTZ; BUSS, 2000, p. 8). Pressupõe uma aproximação aos clássicos da Medicina Social e à discussão sobre

---

(194) Reportamos o leitor ao Capítulo 4, item 4.1.2 – "A tentativa de estabelecimento de alguns marcos regulatórios para os testes genéticos preditivos na relação de trabalho" onde são elencados os marcos normativos existentes sobre os testes genéticos.
(195) No mesmo sentido, Código de Ética Médica, artigo 102.

o conceito de promoção da saúde e que levará em conta não só os avanços da biologia humana e os serviços da saúde como o estilo de vida e o ambiente físico e social. Assim, nem todos os valores inseridos no conceito de qualidade de vida serão de índole material, como é o caso do amor, da solidariedade, da inserção social, da realização pessoal e da felicidade (MINAYO; HARTZ; BUSS, 2000, p. 8). Na perspectiva da Bioética da Libertação alicerçada em Dussel (2012, p. 140 e ss.), somente atuará eticamente aquele que produza, reproduza e desenvolva autorresponsavelmente a vida concreta de cada pessoa humana, inserida numa comunidade de vida e a partir de uma vida boa cultural e histórica, contextualizada nos diversos modos de concepção de felicidade, compartilhados solidariamente. Assim, ao mesmo tempo que é um enunciado normativo que tem uma pretensão de verdade prática, também busca uma universalidade.

Alcançar a plena qualidade de vida implica obter a inclusão plena dos indivíduos "[...] na dinâmica relacional da sociedade", tendo, portanto, uma dimensão coletiva, de transformação dos padrões assimétricos que podem levar à subjugação do outro (PORTO, D., 2006, p. 39). Viver é poder progredir, declinar já é morrer (BOMFIM, 2008, p. 280).

Seguindo nosso trajeto, é de se destacar a relevância que a categoria autonomia possui no campo das provas genéticas preditivas.

Como ressalta Léon Correa (2010, p. 15), devemos primeiramente desejar uma vida feliz, bem-sucedida, sendo a ética esse desejo, antes de uma normatividade. Desejamos uma vida que vale a pena ser vivida, um projeto de autorrealização. A liberdade está na raiz desse desejo, sendo um dos meios para sua obtenção.

E, junto desse desejo, encontra-se a estima de nós mesmos, tanto a psicológica (autoestima) como a moral, representada na autoconfiança, que estará revelada não apenas em nossas capacidades, mas também em nossa "[...] consciência lúcida das próprias limitações." Assim, a estima será moral quando reconhecer no outro também um sujeito de autoestima digno (LEÓN CORREA, 2010, p. 15). O ser humano deve sentir-se enquanto responsável e protagonista de seus atos, ao mesmo tempo deve se ver inserido num cenário de possibilidade de criações. O bom para o ser humano é tudo aquilo que vai permitir a produção, a reprodução e o desenvolvimento da vida em comunidade (DUSSEL, 2002).

Diz Marilena Chauí (1999, p. 337-338) que, para que exista uma conduta ética, se faz necessária a existência de um agente consciente, ou seja, aquele que sabe distinguir o que é bom ou mal, o que é certo ou errado, permitido ou proibido, o que é virtude e o que é vício. Não há consciência moral se não houver possibilidade de conhecimento dessas diferenças, de ser capaz de julgar o valor dos atos e das condutas e agir em direção aos valores morais. Esse conjunto vai produzir a possibilidade do indivíduo ser responsável por suas ações e sentimentos e também pelas consequências do que faz.[196]

As questões envoltas no exercício da autonomia são especialmente problemáticas no campo do trabalho e diante das provas genéticas preditivas, em que se faz necessário postular o consentimento informado em seus mais plenos efeitos, com a informação ao trabalhador das causas dos testes, sua finalidade, por que motivo se realizam, seus possíveis resultados, e as implicações sobre acesso a esses dados e as condições de seu armazenamento (SÁNCHEZ BRAVO, 2004).

Por isso, e já antecipando o que trataremos no título seguinte quando abordaremos os limites aos testes genéticos preditivos, afirmamos que, dado o estado de maior vulnerabilidade do trabalhador no contexto das relações laborais, o consentimento informado não é suficiente para validar tais provas. Sabe-se que a conhecida situação de desemprego submete o trabalhador à aceitação de diversas condições, prejudiciais e muitas vezes contrárias à sua vontade real.

O consentimento admitido, sem que se avaliem essas questões, não seria exatamente uma livre manifestação de vontade, mas um efeito da submissão do trabalhador à sua necessidade material de ingressar e permanecer no mercado de trabalho. É uma questão que demanda a consciência individual e coletiva e que toca de frente a categoria da vulnerabilidade, tema central para a Bioética da Proteção, que assim como a ética da libertação, nasce na América Latina e é pensada para a sua realidade (KOTTOW, 2005, p. 42)[197].

5.2 DISCUSSÃO: LIMITES AO TRATAMENTO DE DADOS GENÉTICOS DO TRABALHADOR E VALIDEZ DAS PROVAS À LUZ DA BIOÉTICA DA LIBERTAÇÃO DE ENRIQUE DUSSEL

Depois de todo o trajeto percorrido, chegamos ao enfrentamento do problema deste estudo: a utilização de provas genéticas preditivas potencializa a vulnerabilidade estrutural do trabalhador brasileiro, mitigando seus direitos humanos fundamentais? É realmente possível a partir da ideia de libertação de

---

(196) Como ressalta Schiocchet (2010, p. 146), a autonomia em grande parte dos modelos ocidentais se reduz à capacidade civil que, por sua vez, possui seu embasamento voltado fundamentalmente a princípios liberais.
(197) Kottow reconhece os pontos de contado entre a ética da libertação e a ética da proteção: "A ética da proteção é por antonomásia uma ética da simetria, assim como o é em outro sentido, a ética da libertação. A figura moral da proteção se compõe de uma instância forte, o pai, o Estado – e outra fraca que tem que ser protegida –, os enfermos, os pobres, os discriminados, os débeis. Nas nações democráticas de desenvolvimento precário, existem duas fontes de poder social; as classes abastadas e o Estado." (KOTTOW, 2005, p. 39-40.)

Enrique Dussel construir um arcabouço teórico em Bioética que limite a adoção de provas genéticas preditivas para admissão e permanência no trabalho?

Como já ressaltamos em nossa trajetória, a possibilidade de resposta sobre a admissibilidade ou não da adoção dos testes genéticos preditivos nas relações de trabalho está muito além da dicotomia lícito/ilícito, bom/mau, estando inserido num emaranhado complexo de fortes disputas discursivas e biotecnológicas.

Em primeiro lugar, devemos destacar que, desde o ano de 1973, pela Convenção n. 136 da OIT, foram introduzidos no campo das relações laborais exames de sangue em trabalhadores sujeitos à exposição de benzeno e seus derivados, inaugurando-se nova perspectiva na avaliação de saúde do trabalhador. E a cada avanço biotecnológico, novas técnicas vão sendo introduzidas no campo da Medicina do Trabalho.

Também a OIT (2005, p. 41) cristaliza a seguinte definição de "vigilância do ambiente de trabalho":

> *Vigilância do ambiente de trabalho:* Termo genérico que compreende a identificação e a avaliação dos fatores ambientais que podem afetar a saúde dos trabalhadores. Engloba a avaliação das condições sanitárias e de higiene ocupacional, dos fatores da organização do trabalho que possam apresentar riscos para a saúde dos trabalhadores, dos equipamentos de proteção coletiva e individual, da exposição dos trabalhadores aos agentes nocivos e dos sistemas de controle concebidos para eliminá-las e reduzi--las. Do ponto de vista da saúde dos trabalhadores, a vigilância do ambiente de trabalho pode centrar-se, também, mas não exclusivamente, na ergonomia, na prevenção de acidentes e doenças, na higiene ocupacional, na organização do trabalho e nos fatores psicossociais presentes no local de trabalho.

Embora nos posicione no sentido de que pelas legislações nacionais atuais não se pode deduzir a obrigatoriedade do empregado submeter-se a testes genéticos, como se vê, o âmbito das possibilidades de vigilância do trabalho é um campo aberto no tocante às tecnologias que poderão ser utilizadas para identificação dos riscos que podem afetar a saúde do trabalhador. Além disso, ante o exposto, especialmente em relação aos avanços e benefícios possibilitados pelo genoma, não há também como defender seriamente a absoluta impossibilidade das provas genéticas preditivas na relação de trabalho, as quais são realidade concreta em diversos instrumentos de direito internacional e de direito comparado.

Por outro lado, não podemos perder de vista o contexto em que estamos inseridos: o ambiente de trabalho, campo de disputas discursivas e de relações de poder, que submete o demandante a emprego a uma posição de especial subordinação; e o ambiente latino-americano, cenário habitado por profundas desigualdades sociais, exploração de mão de obra e desemprego, circunstâncias que também aumentam a interferência na livre manifestação de vontade do trabalhador. A verdadeira concepção da história do trabalho humano, que tentamos pincelar no decorrer deste estudo, sob as luzes da Bioética da Libertação, exige que não se considere nada além do que é a realidade, sem mediações discursivas. Em seu processo de libertação, para que o trabalhador tenha assimilação dessa realidade, é necessário primeiro desembaraçá-lo da ignorância e das subjetividades externas impostas, para que não seja conduzido como um ser sem consciência e incapaz.

Pela iminência da introdução dos exames genéticos preditivos na relação de trabalho em nosso país, especialmente em razão do crescente aumento da fiabilidade da previsão e da capacidade diagnóstica a um número cada vez maior de enfermidades, temos algumas afirmações e proposições a defender agora.

A primeira é, desde já, reconhecer a necessidade de regulação específica da matéria em nosso ordenamento jurídico. A elevada sensibilidade dos dados genéticos, as possibilidades preditivas, a ausência de um programa abrangente de aconselhamento genético e de realocação dos "excluídos genéticos" no mercado de trabalho, os interesses em presença e mesmo o arcabouço normativo já existente revelam a particularidade extraordinária que a matéria impõe a reclamar uma adequada intervenção legislativa.

Em segundo lugar, ressaltemos a insuficiência das propostas legislativas que estão em andamento no país e já citadas no Capítulo 4, item 4.1.2, as quais, embora representem um avanço, ainda não conferem a proteção necessária contra abusos que possam ser cometidos na utilização dos exames genéticos nas relações de trabalho, tampouco estabelecem mecanismos seguros de proteção dos dados genéticos ou outros que se destinem à reabilitação do trabalhador com condições genéticas que limitem o seu acesso ao trabalho.

A terceira afirmação se volta também ao reconhecimento de que a regulação legislativa da matéria não será a solução de todos os problemas. O Direito não tem conseguido prevenir as condutas antissociais. Do contrário, cada dia, os índices delitivos aumentam em todo o mundo. Não existe certeza jurídica, e bem sabemos que o "pior" "crime" é permitir que alguém viva na pobreza, na exploração e na opressão.

Além disso, deve-se sempre estar atento ao fato de que o Direito tem tal força discursiva que, criada a norma, se estancam discussões sobre o tema. Desse modo, o que ocorre é que um problema de múltiplos fatores, muitas vezes, ao se transformar em norma, como tal, fracassa. E todos os argumentos sociais, filosóficos, sociais, bioéticos, políticos se convertem em argumentos jurídicos.

Faz-se a advertência não para negar a importância do Direito, mas para que a necessária contribuição que será dada pelos instrumentos legislativos não se converta em panaceia para resolução de todos os problemas, estancando o debate, sendo necessário que a categoria "trabalho" ocupe de forma definitiva a pauta cotidiana da Bioética.

Em quarto lugar, dando concretude à *práxis* da libertação no campo estudado, defendemos que todo esse processo que trata da possibilidade real de libertação somente se concretizará com a instrução, participação e organização dos trabalhadores visando à adoção de estratégias libertadoras, sendo esse o momento crucial da factibilidade ético-prática, concreta e crítica (DUSSEL, 2012, p. 500 e ss.).

Não se pode perder de vista, no entanto, que a "educação política" e de "organização dos trabalhadores", proposta por Dussel, ocorrerá no processo de libertação e não fora dele.

Aqui, Dussel (2012, p. 500 e ss.) se opõe à postura voltada ao mero "reformismo", por entender que esta adota critérios de manutenção do sistema dominante. Defende que se vá além da "revolução", de modo a obter a "transformação", única capaz de converter a libertação num projeto de vida concreta que atue no cotidiano.

E em quinto e último, a partir de todo esse arcabouço teórico já apresentado e à luz das discussões propostas pela Bioética da Libertação e os Direitos Humanos, afirmamos a necessidade de estabelecimento de limites claros à utilização dessas provas de modo que não revertam em prejuízo aos direitos humanos fundamentais dos trabalhadores, considerando-se a especialíssima natureza e o potencial ofensivo dos dados genéticos.

Ao assumir a responsabilidade pela crítica e também pelo trabalhador-vítima, somos interpelados a lutar pela validade prática dos argumentos apresentados e a intervir criativamente nas normas e nas instituições. Por isso, avançaremos para algumas proposições de caráter normativo, tomando-se também por referência outras experiências legislativas e iniciativas internacionais que serão recepcionadas com as adequações necessárias ao contexto em que estamos inseridos, a partir das advertências efetuadas pela Bioética da Libertação na perspectiva dusseliana.

a) **Proibição geral**: a adoção das provas genéticas preditivas na relação de trabalho deve ser realizada em caráter excepcional. A regra deve ser a da inadmissibilidade desses exames (ROMEO CASABONA, 1999, p.

81-82)⁽¹⁹⁸⁾. Assim, a aferição da aptidão física e psíquica do trabalhador para exercer determinada atividade laboral deverá ser aferida no momento da contratação, não podendo voltar-se a dados probabilísticos incertos sobre as potenciais possibilidades de evolução futura (AMADO, 2006).

A proibição se volta, nesse caso, não só para proteção ao próprio trabalhador em foco (considerando a assimetria da relação de poder), como também em relação aos outros empregados, ou seja, o princípio limita igualmente a possibilidade de submissão voluntária do empregado a testes genéticos preditivos quando destituído de finalidade médica específica, considerando a relação de desigualdade que será criada em relação aos demais que não desejarem a submissão ao exame⁽¹⁹⁹⁾.

Como adverte Carlos de Sola (1995, p. 161-162), a possibilidade de adoção das provas genéticas nas relações laborais como critério seletivo, pode criar uma categoria social de trabalhadores "incontratáveis" pelo simples fato de não serem detentores de uma constituição genética "adequada" ao mercado, fruto de probabilidades incertas de desencadeamento de enfermidades que poderão nunca se manifestar, como é o caso das enfermidades multifatoriais.

Além disso, e como reiteramos diversas vezes, uma característica dos dados genéticos é a sua dimensão coletiva, concretamente familiar. Se uma pessoa se vir obrigada a submeter-se a algum teste genético não só estará cedendo dados biológicos seus como de seus familiares consanguíneos (MORENTE PARRA, 2014, p. 275).

Nunca poderá ser permitido que razões econômicas anulem a liberdade individual e a igualdade de oportunidades. Desse modo, deve-se assegurar aos trabalhadores a possibilidade de exercício de uma "opacidade genética" (AMADO, 2006) no resguardo de sua intimidade genética.

A reflexão bioética deve voltar-se criticamente ao discurso da "[...] inevitável convivência com o risco" e da "subestimação dos riscos" presentes nos meios ambientes de trabalho perigosos e insalubres, desconstruindo as subjetividades que colonizam o ambiente laboral (MUÑOZ POBLETE; VANEGAS LOPES, 2013, p. 449-450). Não vale o peso da tinta com que é expresso esse primeiro argumento que sempre povoa o meio ambiente do trabalho, o "discurso do risco." Numa perspectiva libertadora, na presença

---

(198) Mais uma vez, destaca-se a diferença entre as análises genéticas denominadas *genetic screnning*, como elemento determinante da realização de um contrato, do *genetic monitoring* que se refere às provas que se levam a efeito nos ambientes de trabalho para aferir se, nos ambientes de maior incidência de alguns agentes, o trabalhador adquiriu alguma enfermidade em decorrência da atividade laboral, cuja responsabilidade se vê atribuída ao empregador que deve zelar pela integridade física de seus trabalhadores. Ainda, no segundo caso, sempre estaremos diante de tratamento de dados de terceiros (MORENTE PARRA, 2014, p. 275-276).
(199) Os tensionamentos bioéticos e jurídicos voltados à limitação da autonomia do empregado em se submeter às provas genéticas são objeto de estudo desta autora já em andamento.

do risco, deve-se prioritariamente implementar mudanças no meio ambiente de trabalho, rompendo com a tolerância verificada nas sociedades empresariais diante de fatores inadequados que subsistem no cenário laboral.

É preciso que se tenha em consideração que obter um trabalho é um direito demasiadamente importante para que possa ser violado pela simples constituição genética do trabalhador, havendo diversos exemplos de absorção de trabalhadores com enfermidades ou incapacidades preexistentes em atividades laborais, como é o caso das pessoas reabilitadas e pessoas com deficiência (Lei n. 8.213/1991).

b) **Não discriminação**: a maior ou menor propensão para a doença não caracteriza um critério válido de escolha empresarial.

Oportuna aqui a invocação do artigo 1º da Declaração Universal sobre o Genoma Humano e Direitos Humanos da Unesco (1997), que vincula o genoma ao respeito ao princípio da dignidade humana, ao proclamar que "[...] o genoma humano constitui a base da unidade fundamental de todos os membros da família humana bem como de sua inerente dignidade e diversidade. Num sentido simbólico, é o "patrimônio da humanidade."

Também o artigo 6º proíbe qualquer tipo de discriminação em razão de características genéticas e que "[...] vise violar ou que tenha como efeito a violação de direitos humanos, de liberdades fundamentais e da dignidade humana." No mesmo sentido, o artigo 1º da Declaração de Manzanillo, de 1996[200].

Como ressalta Romeo Casabona (1999, p. 77-78), deve-se levar em conta que o conceito de enfermidade no âmbito laboral difere de outros setores como o civil e o criminal. Assim, a noção de aptidão funcional deve estar relacionada a uma condição que anule ou diminua, de forma importante, a capacidade para exercício de determinada atividade. Nesses termos, a detecção de uma probabilidade genética, cuja enfermidade pode ou não se desenvolver, não se insere no campo de abrangência das provas válidas para aferir a aptidão do trabalhador à função. Ademais, é dever do empregador a adoção de medidas de prevenção para anular os riscos de desencadeamento da enfermidade por fatores presentes no meio ambiente de trabalho.

O receio de discriminação é tão real e medonho que chega até a prejudicar de forma importante a participação de indivíduos em pesquisa, o que impacta negativamente o desenvolvimento da ciência como um grande campo de possibilidades para toda a humanidade. Recorda Calvo Gallego (2008, p. 5), citando declaração dada pela pesquisadora Barbara Fuller

---

(200) Artigo 1º "La reflexión sobre las diversas implicaciones del desarrollo científico y tecnológico en el campo de la genética humana debe hacerse atendiendo al respeto a la dignidad, a la identidad y a la integridad humanas y a los derechos humanos recogidos en los instrumentos jurídicos internacionales."

do Instituto Nacional de Investigação em Genoma Humano em Espanha, que um terço das mulheres que tinham sido convidadas para realização de estudos sobre câncer de mama e sua possível base genética rechaçaram a possibilidade pelo medo de perda de seguro e das chances de trabalho, caso fosse detectado um gene defeituoso.

c) Priorização na intervenção dos fatores de risco presentes no meio ambiente do trabalho: Deve ser incrementado e priorizado o debate sobre as causas de adoecimento do trabalhador e que busque o efetivo cumprimento das obrigações atribuídas aos empregadores de executar, em todos os níveis, avaliação dos riscos e intervenções no meio ambiente de trabalho. Tais intervenções devem se voltar a reduzir e anular a incidência de fatores nocivos à saúde dos trabalhadores, e que passem, inclusive, pela informação desses, sem mediações discursivas, de modo que, libertos dos discursos e arrazoados, também se sintam corresponsáveis pelo meio ambiente do trabalho.

A Bioética da Libertação nos conduz ao enfrentamento da persistência do discurso que relaciona a noção de ato inseguro[201] à construção da culpa, não se podendo desprezar o fato de que o acidente de trabalho não se limita à condição de produto da ação humana sobre o mundo, sendo também uma construção discursiva "[...] na medida em que é objeto de interpretação e precisa ser explicado" (OLIVEIRA, F., 2007, p. 20).

Defendemos que, numa perspectiva libertadora, apenas por uma aberração de vazio de crítica se pode despejar sobre os trabalhadores geneticamente menos avantajados os ônus por todas ou mesmo pelas principais iniciativas da prevenção de riscos laborais.

Para tanto, ressalta Machado (2011, p. 84), requer-se um olhar crítico contextualizado do histórico do processo produtivo em dado território em relação à saúde do trabalhador. Todas essas ações visam a uma aproximação sucessiva e contínua de intervenção, com a consciência ético-crítica de que, nesse campo, está presente um "jogo de forças e contradições permanentes."

d) Excepcionalidade: o fundamento é desdobramento dos anteriores, limitando a realização dos testes a situações específicas e excepcionais. Ao mesmo tempo que se retira do poder absoluto do empregador e do próprio

---

(201) "Ato inseguro e condição insegura são os conceitos centrais da "teoria dos dominós" elaborada na década de 1930. Para Heinrich (1959), o acidente seria causado por uma cadeia linear de fatores, como uma sequência de dominós justapostos, que culminaria na lesão. A primeira peça do dominó seria os "fatores sociais e ambientais prévios" responsáveis pela formação do caráter dos operários. A segunda peça, os comportamentos inadequados dos trabalhadores, frutos de características herdadas ou adquiridas. Esses comportamentos inadequados poderiam vir a constituir-se em atos inseguros, isto é, em comportamentos de risco que, juntamente com a presença de condições inseguras (atos e condições inseguros são a terceira peça do dominó), levariam à ocorrência do acidente e, por fim, à lesão (respectivamente a quarta e a quinta peças da sequência de dominós)." (OLIVEIRA, F., 2007, p. 20.)

trabalhador a possibilidade de submissão aos testes, abre-se a possibilidade de sua realização em situações excepcionais, que submetam o trabalhador e terceiros a especial, concreto, efetivo risco. Entendemos que o risco, aqui, deve ser o risco inevitável, que não possa ser superado com a intervenção no meio ambiente de trabalho.

Para Álvarez González (2007, p. 374), o controle médico somente terá justificativa quando estiver amparado por lei que cumpra uma finalidade constitucional; quando o controle se apresente adequado ao fim perseguido, ou seja, que não existam outras opções que impactem, em menor grau, os direitos fundamentais do trabalhador; quando for indispensável; e quando exista um interesse legítimo preponderante do grupo social ou mesmo de uma coletividade laboral cuja necessidade seja objetivável e, por fim, que sejam delimitados com precisão todos os pressupostos da medida limitadora.

Um exemplo concreto dos liames complicados e infinitos em que estamos e que nos permite ter a consciência de que não podemos refletir seriamente sobre o tema sem estudá-lo, a partir de uma perspectiva crítica libertadora, é o que ocorre com a categoria dos condutores de passageiros.

Primeiramente, deve-se destacar que a escolha aqui empregada não implica pensamento maligno contra esse coletivo de trabalhadores e que resulte na defesa da adoção de medidas restritivas de direitos fundamentadas unicamente na aspiração frenética por segurança. Não, ela revela apenas o desejo de expressão concreta da existência e importância de circunstâncias especiais, que ninguém pode negar, sem olvidar que na disputa de interesses de grupos e pessoas são reforçados argumentos egoísticos postos como obstáculos ao desenvolvimento da justiça e da solidariedade, categorias amplamente trabalhadas por Dussel e que representam, nos dizeres de Bomfim (2008, p. 203), as virtudes sociais por excelência.

Muito se tem discutido sobre a possibilidade de submissão dos condutores de passageiros (e outras atividades de especial risco) a testes genéticos.

Como citado na introdução deste estudo, a questão ganhou grande relevância com o acidente aéreo envolvendo a empresa *Germanwings* de propriedade da Lufthansa, dia 24 de março de 2015. As investigações apontam que o copiloto Andreas Lubitz, que havia passado por reiterados tratamentos para depressão, teria deliberadamente derrubado o avião, que fazia o trajeto Barcelona (Espanha) – Dusseldorf (Alemanha), matando as 150 pessoas a bordo, na região dos Alpes franceses.

O tema ocupou a pauta social e jornalística, levantando questões referentes ao estado de saúde dos pilotos e especialmente o grande quantitativo de profissionais que escondem a doença de seus empregadores. Seria essa uma hipótese de submissão obrigatória dos trabalhadores a testes genéticos visando à identificação de fatores genéticos voltados ao desencadeamento de doenças psíquicas?

Sem desejar explorar com profundidade o campo saúde-trabalho dos pilotos de aeronave, mas apenas introduzir o tema para dar concretude ao debate, destaca-se que esses profissionais já se submetem a requisitos admissionais psiquiátricos.

O Item 67.75 do Regulamento da Aviação Civil (ANAC, 2011), no título que trata dos "Requisitos mentais e comportamentais" dos pilotos de aeronave, estabelece, dentre outros, que:

> (a) O candidato não pode sofrer de nenhum transtorno que, a critério do examinador, possa causar não aptidão repentina.
>
> (b) O candidato não pode possuir diagnósticos clínicos ou histórico médico estabelecido dos seguintes transtornos que, a critério do examinador ou da ANAC, possam torná-lo não apto para o exercício seguro das prerrogativas da licença para a qual se aplica ou detém: (1) transtornos mentais orgânicos; (2) transtornos mentais e comportamentais devidos ao uso de substâncias psicoativas, o que inclui a síndrome de dependência induzida pelo álcool ou outras substâncias psicoativas; (3) esquizofrenia, transtornos esquizotípicos e delirantes; (4) transtornos de humor (afetivos); (5) transtornos neuróticos, transtornos relacionados com o estresse e transtornos somatoformes; (6) síndromes comportamentais associadas com distúrbios fisiológicos e fatores físicos; (7) transtornos de personalidade e do comportamento em adultos; (8) retardo mental; (9) transtornos do desenvolvimento psicológico; (10) transtornos do comportamento e transtornos emocionais que aparecem habitualmente na infância ou na adolescência; ou (11) transtorno mental não especificado nos parágrafos anteriores.
>
> (c) Um candidato com depressão, sendo tratado com medicamentos antidepressivos, deve ser julgado não apto, a menos que o psiquiatra, com acesso aos detalhes do caso em questão, considere que a condição do candidato não vai trazer prejuízo para o exercício seguro das prerrogativas da licença e da habilitação do candidato.

Assim, não é novidade que não poderão ingressar na atividade aqueles que têm antecedentes, tampouco diagnóstico de esquizofrenia, alcoolismo, desordens de personalidade, dependência a fármaco e anomalias mentais e/ou neuroses que possam dificultar o exercício seguro das atribuições exigidas pela função (ANAC, 2011).

A primeira pergunta é: em relação a esse coletivo de trabalhadores e nessa mesma linha preventiva, estaria obrigado o trabalhador a também revelar uma predisposição genética a doenças mentais, como a esquizofrenia e a depressão? No mesmo sentido, poderia o empregador exigir a submissão dos candidatos a testes genéticos preditivos voltados à investigação dessas predisposições?

Antes de passar à tentativa de proposição de qualquer resposta e para não reduzir o estudo a um viés naturalista, que só procura conhecer as causas biológicas da degradação do estado psíquico dos profissionais condutores de passageiros, é forçoso, para a Bioética da Libertação, rastrear alguns trajetos históricos do processo de adoecimento desses trabalhadores.

O incremento do estudo das incidências de estresse sobre os pilotos ocorre com a introdução da psicologia no campo da aviação, por volta dos anos 40, quando se evidenciaram inúmeras ocorrências de estresse nas tripulações da Real Força Aérea (RIUL; VABONI; SOUZA, 2012). Com exames clínicos, foram verificados os sintomas de neurose entre os pilotos como consequência de um somatório de estresses desencadeados em razão "[...] das missões de níveis incomuns de perigo que vivenciaram, além também do estresse decorrente de seus próprios conflitos conjugais e de possível predisposição de cada um" (RIUL; VABONI; SOUZA, 2012).

Riul e colaborador (2012) ressaltam que a relação saúde-doença no trabalho, no que se refere aos pilotos de aeronave, deve ser analisada a partir do "processo e organização deste", e que vai incluir vários fatores, inclusive o excesso de jornada e o elevado processo de automação das aeronaves que exige especial atenção cognitiva dos pilotos. No entanto, a maioria dos estudos se volta a analisar apenas as propriedades biológicas, físicas ou químicas e outros fatores que possam de algum modo intervir no ambiente de trabalho como temperatura, pressão, vibração, gases tóxicos, fungos, características ergonômicas, dentre outros, ao passo que o aeronauta se vê, em seu cotidiano, submetido a "toda série de condições de trabalho inadequadas à sua saúde e que parecem contribuir para a sua deterioração" (RIUL; VABONI; SOUZA, 2012).

Como destacam Feijó e colaboradores (2014), os pilotos constantemente se submetem a situações de "[...] alta demanda psicológica e baixo controle", que por sua vez podem se relacionar com o surgimento de transtornos mentais compulsivos (TMC), representando um grande e efetivo risco potencial à segurança de voo. Identificando nos fatores da degradação psíquica dos pilotos o componente determinado em parte pelo tipo e forma de organização do trabalho, sugere a essencialidade da adoção de uma gestão organizacional mais participativa, que dê voz ao coletivo de trabalhadores e que "[...] inclua os pilotos no processo de mudança e melhorias do contexto laboral."

Todas essas investigações demonstram como é simplista a atribuição do risco de forma determinante a partir da composição genética do trabalhador, e em qualquer atividade, seja ela de maior risco ou não. O juízo sobre os fatores de risco e a sua contenção demanda (antes que se exclua o trabalhador de seu direito a um determinado trabalho) o conhecimento de toda a história e todo o processo organizacional da categoria.

Por isso, Romeo Casabona (1999, p. 83-84) defende que a submissão de trabalhadores condutores de passageiros e outros que desempenham atividades de risco a provas genéticas preditivas deverá observar algumas condições:

– deve-se considerar o posto de trabalho enquanto tal e não a pessoa que o ocupe, ainda que ela queria assumir o risco. A avaliação não deve ficar à mercê da discricionariedade do empregador ou do trabalhador, devendo constar da lei a enunciação das atividades que apresentem características que demandem a realização de testes (sistema do *numerus clausulus*);

– exige-se a disponibilidade de um aporte diagnóstico que confira alta probabilidade de contração da doença profissional muito grave ao manter-se em contato com o meio ambiente de trabalho, seja em relação a doenças plurigênicas, seja no tocante a doenças monogênicas de aparição tardia;

– não deve existir alternativa por parte do empregador ou empresário para implementação de mudanças, de forma coletiva, no meio ambiente laboral, aumentando a segurança;

– se os exames genéticos ocorrerem no curso da relação empregatícia, que se dê oportunidade de realocação em outra função com possibilidades trabalhistas semelhantes.

Embora se reconheça o esforço e o pioneirismo do autor na tentativa de obter respostas contundentes aos casos concretos que se sucederão, o intento está longe de ser alcançado. Afinal, como reiteradamente temos mencionado, estamos num campo de subjetividades impostas pela força do capital e que têm de forma insistente provocado apreensões de sentido no estabelecimento de nexo entre o adoecimento do trabalhador e o ambiente laboral. Além disso, nós que conhecemos a instabilidade política, econômica e social na América Latina, e especialmente em América do Sul, a qual decorre dos "regimes parasitários de colonização" (BOMFIM, 2008), sabemos que mesmo as válidas proposições sociais teóricas demandam complexos processos de convencimento e efetivação. Como, operacionalizar fática e juridicamente a "realocação em outra função com possibilidades trabalhistas semelhantes"? Nesse processo, surgem muitos outros deveres correlatos e que, demandando uma especial qualificação, se tornam indispensáveis, a exemplo da oferta de um eficaz programa de aconselhamento genético na saúde pública e privada.

A possibilidade de uso abusivo dos testes genéticos nas relações de trabalho já é realidade, mesmo nos países desenvolvidos, em que se ploriferam empresas que se dedicam a esse tipo de investigação.

Um exemplo de prática empresarial abusiva recente foi apelidada como "[...] o mistério do defecador desonesto" (*"mystery of the devious defecator"*). A história se passou em Atlanta (EUA), quando a empresa "Atlas Logistics Group Retail Services" decidiu submeter dois trabalhadores a testes de DNA para tentar descobrir quem é que andava defecando na zona das instalações da empresa. Os dois empregados realizaram os testes, que nada revelaram, mas processaram a empresa, argumentando quebra da intimidade e submissão a gozações e humilhações pelos colegas. A empresa foi condenada, em 25 de maio de 2015, por um tribunal norte-americano a pagar aos dois 2,2 milhões de dólares[202].

O que pretendemos, com todos os exemplos dados neste estudo é demonstrar que a questão não é simples e, muitas vezes, tem sua relevância encoberta pelos variados discursos, como o da segurança, da inevitabilidade do risco e da própria inevitabilidade da prova para defesa do patrimônio.

Apesar disso e com essas devidas advertências, também é de se reconhecer que ninguém escapa à limitação de um direito. Como qualquer outra limitação ou vulneração à integridade física, à intimidade, à liberdade e a outros direitos, somente poderá ser admitida em casos realmente excepcionais, no campo da "solidariedade", quando o apelo ao bem comum também importar na proteção de outras pessoas em grave risco (FERNÁNDEZ DOMÍNGUEZ, 1999, p. 125).

A solidariedade que invocamos é aquela concebida por Dussel (2006, p. 7), em sua dimensão universal, pois compreende todas as diferenças e se manifesta na tolerância, na responsabilidade pelo outro, por colocar-se no lugar do outro.

e) Consentimento informado: o princípio do consentimento informado já é um postulado amplamente consagrado na relação médico-paciente e,

---

(202) Até a data do fechamento deste trabalho, não conseguimos encontrar nos sites oficiais cópia da recente decisão proferida cuja notoriedade já está em escala mundial. Remetemos o leitor, assim, aos seguintes *sites* para maiores informações: KOLATA, Gina. 'Deviousdefecator' case testsgeneticslaw. The new york times. Disponível em: <http://www.nytimes.com/2015/06/02/health/devious-defecator-case--tests-genetics-law.html?_r=0> Acesso em: 20 ago. 2015. / BARRET & farahany justice at work. Disponível em: <http://justiceatwork.com/order-for-113-cv-2425-at/> Acesso em: 20 ago. 2015.

por esse motivo, sua relevância já é bem conhecida⁽²⁰³⁾. No entanto, como destaca Romeo Casabona (1999, p. 81), é de se dar especial relevância no campo das provas genéticas vinculadas às relações de trabalho.

Um primeiro aspecto é que, no campo das provas genéticas preditivas, o consentimento informado, embora atue como regra geral e também como requisito necessário, não é suficiente, pois essas provas hão de submeter-se à finalidade imposta à prova.

Outra questão, como ressalta Fernández Domínguez (1999, p. 155), é que a grande, lógica e indesejada questão relacionada à obtenção do consentimento informado nas relações de trabalho está radicada na ausência de mecanismos jurídicos a partir dos quais se consiga efetivamente impedir que o empregador possa estabelecer uma relação automática entre a negativa de um trabalhador em se submeter a uma prova genética e a presunção de não ser geneticamente apto para a função e, assim, não efetivando a contratação.

Dadas as limitações do Direito, o consentimento informado passa a princípio ético de respeito entre as pessoas, de modo que, na busca de um equilíbrio entre a autonomia do trabalhador e a liberdade da empresa em contratar, afirma-se a necessidade de que os sujeitos, ou seja, o "sujeito trabalhador" não seja "usado" para obtenção de propósitos que não estejam diretamente relacionados à possibilidade de proteção de danos efetivos e concretos à sua saúde. O consentimento implica necessariamente compreender e "[...] assim converter os trabalhadores em partícipes da aventura", numa relação que deve se desenvolver de boa-fé (FERNANDEZ DOMÍNGUEZ, 1999, p. 161).

Do mesmo modo, em razão do princípio geral de proibição das provas genéticas preditivas nas relações de trabalho, deve ser assegurado ao trabalhador a revogação de seu consentimento a qualquer tempo, sem qualquer possibilidade de ressarcimento de danos (FERNÁNDEZ DOMÍNGUEZ, 1999, p. 161-63).

Tem cabimento aqui o "**aconselhamento genético**"⁽²⁰⁴⁾ prévio que, nesse caso, em sua fase pré-diagnóstica, será um aconselhamento não dirigido, voltado estritamente para à proteção da liberdade e da autonomia individual,

---

(203) É de ressaltar que estamos trabalhando aqui sobre as hipóteses "excepcionais" em que os testes genéticos preditivos venham a ser admitidos.
(204) Em virtude do corte de pesquisa, não trataremos das questões éticas também envoltas no tema "aconselhamento genético", sobre seus limites e consequências. Sobre a temática, em caráter exemplificativo, sugerimos o artigo intitulado "A genetização das identidades: discutindo raça e gênero na prática do aconselhamento genético", de autoria de Ana Cláudia Rodrigues da Silva". SILVA, Ana Cláudia Rodrigues da Silva. A genetização das identidades: discutindo raça e gênero na prática do aconselhamento genético (AG). In: FAZENDO GÊNERO 9: DIÁSPORAS, DIVERSIDADES, DESLOCAMENTOS. 2010. Anais...Santa Catarina: Universidade Federal de Santa Catarina. 2010 Disponível em: <http://www.fazendogenero.ufsc.br/9/resources/anais /1278293249_ARQUIVO_Agene tizacaodasidentidades.TrabalhoFinal1.pdf> Acesso em: 10 jul. 2015.

que devem ser resguardadas, em nossa perspectiva crítica-libertadora, dos vieses ideológicos, políticos e econômicos que possam manipular a livre manifestação de vontade.

Além desse, uma vez realizados os testes, deve ser viabilizado o fornecimento ao trabalhador de uma informação exaustiva sobre os resultados obtidos dos exames e o prognóstico sobre sua saúde futura (FERNÁNDEZ DOMÍNGUEZ, 1999, p. 161). Nesse sentido, o artigo 12 do CDHB (CE, 1997), que estabelece que as provas genéticas, nas relações laborais, somente podem ser realizadas com fins médicos ou investigações médicas e sempre contando com o assessoramento genético apropriado.

Em quaisquer momentos, no entanto, deve-se atentar sempre para que o peso do "risco" não seja transferido ao trabalhador, o que vai demandar uma visão crítico-libertadora que impeça a prática da eugenia laboral. Numa perspectiva da libertação dusseliana, a informação genética a ser obtida no aconselhamento genético deve servir como uma ferramenta com capacidade de transformar e superar iniquidades e não para gerar preconceitos e desigualdades.

f) O direito de não saber: num sentido mais amplo, o direito de não saber diz respeito não só às informações que já existem ou são conhecidas como também à própria geração dessas informações. Assim, o trabalhador pode invocar o direito de não conhecer também, de forma prévia, a submissão aos testes genéticos, assegurando-se de que não se lhe sejam impostos. Esse direito confere ao trabalhador escolher quais são os conhecimentos sobre sua pessoa que lhe são necessários ou desejáveis, assegurando-se que não será submetido a conhecimento de dados genéticos contra a sua vontade (TAUPITZ, 1996, p. 100 e ss.).

Esse interesse na ignorância não é destituído de concretude. Como já tratado neste estudo, o caráter permanente da informação genética, a impossibilidade em grande número de casos de redução ou eliminação dos riscos de enfermidade futura, a carência de um tratamento efetivo (embora já se possa obter o diagnóstico de cerca de 95% das enfermidades genéticas são muito poucos os tratamentos já disponíveis para elas) e também toda a estigmatização que envolve a informação, sem dúvida consistem em fatores que podem gerar um grande impacto psicológico sobre o trabalhador, a ponto de afetar de forma negativa a sua capacidade de decisão e também sua relação social e familiar (SOLAR CAYÓN, 2014). Daí, não ser estranha a defesa do direito de não obter conhecimento desses dados, previsto em diversas legislações nacionais e em normativos internacionais, como o artigo 10 do Convênio sobre Direitos do Homem e Biomedicina (CE, 1997), o artigo 5º da Declaração Universal sobre o Genoma Humano e os Direitos Humanos (UNESCO, 1997) e o artigo 10 da Declaração Internacional sobre os Dados Genéticos (UNESCO, 2003).

No entanto, essa questão não é pacífica. Muitos autores, como Hottois (1999b, p. 39-41), têm defendido problemas de natureza ética e jurídica nesse direito de "não saber."

Com argumentos racionais, sustentam que o desejo de não conhecer informação cujo conhecimento lhe será benéfico, no sentido de conferir-lhe mais condições de tomada de decisões, não poderia ser considerado como uma decisão verdadeiramente autônoma. Sob esse ponto de vista, a vontade de "não saber" restringe o direito de tomada de decisões, favorecendo ao retorno de atitudes paternalistas, e que também implica liberação do médico (ou no caso, também do empregador) de sua obrigação de comunicar os riscos sobre a saúde do paciente (ou do trabalhador). Para o autor (HOTTOIS, 1999b, p. 39-41), a ideia da autodeterminação tendo como premissa o conceito de autonomia kantiano vai pressupor um "dever moral de conhecer", sem o qual se estaria diante da negação ou da destruição da autonomia do sujeito.

Como também destaca Solar Cayón (2014), o direito de não saber impacta especialmente o âmbito sanitário. Diz o autor que a saúde e o exercício da atividade médica constituem espaços de micropoder que mais têm resistido à emancipação do indivíduo da ingerência de tutelas paternalistas. Por isso, também neste âmbito e, sobretudo nestes, a luta pelo reconhecimento dos direitos do paciente foi e tem sido fundamental para o acesso ao conhecimento. O mesmo processo também ocorre no campo da vigilância de saúde no trabalho, fruto das lutas pelo direito do empregado em conhecer a todos os riscos que a atividade laboral pode lhe causar, direito que guarda correspondência ao dever do empregador de fornecer a informação.

Entretanto, prossegue Solar Cayón (2014, p. 399, tradução nossa), "[...] paradoxalmente, apenas recém-conquistado o direito de conhecer, o Direito há de enfrentar a pretensão em sentido inverso, o reconhecimento de um direito de não saber."[205]

Muitas outras considerações caberiam aqui, sobre o exercício do direito de não saber perante os familiares, inclusive. No entanto, pelo corte da pesquisa, a questão é posta apenas como uma introdução de modo a despertar o debate bioético e jurídico sobre o tema de tamanha relevância para trabalhadores e empregadores.

Apenas para esboçar a tentativa de uma conclusão neste tópico, é de se destacar mais uma vez, a natureza dos dados genéticos e a particularidade que possui em relação aos demais dados de saúde e pessoais. Consideradas essas características e desde uma ótica da defesa das liberdades, assim como ressaltado por Solar Cayón (2014), parece-nos que deve caber

---

(205) "Sin embargo, paradójicamente, apenas recién conquistado el derecho a conocer, el Derecho ha de afrontar la pretensión, en sentido inverso, de reconocimiento de un derecho a no saber." (SOLAR CAYÓN, 2014, p. 399).

a cada indivíduo, a cada trabalhador ponderar sobre os possíveis ou previsíveis benefícios da recepção da informação genética bem com os possíveis impactos que tais conhecimentos podem ter sobre sua personalidade e sobre a possibilidade de desenvolvimento de seus planos de vida. Nesse caso, há possibilidade de repercussão em fatores psicológicos, emotivos e que dizem respeito à situação de vida concreta do indivíduo.

A questão se complica mais quando está em jogo interesse de terceiros, o que poderia ser arguido, na esfera trabalhista, naquelas atividades de maior risco. Para utilizar exemplo já apresentado, retornamos aos pilotos de aeronaves.

Pensando nessas questões, o Convênio Europeu de Direitos Humanos e Biomedicina expressamente estabelece a possibilidade de que, em determinadas situações, as legislações nacionais possam estabelecer exceções ao direito de não saber como necessário para a promoção da saúde do indivíduo (10.3) e os direitos e liberdades de terceiros.

No entanto, como destaca Solar Cayón (2014), é preciso ter em conta que essas disposições se referem ao âmbito da saúde em geral e não de forma específica à informação genética em relação à qual as proteções devem ser especialmente mais exigentes.

Já a Declaração Universal sobre o Genoma Humano e os Direitos Humanos da Unesco (1997), tratando especificamente da informação genética, assinala que a intervenção ao direito de não saber deverá obedecer a "razões imperiosas", deixando, assim, um campo em aberto para interpretações.

Essas questões importam num desafio profundo ao debate bioético e jurídico, pois a possibilidade de generalização dos testes genéticos para revelar senhas ocultas de nossa condição biológica passada e futura nos coloca em situação de permanente tensão no exercício da autonomia e liberdade, e que pode se traduzir num ambiente de "morbidificação", transformando o sujeito "[...] numa vítima rendida a um destino que considera inevitável"[206] (SOLAR CAYÓN, 2004, p. 411, tradução nossa). Como destaca Solar Cayón (2004, p. 411), a "[...] utopia ilustrada da liberdade, com sua confiança otimista na capacidade racional do indivíduo para controlar seu destino se vê ameaçada pela distopia científica da determinação genética"[207] (tradução nossa).

g) Independência na realização dos exames e testes genéticos: Romeo Casabona (1999, p. 85) e Fernández Domínguez (1999, p. 169 e ss.) destacam

---

(206) Texto original "[...] la importante carga psicológica que el conocimiento del serio riesgo de padecer una enfermedad grave e incurable supone para el individuo termina por convertir a éste en muchas ocasiones en una "fallingvictim", una víctima rendida a un destino que considera ineludible." (SOLAR CAYÓN, 2004, p. 411)
(207) Texto original: "De este modo, lautopía ilustrada de lalibertad, con su confianzaoptimista en lacapacidad racional del individuo para controlar su destino, se ve amenazada por la distopia científica de ladeterminación genética."(SOLAR CAYÓN, 2004, p. 411.)

ainda a importância de que tais testes não sejam realizados diretamente pela empresa ou por seus médicos, tampouco por empresas que prestam serviços de seleção de empregados. A proposta dos autores é a de que os exames sejam realizados por empresas externas, guardando-se a confidencialidade das informações. Assim, ao empregador somente será informada a aptidão ou não à função e, sendo o caso, as medidas específicas a serem adotadas no meio ambiente laboral e outras mais gerais que guardarem pertinência.

h) **A qualidade dos dados**: o princípio da qualidade dos dados é presença constante no ordenamento jurídico internacional para assegurar a proteção dos dados pessoais como é o caso da Lei Orgânica Espanhola n. 15/1999.

Por esse princípio, estabelecem-se condições que devem ser respeitadas na obtenção, tratamento, uso e armazenamento de dados pessoais, de maneira que só terão adequada qualidade aqueles sobre os quais sejam cumpridas essas exigências (GARRIGA DOMÍNGUEZ, 2004, p. 77), sendo de grande relevância para as provas genéticas preditivas na relação de trabalho. Vejamos:

– **pertinência**: exige-se que os dados genéticos estejam estritamente vinculados ao fim perseguido, devendo ser adequados e não excedendo as finalidades para as quais foram obtidos (PÉREZ LUNO, 2012, p.164 e ss.), ou seja, deve existir uma clara e evidente conexão entre a informação que se receba e o fim para o qual se solicitou. Não se pode obter mais dados do que aqueles estritamente necessários nesse momento, ainda que úteis para cumprir objetivos futuros (GARRIGA DOMÍNGUEZ, 2004, p. 78);

– **finalidade**: é um desdobramento do anterior, exigindo que a obtenção dos dados genéticos só pode ocorrer para uma finalidade legítima e determinada e deve guardar estrita compatibilidade com essa finalidade. Não pode ser contrária ao ordenamento jurídico, tampouco implicando ofensa a direitos fundamentais. A obtenção e o tratamento dos dados não podem ser permitidos para o cumprimento de objetivos imprecisos ou que não se revelem em sua concretude. Um mesmo dado não pode ser reutilizado para cumprimento de objetivo distinto para o qual foi obtido (GARRIGA DOMÍNGUEZ, 2004, p. 78), ou seja, exige-se uma finalidade legítima, explícita e determinada;

– **veracidade e exatidão**: Espinar Vicente (1992, p. 65, tradução nossa) define a veracidade como a "[...] perfeita correspondência entre o discurso que marca os fatos e o que se transmite ao receptor da informação."[208] Assim, aquele que obtiver e registrar os dados genéticos de um trabalhador deve se assegurar que sejam adequados à realidade, sendo ineficazes os dados que resultarem inexatos ou incompletos.

---

(208) Texto original "[...] la perfecta correspondência entre el discurso que marcan los hechos y el que se transmite al receptor de la información." (ESPINAR VICENTE, 1992, p. 65.)

– **lealdade**: os dados deverão ser obtidos sem simulações ou práticas enganosas, proibindo-se sua colheita e tratamento por meios fraudulentos, desleais ou ilícitos (GARRIGA DOMÍNGUEZ, 2004, p. 81). O empregador, por exemplo, não poderá utilizar material biológico para explorá-lo com vistas a outros fins, ainda que a obtenção, em sua origem, tenha sido legítima. O princípio da lealdade está diretamente conectado ao princípio da finalidade;

– **confidencialidade**: intimamente relacionado com o princípio da não discriminação. Nada é mais íntimo do que o código genético do trabalhador. A intimidade genética está prevista no artigo 7º da Declaração Universal da Unesco (1997)[209]. Fora dos casos excepcionais tratados em lei (como é o caso da investigação de paternidade), há que se entender que toda intromissão na composição genética individual é ilegítima. Esse princípio também está previsto na Declaração de Manzanillo (artigo 5º e 6º, §§ 2, 3 e 4);

– **segurança dos dados**: desdobramento do anterior. O princípio informa que deverão ser adotadas todas as medidas necessárias para garantir a segurança dos dados pessoais, de modo que seja impossibilitada a sua perda, tratamento, e acesso não autorizados (GARRIGA DOMÍNGUEZ, 2004). Para isso, é salutar que, na era da "cibercidadania"[210] não se registrem dados genéticos em arquivos automatizados que não contenham as devidas condições para promoção do armazenamento que garanta segurança, integridade e segurança aos dados.

A questão é de extrema importância ante o Sistema de Prontuário Eletrônico (ESUS), programa desenvolvido pelo Governo Federal no Brasil, cujo objetivo é promover a consolidação dos usuários dos programas de saúde nacionais visando possibilitar uma efetiva gestão da saúde brasileira (Portarias n. 2.073/2011, 2.488/11, ns. 1.412/2013, 14/2014 e a 1.976/2014).[211]

A instauração desses instrumentos unificadores é questão de alta complexidade, pois, ao mesmo tempo que reúnem as vantagens de agilizar o trânsito das informações de saúde do país, com a possibilidade de adoção de políticas sanitárias mais eficazes, podem voltar-se de modo "asfixiante" ao indivíduo, que permitirá num só instante a reprodução de toda a sua vida (GARRIGA DOMÍNGUEZ, 2004, p. 44).

A preocupação com a segurança dos dados genéticos demanda a proteção não só contra fraudes e delitos (a exemplo da manipulação indevida do programa de dados, acessos não autorizados e obtenção dos registros), como também a proteção contra erros involuntários que afetem a segurança

---

(209) "Artigo 7º Dados genéticos associados a indivíduo identificável, armazenados ou processados para uso em pesquisa ou para qualquer outro uso, devem ter sua confidencialidade assegurada, nas condições estabelecidas pela legislação."
(210) Por cibercidadania compreendemos "[...] um conjunto de técnicas, de práticas, de atitudes, de modos de pensar e valores no ciberespaço." (LÉVY, P., 1999, p.128-129.)
(211) Reportamos o leitor às considerações já efetuadas no Capítulo 4, item 4.1.2 deste estudo.

desses dados por parte daqueles que estiverem encarregados em sua guarda (GARRIGA DOMÍNGUEZ, 2004, p. 83).

i) A autodeterminação informativa: mais recentemente, tem-se falado nos limites ao acesso de dados pessoais com fundamento no direito à autodeterminação informativa.

Como ressalta Ferreira Rubio (1982), o controle da informação pessoal constitui a mais importante faceta da intimidade no momento atual, e sua defesa é o meio mais eficaz para proteger a reserva da vida privada em todas as suas formas. Essa defesa vai se materializar, de um lado, na possibilidade de manter ocultos ou reservados certos aspectos da vida da pessoa e, de outro, revela-se na faculdade que deve corresponder a cada indivíduo de controlar o manejo e a circulação da informação sobre sua pessoa que esteja em poder ou esteja confiada a um terceiro.

Com a transmissão eletrônica de dados, o que observamos, nos dias de hoje, é que a intimidade se revela um direito fundamental mais vulnerável e vulnerado de todos os outros. Se, antes, essas ameaças eram centralizadas nos documentos impressos, com o incremento dos meios tecnológicos com suas incontáveis "estradas" por onde se transmitem as informações, tem-se aumentado os ambientes de potencial lesão aos direitos dos indivíduos.

No entanto, se a prática demonstra que recolher e classificar informações pessoais, forma pública, inclusive, não é novidade (desde o nascimento, nossos dados ficam registrados no Registro Civil e são abastecidos até o último dia de nossas vidas), por qual motivo cada vez mais a literatura se dedica a estudar sobre a necessidade de controlar e limitar a coleta e uso dessas informações? A diferença está especialmente na ampliação das possibilidades para o uso e também para o abuso do uso dos dados que são oferecidos pelos atuais meios informáticos, no alargamento da potencialidade lesiva desses dados, de seu tratamento e transmissão.

Como ressalta Rivera Llano (1995, p. 30 e ss.), se antes os dados permaneciam registrados em fichas de papel, hoje estão em memórias prodigiosas, capazes de jamais esquecer e sempre colocar-se à disposição de recordar. E em qualquer lugar. Diz o autor que se pode comparar o indivíduo, nessa sociedade da informação, a um peixe preso num tanque, cujos movimentos, cuja vida podem ser observados por quem quiser e quando quiser, em todos os momentos, e, assim, sujeito sempre a um julgamento universal.

Tudo isso se revela de especial relevância diante da informação genética, uma vez que, pela natureza da informação armazenada, pode-se criar um perfil subjetivo do indivíduo, estigmatizando-o com a consequente limitação lesiva do pleno uso de seus direitos.

Pela capacidade lesiva à intimidade do trabalhador, muitos autores, como Cardona Rubert (1999, p. 84), defendem o direito do trabalhador à decisão e controle sobre suas informações de caráter pessoal. Estamos no campo da "autodeterminação informativa" direito que, ainda não incorporado ao ordenamento jurídico constitucional brasileiro, para Álvarez González (2007, p. 392), cumpre dupla missão: de um lado impõe a quem recolhe e a quem trata o dado genético uma série de obrigações que vão determinar a licitude ou não do tratamento; e de outro, atua como uma garantia diante do acesso e utilização ilícita desses dados, protegendo-os contra a discriminação.

Um desdobramento é o direito, que deve ser assegurado ao empregado, de acesso a todos os dados médicos que tiverem sido realizados, com possibilidade de conhecimento imediato em relação a todo e qualquer dado existente (ÁLVAREZ GONZÁLEZ, 2007, p. 392 e ss.).

j) a participação dos trabalhadores: para uma prática libertadora no campo da saúde do trabalhador, não bastará a atuação estatal reguladora presente nas proposições anteriores.

É necessário que se reconheça a indispensabilidade de uma atuação estratégica que assegure o direito de voz aos trabalhadores quanto aos modos de organização do trabalho em que estão inseridos e quanto ao debate crítico sobre as causas de adoecimento no ambiente laboral e as estratégias a serem adotadas. Essas estratégias deverão partir do *re-conhecimento* de todos os participantes como iguais, assegurando-se facticamente suas intervenções na discussão argumentativa, de modo que possam ser obtidos consensos sem coação (DUSSEL, 2012).

Durante o processo de libertação, a própria categoria irá definindo os caminhos capazes de articular os princípios estabelecidos à utilização das provas genéticas preditivas, com os meios para seu cumprimento e os modos de luta que busquem empoderar o trabalhador contra os fatores de exploração presentes no meio ambiente de trabalho (DUSSEL, 2012). Uma possibilidade concreta seria a instituição de Comitês de Ética no ambiente laboral, com composição interdisciplinar e que assegure a participação de trabalhadores e entidades sindicais.

Como ressalta Machado (2011, p. 74-75), não há como conceber vigilância no campo da saúde do trabalhador sem a efetiva participação dos trabalhadores, processo que, no entanto, "não cai do céu." Assim, prossegue, deverão ser construídas "[...] as relações das práticas de vigilância em saúde do trabalhador com os trabalhadores e suas representações." Essas relações deverão estar inseridas num constante e contínuo processo de "costura de interesses mútuos", sem que, no entanto, se veja perdida a direcionalidade conferida pelo processo do trabalho, compreendido, neste estudo, como o "processo de transformação da natureza pelo homem, que ao mesmo tempo, se transforma" (MACHADO, 2011, p. 79).

Some-se a tudo isso a advertência feita por Berlinguer (1983, p. 73), que se conecta com outras categorias dusselianas como a alteridade e solidariedade: a saúde dos operários deve ser encarada como um problema de todo o país. E "[...] cada um tem um dever a cumprir, para colocar um fim à demolição psicofísica daqueles que criam as riquezas do país e que estão sujeitos à pior exploração." Os entes estatais, a sociedade, os empregadores, os intelectuais de todas as disciplinas, todos em seus campos de ação devem contribuir com essa finalidade.

Caminhando para o fim, é inequívoco que a genética interpela a Bioética e o Direito em variados domínios, de modo que, como diz Amado (2006, p. 66), a questão fundamental a que o ordenamento justrabalhista terá de dar resposta é "[...] seguramente, a da (in)admissibilidade de acesso patronal à informação genética em matéria de emprego (máxime através da feitura de testes genéticos), designadamente em sede de processo formativo do contrato de trabalho." Tiramos os parênteses para dar mais ênfase: a hipótese é de inadmissibilidade, defendendo-se, a partir de Romeo Casabona (1999, p. 85-86) e também de Amado (2006, p. 67) a proibição das provas genéticas preditivas como regra geral pois quando a informação estiver disponível, o mercado com os seus objetivos de competitividade e produtividade se ocupará do resto, utilizando o "*pedigree* cromossômico" como melhor lhe aprouver, podendo descartar indivíduos que estejam na "lista negra dos descartáveis" (AMADO, 2006, p. 66). Se não têm uma finalidade concreta e comprovada, quando essa se mostre indispensável para prevenção de um risco grave, poder-se-ia falar em sua admissibilidade.

Para Guilherme de Oliveira (1999, p. 161), "[...] os prognósticos das manifestações tardias de doenças são mais perigosos do que os diagnósticos das doenças presentes e efetivas; são potencialmente mais discriminatórios do que estes."

Como diz Amado:

> O Estado democrático, que promove a ciência, não poderá converter-se num Estado genocrático, que utilize a despistagem genética (ou permita que esta seja utilizada) para fins incompatíveis com o respeito devido ao princípio da dignidade da pessoa humana. (AMADO, 2006, p. 69-70.)

Sem pretender esgotar a discussão, parece-nos que a adoção dessas provas em caráter excepcionalíssimo e sob um juízo ponderativo, somente se justificaria em primeiro plano se concretamente revertesse em benefício do trabalhador, e para possibilitar especialmente a intervenção no meio ambiente de trabalho de modo a implementar melhorias nas condições laborais favorecendo tanto o empregado, como o empregador e terceiros.

Em relação a terceiros, campo de maior complexidade, a medida somente se justificaria quando vinculada a um estrito respeito à responsabilidade e solidariedade social e se a ciência do componente genético representasse, efetivamente, prevenção concreta de danos e acidentes. Nessas hipóteses, devem-se assegurar sempre ao trabalhador a observância dos princípios elencados acima e a salvaguarda de seus direitos fundamentais.

Em quaisquer das hipóteses sempre deve ser assegurada a participação dos trabalhadores. Na perspectiva da Ética da Libertação de Dussel, não se faz possível a crítica ao sistema produtor de vítimas se não houver o *re-conhecimento* do Outro como sujeito livre e igual.

As afirmativas já representam a nossa posição quanto à necessária intervenção regulatória pelo Estado, o que não é novidade em sede de Direito do Trabalho, que inúmeras vezes já impôs restrições à liberdade de contratar.

Por outro lado, como já dito, é certo que não são todos os problemas que podem advir das provas genéticas preditivas que se estancam com a sua necessária regulamentação em lei. As normas jurídicas não são sempre eficazes para dar solução a muitas questões biogenéticas. Os incentivos econômicos concedidos a trabalhadores que laboram em atividades nocivas à saúde são uma prova dessa afirmação. Embora prevista em lei, no caso do Brasil, inclusive alçada a direito fundamental social (artigo 7º, XXIII, que prevê a paga de adicional remuneratório para o labor em atividades insalubres, perigosas e penosas), essa questão demanda importantes discussões éticas diante a possibilidade de quantificação do valor da vida humana. Também nem sempre se modelam condutas de pessoas ao arbítrio do legislador.

A justiça é um tema clássico e obrigatório para a Bioética, com duas vertentes que lhe são próprias: a primeira, voltada à equidade na alocação dos recursos para o desenvolvimento das pesquisas biomédicas e no acesso aos tratamentos; a segunda, voltada ao cuidado com as pessoas enfermas, excluídas, desvalidas, vertente que merece especial destaque em América Latina (PEGORARO, 2005, p. 62). Esse cuidado não decorre de compaixão, mas do dever de justiça.

A Ética da Libertação, de Enrique Dussel, apresenta aportes teóricos importantes para compreensão dos processos de "colonização" que habitam as relações de trabalho e, em especial, o meio ambiente de trabalho. A reflexão proposta pela Bioética da Libertação contempla com precisão esse cenário, especialmente pela noção do reconhecimento do Outro. Mais amplamente, esse aporte nos levou a questionar a noção da *práxis* do trabalhador de carne e osso. A partir do momento em que se está "cara a cara" com o trabalhador e o cenário em que se desenvolvem as relações laborais, somos apresentados ao que é imediato: livre de toda a mediação, livre dos discursos. Somente o Outro, liberto dessas amarras e com maior horizonte de compreensão, poderá propor nova racionalidade. A consciência ética na Filosofia da Libertação de Enrique Dussel é escutar a voz do Outro.

Seria muito simples considerar que as contradições que aqui foram postas dialeticamente importam numa fratura radical capaz de enquadrar os testes genéticos dentro de uma perspectiva ética ou não ética, lícita ou não lícita. Para esse intento, bastariam poucas páginas em vez das mais de três centenas que apresentamos com seriedade e respeito ao leitor.

O nosso trajeto foi cuidadosamente costurado, sem reduções, com pesquisas na literatura nacional e internacional, envolvendo diversos países. Precisamos ter paciência e vontade para compreender o mundo do trabalho e para tentar chegar a um consenso sobre o modo de exercício desses testes com eticidade. Afinal, como ressalta Pegoraro (2005, p. 74), é sempre mais importante" [...] constatar que cada concepção tem seus limites e que correspondem sempre à distância entre as posições éticas e as realidades econômicas, culturais e sociais."

Todas as questões aqui tratadas pertencem ao domínio da Bioética e dos Direitos Humanos e têm especial relevância aos países periféricos. O ponto de partida foi o estabelecimento de uma Bioética voltada à perspectiva latino-americana, ainda que, em certos pontos, tenha sido buscado aporte em questões de domínio clássico dos países desenvolvidos, como ocorreu neste estudo, mais especificamente, em relação à literatura voltada à Genética e suas possibilidades.

A possibilidade de introdução de um novo método de vigilância laboral muito mais intenso, que pode ser benéfico ou maléfico, aguça as relações desiguais de poder que povoam o campo da saúde do trabalhador. Certamente, a introdução dessas questões nas realidades laborais dos países na América Latina está longe de se limitar ao exercício ou não da liberdade e da autonomia, do direito de saber ou não saber, embora igualmente relevantes.

A Bioética da Libertação nos conduz a trilhar um necessário caminho para além das noções epidemiológicas preventivas, para englobar políticas sanitárias que considerem as vulnerabilidades, as suscetibilidades, as reais necessidades, o desemprego, o cenário de poder e exploração. O campo da saúde do trabalhador precisa ecoar para o debate bioético enquanto ainda há tempo, pois, ao célebre quarteto corpo, saúde, trabalho e subjetividades, de que tratamos nesta pesquisa, assistimos à adesão de um novo e poderoso elemento: a Genética.

CONSIDERAÇÕES FINAIS

Temos que reconhecer as limitações na obtenção de respostas certas a um tema espinhoso. O campo é muito fresco, a aventura é sobre um oceano aberto, povoado por correntes de água opostas, e o que intentamos é provocar o desejo por amadurecimento.

É fato que alguns fluxos convergentes emergiram a partir do aporte teórico fornecido pela Bioética da Libertação. Esses são suficientes ao início de estabelecimento de linhas de orientação crítica para enfrentamento dos desafios propostos pelas possibilidades do Projeto Genoma Humano, nas relações de trabalho, e que estejam mais sintonizados com a proteção do trabalhador num cenário de maior vulnerabilidade estrutural, como é o caso brasileiro e latino-americano.

Pensamos que os objetivos da pesquisa, expostos na introdução deste trabalho, foram alcançados.

No Capítulo 1, apresentamos o desenvolvimento da Bioética desde o seu nascimento até os dias atuais, passando pela introdução do referencial teórico da Bioética da Libertação, a partir de Enrique Dussel, na análise da temática voltada ao campo da saúde do trabalhador.

O Capítulo 2 tratou especialmente de introduzir as possibilidades do Projeto Genoma Humano, buscando uma aproximação dialética entre os seus benefícios e malefícios, discorrendo-se sobre as questões envoltas na classificação e especificidade da natureza dos dados genéticos. Destinou-se o capítulo à familiarização com conceitos e questões próprias da Genética, com vistas à formação de uma análise crítica sobre a potencialidade lesiva dos mapeamentos genéticos preditivos nas relações de trabalho.

O Capítulo 3 concentrou-se na análise do contexto de exploração do corpo do trabalhador e a produção de subjetividades a partir da ideia de colonialidade, na perspectiva crítica dusseliana. Nesse Capítulo, evidenciou-se como as tentativas de reprodução de discursos coloniais nas relações de trabalho, voltados às premissas da "inevitabilidade do risco" e da "segurança", se reiteram sem que sejam examinados eficazmente para que se possa evidenciar o quanto são falsos e vãos. Novos processos do trabalho vão se incrementando e se substituindo sem que a tradição de exploração do corpo do trabalhador seja efetivamente alterada, ainda que ressurgida sob novas roupagens. Desvelou-se também a tentativa curiosa de desfocar um problema de múltiplos fatores estruturais para o campo individual do trabalhador, mais especificamente, a sua condição genética.

No Capítulo 4, a partir de pesquisa exploratória no plano interno e internacional, cuidamos de reunir os principais marcos regulatórios que podem ser invocados para orientar a utilização das provas genéticas preditivas nas relações de trabalho. Os textos foram selecionados a partir de sua pertinência temática e relevância, situando o leitor quanto ao estado da arte referente à temática. No desenvolvimento desse Capítulo, foram apresentados os tipos e conceitos de provas genéticas, algumas diversas hipóteses argumentativas invocadas para seu manejo, discorrendo-se sobre as principais diferenciações referentes aos exames de saúde nas relações de trabalho.

O Capítulo 5 foi capaz de demonstrar a potencialidade de utilização das provas genéticas preditivas como instrumento de controle do trabalhador e de violação de sua liberdade, intimidade, igualdade, não discriminação e de acesso ao trabalho, partindo-se à proposição de limitações ao manejo desses testes.

Dentre os diversos processos de agressão aos direitos da liberdade, intimidade, igualdade, não discriminação e de acesso ao trabalho, não há outro que tenha se mostrado com tantas possibilidades destrutivas como a exclusão genética, pois, se os fatores que provocam discriminações culturais, sociais, raciais e econômicas são circunstanciais, mutáveis e com capacidade de superação no tempo histórico, a composição genética é imutável; permanece a mesma, resistindo a tudo.

Também, nesse Capítulo, ficou evidenciado como a Bioética de Libertação a partir do pensamento de Enrique Dussel é absolutamente adequada como opção à obtenção de respostas para o problema de pesquisa proposto. As conclusões do estudo são o resultado da observação imediata dos processos de adoecimento do trabalhador permitida pela Bioética da Libertação na perspectiva dusseliana.

Só quem pode enxergar nas entranhas, sem mediações, pode entusiasmar-se pelo tema. Quem decide se estabelecer ao lado de fora dos fatos (e não dentro dele, vivendo a realidade fática do Outro), especialmente por não conseguir observá-los em sua concretude, é incapaz de se impressionar por eles, tampouco irá querer se ocupar deles. No máximo, vai alcançar uma atitude contemplativa e estéril de invocação acrítica de artigos de lei e de princípios de Direito, esforços que, quando existirem, estarão condenados à ineficácia.

Isso se explica facilmente, pois quando todos se apoiam na fórmula pronta dos textos escritos, serão invadidos por desânimo quando descobrirem que, apesar dela, apesar dos textos, tudo continua como antes. A produção e reprodução de discursos coloniais nas relações de trabalho transigem com todas as formas de exploração da saúde do trabalhador. Esses vícios, tão longamente construídos, demandam um importante esforço, vontade, energia, paixão e tenacidade.

É preciso que se aceite que os males existentes nas relações de trabalho não se reformam pela simples previsão legislativa, sendo essa a razão da opção pela Bioética da Libertação de Enrique Dussel como marco teórico deste estudo.

A adoção de um ponto de inflexão para que se obtenha uma atitude de irresignação ao processo de exploração que ainda habita o meio ambiente de trabalho pressupõe um sentir preciso das necessidades dos trabalhadores, qualquer que seja a tendência teórica do observador. Desse sentir liberto vai derivar a construção do caminho intuitivo à obtenção das soluções que possam ser possíveis, adequadas e eficazes.

O vazio não só no campo legislativo, mas, especialmente, a ausência de um debate bioético mais aprofundado sobre as possibilidades e implicações das provas genéticas preditivas nas relações de trabalho demonstraram que a nossa sociedade continua a não ouvir os sons que ecoam do mundo do trabalho, evidenciando a dificuldade na promoção de estudos que se voltem às condições laborais dignas. A afirmação também se direciona aos próprios trabalhadores e entidades sindicais, cujas greves e demais movimentos de classe dizem respeito, em sua maioria esmagadora, a questões econômicas relacionadas a aumentos salariais e não a condições dignas de trabalho, e que sejam orientadas com a finalidade de promoção da saúde do trabalhador.

A linha crítica situada que adotamos neste estudo já está posta em todos os capítulos. A possibilidade de identificarmos em nós mesmos a "imperfeição", o "risco iminente", aqui representado como o "gene mau", traz a questão para o plano da concretude, convocando o leitor a traçar seus passos num cenário que não esteja mais mediado por discursos coloniais e subjetividades impostas. Esse processo o levará a adotar uma postura de alteridade, que permita ver a face do Outro, daquele que é vitimizado, do trabalhador e trabalhadora concretos, de carne e osso. Todo esse percurso foi transcorrido tendo como fundamento teórico-prático a Bioética da Libertação, a partir da perspectiva de Enrique Dussel, que identifica a pessoa humana a ser libertada, desde os índios, os escravos, as mulheres até os trabalhadores, quando negados em seu Ser.

A Bioética da Libertação no campo da saúde do trabalhador deixa claro que um modelo de pensamento que se vê contaminado e comprometido com as lógicas dos centros de poder propagam horizontes de dominação. E também nos possibilita desconstruir as ideologias, vasculhar de forma crítica a lógica interna desses processos de adoecimento do trabalhador, a partir de um revisitar de seu percurso histórico. Uma crítica histórica permite a revelação dos reais motivos das ações. O trabalhador, livre de uma "totalidade de sentido", agora está situado.

Temos na América Latina e no Brasil um modelo de democracia que, ainda em processo de construção, não deu adequada atenção à questão das precárias condições de trabalho. Há uma "legitimação" dos processos de adoecimento do trabalhador, e até mesmo os órgãos previdenciários e instâncias judiciais não atingem uma nítida consciência dos interesses que vão movimentar e moldar as informações, submetidas a subjetividades postas. A Bioética da Libertação revela que nossos problemas vêm desde o início do processo colonizatório, que vai se constituir em uma questão ética de primeiro grau. Essa especificidade latino-americana inspira uma ética própria. Nesse caldo de cultura, nessa terra de índios, de escravos, de mulheres, de idosos, de crianças violentadas, de trabalhadores explorados são construídas muitas realidades que afrontam a justiça.

No entanto, não há só derrotas: há experiências produtivas, há processos de luta, há propostas para combate da fome, da pobreza, da precariedade "do" e "no" trabalho. Há possibilidade concreta de se atingir o momento fulminante da Ética da Libertação: a *práxis* da libertação, a partir do desenvolver ético-crítico de transformação, de intervenção criativa no progresso qualitativo da história.

As implicações éticas que a Bioética da Libertação suscita nos conduzem às causas do adoecimento do trabalhador: num primeiro plano, aos sistemas políticos, econômicos, aos processos históricos que vão instrumentalizar a produção do trabalhador-vítima; num segundo plano, conduz-nos aos atores, aos responsáveis pela produção desses processos. A partir do compromisso da alteridade, somos interpelados a questionar a face desfigurada do trabalhador-vítima, as leis que legitimam o sistema e a reconhecer a necessidade de uma ordem mais solidária, justa e fraterna.

O compromisso ético construído pela Bioética da Libertação demanda o necessário diálogo entre os atores sociais, bioeticistas, cientistas, profissionais da saúde, educadores, teólogos, filósofos, sociólogos, políticos, administradores, juristas, trabalhadores e empregadores. O avanço da ciência nos leva a repensar as possibilidades efetivas de desenvolvimento para a liberdade, assim como nos leva a repensar as escolhas morais. Se, de um lado, pode se afirmar que nem tudo que se origina da ciência se reveste de uma ética libertadora e emancipadora da pessoa humana, de outro, também não se pode afirmar que os avanços e as descobertas científicas estão sempre comprometidos. Mas o fato é que não há por que submeter o trabalhador a suportar limitações sem justificativa.

O encontro do genoma com a Bioética da Libertação, na perspectiva dusseliana, e o trabalho humano se mostrou um tema desafiante, estando intimamente relacionado à produção, reprodução e desenvolvimento da vida humana em sua plenitude. A organização do trabalho atrelada aos avanços científicos e à tecnologia provoca mudanças de grandes proporções no modo de produção, concorrendo para a construção de um cenário de maior contingente de trabalhadores não absorvidos pelo mercado de trabalho. O valor agregado ao trabalho humano sofre precarização quando se introduz a possibilidade de seleção genética. A apropriação indevida da genética no campo da saúde do trabalhador, engendrada pela razão instrumental científica, com vistas a otimizar a produção, produzirá novas vítimas e novas exclusões.

O que vimos até aqui é que a proibição total, sem exceções, ou a regra da permissão total dos testes genéticos preditivos são caminhos que não atenderão aos legítimos anseios e interesses dos envolvidos. Nem respeitam o direito humano ao desenvolvimento e a pesquisa científica, tampouco são condizentes com o dever de promoção e proteção da saúde do trabalhador.

Todo o arcabouço que tentamos construir revela que as provas genéticas preditivas nas relações laborais podem implicar grave risco aos direitos fundamentais do trabalhador e, em particular, a sua dignidade, liberdade e intimidade, como também a de sua família. A possibilidade de se recolher o DNA de simples fragmentos de pele ou pelo ou de saliva abre a possibilidade para que, em muitas ocasiões, um aspirante a trabalho possa se ver diante de situação de completo desconhecimento da realização de provas sobre si, inclusive de possíveis resultados.

A carga informativa desses resultados tem a característica geral da imutabilidade, consistindo em bancos genéticos que perduram por gerações. Muitas vezes, o trabalhador não saberá nem sequer que faz parte de um coletivo discriminado, ao desconhecer paradoxalmente seu próprio mapa ou, usando o conceito simbólico da Unesco, seu patrimônio genético. Daí, a necessidade de uma proteção mais ampla do que aquelas conferidas aos demais dados pessoais e de saúde.

Do mesmo modo, pelo estado da arte, é preciso que se tenha em conta que o fator genético não contém força probante para definir de forma incontestável o desenvolvimento da doença.

Tomadas essas perspectivas, é necessário que se amplie o debate entre os diversos campos de conhecimento. Um consenso sobre o tema deve partir da conclusão de que as provas somente resultem admissíveis, se diante da ausência de um outro caminho menos invasivo para alcance do fim proposto e observadas as limitações traçadas neste estudo. Além disso, a possibilidade de realização excepcional dessas provas também não poderá reduzir, limitar ou desfocar a necessidade de melhoria das condições do meio ambiente de trabalho, pois se há um fator de acentuado risco no trabalho a primeira providência será eliminá-no, e não ao trabalhador. Há necessidade de um controle prévio, estatal, que leve em consideração as peculiaridades e circunstâncias de cada caso e também a qualidade dos testes.

A consciência crítica que nos conduz à libertação almeja que a informação genética beneficie o trabalhador e não que o mantenha vitimizado ou o converta em uma nova vítima: a categoria dos "excluídos genéticos", dos "indivíduos incontratáveis", pelo simples fato de não gozar de uma estrutura genética "adequada" ao mercado. Concorrem aqui questões jurídicas (no plano individual e coletivo), questões históricas, socioeconômicas e éticas a reclamar intenso debate transdisciplinar.

A resistência deve ser desencadeada por toda a parte. Vamos estudar profundamente a política dessa engrenagem que é capaz de falsear os critérios de julgamento e, a partir de então, identificar o que é necessário fazer a fim de despertar o caminho que levará a melhores condições de vida, de saúde e de trabalho das gerações presentes e futuras.

REFERÊNCIAS BIBLIOGRÁFICAS

23ANDME. Disponível em: <https://www.23andme.com/> Acesso em: 10 jul. 2015

ABEL I FABRE, Francesc. *Bioética*: orígenes, presente y futuro. Madrid: Instituto Borja de Bioética, Fundación Mapfre, 2007.

ABRISQUETA ZARRABE, José Antônio. *Perspectivas actuales de la genética* humana. *Revista de estudios e* In*vestigación*, Carthaginensia, v. 17, n. 32, p. 265-280, 2001.

AGAMBEN, Giorgio. *Homo sacer*: o poder soberano e a vida nua I. Belo Horizonte: Universidade Federal de Minas Gerais, 2002.

AGÊNCIA NACIONAL DE AVIAÇÃO CIVIL (ANAC). *Regulamento brasileiro da Aviação Civil n. 67*. Requisitos para Concessão de certificado médicos médicos aeronáuticos, para o credenciamento de médicos e clínicas, e para o convênio com entidades públicas. Disponível em: <http://www2.anac.gov.br/bi.> Acesso em: 10 jul. 2015.

AGÊNCIA NACIONAL DE SAÚDE SUPLEMENTAR (ANS). *Nota n. 876, de 2013*. Dispõe sobre diretriz de utilização de genética para os procedimentos de análise molecular de DNA e pesquisa de microdeleções e microduplicações por FISH, constantes do Anexo II, da Resolução Normativa n. 338 de 2013. Rio de Janeiro, 4 dez. 2013. Disponível em: <http://www.ans.gov.br/images/stories/ noticias/pdf/nota _876_33902.895240-2013-03_genetica2.pdf> Acesso em: 10 jul. 2015.

AGÊNCIA NACIONAL DE VIGILÂNCIA SANITÁRIA (ANVISA). Resolução da Diretoria Colegiada RDC n. 33, de 17 de fevereiro de 2006. Regulamento técnico para o funcionamento dos bancos de células e tecidos germinativos. Centro de bioética do Cremesp. Disponível em: <> Acesso em: 10 jul. 2015.

_____. *Resolução n. 29, de 12 de maio de 2008*. Diário Oficial da União, Brasília, DF, 13 de maio. 2008. Diário das leis. Portal de legislação. Disponível em: <http://www.diariodasleis. com.br/busca/exibelink.php?numlink=1-9-34-2008-05-12-29> Acesso em: 10 jun. 2015.

AGUILAR GARCÍA, Teresa. *Ontología cyborg*: el cuerpo en la nueva sociedad tecnológica. Barcelona: Gedisa, 2008.

ALLEGRANTE, John P.; SLOAN, Richard P. Ethical dilemmas in workplace health promotion. *Preventive medic*In*e*, v. 15, n. 3, p. 313-320, mar. 1986. Disponível em: <http://www.sciencedirect.com/science/article/pii/00917435869 00502> Acesso em: 23 maio 2015.

ALTVATER, Elmar. *O preço da riqueza*: pilhagem ambiental e a nova (des)ordem mundial. São Paulo: Unesp, 1995.

ÁLVAREZ GÓMEZ, Salustiano. *La liberación como proyecto ético: un análisis de la obra de Enrique Dussel*. Tese de Doutoramento. Universidad Complutense de Madrid. Facultad de Filosofía, Madrid, 2007.

ÁLVAREZ GONZALEZ, Susana. *Derechos fundamentales y protección de datos genéticos*. Madrid (España): Dykinson S.L, 2007.

ALVES, Claudenir Módolo. *Ética da libertação*: a vítima na perspectiva Dusseliana. 2005. Dissertação (Mestrado em filosofia) – Pontifícia Universidade Católica de São Paulo, São Paulo, 2005.

ALVES, Giovanni. *Dimensões da reestruturação produtiva*: ensaios da sociologia do trabalho. Londrina: *Práxis*, 2007.

_____. *O novo (e precário) mundo do trabalho*: reestruturação produtiva e crise do sindicalismo. São Paulo: Boitempo, 2000.

AMADO, João Leal. Breve apontamento sobre a incidência da revolução genética no domicílio juslaboral: a resposta da lei portuguesa. *Anuario de la faculdad de derecho de la universidad autónoma de Madrid (AFDUAM)*, Derecho y genética, n. extraordinário, p. 65-74, (2006). Disponível em: <http://www.uam.es/otros/afduam/sumario-extra-2006.html> Acesso em: 10 ago. 2015.

ANDORNO, Roberto. *The* In*valuable role of soft law* In *the development of universal norms* In *bioethics*. Deutsche UNESCO-Kommission e. V. 2007. Disponível em: <http://www.unesco.de/1507.html?&L=0> Acesso em: 20 jun. 2015.

_____. *La bioéthique et la dignité de la personne*. Paris: PUF, 1997.

ANS amplia cobertura obrigatória para 29 doenças genéticas. Agência Nacional Reguladora (ANS). Disponível em: <http://www.ans.gov.br/a-ans/sala-de-noticias-ans/consumidor/2316--ans-amplia-cobertura-obrigatoria-para-29-doencas-geneti cas-> Acesso em: 10 jul. 2015.

ANTUNES, Ricardo. Os modos de ser da informalidade: rumo a uma nova era da precarização estrutural do trabalho? *Serviço social & sociedade*, São Paulo, n. 107, p. 405-419, jul./set. 2011. Disponível em: <http://www.scielo.br/pdf/ss soc/n107/02.pdf> Acesso em: 10 jul. 2015.

APARISI MIRALLES, Ángela. Genoma humano, dignidad y derecho DS. *Cuadernos de bioética XXIV 2013/2*, v. 10, n. 1, Ene./ Jun., 2002. Disponível em: <http://dadun.unav.edu/handle/10171/ 3121> Acesso em: 10 abr. 2015.

ARAÚJO, Francisco Rossal de. *A boa-fé no contrato de emprego*. São Paulo: LTr, 1996.

ARAÚJO, Giovanni Moraes. *Normas regulamentadoras comentadas*: legislação de segurança e saúde no trabalho. 5. ed. Rio de Janeiro: Gerenciamento verde Editora e Livraria Virtual, 2005. v. 1.

ARENDT, Hannah. *Entre o passado e o futuro*. São Paulo: Perspectiva, 2000.

ARGENTINA. *Constitución de la nación argent*Ina. Información legislativa (Infoleg), Centro de Documentación e Información (CDI), Ministerio de Economía y Finanzas Públicas (Mecon). Disponível em: <http://infoleg.mecon.gov.ar/inf olegInternet/anexos/0-4999/804/ norma.htm> Acesso em: 24 set. 2015.

ARISTÓTELES. *Ética a Nicômaco*. Madrid: Alianza, 2008.

ASSIS, Rui. *O poder de direção do empregador*: configuração geral e problemas actuais. Coimbra: Coimbra Editora, 2005.

ATIENZA, Manuel.Juridificar la bioética. Isonomía: *revista de teoría y filosofía del derecho*, n. 8, p. 75-99, abr. 1998. Disponível em: <vantesvirtual.com/obra/juridificar-la-biotica-0/> Acesso em: 2 jul. 2015.

AUER, Alfons. *Morale autônoma e fede Cristiana*. Cinisello Balsamo: Paoline, 1991.

AZEVEDO, Eliane S. Ética na pesquisa em genética humana em países em desenvolvimento. In: GARRAFA, Volnei; PESSINI, Léo. *Bioética:* poder e injustiça. São Paulo: Centro Universitário São Camilo, 2004. p. 323-330.

BALLESTRIN, Luciana. América Latina e o giro decolonial. *Revista brasileira de ciência política*, Brasília, n. 11, p. 89-117, ago. 2013. Disponível em: <http://www.scielo.br/scielo.php?script=sci_arttext&pid=S01033352201300020 0004&lng=en&nrm=iso> Acesso em: 05 out. 2015.

BARACHO, José Alfredo de Oliveira. A identidade genética do ser humano. Bioconstituição: Bioética e Direito. *Revista de direito constitucional*, São Paulo: Revista dos Tribunais, ano 8, n. 32, jul.set. p. 88-92, 2000.

BARCHIFONTAINE, Christian de Paul de. *Bioética da vida*: alguns desafios. São Paulo: Centro Universitário São Camilo, 2004.

BARDONNET, Daniel. Le projet de Convention de 1912 sur le Spitsberg et le concept de patrimoine commun de l'humanité. In: BARDONNET, Daniel. *Humanité et droit* International: mélanges René-Jean Dupuy. Paris: Pedone,1991. p. 13-34.

BARROSO, Luís Roberto. *A dignidade da pessoa humana no direito constitucional contemporâneo*: natureza jurídica, conteúdos mínimos e critérios de aplicação. Versão provisória para debate público. Mimeografado, dezembro de 2010. Disponível em:<http://www.luisrobertobarroso.com.br/wp-content/uploads/2010/12/Dignidade_texto-base_11dez2010.pdf> Acesso em: 10 maio 2015.

BAUMAN, Zygmunt. *Em busca da política*. Tradução de Marcus Penchel. Rio de Janeiro: Zahar, 2000.

_____. *Modernidade líquida*. Rio de Janeiro: Jorge Zahar, 2001.

BEAUCHAMP, Tom L.; CHILDRESS, James F. *Princípios de ética biomédica*. Tradução de Luciana Pudenzi. São Paulo: Loyola, 2002.

_____.; CHILDRESS, James F. *Principles of biomedical ethics*. 4. ed. Nova Yorque: Oxford University Press, 1994.

_____, ; CHILDRESS, James F. *Principles of biomedical ethics*. 1. ed. Nova Yorque: Oxford University Press, 1979.

_____.; CHILDRESS, James F. *Principles of biomedical ethics*. 2. ed. Nova Yorque: Oxford University Press, 1983.

BEIGUELMAN, Bernardo. *Genética e ética*. In: PESSINI, Léo; BARCHIFONTAINE, Chistian de Paul de (Orgs.). *Fundamentos da bioética*. São Paulo: Paulus, 2005. p. 108-123.

_____. Genética e ética. *Ciência e Cultura*. São Paulo, v. 42, n. 1, p. 61-69, jan. 1990.

BELLVER CAPELLA, Vicente. Consideraciones filosófico-jurídicas en torno a la clonación para la reproducción humana. *Revista de derecho y genoma humano*, n. 10, p. 43-63, jan./jun., 1999.

BENÍTEZ ORTÚZAR, Ignacio Francisco. La especie humana como objeto de protección ante los avances tecnológicos. In: ROMEO CASABONA, Carlos Maria (Ed.). *Biotecnología, desarrollo y justicia*. Bilbao-Granada: Cátedra interuniversitaria, Fundación BBVA, Diputación foral de Bizkaia, de Derecho y Genoma Humano y Editorial Comares, 2008. p. 203-266.

BERGEL, Salvador Dario. Responsabilidade social e saúde. *Revista latInoamericana de bioética*, Bogotá, v. 7, n. 12, p. 10-27, 2007. Disponível em: <http://www.redalyc.org/articulo.oa?id=127020800002> Acesso em: 23 jun. 2015.

_____. *Bioética, genética y derechos humanos*: la declaración de la Unesco. Bioética, Brasília, v. 7, n. 2, p. 165-178, 1999.

BERLINGUER, Giovanni. A relação entre saúde e trabalho do ponto de vista bioético. *Saúde e sociedade*, São Paulo, v. 2, n. 2, p. 101-134, 1993. Disponível em: <http://www.scielo.br/scielo.php?script=sci_arttext&pid=S0104-12901993000200005&lng=en&nrm=iso> Acesso em: 5 ago.2015.

_____. *Bioética cotidiana*. Tradução de Lavínia Bozzo Aguílar Porciúncula. Brasília: Universidade de Brasília, 2004.

_____. *A saúde nas fábricas*. São Paulo: Cebes-Hucitec, 1983.

BERNARDES DE OLIVEIRA, A. *A evolução da medicIna até o Início do século XX*. São Paulo: Livraria Pioneira, 1981.

BERNARDES, Cleide; CABRERA, Julio. A ética da libertação de Enrique Dussel: entre as éticas europeias e o principialismo na bioética. *Revista bioethikos*, v. 8, p. 385-394, 2014.

BIOGENETIKA CENTRO DE MEDICINA INDIVIDUALIZADA. Disponível em: <netika.com.br/> Acesso em: 10 maio 2015.

BOFF, Clodovis. A originalidade histórica de Medellín. *Convergência*, v. 317, p. 568-575, 1998.

BOFF, Leonardo. *Ecologia social*: pobreza e miseria. Disponivel em: <http://leonardoboff. com/site/vista/outros/ecologia-social.htm> Acesso em: 19 jul. 2015.

BOMFIM, Manoel. *A América Latina*: males de origem. Rio de Janeiro: Centro Edelstein de Pesquisas Sociais, 2008.

BONDY, Augusto Salazar. *¿Existe una filosofía de nuestra América?* México: Siglo XXI, 1968.

BORRY, Pascal *et al*. Legislation on direct-to-consumer genetic testing in seven European countries. *Eur j hum genet*, v. 20, n. 7, p. 715-721, jul. 2012. Disponível em: <http://www. ncbi.nlm.nih.gov/pmc/articles/PMC3376265/> Acesso em: 10 jul. 2015.

BOUFFARD, Chantal. Bioéthique de la recherche et diversité culturelle. In: HERVÉ, C.; KNOPPERS, B. M.; MOLINARI, P. A. (Dirs.). *Les pratiques de recherche biomédicale visitées par la bioéthique*. Paris: Dalloz, 2003. p. 51-72. Disponível em: <http://medecinesetcultures.org/ uploads/2013/03/Bioethi que_de_la_recherche_ et_diversite_culturelle_Passer_du_defi_a_l_ objectif.pdf> Acesso em: 10 abr. 2015.

BOYD, Susan. Gendering legal parenthood: bio-Genetic ties, intentionality and responsibility. *Windsor yearbook of access to justice*, v. 25, n. 1, p. 63-94, 2007.

BRASIL. Lei n. 9.029, de 13 de abril 1995. Proíbe a exigência de atestados de gravidez e esterilização, e outras práticas discriminatórias, para efeitos admissionais ou de permanência da relação jurídica de trabalho, e dá outras providências. Diário Oficial [da] República Federativa do Brasil, Poder Executivo, Brasília, DF, 17 abr. 1995. Disponível em: <http:// pesquisa.in.gov.br/imprensa/jsp/visualiza/index.jsp?jornal=1&pagina=1&data=17/04/1995>. Acesso em: 29 maio 2015.

BRASIL. Câmara dos Deputados. *Projetos de lei e outras proposições:* Projeto de Lei n. 4610, de 1998. Histórico de pareceres, substitutivos e votos. 1998. Disponível em: <http://www. camara.gov.br/proposicoesWeb/prop_pareceres_substitutivos_votos;jsessionid=4BF98592EFF8 775DE96A20DC33A7AFC4.proposicoesWeb2?idProposicao=20995> Acesso em: 19 out. 2015.

BRASIL. *Constituição [da] República Federativa do Brasil*. Senado: Brasília, DF, 5 out.1988. Disponível em: <http://www.planalto.gov.br/ccivil_03/Con stituicao/Comstituicao. htm> Acesso em: 24 jul. 2015.

BRASIL. *Decreto-lei n. 5452, de 1º de maio de 1943*. Consolidação das leis trabalhistas. Disponível em:<http://www.planalto.gov.br/ccivil_03/decreto-lei/del5452. htm.> Acesso em: 10 maio 2015.

BRASIL. Decreto n. 5.591, de 22 de novembro de 2005. Regulamenta dispositivos da Lei n. 11.105, de 24 de março de 2005, que regulamenta os incisos II, IV e V do § 1º do artigo 225 da Constituição, e dá outras providências. 2005. *Diário Oficial [da] República Federativa do Brasil*, Poder Executivo, Brasília, DF, 23 nov. 2005. Disponível em: <http://www.planalto. gov.br/ccivil_03/_ato2004-2006/2005/Decr eto/D5591.htm> Acesso em: 10 jun. 2015.

BRASIL. Lei n. 11.105, de 24 de março de 2005. Regulamenta os incisos II, IV e V do § 1o do art. 225 da Constituição Federal, estabelece normas de segurança e mecanismos de fiscalização de atividades que envolvam organismos geneticamente modificados – OGM e seus derivados, cria o Conselho Nacional de Biossegurança – CNBS, reestrutura a Comissão Técnica Nacional de Biossegurança – CTNBio, dispõe sobre a Política Nacional de Biossegurança – PNB, revoga a Lei no 8.974, de 5 de janeiro de 1995, e a Medida Provisória no 2.191-9, de 23 de agosto de 2001, e os arts. 5o, 6o, 7o, 8o, 9o, 10 e 16 da Lei n. 10.814, de

15 de dezembro de 2003, e dá outras providências. Diário Oficial [da] República Federativa do Brasil, Poder Executivo, Brasília, DF, 28 mar. 2005. Disponível em < http://www.planalto. gov.br/ccivil_03/_ato2004-2006/2005/lei/l11105.htm>. Acesso em: 10 maio 2015

BRASIL. Lei n. 12.037, de 1º de outubro de 2009. Dispõe sobre a identificação criminal do civilmente identificado, regulamentando o artigo 5º, inciso LVIII, da Constituição Federal. *Diário Oficial [da] República Federativa do Brasil*, Poder Executivo, Brasília, DF, 2 out. 2009. Disponível em: <http://www.planalto.gov. br/ccivil_03/_ato2007-2010/2009/lei/l12037. htm> Acesso em: 10 jul. 2015.

BRASIL. Lei n. 8.080, de 19 de setembro de 1990. Dispõe sobre as condições para a promoção, proteção e recuperação da saúde, a organização e o funcionamento dos serviços correspondentes e dá outras providências. *Diário Oficial [da] República Federativa do Brasil*, Poder Executivo, Brasília, DF, 20 set. 1990. Disponível em: <http://www.planalto.gov. br/ccivil_03/Leis/L8080.htm> Acesso em: 10 jul. 2015.

BRASIL. Ministério da Previdência Social. *Anuário estatístico da Previdência Social 2013.* Secretaria de Políticas de Previdência Social, Departamento do Regime Geral de Previdência Social, Coodernação-Geral de Estatística Demografia e Atuária, Brasília, Distrito Federal. Disponível em: <http://www.previdencia.gov.br /estatisticas/aeps-2013-anuario-estatistico- -da-previdencia-social-2013/> Acesso em: 10 fev. 2015.

BRASIL. Ministério da Previdência Social. Resolução n. 1.269, 15 fevereiro de 2006. Conselho Nacional da Previdência Social. *Diário Oficial da União.* Brasília, 21 fev. 2006.

BRASIL. Ministério da Saúde. Portaria n. 2526, de 21 de dezembro de 2005. Dispõe sobre a informação de dados necessários à identificação de embriões humanos produzidos por fertilização in vitro Ministério da Saúde. 2005. *Diário Oficial [da] República Federativa do Brasil*, Brasília, 22 dez. 2005. Disponível em: <http://www.diariodasleis.com.br/busca/exibe-link.php?numlink=1-92-29-2005-12-21-2526> Acesso em: 10 jul. 2015.

BRASIL. Ministério do Trabalho e Emprego. Norma Regulamentadora 07– NR_7. Despacho da Secretaria de Segurança e Saúde no Trabalho em 1º de outubro, de 1996. 1996. Disponível em: <http://portal.mte.gov.br/data/files/ 8A7C812D308E216 60130E0819FC102ED/nr_07. pdf.> Acesso em: 10 maio 2015.

BRASIL. Ministério do Trabalho e Emprego. Portaria n. 1.246, de 2010. *Diário Oficial da União*, Artigo1º, n. 102, p. 89, 31 de maio de 2010. Disponível em: <http://www.abglt.org.br/docs/Portaria_1246-28052010.pdf.> Acesso em: 10 abr. 2015.

BRASIL. Plenário do Conselho Nacional de Previdência Social. Ministério da Previdência Social. Resolução n. 1.269, de 15 de fevereiro de 2006. *Diário Oficial [da] República Federativa do Brasil*, Brasília, 21 fev. 2006.

BRASIL. Plenário do Conselho Nacional de Saúde. Ministério da Saúde. *Resolução n. 340, de 2004.* Aprova diretrizes para análise ética e tramitação dos projetos de pesquisa da área temática especial de genética humana. 2004. Disponível em: <http://bvsms.saude.gov.br/bvs/saudelegis/cns/2004/res0340 _08_07_2004.html> Acesso em: 10 maio 2015.

BRASIL. *Projeto de Lei n. 3.494, de 2000.* Dispõe sobre a estruturação e o uso de bancos de dados sobre a pessoa e disciplina o rito processual do *habeas data* 2000. Disponível em: <http://www.camara.gov.br/proposicoesWeb/fichadetra mitacao?idProposicao=19753> Acesso em: 10 jul. 2015.

BRASIL. *Projeto de Lei n. 4.610, de 1998.* Define os crimes resultantes de discriminação genética. 1988. Disponível em: <http://www.ghente.org/doc_jurid icos/pl4610.htm> Acesso em: 20 abr. 2015.

BRAUNER, Maria Claudia Crespo. *Direito, sexualidade e reprodução humana:* conquistas médicas e o debate bioético. São Paulo: Renovar, 2003.

BRAVERMAN, Harry. *Trabalho e capital monopolista*. Rio de Janeiro: Zahar, 1981.

BRAZ, Marlene. Bioética, proteção e diversidade moral: quem protege quem e contra o que na ausência de um referencial moral comum? In: SCHRAMM, Fermin Roland; Rego Sergio; Braz Marlene, Palácios Marisa (Orgs). *Bioética*: Riscos e Proteção. Rio de Janeiro: Editora UFRJ/Editora Fiocruz, 2005. p. 45-51.

BRENDLER, Karina Meneghetti; PILAU SOBRINHO, Liton Lanes. Quando as células são currículos: uma abordagem sobre o risco da discriminação genética. *Revista de direito sanitário*, Brasil, v. 3, n. 3, p. 23-35, nov. 2002. Disponível em: <http://www.revistas.usp.br/rdisan/article/view/83827> Acesso em: 24 jul. 2015.

BROWN, S.The impact of advances in Genetics on isurances policy. In: VV.AA. *Advances. Genetic* Information, Lexington: The council state of governmemt, p. 44- 58, 1993.

BRUNET, Karina Schuch. Engenharia genética: implicações éticas e jurídicas. *Revista Jurídica*, São Paulo, n. 274, p. 44-56, 2000.

BRUNONI, D. *et al* . Avaliação genético-clínica do recém-nascido. In: sociedade brasileira de genética clínica. *Projeto Diretrizes*: Associação Médica Brasileira e Conselho Federal de Medicina. 2001. Disponível em: <http://www.bibliomed.com.br/diretrizes/pdf/av_gen_clin_recem_nascido.pdf> Acesso em: 26 abr. 2015.

BRZOZOWSKI, Fabiola Stolf; CAPONI, Sandra. Determinismo biológico e as neurociências no caso do transtorno de déficit de atenção com hiperatividade. *Physis*, Rio de Janeiro, v. 22, n. 3, p. 941-961, 2012. Disponível em: <http://www.scielo.br/scielo.php?script=sci_arttext&pid=S0103 73312012000300006&lng=en&nrm=iso> Acesso: 10 ago. 2015.

BUSSINGUER, Elda Coelho de Azevedo. *A teoria da proporcionalidade de Robert Alexy*: uma contribuição epistêmica para a construção de uma bioética latino-americana. 2014. 229 f. Tese (Doutorado em Bioética).Universidade de Brasília: Brasília, 2014.

_____. Editorial: a ciência e seus limites. *Revista brasileira de pesquisa em saúde,* v. 11, n. 3, 2009. Disponível em: <http://periodicos.ufes.br/RBPS/article/view/369/270> Acesso em: 23 nov. 2015.

BYK. Christian. La patente de genes humanos. *El Derecho ante el Proyecto Genoma Humano*, vol. II, Fundación BBV, Bilbao, 1994, p.135-154.

CABRAL, Álvaro; NICK, Eva. *Dicionário técnico de psicologia*. 14. ed. São Paulo: Cultrix, 2006.

CADIET, Loïc. La notion d'information génétique en Droit français. In: KNOPPERS, B. M. (org.). *La génétique huma*Ine: de l'information à l'informatisation. Paris; Montréal, 1992, p. 41- 65.

CALVO GALLEGO, Francisco Javier. Tests genéticos y vigilancia de la salud del trabajador. *Revista digital de salud y seguridad en el trabajo,* n. 1, p. 1-18, 2008. Disponível em: <http://rabida.uhu.es/dspace/ bitstream/handle/10272/ 3415/b15757201.pdf?sequence=1> Acesso em: 10 ago. 2015.

CAPRON, Alexander M. Seguros y genética: un análisis lleno de significado. In: VV.AA: el derecho ante el proyecto genoma humano, Bilbao: Fundación BBV, 1994. p. 17-27. v. III.

CARDONA RUBERT, María Belén. *Datos sanitários y relación laboral*. Espanha: Tirant lo Blanch, 1998.

CARNEIRO, Edison. *Antologia do negro brasileiro*. Rio de Janeiro: Agir, 2005.

CASTRO, Catarina Sarmento e. *Direito da* Informática*, privacidade e dados pessoais*. Coimbra: Almedina, 2005.

CASTRO-GÓMEZ, Santiago. *La hybris de punto cero*: biopolíticas imperales y colonialidad del poder en la Nueva Granada 1750-1810. Bogotá: Instituto Pensar, Universidad Javeriana, 2003.

CERTEAU, Michel de. *A Invenção do cotidiano*: artes do fazer. Petrópolis: Vozes, 2008.

CLOTET, J. Bioética como ética Aplicada e Genética. In: DE BONI, L.A; JACOB, G. ; SALZANO, F. (Orgs). Ética e genética. Porto Alegre: Edipucrs, 1988, p. 17-38.

COMIENZA discusión acerca del proyecto que prohíbe la discriminación laboral por test genéticos. Republica de Chile. Senado. Disponível em: http://www.senado.cl/comienza--discusion-acerca-del-proyecto-que-prohibe-la-discriminacion-laboral-por-test-geneticos/prontus_senado/2014-10-14/201631.html. Acesso em: 10 maio 2015.

COMISIÓN NACIONAL PARA LA PROTECCIÓN DE SUJETOS HUMANOS DE INVESTIGACIÓN BIOMÉDICA Y DE COMPORTAMIENTO. Principios eticos y directrices para la proteccion de sujetos humanos de investigacion. In*forme de Belmont*. 1976. Disponível em: http://www.inb.unam.mx/bioetica/documentos/informe_belmont_espanol.pdf. Acesso em: 18 out. 2015.

COMMISSION FOR THE STUDY OF ETHICAL PROBLEMS IN MEDICINE AND BIOMEDICAL AND BEHAVIORAL RESEARCH.*Securing aces to health care*: the ethical implications of differences in the availability of health servives mar. de 1983. Disponível em: <http://kie.georgetown.edu/nrcbl/documents/pcemr/securingaccess.pdf> Acesso em: 19 out. 2015.

COMITÉ DE LA EUROPEAN SOCIETY OF HUMAN GENETICS.*Genetic Information and Testing* In *Insurance and employment*: technical, social and ethical issues. Birmingham: Public and Professional Policy Committee, 2000.

COMITÊ DE MINISTROS DO CONSELHO DE EUROPA AOS ESTADOS-MEMBROS SOBRE PROTEÇÃO DE DADOS MÉDICOS. *Recomendação n. 5(97), de 13 de fevereiro de 1997*. Disponível em: <http://biblio.juridicas.unam.mx/ libros/5/2290/45.pdf> Acesso em: 20 jul. 2015.

CONSELHO DA EUROPA (CE). *Convenção para a proteção dos direitos do homem e da dignidade do ser humano face às aplicações da biologia e da medicina*: convenção sobre direitos humanos e Biomedicina. 4 abr. de 1997. Disponível em: <http://www.gddc.pt/direitos-humanos/textos-internacionais-dh/tidhregionais/convbiologiaNOVO.html> Acesso em: 10 jul. 2015.

_____. *Convenção para proteção das pessoas relativamente ao tratamento automatizado de caráter pessoal*. Convênio n. 108, 28 jan. de 1981. Disponível em: < http://www.fd.unl.pt/docentes_docs/ma/MEG _MA_5900.pdf> Acesso em: 26 jul. 2015.

_____. *Recomendação do comitê de ministros sobre o tratamento de dados pessoais no contexto do emprego (CM/REC (2015)5)*. Disponível em: <http://www.dgpj.mj.pt/sections/noticias/conselho-da-europa_3> Acesso em: 10 jul. 2015.

CONSELHO DA EUROPA. *Protocolo adicional à convenção de direitos humanos e biomedicina concernente a teste genético para a saúde*. 2008. Disponível em: <Purposeshttp://conventions.coe.int/Treaty/en/Treaties/Html/2 03.htm> Acesso em: 10 jul. 2008.

CONSELHO FEDERAL DE MEDICINA (CFM). *Processo-consulta CFM n. 4.720/2000 PC/CFM n. 29/2001*. Assunto: Projeto de Lei n. 2.642/00 sobre as condições de realização e análise de exames genéticos em seres humanos. Disponível em: <http://www.portalmedico.org.br/pareceres/CFM/2001/29_2001.htm> Acesso em: 10 maio 2015.

COUNCIL OF EUROPE. Disponível em: <http://www.coe.int/t/dghl/standardsett ing/dataprotection/default_EN.asp> Acesso em: 22 jul. 2015

CONSOLARO, Alberto *et al*. Conceitos de genética e hereditariedade aplicados à compreensão das reabsorções dentárias durante a movimentação ortodôntica. *Rev. dent. press ortodon. ortop. facial*, Maringá, v. 9, n. 2, p. 79-94, May 2004. Disponível em: <http://www.scielo.br/scielo.php ?script=sci_arttext&pid=S1415-54192004000200009&lng=en&nrm=iso> Acesso em: 15 set. 2015.

CONSTITUIÇÃO da Organização Internacional do Trabalho (OIT) e seu anexo (Declaração de Filadélfia). Filadélfia, 1919, Disponível em: <http://www.oitbrasil.org.br/sites/default/files/topic/decent_work/doc/constituicao_oit_538.pdf> Acesso em: 10 maio 2015.

CONVENÇÕES ratificadas pelo Brasil. Organização Internacional do Trabalho (OIT). Disponível em: <http://www.oit.org.br/convention> Acesso em: 10 maio 2015.

COUDERT, Fanny. Tratamiento de datos especialmente protegidos, Estudio práctico sobre la protección de datos de carácter personal. ALMAIDA, Cristina Almuzara (Coord.). *Estudio práctico sobre la protección de datos de caráter personal*. 1 ed. Espanha: Lex Nova, 2005. p. 301-326.

COUNCIL OF EUROPE. *Convention for the protection of human rights and dignity of the human belng with regard to the application of biology and mediclne*. Apr. 1997, DIR/JUR 96, 14. Disponível em: <http://conventions.coe.int/Treaty/en/Treaties/Html/164.htm> Acesso em: 2 fev. 2015.

_____. Disponível em: <http://www.coe.int/t/dghl/standardsetting/dataprotection/default_EN.asp> Acesso em: 22 jul. 2015

CRUZ, Ivana Beatrice Mânica da. Visão retrospectiva: parecer sobre banco de armazenamento de dados e de material biológico: breves considerações a serem feitas em busca de uma construção da normatização. In: KKIPPER, Délio José; MARQUES, Caio Coelho; FEIJÓ, Anamaria (Org.). *Ética em pesquisa*: reflexões. Porto Alegre: Edipucrs, 2003. p. 125-139.

CRUZ-COKE, Ricardo. Declaração universal de bioética y derechos humanos de UNESCO. *Rev. méd. Chile*, Santiago, v. 133, n. 9, p. 1120-1122, sept. 2005. Disponível em: <http://www.scielo.cl/scielo.php?script=sci_arttext&pid=S0034-98872005000900019&lng=es&nrm=iso> Acesso em: 28 jul. 2015.

CHABROL, C.; SOUZA, Wander Emediato de. A problemática da argumentação na língua, a teoria dos topoi e as representações intrínsecas e extrínsecas. In: MACHADO, Ida Lucia (Org.). *Ensaios de análise do discurso*. Belo Horizonte: Fale/UFMG, 2002.

CHAUÍ, Marilena. *Convite à filosofia*. São Paulo: Ática, 1999.

CHIRINO SÁNCHEZ, Alfredo. *Autodetermlnación Informativa y estado de derecho en la sociedad tecnológica*. San José, Costa Rica: CONAMAJ, 1997. Disponível em: <http://www.ocw.uned.ac.cr/eduCommons/s.e.p/tecnologia-y-trabajo/tutorias/tutor ia-segunda/auto-determinacion-informativa-y-estado-de-derecho-en-la-sociedad-tecnologica-alfredo-chirino/view> Acesso em: 10 maio 2015.

D´AGOSTINO, Francesco. *Bioética*: segundo o enfoque da Filosofia do Direito. Tradução de Luísa Raboline. São Leopoldo, Rio Grande do Sul: Editora Unisinos, 2006.

DALLARI, Dalmo de Abreu. Bioética e Direitos Humanos. In: COSTA, Sérgio Tibiapina Ferreira; OSELVA, Gabriel; GARRAFA, Volnei (Coords.). I*niciação à bioética*. Brasília: Conselho Federal de Medicina, 1998. p. 231-242. Disponível em: <http://www.cro-rj.org.br/fiscalizacao/etica%20principios%20de%20bioetic a.pdf> Acesso em: 10 fev. 2015.

DE BONI, L. A; JACOB, G.; SALZANO, F. (Orgs). *Ética e genética*. Porto Alegre: Edipucrs, 1998.

DE SOLA, Carlos. Privacidad y datos genéticos. Situaciones de conflito (II). *Revista de derecho y genoma humano*, n. 2, p.157-167, 1995.

DECLARAÇÃO Ibero-latino-americana sobre Direito, Bioética e Genoma Humano. Declaração de Manzanillo de 1996. Buenos Aires, Santiago do Chile, 2011. In: PESSINI, Leo; BARCHI-FONTAINE, Christian de Paul de. *Problemas atuais de bioética*. 8. ed. São Paulo: Centro Universitário São Camilo: Loyola, 2008. p. 707-712. Disponível em: <http://www.uchile.cl/portal/investigacion/centro-interdisciplinario-de-estudios-en-bioetica/documentos/76305/declaracion-ibero-latinoamericana-sobre-derecho-bioetica-y-genoma> Acesso em: 10 jul. 2015.

DECLARAÇÃO Internacional sobre os Dados Genéticos Humanos. Paris. 2004. Disponível em: <http://bvsms.saude.gov.br/bvs/publicacoes/declaracao_inter_dados_genericos.pdf> Acesso em: 20 jul. 2015.

DECLARACIÓN Ibero-Latinoamericana sobre Derecho, Bioética y Genoma Humano. Santiago, 2001. Centro interdisciplinario de estudios em bioética. Universidad de Chile. Disponível em: <http://www.uchile.cl/portal/investigacion/centro-interdisciplinario-de-estudios-en-bioetica/documentos/76305/declaracion-ibero-latinoamericana-sobre-derechobioetica-y-genoma> Acesso em: 17 out. 2015.

DEWEY, John. The future of liberalism. *The journal of philosophy*, v. 32, n. 9, p. 228, abr. 1935.

DINIZ, Débora. Avaliação ética em pesquisa social: o caso do sangue yanomami. *Revista bioética*, v. 15, v. 2, p. 284-97, 2007. Disponível em: <http://revistabioetica.cfm.org.br/index.php/revista_bioetica/article/viewFile/48/51> Acesso em: 10 out. 2015.

DIRETRIZES sobre Sistemas de Gestão da Segurança e Saúde no Trabalho. São Paulo: Fundação Jorge Duprat Figueiredo de Segurança e Medicina do Trabalho, 2005.

DOCUMENTO de trabajo sobre datos genéticos. Disponível em: <http://ec.europa.eu/justice/policies/privacy/docs/wpdocs/2004/wp91_es.pdf> Acesso em: 10 jul. 2015. O Grupo foi criado em decorrência do artigo 29 da Diretiva 95/46/CE, tratando-se de um organismo da União Europeia com caráter consultivo e independente, para a proteção de dados e o direito à intimidade.

DONEDA, Danilo. *Da privacidade à proteção de dados pessoais.* Rio de Janeiro: Renovar, 2006.

_____. Proteção de dados pessoais. In: TORRES, Ricardo Lobo; KATAOKA, Eduardo Takemi; GALDINO, Flávio (Org.). *Dicionário de princípios jurídicos*. São Paulo: Campus/Elsevier, 2011.

DUCROT, Oswald. Argumentação e "topoi" argumentativos. In: GUIMARÃES, E. (Org.). *História e sentido da linguagem*. Campinas: Pontes, 1989.

DULBECCO, Renato. *Los genes y nuestro futuro*: la apuesta del proyecto genoma. Espanha: Alianza Editorial, 1999.

DURAND, Guy. I*ntrodução geral à bioética*: história, conceitos e instrumentos. Tradução de Nicolás Nyimi Campanário. 4. ed. São Paulo: Loyola, 2012.

DUSSEL, Enrique. *Filosofía de la liberación*. Buenos Aires: Aurora, 1976.

_____. *La ética de la liberación ante el desafío de Apel, Taylor y Vattimo con respuesta crítica* Inédita *de K.-O. Apel.* México: Universidad Autónoma del Estado de México, 1998b.

_____. *Método para uma filosofia da libertação:* superação analética da dialética hegeliana. Tradução de Juandir João Zanotelli. São Paulo: Loyola, 1986.

_____. *1492*: O encobrimento do outro: a origem do mito da modernidade. Petrópolis: Vozes, 1993a. _____ *Desconstrucción del concepto de "tolerancia":* de la intolerancia a la solidaridad. México: UAM-Iz, 2006. Disponível em: <http://www.afyl.org/txt/Articulos/EnriqueDussel_Deconstruccion-concepto-tolerancia.pdf> Acesso em: 10 jul. 2015.

_____. *Ética da libertação na idade da globalização e exclusão*. 4. ed. Petrópolis: Vozes, 2012.

_____. *Ética de la liberación en la edad de la globalización y de la exclusión.* Tradução de Ephraim Ferreira Alves, Jaime A. Clasen, Lúcia M. E. Orth. Madrid: Trotta, 1998a.

_____. Europa, modernidade e eurocentrismo. In: LANDER, Edgardo (Org.). *A colonialidade do saber*: eurocentrismo e ciências sociais. Perspectivas latino-americanas. Ciudad Autónoma de Buenos Aires, Argentina: CLACSO, set. 2005. p. 55-70. Colección Sur Sur.

_____. *Filosofia da libertação*: crítica à ideologia da exclusão. 3. ed. Tradução de George I. Maissait. São Paulo: Paulus, 1995.

_____. *Filosofía de la liberación (1977)*. Bogotá: Nueva América, 1996. Disponível em: <http://biblioteca.clacso.edu.ar/clacso/otros/2012 0227024607/filoso fia.pdf> Acesso em: 25 jun. 2015.

_____. *Hacia una filosofía política crítica*. Madrid: Desclée de Brower, 2002.

_____. *Historia de la iglesia en América Latlna*: medio milenio de coloniaje y liberación (1492-1992). 6.ed. Madrid: Mundo Negro-Esquila Misional, 1992.

_____. *Las metáforas teleológicas de Marx*. Espanha: Verbo Divino, 1993b.

_____. *Para una ética de la liberación latinoamericana*. Buenos Aires: Siglo XXI, 1973.

_____. *Teologia da libertação*: um panorama de seu desenvolvimento. Petrópolis: Vozes, 1999.

DWORKIN, Ronald. *Los derechos en serio*. Barcelona: Ariel, 1989.

ENGELS, Friedrich. *A situação da classe trabalhadora na Inglaterra*. São Paulo: Boitempo, 2008.

ESPANHA. Ley Orgánica 15/1999, de 13 de diciembre, de Protección de Datos de Carácter Personal. *Diario oficial Boletín Oficial del Estado*, n. 298, 14 Dic., 1999. Disponível em: <http://noticias.juridicas.com/base_datos/Ad min/lo15-1999.html> Acesso em: 7 jul. 2015.

ESPINAR VICENTE, José María. La primacía del derecho a la información sobre la intimidad y el honor. In: SAN MIGUEL, Luis García (Coord.). *Estudios sobre el derecho a la intimidade,* 1992. p. 46-67.

Public and Professional Policy Committee (PPPC). *Genetic information and testing in insurance and employment:* technical, social and ethical issues: recommendations of the european society of human genetics. Manchester, UK: Public and Professional Policy Committee, 2000. Disponível em: <http://jshg.jp/e/resources/data/ESHG_e.pdf> Acesso em: 10 jul. 2015.

FEIJO, Denise; CAMARA, Volney Magalhães; LUIZ, Ronir Raggio. Aspectos psicossociais do trabalho e transtornos mentais comuns em pilotos civis. *Cadernos de saúde pública,* v. 30, n.11, p. 2433-2442, 2014. Disponível em: <http://www.scielosp.org/scielo.php?script=sci_arttext&pid=S0102-311X2014001202433&lng=en&nrm=iso> Acesso em: 18 out. 2015.

FEMEÍNA LOPES, Pedro J. Limites jurídicos a la alteración del patrimonio genético de los seres humanos (parte I). *Revista de derecho y genoma humano*, Bilbao, n. 9, p. 111-117, jul./dic. 1998.

FERNÁNDEZ DOMÍNGUEZ, Juan José. *Pruebas genéticas en el Derecho del Trabajo*. Madrid (Espanha): Civitas Ediciones, S. L., 1999.

FERREIRA RUBIO, Delia Matilde. *El derecho a la intimidad*. Buenos Aires: Editorial Universidad, 1982.

FERREZ, Jorge José; ÁLVAREZ, Juan Carlos. *Para fundamentar la bioética*: teorías y paradigmas teóricos en la bioética contemporánea. Madrid: Universidad Pontificia de Comillas, 2003.

FIGUEROA YANEZ, Gonzalo. Hacia una integración supranacional de los principios rectores sobre el genoma humano: una visión personal desde la perspectiva latinoamericana. Acta bioethica, Santiago, v. 6, n. 2, dic., 2000. Disponível em: <http://www.scielo.cl/scielo.php?script=sci_arttext&pid=S1726-569X2000000200004&lng=es&nrm=iso> Acesso em: 22 jul. 2015.

FLETCHER, Joseph. Morals and medicine. Princeton, N. J.: Princeton University Press, 1954

FOUCAULT, Michel. *Vigiar e punir*. Petrópolis: Vozes, 2001.

_____. *Nascimento da biopolítica*. Tradução de Eduardo Brandão. São Paulo: Martins Fontes, 2008b.

_____. *Segurança, território, população*: curso dado no Collège de France (1977-1978). Tradução de Eduardo Brandão. São Paulo: Martins Fontes, 2008a.

_____. *A história da sexualidade*: a vontade de saber. Tradução de Maria Theresa da Costa Albuquerque e J. A Albuquerque. Rio de Janeiro: Paz &Terra, 2014.

_____. *A microfísica do poder*. Rio de Janeiro: Graal, 1986.

_____. *Em defesa da sociedade*: curso no Collège de France (1975-1976). Tradução de Maria Ermantina Galvão. Martins Fontes: São Paulo, 2005.

FRANÇA. *Código Civil*. Versão consolidada em 8 de agosto de 2015. Disponível em:<http://www.legifrance.gouv.fr/affichCode.do;jsessionid=4ª 9FFAACB7F291F4E A6E93AD4865B402.tpdila08 v_2?cidTexte=LEGITEXT000006070721&dateTexte=20150820> Acesso em: 20 jul. 2015.

FRANÇA. *Code de la santé publique*. Versão consolidada em 12 de outubro de 2015. Disponível em: <http://www.legifrance.gouv.fr/affichCode.do?cidTexte=LEGITEXT 000006072665&dateTexte=20151013> Acesso em: 20 out. de 2015.

FRANÇA. *Lei n. 814, de 7 de julho de 2011. Disponível em:* <http://www.leg ifrance.gouv.fr/affichTexte.do?cidTexte=JORFTEXT000024323102> *Acesso em: 09 jul. 2015*

FRANÇA. *Lei n. 98-468*. Disponível em: <http://www.legifrance.gouv.fr/affic hTexte.do?cidTexte=JORFTEXT000000556901&d ateTexte=> Acesso em: 10 out. 2011.

FRANKEL, Daniel. Eugenesia social en tiempos del genoma: intervenciones totalitarias del poder. *Psicol. Argum.*, jul./set., v. 26, n. 54, p. 245-265, 2008. Disponível em: <http://webcache.googleusercontent.com/search?q=cache:HItRF4S4O_wJ:www2.pucpr.br/reol/index.php/PA/pdf/%3Fdd1%3D2499+&cd=1&hl=pt-BR&ct=clnk&gl=br> Acesso em: 18 out. 2015.

FRANKENA, Willian. *Ética*. Rio de Janeiro: Zahar, 1981.

FREDMAN, Sandra. *Discrimination law*. Oxford: Oxford University Press, 2002.

FREIRE, Maria Lucia de Barros. O Serviço Social e a Saúde do Trabalhador diante da reestruturação produtiva das empresas. In: MOTA, Ana Elizabete (Org.). *A nova fábrica de consensos*: ensaios sobre a reestruturação empresarial, o trabalho e as demandas do Serviço Social. São Paulo: Cortez, 2000.

FREYRE, Gilberto. *Casa grande e senzala*. 25. ed. Rio de Janeiro: José Olympio, 1987.

FROSINI, Vitorio. *Los derechos humanos en la era tecnológica*. In: Enrique Pérez, Antonio (Coord.). *Derechos Humanos y Constitucionalismo ante el tercer milenio*. Madrid: Marcial Pons, 1996. p. 87-96.

FROTA-PESSOA, Oswaldo. Fronteiras do biopoder. *Revista bioética*, v. 5, n. 2, 1997. Disponível em: <http://revistabioetica.cfm.org.br/index.php/revista_bio etica/issue/view/26> Acesso em: 10 ago. 2015.

FUKUYAMA, Francis. *O fim da história e o último homem*. Rio de Janeiro: Rocco, 1992.

GARCÍA CAPILLA. Diego José. *El nascimiento de la bioética*. Madrid (Espanha): Editorial Biblioteca Nueva, S.L, 2007.

GARRAFA, Volnei. O diagnóstico antecipado de doenças genéticas e a ética. *O Mundo da Saúde*, São Paulo, v. 24, n. 5, p. 424-428, 2000. Disponível em: <http://www.comciencia.br/noticias/2005/10/noticia_IBM_18out05.pdf> Acesso em: 10 jun. 2015.

_____; PESSINI, Léo. *Bioética: poder e injustiça*. 2ª ed. São Paulo: Centro Universitário São Camilo, 2004.

GARRIGA DOMÍNGUEZ, Ana. *Tratamiento de datos personales y derechos fundamentales*. Madrid: Dykinson, 2004.

GEDIEL, José Antônio Peres. Declaração universal do genoma humano e direitos humanos: revisitação crítica dos instrumentos jurídicos. In: CARNEIRO, Fernanda; EMERICK, Maria

Celeste. *Limite à ética e o debate jurídico sobre acesso e uso do genoma humano.* Rio de Janeiro: FIOCRUZ, 2000a. p. 159-166.

_____. *Os transplantes de órgãos e a invenção moderna do corpo.* Curitiba: Moinho do Verbo, 2000b.

GEVERS, Sjef. Use of genetic data, employment and insurance: an international perspective. *Bioethics*, v. 7, n. 2-3, p.126-34, apr. 1993. Disponível em: < http://www.ncbi.nlm.nih.gov/pubmed/11651525> Acesso em: 10 jul. 2015.

GODARD, Béatrice; RAEBURN, Sandy; PEMBREY, Marcus; BOBROW, Martin; FARNDON, Peter; AYMÉ, Ségolène (2003). *Genetic information and testing in insurance and employment: technical, social and ethical issues. European journal of human genetics*, v. 11, p. 123-142. Disponível em: Acesso em: 2 fev. 2015.

GONÇALEZ, Liliana Noemi; ETEL PAPO, Laura. El ámbito de intimidad del trabajador y la discriminación por razones de salud. *Revista derecho del trabajo*, jan. 2008. Disponível em:<http://www.infojus.gob.ar/liliana-noemi-gonzalez-ambito-intimidad-trabajador-discriminacion-razones-salud-dacf080022-2008-01/123456789-0abc-defg2200-80fcanirtcod> Acesso em: 10 set. 2015.

GOSTIN Lawrence O.; HODGE James G. Genetic privacy and the law: an end to genetics exceptionalism. *Jurimetrics*, Chicago, v. III, p. 21-58,1999.

GOUYON, P-H. et al. *A bioética é de má-fé?* São Paulo: Loyola, 2002.

GRACIA, Diego. *Como pensar a bioética:* metas e desafios. Tradução de Carlos Alberto Bárbaro. São Paulo: Loyola, 2010.

_____. *Introducción a la Bioética.* Bogotá: El Búho, 1991.

_____. O contexto histórico da bioética hispano-americana. In: PESSINI, Leo; BARCHIFONTAINE, Christian de Paul de (Orgs.). *Bioética na Ibero-América:* histórias e perspectivas. São Paulo: Centro Universitário São Camilo, 2007. p. 17-34.

GRAMSCI, Antonio Gramsci, Americanismo e fordismo. In: GRAMSCI, Antônio. *Maquiavel, a política e o Estado moderno.* 2. ed. Rio de Janeiro: Civilização Brasileira, 1976.

GRECO, Dirceu B. Emancipação na luta pela equidade em pesquisas com seres humanos. *Revista bioética (Impr.)*, v. 21, n. 1, p. 20-31, 2013. Disponível em: < http://www.scielo.br/pdf/bioet/v21n1/a03v21n1.pdf> Acesso em: 10 ago. 2015.

GREEN, Robert C.; LAUTENBACH, Denise; McGUIRE, Amy L. Gina, genetic discrimination, and genomic medicine.*The new england journal of medicine*, v. Disponível em: <http://www.nejm.org/doi/citedby/10.1056/NEJMp1404776#t=citedby> Acesso em: 10 ago. 2015.

GROS ESPIELL, Héctor. El patrimonio común de la humanidad y el genoma humano. *Revista de derecho y genoma humano.* Bilbao, Universidad de Deusto, n. 3, p. 91-104, 1995.

GROSFOGUEL, Ramón. Para descolonizar os estudos de economia política e os estudos pós-coloniais: transmodernidade, pensamento de fronteira e colonialidade global. In: SANTOS, Boaventura de Sousa; MENESES, Maria Paula (Orgs.). *Epistemologias do sul.* São Paulo: Cortez, 2010. p. 455-491.

GUATARRI, Félix. *As três ecologias.* Campinas: Papirus,1999.

_____; ROLNIK, Suely. *Micropolítica:* cartografias do desejo. Petrópolis: Vozes, 1999.

HABERMAS, Jünger. *Técnica e ciência como ideologia.*Tradução de Artur Mourão. Lisboa: Edições 70, 1968.

HAYES, Catherine V. Genetic testing can aid those at risk of genetic disease. In: O´NEILL, Terry. *Biomedical ethics: opposing viewpoints.* San Diego, CA: Greenhaven Press, 1994. p. 287-292

HERNÁNDEZ IBÁNEZ, Carmen. Selección del sexo e derechos de la persona. *La ley: Revista jurídica española de doctrina, jurisprudência y bibliografía*, n. 2, p. 965-969, 1992.

HERRERA FLORES, Joaquín. *Teoria crítica dos direitos humanos*: os direitos humanos como produtos culturais. Rio de Janeiro: Lumen Juris, 2009.

HERSALIS, Marcelo; JALIL, Julián. La eugenesiay su implicancia jurídica en el matrimonio. *Persona: Revista Electrónica de Derechos Naturales*, n. 66, jun./jul. 2007. Disponível em: <http://www.revistapersona.com.ar/Persona 66/66Persona1.htm> Acesso em: 10 jul. 2015.

HINKELAMMERT, F. *Crítica à razão utópica*. São Paulo: Paulinas, 1986.

HIRIGOYEN, Marie-France. *Assédio moral*: a violência perversa no cotidiano. 13. ed. Tradução de Maria Helena Kuhner. Rio de Janeiro: Bertrand Brasil, 2011.

HOFFMASTER, Barry. Can ethnography save the life of medical ethics ?.*Social Science and Medicine*, v. 35, n. 12, p. 1421-1432, 1992. Disponível em: < http://www.ncbi.nlm.nih.gov/pubmed/1485190> Acesso em: 10 ago. 2015.

HOTTOIS, Gilbert. Une analyse critique du néo-finalisme dans la philosophie de H. Jonas. *Laval théologique et philosophique*, v. 50, n. 1, p. 95-110, 1994. Disponível em: <http://www.erudit.org/revue/LTP/1994/v50/n1/400819ar.p df> Acesso em: 10 jul. 2015

_____. *El paradigma bioético*: una ética para la tecnociência. Barcelona: Anthropos, 1999a.

_____. Información y saber genético. *Revista de derecho y genoma humano*, n. 11, p. 25-53, 1999b.

_____. Verbete "Bioéthique." In: HOTTOIS, Gilbert; PARIZEAU, Marie-Hélène (Orgs.). *Les mots de la bioéthique*: un vocabulaire encyclopédique. Bruxélles: De Boeck-Wesmael, 1993. p. 49-53 Disponível em: <http://www.ulb.ac.be/philo/philotec/documents/comptes_rendus/les%20mots%20de%20la%20bioethique.pdf> Acesso em: 10 jun. 2015.

INSTITUTO BRASILEIRO DE GEOGRAFIA E ESTATÍSTICA (IBGE). *Pesquisa Nacional por Amostragem de Domicílios 2003*. Rio de Janeiro: IBGE, 2005.

INFORMES Legislação. Portal da saúde. Brasil. Disponível em: <http://dab.saude.gov.br/portaldab/biblioteca.php?conteudo=legislacoes/esus>.Acesso em: 10 ago. 2015.

ITAÚ é condenado em 21 milhões por reduzir férias. *Revista Exame*. Disponível em: < http://exame.abril.com.br/negocios/noticias/o-que-7-empresas-fazem-para-premiar-e-mimar-funcionarios> Acesso em: 15 out. 2015.

JACQUES, Guilherme Silveira; MINERVINO, Aline Costa. Aspectos éticos e legais dos bancos de dados de perfis genéticos. *Revista Perícia Federal*, Brasília, ano IX, n. 26, p. 17-20, jun. 2007, ago. 2008,

JAHR, Fritz. Bio-Ethic: eineumschauüber die ethischen. Beziehungen des menschenzu tier und pflanze. *Kosmos*: Handweiserfür Naturfreunde, v. 24, n. 1, p. 2-4, 1927. Disponível em: <http://www.ethik-in-der-praxis.de/downloads/ jahr-kosmos.pdf> Acesso em: 20 fev. 2015.

_____. Bio-ética: una perspectiva de la relación ética de los seres humanos con los animales y las plantas. *Revista Internacional sobre Subjetividad, Política y Arte*, Buenos Aires, v. 8, n. 2, p. 18-23, abr. 2013.

JARAMILLO, Samuel. Proyecto genoma humano. *Revista Colombiana de Cardiologia*, v. 9, n. 2, p. 276-288, sep./out., 2001. Disponível em: <http://www.scielo.org.co/pdf/rcca/v9n3/9n3a4.pdf> Acesso em: 16 jul. 2015.

JASPERS, Karl. *La bomba atomica e el destino de l'uomo*. Milano: U. L. Saggiatore, 1960.

JENSEN, Arthur R. How much can we boost IQ and scholastic achivement? *Harvard educational review*, Cambridge, v. 39, p. 1-123, 1969. Disponível em: <http://citeseerx.ist.psu.edu/viewdoc/download?doi=10.1.1.138.980&rep=re p1&type=pdf> Acesso em: 10 jul. 2015.

JOHNSON, Paul; WILLIAMS, Robin. *Inclusivesess effectiveness and instrusiveness*: issues in the developing uses of DNA profiling in support of criminal investifations, v. 34, n. 2, p. 234-247, 2006. Disponível em: <http://onlinelibrary.wiley.com/doi/10.1111/j.1748-720X.2006.00030.x/epdf> Acesso em: 18 out. 2015.

JONAS, Hans. *El principio de la responsabilidad*: ensayos de una ética para la civilización tecnológica. Barcelona: Herder, 1995.

_____. *Técnica, medicina y ética*: la práctica del princípio de responsabilidad. Barcelona: Paidós, 1997.

JONSEN, Albert R. *The bird of bioethics*. New York: Oxford University Press, 2003.

JOSEN, A; TOULMIN, S. *The abuse of casuistry*: a history of moral reasoning. California: University of California Press, 1988.

JUNGES, José Roque. *Bioética*: perspectivas e desafios. São Leopoldo: Unisinos, 2005.

JURAMENTO de Hipócatres. Conselho Regional de Medicina do Estado de São Paulo (Cremesp). Disponível em:<https://www.cremesp.org.br/?siteAcao=Historia&esc=3> Acesso em: 18 out. 2015.

KOLATA, Gina. 'Deviousdefecator' case testsgeneticslaw. *The new york times*. Disponível em: <http://www.nytimes.com/2015/06/02/health/devious-defecator-case-tests-genetics-law.html?_r=0> Acesso em: 20 ago. 2015. / BARRET &farahany justice at work. Disponível em: <http://justiceatwork.com/order-for-113-cv-2425-at/> Acesso em: 20 ago. 2015.

KOSIK, Karel. *Dialética do concreto*.Tradução de Célia Neves e Alderico Toríbio. Rio de Janeiro: Paz e Terra, 2002.

KOTTOW, Miguel. Vulnerability: what kind of principle Is It? *Medicine, health care and philosophy*, v. VII, n. 3, p. 281-287, 2004.

_____. *Bioética* de proteção: considerações sobre o contexto latino-americano. In: SCHRAMM, Fermin Roland; Rego Sergio; Braz Marlene, Palácios Marisa (Orgs). *Bioética*: Riscos e Proteção. Rio de Janeiro: Editora UFRJ/Editora Fiocruz, 2005. p. 29-44.

_____. Vulnerabilidad: vulnerabilidad entre derechos humanos y bioética. Relaciones tormentosas, conflictos insolutos. *Revista de la facultad de derecho*, n. 69, p. 25-44, 2012.

_____. Vulnerabilidad, susceptibilidades y bioética. *Lexix Nesis-Jurisprudência*, n. 4, p. 23-9, 2003.

_____. *Ética de protección*. Bogotá: Universidad Nacional de Colombia, 2007.

KROHLING, Aloísio. *A ética da alteridade e da responsabilidade*. Curitiba: Juruá, 2011.

_____. *Dialética e direitos humanos*: múltiplo dialético – da Grécia à contemporaneidade. Curitiba: Juruá, 2014.

_____. *Direitos humanos fundamentais*: diálogo intercultural e democracia. São Paulo: Paulus, 2010.

_____. Os direitos humanos na perspectiva da antropologia cultural. *Revista de direitos e garantias fundamentais*, Vitória, n. 3, p. 155-182, jul./dez., 2008.

KUNG, Hans; SCHMIDT, H. (Eds.). *A global ethic and a global responsibilities*: two declarations. London: SCM Press, 1998.

KURCZYN VILLALOBOS, Patrícia. *Proyecto de genoma humano y las relaciones laborales*. Biblioteca Jurídica Virtual, 1998. Disponível em: <http:// biblio.juridicas.unam.mx/libros/1/83/7.htm> Acesso em: 10 jul. 2015.

LA IGUALDAD em el trabajo: afrontar los retos que se plantean. In: conferencia Internacional del Trabajo. 96 reunión. Ginebra, Oficina internacional del trabajo, 2007. Disponível em: <http://www.oitbrasil.org.br/sites/default/files/topic/discrimination/pub/ relatorio_global_2007_atualizacao_233.pdf> Acesso em: 20 abr. 2015.

LACADENA, Juan Ramón. Investigación genética y bioética. In: I CONGRESSO MUNDIAL DE BIOÉTICA. 2000, Gijón. *Anais*... Gijón: Sociedade Internacional de Bioética, 2000. p. 222.

LAJEUNESSE, Yvette; SOSOE, Lukas. *Bioéthique et culture démocratique*. Montréal, Harmattan, p. 105- 127, 1996.

LARENAS, Adriana Hevia. El conflicto de interés en la evaluación ética de la investigación em seres humanos. In: BOTA i ARQUÉ, Alexandre et al. *Los comités de evaluación ética y científica de la investigación en seres humanos en los países latinoamericanos y el Caribe*: una propuesta para su desarrollo. Santiago: CIEB; NIH, 2004. p. 45-56.

LAURELL, Ana Cristina; NORIEGA, Mariano. *Processo de produção e saúde: trabalho e desgaste operário*. São Paulo: hucitec, 1989.

LE BRIS, Sonia. Give Me Your DNA, and I'll Tell You Who You Are... Or Who You'll Become – Questions Surrounding the Use of Genetic Information in Europe. *Isuma*. vol. 3, 2001. p. 90.101.

LECALDANO, Eugenio. *Bioetica*: le scelte morali. Bari: Laterza, 1999.

LEÓN CORREA, Francisco Javier. Fundamentos y principios de bioética clínica, institucional y social. *Acta Bioethica*, v. 15, n.1, p.70-78, 2009. Disponível em: <http://www.redalyc.org/articulo.oa?id=55412255009> Acesso em: 18 out. 2015.

_____. *Temas de bioética social*. Santiago do Chile: Ed. E-book: Fundación Interamericana Ciência e Vida, 2010.

LÉVESQUE, Emmanuelle; AVARD, Denise. Discrimination génétique et discrimination fondée sur le handicap comparaison internationale des différentes approches normatives. *Handicap-revue de sciences humaines et sociales*. n. T, 05-106, 2005. Disponível em: <https://depot.erudit.org/bitstream/002733dd/1/discrimination.pdf> Acesso em: 10 abr. 2015.

LEVINAS, Emmanuel. *Ética e infinito (1982)*. Tradução de João Gama. Revisão Artur Morão. Lisboa- Portugal: Edições 70, 2007.

_____. *Totalidade e infinito (TI) (1961)*. Tradução de José Pinto Ribeiro, Lisboa- Portugal: Edições 70, 1988.

LÉVY, Pierre. *Cibercultura*. São Paulo: Editora 34, 1999.

LEVY, S. Post-encephalitic behavior disorder: a forgotten entity: a report of 100 cases. *The american journal of psychiatry*, v.115, n. 12, p. 1062-7, 1959. Disponível em: <http://www.ncbi.nlm.nih.gov/pubmed/13649957> Acesso em: 10 jul. 2015.

LIMA, Silvana Mendes. Produção de conhecimento sobre a tríade saúde, trabalho e subjetividade.In: MINAYO GOMES, Carlos; MACHADO, Jorge Mesquita Huet; PENA, Paulo Gilvane Lopes. *Saúde do trabalhador na sociedade brasileira contemporânea*. 2. ed. Rio de Janeiro: Editora Fiocruz, 2011, p. 315-324.

LOPES, C.; ROCHA, J. C. C.; JARDIM, L. B. Teste Preditivo. In: SOCIEDADE BRASILEIRA DE GENÉTICA CLÍNICA. *Projeto diretrizes*: Associação Médica Brasileira e Conselho Federal de Medicina. 14 set. 2007. Disponível em: <www.projetodiretrizes.org.br/projeto_diretrizes/091.pdf> Acesso em: 28 ago. 2015.

LORA ALARCÓN, Pietro de Jesus. *Patrimônio genético humano e sua proteção na Constituição Federal de 1988*. São Paulo: Método, 2004.

LOURENÇO, Edvânia Ângela de Souza. *Na trilha da saúde do trabalhador: a experiência de Franca/SP*. 2009. Tese de Doutoramento (Doutorado em Serviço Social) – Faculdade de História, Direito e Serviço Social, UNESP, 2009.

LUKÁCS, Georg. *Introdução a uma ética marxista*. 2. ed. Rio de Janeiro: Civilização Brasileira, 1978.

LUKÁCS, Georg. *Ontologia do ser social: os princípios ontológicos fundamentais de Marx*. São Paulo: Ciências Humanas, 1979.

MACHADO, Jorge Mesquita Huet. Perspectivas e pressupostos da vigilância em saúde do trabalhador no Brasil. In: MINAYO GOMES, Carlos; MACHADO, Jorge Mesquita Huet; PENA, Paulo Gilvane Lopes. *Saúde do trabalhador na sociedade brasileira contemporânea*. 2. ed. Rio de Janeiro: Editora Fiocruz, 2011. p. 67-85.

MACHADO, Helena et al. Biogenética e gênero na construção da intencionalidade da paternidade: o teste de DNA nas investigações judiciais de paternidade. *Rev. Estud. Fem*, Florianópolis, v. 19, n. 3, p. 823-848, Dec. 2011. Disponível em: <http://www.scielo.br/scielo.php?script=sci_arttext&pid=S0104026X2011000300009&lng=en&nrm=iso> Acesso em: 3 Ago. 2015.

MACKLIN, Ruth Macklin. Dignity is a useless concept. British Medical Journal, v. 3 27, p. 1.419, 2003.

MAINETTI, José Alberto. *Estudios bioéticos*. La Plata: Editorial Quirón, 1993.

MALËN SENA, J. F. Privacidad y mapa genético. Rev. Der. Gen. H., n. 2, p. 125-146, 1995.

MALUF, Adriana Caldas do Rego Freitas Dabus. *Curso de bioética e biodireito*. São Paulo: Atlas, 2010.

MANSON, Neil. C; O'NEILL, Onora. *Rethinking informed consent in bioethics*. Cambridge: Cambridge University Press, 2007

MARX, Karl. *O capital*: crítica da economia política. Tradução de Reginaldo Sant'Anna. 19. Ed. Rio de Janeiro: Civilização Brasileira. Livro 1, v. 1, 2002.

_____. *O capital*. Rio de Janeiro: Civilização Brasileira, Livro 3, v.4 1974.

_____; ENGELS, Friedrich. *A ideologia alemã*. 6. ed. São Paulo: Hucitec, 1987.

MARX, Roberto. Processo de trabalho e grupos semi-autônomos: a evolução da experiência sueca de Kalmar aos anos 90. *Revista de Administração de Empresas*, São Paulo, v. 32, n. 2, p. 36-43, abr./jun, 1992. Disponível em: <http://www.scielo.br/pdf/rae/v32n2/a05v32n2.pdf> Acesso em: 10 jul. 2015.

MATTTE, Ursula; GOLDIM, José Roberto. *Bancos de DNA*: considerações éticas sobre o armazenamento de material genético. 2005. Disponível em: <http://www.ufrgs.br/bioetica/bancodn.htm> Acesso em: 10 maio 2015.

MacDONALD, Chris; WILLIAMS-JONES, Bryn. Ethics and genetics: susceptibility testing in the Workplace. *Journal of Business Ethics*,v. 35, n. 3, p. 235-241, feb., 2002. Disponível em: http://www.jstor.org/stable/25074672?seq=1#page_scan_ta b_contents> Acesso em: 10 jan. 2015.

MENDES, Luis Antonio de Oliveira. Memória a respeito dos escravos e tráfico da escravatura entre a costa d'África e o Brasil (1812). *Revista latino americana de psicopatologia fundamental*, São Paulo, v. 10, n. 2, p. 362-76, jun. 2007.

MENDES, René; DIAS, Elizabeth Costa. Da Medicina do Trabalho a saúde do trabalhador. *Revista de Saúde Pública*, 25, p. 341-349, 1991.

MEDRONHO, Roberto A. *Epidemiologia*. São Paulo: Atheneu; 2002.

MELLO, Celso Antônio Bandeira de. *Curso de direito administrativo*. São Paulo: Malheiros, 2003.

MELO, Raimundo Simão de. *Direito ambiental e a saúde do trabalhador*: responsabilidades legais, dano material, dano moral e do estético. São Paulo: LTr, 2004.

MENICUCCI, Telma Maria Gonçalves. O sistema único de saúde, 20 anos: balanço e perspectivas. *Cad. saúde pública*, Rio de Janeiro , v. 25, n. 7, p. 1620-1625, jul. 2009. Disponível em: <http://www.scielo.br/scielo.php?script =sci_arttext&pid=S01 02-311X2009000700021&lng=en&nrm=iso> Acesso em: 10 ago. 2015.

MENJIVAR, Débora Fernandes Pessoa Madeira. Cláusula geral da função social no novo Código Civil e no Estatuto da Cidade. *Ciência Jurídica: ad litteras et verba*, ano XXII, v. 143, set./out., 2008.

MIGNOLO, Walter. A colonialidade de cabo a rabo: o hemisfério ocidental no horizonte conceitual da modernidade. In: LANDER, Edgardo (Org.). *A colonialidade do saber*: eurocentrismo e ciências sociais. Perspectivas latino-americanas. Ciudad Autónoma de Buenos Aires, Argentina: CLACSO, set. 2005. p. 71-103. Colección Sur Sur.

MINAYO, Maria Cecília de Souza; HARTZ, Zulmira Maria Araújo; BUSS, Paulo Marchiori. Qualidade de vida e saúde: um debate necessário. *Ciência e saúde coletiva*, v. 5. n. 1, p. 7-18, 2000. Disponível em: <http://www.scielosp.org/pdf/csc/v5n1/7075.pdf> Acesso em: 10 ago. 2014.

MINAYO GOMES, Carlos. Introdução. In: MINAYO GOMES, Carlos; MACHADO, Jorge Mesquita Huet; PENA, Paulo Gilvane Lopes. *Saúde do trabalhador na sociedade brasileira contemporânea*. 2. ed. Rio de Janeiro: Editora Fiocruz, 2011. p. 23-33.

MINISTÉRIO DA PREVIDÊNCIA SOCIAL. Disponível em: <> Acesso em: 10 jul. 2015.

MINISTÉRIO DO TRABALHO E EMPREGO. Disponível em: <http://portal.mte.gov.br/legislacao/normas-regulamentadoras-1.htm> Acesso em: 10 maio 2015.

MIRANDA, Luciana Lobo. Subjetividade: a (des)construção de um conceito. In: SOUZA, Solange Jobim (Org.). *Subjetividade em questão*: a infância como crítica da cultura. 7. ed. Rio de Janeiro: Letras, 2000. p. 29-46.

MORA SÁNCHEZ, Juan Miguel. *Aspectos sustantivos y procesales de la tecnología del ADN*: identificacion criminal a través de la huelga genética. Bilbao-Granada: Comares, Editorial, 2001.

MORELLI, Theresa. Genetic testing will lead to discrimination. In: O´NEILL, Terry. *Biomedical ethics*: opposing viewpoints. San Diego, CA: Greenhaven Press, 1994. p. 281-286

MORENTE PARRA, Vanesa. *Nuevos retos bioteconológicos para los derechos fundamentales*. Granada: Editorial Comares, 2014.

MORIN, Edgar. *Os sete saberes necessários à educação do futuro*. Trad. Catarina Eleonora F. da Silva e Jeanne Sawaya. 2. ed. São Paulo: Cortez; Brasília, DF: UNESCO, 2000.

MOTA, Sílvia. *Responsabilidade civil decorrente das manipulações genéticas*: novo paradigma jurídico ao fulgor do biodireito. 2005. Tese de Doutoramento (Doutorado em Justiça e Sociedade) – Universidade Gama Filho, Rio de Janeiro, 2005.

MULLER, Jessica. Anthropology, bioéthics and medicine: a provocative Trilogy. *Medical Anthropologie Quarterly*, v. 8, n. 4, p. 448-467, 1994. Disponível em: <http://onlinelibrary.wiley.com/doi/10.1525/maq.1994.8.4.02a00 070/full> Acesso em: 10 ago. 2015.

MULLER-HILL, Benno. *Ciência mortífera*. Tradução de José Maria Balil. Barcelona: Editorial Labor, 1985.

MUÑOZ POBLETE, Claudio; VANEGAS LÓPEZ, Jairo. Enfoque desde la bioética de la relación trabajador: riesgo laboral: un tema pendiente por ser abordado. *Trabajo y sociedad*, n. 20, p. 449-458, 2013. Disponível em: <http:/ /www.unse.edu.ar/trabajoysociedad/20%20POBLETE%20VANEGAS%20bioetica%20relacion%20trabajador%20riesgo%20laboral.pdf> Acesso em: 10 jun. 2015.

MURILLO DE LA CUEVA, Pablo Lucas. *Informática y protección de datos personales*: estudio sobre la Ley Orgánica 5/1992, de regulación del tratamiento automatizado de los datos de carácter personal. Madrid: Centro de Estudios Constitucionales, 1993.

_____. La protección de la información genética. *Revista de derecho y genoma humano*, n. extra 1, p. 209-221, 2014.

_____. El tratamiento jurídico de los documentos y registros sanitarios informatizados y no informatizados. In: BARRANCO, I. M. (Coord.). *Información y documentación clínica*. Madrid, Espanha: Consejo General del Poder Judicial; Ministério de Sanidad y Consumo, 1997. p. 577-592.

NAESS A. The shallow and the deep, long-range ecology movements: a summary. *Inquiry*, v. 16, p. 95-100, 1973. Disponível em: <http://nulldownload.com/doc/pdf/dow nload/www__ecology__ethz__ch--education--readings_stuff--naess_1973.pdf.html> Acesso em: 12 abr. 2015.

NASSER, Salem Hikmat. *Fontes e normas do direito internacional*: um estudo sobre a *soft law*. São Paulo: Atlas, 2005.

NEXO Técnico Epidemiológico previdenciário – NTEP. Ministério da Previdência Social. Disponível em: <http://www.previdencia.gov.br/a-previdencia/saude-e-seguranca-do-trabalhador/politicas--deprevencao/nexo-tecnico-epidemiologico-previdenciario-ntep/> Acesso em: 10 jul. 2015.

NICOLÁS JIMÉNEZ, Pilar. *La protección jurídica de los datos genéticos de caráter personal*. Bilbao-Granada: Cátedra Interuniversitaria, Fundación BBVA-Diputación Foral de Bizkaia, de Derecho y Genoma Humano; Editorial Comares, 2006.

NICOLESCU, Basarab. *O manifesto da interdisciplinariedade*. 2. ed. Trad. Lucia Pereira de Souza. São Paulo: Triom, 2001.

NOVAK, R. Genetictesting set for takeoff. *Science*, v. 265 n. 5171, p. 464-467, 1994. Disponível em: <http://www.sciencemag.org/content/265/5171/464.extract> Acesso em: 10 jul. 2015.

NYS, Herman, SCHPTSMANS, Paul. Bioethics and medical law. *Ethical perspect*, v. 4, p. 185-207, 1994. Disponível em: <http://philpapers.org/rec/NYSBAM-2> Acesso em: 10 jul. 2015.

OCHANDO GONZÁLEZ, Maria Dolores. Orígenes y bases de la revolución bioteconlógica. *Revista del centro de estudios constitucionales*, n. 4, 1989, p. 167-209.

OFFE, Clauss. *Trabalho e sociedade*: problemas estruturais e perspectivas para o futuro da "Sociedade do Trabalho", v. I- A crise. Rio de Janeiro, RJ: tempo brasileiro, 1989.

OLIVEIRA, Aline Albuquerque Sant'Anna de. *Bioética e direitos humanos*. São Paulo: Loyola, 2011.

OLIVEIRA, Carmen Irene; RIBEIRO, Leila Beatriz; WILKE; Valéria Cristina Lopes. A ciência e o poder sobre a vida: ficção científica e biotecnologia no cinema. *Intexto*. Porto Alegre, UFRGS, n. 26, p. 115-131, jul. 2012. Disponível em: <http://seer.ufrgs.br/intexto/article/viewFile/19766/18922> Acesso em: 10 abr. 2015.

OLIVEIRA, Fábio de. A persistência da noção de ato inseguro e a construção da culpa: os discursos sobre os acidentes de trabalho em uma indústria metalúrgica. *Revista Brasileira de Saúde Ocupacional*, São Paulo, 32 (115): 19-27, 2007.

OLIVEIRA, Fátima. *Dossiê: bioética e as mulheres*: por uma bioética não sexista, anti--racista e libertária. São Paulo: Rede Feminista de Saúde Direitos Sexuais e Direitos Reprodutivos, 2000

OLIVEIRA, Guilherme. *Implicações jurídicas do conhecimento do genoma*: temas de direito da medicina. Coimbra: Ed. Coimbra, 1999.

OLIVEIRA, Sebastião Geraldo de. Estrutura normativa da segurança e saúde do trabalhador no Brasil. *Rev. Trib. Reg. Trab. 3. Reg.*, Belo Horizonte, n. 75, p. 107-130, jan. 2007.

ORGANIZACIÓN DE ESTADOS IBEROAMERICANOS PARA LA EDUCACIÓN LA CIENCIA Y LA CULTURA (OEI). Declaración de bioética de Gijón 2000. Disponível em: http://www.oei.es/salactsi/bioetica.htm> Acesso em: 10 nov. 2014.

ORGANIZAÇÃO DA AVIAÇÃO CIVIL INTERNACIONAL (OIAC). Public trust, rapid response: an interview with Raymond Benjamin. Secretary General of the International Civil Aviation Organization (ICAO). *Icao journal*, issue 1, p.15-20, 2015. Disponível em: <http://www.icao.int/publications/journalsreports/2015/700 1_en.pdf?mobile=1> Acesso em: 20 jul. 2015.

ORGANIZAÇÃO DAS NAÇÕES UNIDAS (ONU). Convenção das Nações Unidas sobre a diversidade biológica. 1992. Disponível em: <http://www.mma .gov.br/estruturas/sbf_dpg/_arquivos/cdbport.pdf> Acesso em: 2 fev. 2015.

_____. *Declaração sobre o uso do progresso científico e tecnológico no interesse da paz e em benefício da humanidade.* Proclamada pela Assembleia Geral das Nações Unidas em 10 de novembro de 1975, Resolução n. 3384 (XXX). Disponível em: <http://www.dhnet.org.br/direitos/sip/onu/bmestar/dec75.htm> Acesso em: 10 maio 2015.

_____. *Declaração Universal dos Direitos Humanos (1948).* Disponível em: <http://unesdoc.unesco.org/images/ 0013/00 1394/139423por.pdf> Acesso em: 10 nov. 2014.

_____. *Pacto internacional dos direitos econômicos, sociais e culturais (1966).* Disponível em: <http://www. planalto.gov.br/ccivil_03/decreto/1990-1994/D0591.htm> Acesso em: 10 dez. 2014.

ORGANIZAÇÃO DAS NAÇÕES UNIDAS PARA A EDUCAÇÃO, A CIÊNCIA E A *CULTURA (UNESCO). Declaração universal de bioética e direitos humanos da Unesco.* Out., 2005. Disponível em: <http://unesdoc.unesco.org/images/0014/001 461/146180por.pdfem> Acesso em: 15 jul. 2015.

_____. *Declaração internacional sobre os dados genéticos humanos.* 2003 Disponível em: <http://unesdoc.unesco.org/images/001 3/001361/ 136112porb.pdf> Acesso em: 19 out. 2015.

_____. *Declaração universal sobre o genoma humano e os direitos humanos.* Paris. 1997. Disponível em: <http://unesdoc.unesco.org/i mages/0012/001229/122990por.pdf> Acesso em: 6 maio 2015.

_____. *Declaração sobre as responsabilidades das gerações presentes em relação às gerações futuras.* Paris. 1997. Disponível em: <http://unesdoc.unesco.org/images/0011/001108/110827por.pdf> Acesso em: 20 jul. 2015.

ORGANIZAÇÃO INTERNACIONAL DO TRABALHO (OIT). *Diretrizes sobre sistemas de gestão da segurança e saúde no trabalho.* Tradução de Gilmar da Cunha Trivelato. São Paulo: Fundação Jorge Duprat Figueiredo de Segurança e Medicina do Trabalho, 2005.

_____. *A igualdade no trabalho*: enfrentando os desafios. 2. ed. Suplemento Nacional Brasil, 2007b. Disponível em: <http://www.oit.org.br/sites/default/files/topic/discrimination/pub/ suplemento_nacional_2a_edicao_233.pdf> Acesso em: 20 ago. 2015

_____. *La igualdad en el trabajo*: afrontar los retos que se plantean. 2007a.

ORTEGA Y GASSET, José. *Meditación de la técnica.* Espanha: Espasa-Calpe, S.A; 1965.

ORTIZ, Javier Benítez. Secuenciación del genoma: aplicaciones diagnósticas. Farmacogenética. In: ROMEO CASABONA, Carlos María (Ed.). *Los nuevos horizontes de la investigación genética.* Bilbao, Granada: Cátedra Interuniversitaria, Fundación BBVA-Diputación Foral de Bizkaia, de Derecho y Genoma Humano: Editorial Comares, p. 11-16, 2011.

OSÓRIO, Fábio Medina. Existe uma supremacía do interesse público sobre o privado no direito administrativo brasileiro? *Revista de direito admininstrativo*, Rio de Janeiro: Renovar v. 220, p. 69-107. 2000.

PALACIO, Marta. *De la victimación del trabajo a la liberación*: una aproximación al concepto de "trabajo" en la filosofía de la liberación de Enrique Dussel. 2002. Disponível em: <http://www.ucc.edu.ar/paginas/filosofia/publicaci ones/filosofiaDeLa Liberacion-Dussel.pdf> Acesso em: 23 jul. 2015.

PALAZZO, Alexander F.; GREGORY, T. Ryan. The case for junk DNA. PLoSGenetics, v. 10, n. 5, 2014. Disponível em: <http://www.ncbi.nlm.nih.gov/ pmc/articles/PMC4014423/> Acesso em: 10 jul. 2015.

PALERMINI, Patricia. *Misère de la bioéthique*. Bruxelas: Labor/Espace de Libertés, 2002.

PANIKKAR, Raimon. Seria a noção de direitos humanos um conceito ocidental? In: BALDI, César Augusto (Org.). *Direitos humanos na sociedade cosmopolita*. Rio de Janeiro: Renovar, 2004. p. 205-238

PARLAMENTO EUROPEU. Disponível em: <http://www.europarl.europa.eu/sides/getDoc.do?pubRef=-//EP//TEXT+REPORT+A5-2001-0391+0+DOC+XML+V0//ES#title3> Acesso em: 10 jul. 2015.

PECES-BARBA MARTINEZ, Gregorio. La libertad del hombre y el genoma. *Derechos y libertades*: Revista del Instituto Bartolomé de Las Casas, v. I, n. 2, p. 317-336, oct. 1993; mar. 1994. Disponível em: <http://e-archivo.uc3m.es/ha ndle/10016/1462> Acesso em: 5 jul. 2015.

PEGORARO, Olinto A. Justiça como cuidado. In: SCHRAMM, FR, Rego S, Braz M, Palácios M. (Orgs.). *Bioética*: Riscos e proteção. Rio de Janeiro: Editora UFRJ/Editora Fiocruz; 2005. p. 62-68.

PELEGRINO, Edmund. D. The origins and evolution of bioethics: some personal reflections. *Kennedy Institute of Ethics Journal*, v. 9, n. 1P.73.88, March 1999.

PENA Paulo G. L.; GOMES, Alessandra Rocha. A exploração do corpo no trabalho ao longo da história. In: VASCONCELOS, Luiz C. F.; OLIVEIRA, Maria Helena B. de. *Saúde, trabalho e direito*: uma trajetória crítica e a crítica de uma trajetória. Rio de Janeiro: EDUCAM, 2011. p. 85-124.

PENA, Sérgio Danilo J.; AZEVÊDO, Eliane S. O Projeto Genoma Humano e a Medicina Preditiva: Avanços Técnicos e Dilemas Éticos. In: COSTA, Sergio Ibiapina Ferreira; OSELKA, Gabriel; GARRAFA, Volnei (Coords.). *Iniciação à bioética*. Brasília: Conselho Federal de Medicina, 1998.

PÉREZ LUÑO, Antonio Enrique: Intimidad y protección de datos personales: del Habeas Corpus al Habeas Corpus Data. In: GARCÍA SAN MIGUEL, L. *Estudios sobre el derecho a la intimidad*. Madrid: Tecnos, 1992. p. 36-45.

_____. El derecho a la intimidad en el ámbito de la biomedicina. In: RUIZ DE LA CUESTA, Antonio (Coord.) *Bioética y derechos humanos*: implicaciones sociales y jurídicas, 2005. p. 105-130.

_____. *Los derechos humanos en la sociedad tecnológica*. Madrid: Editorial Universitas, S.A., 2012.

PESSINI, Leo. Algumas notas sobre uma bioética de cunho asiático, a partir da China. *Revista Bioethikos*, Centro Universitário São Camilo, v. 8, n. 2, p. 161-173, 2014.

_____. As origens da bioética: do credo bioético de Potter ao imperativo bioético de Fritz Jahr. *Revista Bioética*, Brasília, v. 21, n. 1, p. 09-19, apr. 2013. Disponível em: <http://www.scielo.br/scielo.php?script=sci_arttext&pid= S198380422013000100002&lng=en&nrm =iso> Acesso em: 5 maio 2015.

_____. Bioética na América Latina: algumas questões desafiantes para o presente e futuro. *BioEtikos*, Centro Universitário São Camilo, v. 2, n. 1, p. 42-49, 2008. Disponível em: <http://www.saocamilo-sp.br/pdf/bioethikos/60/04.pdf> Acesso em :10 maio 2015.

_____. O desenvolvimento da bioética na América Latina: algumas considerações. In: PESSINI, Leo, BARCHIFONTAINE, Christian de Paul (Org.). *Fundamentos da Bioética*. 3. ed. São Paulo: Paulus, 2005. p. 9-29.

_____; BARCHIFONTAINE, Christian de Paul. *Problemas atuais de bioética*. 8. ed. São Paulo: Loyola, 2008.

PFEILSTICKER, Leopoldo N. *et al*. A investigação genética na surdez hereditária não sindrômica. *Rev. Bras. Otorrinolaringol*. São Paulo, v. 70, n. 2, p. 182-186, apr. 2004. Disponível

<http://www.scielo.br/scielo.php?script=sci_arttext& pid=S0034729920040002000078&lng=e n&nrm=iso> Acesso em: 26 oct. 2015.

PINHO, João Renato Rebello; SITNIK, Roberta; MANGUEIRA, Cristóvão Luis Pitangueira. Medicina personalizada e o laboratório clínico. *Einstein*, v. 12, n. 3, p. 366-73, 2014. Disponível em: <http://www.scielo.br/pdf/eins/v12n3/pt_16 79-4508-eins-12-3-0366.pdf> Acesso em: 10 jun. 2015.

PIÑERO, W. E. Biodireito In: SOARES, A. M. N, PIÑERO, W. E. (Orgs.). *Bioética e biodireito*: uma introdução. São Paulo: Loyola, 2006. p. 61-129.

PIOVESAN, Flávia; PIOVESAN, Luciana; SATO, Priscila Kei. Implementação do direito à igualdade. In: PIOVESAN, Flávia. *Temas de direitos humanos*. 2. ed. São Paulo: Max Limonad, 2003.

PLOMIN, R.; OWEN, M. J; MUCGUFFIN, P. The genetic basis of complex human behaviors. *Science*, v. 264, n. 5166, p. 1733-1739, jun. 1994. Disponível em: <http://personal.psc.isr. umich.edu/yuxie-web/files/pubs/Articles/Plomin1994. pdf> Acesso em: 1º abr. 2015.

PORTER, Dorothy. *Health, civilization and the state*: a history of public health from ancient to modern times. Londres e Nova Yorque: Routledge, 1999.

PORTO, Dora. *Bioética e qualidade de vida*: as bases da pirâmide social no coração do Brasil. Um estudo sobre a qualidade de vida, qualidade de saúde e qualidade de atenção à saúde de mulheres negras no Distrito Federal. 2006. Tese de Doutoramento (Doutorado em Ciências da Saúde) – Universidade de Brasília (UNB), Brasília, 2006. Disponível em: <http://repositorio.unb.br/bitstream/10482/5677/1/2006-Dora%20de%20Oliveira%20e%20Silva%20 Porto.pdf> Acesso em: 15 abr. 2015.

PORTO, Silvia Marta; UGA, Maria Alicia Dominguez; MOREIRA, Rodrigo da Silva. *Uma analise da utilização de serviços de saúde por sistema de financiamento: Brasil 1998 -2008.Ciênc. saúde coletiva*, v.16, n. 9, p. 3795-3806, 2011. Disponível em: <http://www. scielo.br/pdf/csc/v16n9/a15v16n9.pdf> Acesso em: 1 jun. 2015.

PORTO-GONÇALVES, Carlos Walter. Apresentação da edição em português. In: LANDER, Edgardo (Org.). *A colonialidade do saber*: eurocentrismo e ciências sociais. Perspectivas latino-americanas. Ciudad Autónoma de Buenos Aires, Argentina: CLACSO, set. 2005. p. 3-5. Colección Sur Sur. Disponível em: <http://wwwgeografia.fflch.usp.br/graduação/apoio/Apoio/ Apoio_Tonico/2s2012/Texto_1.pdf> Acesso em: 10 jun. 2014.

PORTUGAL. *Constituição da República Portuguesa (1976)*. Disponível em: <http://www.parlamento.pt/Legislacao/Paginas/ConstituicaoRepublicaPortuguesa.aspx> Acesso em: 10 out. 2015.

POTTER, Van Renselaer. *Global bioethics*: building on the Leopold legacy. East Lansing: Michigan State University Press; 1988.

_____.Bioethics, science of survival. *Perspectives in biology and medicine*, v. 14, n. 1, p.127-153, 1970.

_____. *Bioethics*: bridge to the future. Englewood Cliffs. New Jersey: Prentice-Hall, 1971. Disponível em: <http://pages.uoregon.edu/nmorar/Ni colae_Morar/Phil335Win13_files/ Potter_BioethicsTheScienceofSurvival.pdf> Acesso em: 30 mar. 2015.

_____. *Gettings to the year* 3000: can global bioethics overcome evolution´s fatal flaw? Perspectives in biology and medicine, n. 34, 1990. p. 89-98.

PUGLIESE, J. Identity in Question: A Grammatology of DNA and Forensic Genetics. *International journal for the semiotics of Law*, v. 12, p. 419-444, 2000.

RAGO, Luzia Margareth; MOREIRA, Eduardo F. P. *O que é taylorismo*. Editora Brasiliense, 1993.

RAMAZZINI, Bernardino. *As doenças dos trabalhadores*. São Paulo: Fundacentro; Ministério do Trabalho, 1985.

RASKIN, S.; PEREZ, A. B. A.; MARQUES-DE-FARIA, A. P. Genética Médica: teste laboratorial para diagnóstico de doenças sintomáticas. In: ASSOCIAÇÃO MÉDICA BRASILEIRA; CONSELHO FEDERAL DE MEDICINA. *Projeto diretrizes*. 2004. Disponível em: <www.projetodiretrizes.org.br/projeto_diretrize s/054.pdf> Acesso em: 4 set. 2014.

REICH, Warren Thomas. *Encyclopedia of bioethics*. New York: Macmillan; 1978.

_____. *Encyclopedia of bioethics*. 2. ed. New York: Macmillan; 1995.

_____. Shaping and mirroring the field: the encyclopedia of bioethics. In: WALTER JK; KLEIN EP, (Eds.). *The story of bioethics*: from seminal works to contemporary explorations. Washington: Georgetown University Press; 2003.

_____. The world bioethics: it´s birth and the legacies of those who shapped it. *Kennedy institute of ethical journal*, v. 4, p. 319-335, 1994. Disponível em: <http://muse.jhu.edu/login?auth=0&type=summary&url=/journals/kennedy_institute_of_ethics_journal/v004/4.4.reich.html> Acesso em: 10 abr. 2015.

REIS, Ana Regina. A engenharia da vida: elementos para uma reflexão sobre o biopoder e controle social. In: ROTANIA, Alejandra Ana; WERNECK, Jurema (Orgs.). *Sob o signo das bios*: vozes críticas da sociedade civil. Rio de Janeiro: E-papers Serviços Editoriais, 2004. p. 29-37. v. I: Reflexões no Brasil. Disponível em: <http://www.oddsbooks.org/files/29x8hf_sob-o-signo-das-bios-vol-1-vozes-criticas-da-sociedade-civil.pdf> Acesso em: 10 nov. 2014.

RIBEIRO, Herval Pina. *A violência oculta no trabalho*: as lesões por esforços repetitivos. Rio de Janeiro: Fiocruz, 1999.

RIBEIRO, Manoel Carlos Sampaio de Almeida *et al*. Perfil sociodemográfico e padrão de utilização de serviços de saúde para usuários e não-usuários do SUS – PNAD 2003. *Ciênc. saúde coletiva*, Rio de Janeiro, v. 11, n. 4, p. 1011-1022, dec. 2006. Disponível em: <http://www.scielo.br/scielo.php?script= sci_arttext&pid=S1413-81232006000400022&lng=en&nrm=iso> Acesso em: 10 ago. 2015.

RICCI, Rudá. O perfil do educador para o século XXI: de boi de coice a boi de cambão. *Educação & sociedade*, ano XX, n. 66, abr., 1999. Disponível em: < http://www.scielo.br/pdf/es/v20n66/v20n66a7.pdf> Acesso em: 10 jul. 2015.

RICOEUR, Paul. *O si-mesmo como um outro*. Tradução de Luci Moreira Cesar. Campinas: Papirus, 1991.

RIGAUX, François. *La protección de la vie privée et des autresbiens de la personalité*. Bruxelles: Bruylant, 1990.

RIUL, Thaísa; VABONI, Aline Fiorio; SOUZA, Fabio. *Incidência de sintomas de ansiedade e depressão em aeronautas*. 2012. Disponível em: <htpp://www.psicologia.pt/artigos/textos/A0649.pdf> Acesso em: 10 abr. 2015.

RIVERA LLANO, Abelardo. *Dimensiones de la informática en el derecho*: perspectivas y problemas. Santafé de Bogotá: Jurídica Radar Ediciones, 1995.

ROCHA, Graziella; BRANDÃO, André. Trabalho escravo contemporâneo no Brasil na perspectiva da atuação dos movimentos sociais. *Revista Katál*, Florianópolis, v. 16, n. 2, p. 196-204, jul./dez. 2013. Disponível em: <http://www.scielo.br/p df/rk/v16n2/05.pdf> Acesso em: 10 ago. 2015.

RODRÍGUEZ-DRINCOURT ALVAREZ, Juan Ramón. *Genoma humano y Constitución*. Madrid: Civitas, 2002.

ROMEO CASABONA, Carlos María. *Los genes y sus leyes*: el derecho ante el genoma humano. Bilbao-Granada: Cátedra de Derecho y Genoma Humano-Editorial Comares, S.L. 2002b.

_____. Carlos Maria. *Do gen ao direito*: sobre as implicações jurídicas do conhecimento e intervenção no genoma humano. São Paulo: IBCCrim, 1999.

_____. *Enciclopedia* de bioderecho y *bioética*. T. I. Comares: Granada, 2011.

_____. El proyecto de declaración de la Unesco sobre la protección del genoma humano: observaciones a una iniciativa necesaria. *Revista de derecho y genoma humano*, n. 3, p. 161-176, 1995.

_____. Genética y siglo XXI. In: CONGRESO NACIONAL DE DERECHO SANITARIO, ASOCIACIÓN ESPAÑOLA DE DERECHO SANITARIO. 4., 1997, Madrid. *Conferencia*: Genética y siglo XXI. Madrid: Fundación Mapfre Medicina, out. 1997.

_____. La genética y la biotecnología en las fronteras del derecho. *Acta bioeth.*, Santiago, v. 8, n. 2, 2002a. Disponível em: <http://www.scielo.cl/scielo.php?script=sci_arttext&pid=S1726-569X200200 0200009&lng=es&nrm=iso> Acesso em: abr. 2015.

_____. O direito biomédico e a bioética. In: ROMEO CASABONA, Carlos María; FERNANDES QUEIROZ, Juliane (Orgs.). *Biotecnologia e suas implicacões ético-jurídicas*. Belo Horizonte: Del Rey, 2005. p. 13-39.

ROSE, Steven. *Trayectorias de vida*: biología, libertad, determinismo. Barcelona: Granica, 2001.

ROSEN, G. *Uma história da saúde pública*. 2. ed. São Paulo: Hucitec, 1994.

ROSS, Willian David. *Lo correcto y lo bueno*. Salamanca: Sígueme. 1994.

ROTANIA, Alejandra Ana. Das bios: a radical-idade. In: ROTANIA, Alejandra Ana; WERNECK, Jurema (Org.). *Sob o signo das bios*: vozes críticas da sociedade civil. Rio de Janeiro: E-papers Serviços Editoriais, 2004. v. I: Reflexões no Brasil, p. 15-26. Disponível em: <http://www.oddsbooks.org/file s/29x8hf_sob-o-signo-das-bios-vol-1-vozes-criticas-da-sociedade--civil.pdf> Acesso em: 10 nov. 2014.

ROTHMAN, David J. *Strangers at the bedside*: a history of how law and bioethics transformed medical decision making. New York: Basic Books, 1991.

RUIZ, Gabriela. *Quem usa o sistema único de saúde?* Rio de Janeiro: Portal DSS Brasil, 2012. Disponível em: <http://dssbr.org/site/?p=9534&previe w=true> Acesso em: 10 nov. 2014.

SÁNCHEZ BRAVO, Álvaro A. *La protección de los datos genéticos*: texto de la conferencia pronunciada en las jornadas sobre la protección de los datos sanitarios y otros derechos del paciente. Universidad de Vigo: Faculdad de Derecho de Ortense, 2004. Disponível em: <http://rabida.uhu.es/dspace/bit stream/handle/10272/5703/La_proteccion_de_los_datos_genericos.pdf.txt;jsessionid=5C716F3FCE66F33C61283D839F58ED49?sequence=3> Acesso em: 10 nov. 2014.

SÁNCHEZ URRUTIA, Ana Victoria. Información genética, intimidad y discriminación. *Acta Bioethica*, año VIII, n. 2, p. 255-261, 2002. Disponível em: <http://www.scielo.cl/pdf/abioeth/v8n2/art07.pdf> Acesso em: 10 maio 2015.

SÁNCHEZ-CARO, Javier; ABELLÁN, Fernando. *Datos de salud y datos genéticos*: su protección en la Unión Europea y en España. Granada: Editorial Comares, 2004.

_____; SANCHEZ-CARO, Jesus. *El medico y la intimidad*. Madrid: Diaz de Santos, 2001.

SANDEN, Ana Francisca Moreira de Souza. *A proteção de dados pessoais do empregado no direito brasileiro*: um estudo sobre os limites na obtenção e no uso pelo empregador da informação relativa ao empregado. São Paulo: LTr, 2014.

SANTA CLARA. Nilton da Silva. *Enrique Dussel*: filosofia, teologia e libertação. São Paulo: Fonte Editorial, 2014.

SANTOS, Adolfo Roberto Moreira. O Ministério do Trabalho e Emprego e a *saúde e segurança no trabalho no Brasil*. In: CHAGAS, Ana Maria de Resende;

SALIM, Celso Amorim; SERVO, Luciana Mendes Santos (Orgs.). Saúde e segurança no trabalho no Brasil: aspectos institucionais,sistemas de informação e indicadores. 2. ed. São

Paulo: IPEA; Fundacentro, 2012. p. 21-76. Disponível em: <http://www.ipea.gov.br/portal/index.php?option=com_cont ent&view=article&id=10807> Acesso em: 10 ago. 2015.

SANTOS, Boaventura de Sousa. Por uma concepção multicultural de direitos humanos. *Revista crítica de ciências sociais*, n. 48, jun. 1997.

SANTOS, Maria Celeste Cordeiro Leite. Limites éticos e jurídicos do projeto genoma humano. In: SANTOS, Maria Celeste Cordeiro Leite (Org.). *Biodireito*: ciência da vida, os novos desafios. São Paulo: RT, 2001.

SARLET, Ingo Wolfgang. Dignidade (da pessoa) humana, mínimo existencial e justiça constitucional: algumas aproximações e alguns desafios. *Revista do CEJUR/TJSC*: prestação jurisdicional, v. 1, n. 01, p. 29-44, dez. 2013. Disponível em: <http://revistadocejur.tjsc.jus.br/cejur/article/view/24/28> Acesso em: 10 maio 2015.

_____; FIGUEIREDO, Mariana Filchtiner. O direito fundamental à proteção e promoção da saúde no Brasil: principais aspectos e problemas. *Revista de Direito do Consumidor*, n. 67, p. 125-172, 2008. Disponível em: <http://www.editorajuspodivm.com.br/i/f/2_ingo.pdf> Acesso em: 10 jan. 2015.

SARMENTO, Daniel. Interesses públicos vs. interesses privados na perspectiva da teoria e da filosofia constitucional. In: SARMENTO, Daniel (Org.). *Interesses públicos versus interesses privados*: desconstruindo o princípio de supremacia do interesse público. Rio de Janeiro: Lumen Juris, 2007, p. 23-116.

SASS, Hans Martin. El pensamiento bioético de Fritz Jahr 1927-1934. *Revista internacional sobre subjetividad, política y arte*, v. 6, n. 2, p. 20-33, abr. 2011. Disponível em: <http://www.aesthethika.org/IMG/pdf/03_Sass_El_pensami ento_bioetico_de_Fritz_Jahr.pdf> Acesso em: 10 mar. 2015.

SAÚDE e segurança: índices do FAP com vigência em 2015 estão disponíveis para consulta. Ministério da Previdência Social. Disponível em: <http://www.previdencia.gov.br/2014/09/saude-e-seguranca-indices-do-fap-com-vigencia-em-2015-estao-disponiveis-para--consulta/> Acesso em: 10 ago. 2015.

SAUWEN, Regina Fiúza; HRYNIWWICZ, Severo. *O direito in vitro: da bioética ao biodireito*. 2. ed. Rio de Janeiro: Lumen Juris, 2000.

SILVA, Ana Cláudia Rodrigues da Silva. A genetização das identidades: discutindo raça e gênero na prática do aconselhamento genético (AG). In: FAZENDO GÊNERO 9: DIÁSPORAS, DIVERSIDADES, DESLOCAMENTOS. 2010. Anais... Santa Catarina: Universidade Federal de Santa Catarina. 2010 Disponível em: <http://www.fazendogenero.ufsc.br/9/resources/anais /1278293249_ ARQUIVO_Agene tizacaodasidentidades.TrabalhoFinal1.pdf> Acesso em: 10 jul. 2015.

SCANNONE, Juan Carlos. La filosofía de la liberación: historia, características, vigencia actual. *Teol. vida*, Santiago, v. 50, n. 1-2, 2009. Disponível em: <http://www.scielo.cl/scielo.php?script=sci_arttext&pid=S0049-3449200900010 0006&lng=es&nrm=iso> Acesso em: 30 jun. 2015.

SCHIOCCHET, Taysa. *Acesso e exploração da informação genética humana: da doação à repartição dos benefícios*. 2010. Tese de Doutoramento (Doutorado em Direito) – Universidade Federal do Paraná, Setor de Ciências Jurídicas, Programa de Pós-Graduação em Direito, Curitiba, 2010.

_____. Bancos de perfis genéticos para fins de persecução criminal. *Série pensando o direito*, v. 43, p. 1-88, 2012.

_____.CUNHA, Anita Sipes da; LAZZARETTI, Bianca Kaini. Bancos de perfis genéticos para fins de persecução criminal: implicações jurídicas à privacidade, intimidade e estigmatização genéticas. *Anais da Reunião de Antropologia da Ciência e Tecnologia (ReACT)*,

Porto Alegre, v. 2, n. 2, 2015. Disponível em: <http://ocs.ige.unicamp.br/ojs/react/article/view/1355/762> Acesso em: 20. jul. 2015.

SCHRAMM, Fermin Roland. Bioética sin universalidad? Justificación de una bioética Latinoa americana y Caribeña de Protección. In: GARRAFA, Volnei; KOTTOW, Miguel; SAADA, Alya. (Orgs.). *Estatuto epistemológico de la Bioética*. México: Universidad Nacional Autônoma de México/ red Latioamericana y del Caribe de Bioética de la Unesco, 2005. p. 165-85.

_____. Eugenia, eugenetica e o espectro do eugenismo: considerações atuais sobre a biotecnociência e bioética. *Revista Bioética*, v. 5, n. 2, 1997. Disponível em: <http://revistabioetica.cfm.org.br/index.php/rev ista_bioetica/issue/view/26/showToc> Acesso em: 10 ago. 2015.

_____. KOTTOW, Miguel. Principios bioéticos en salud pública: limitaciones y propuestas. *Cad. Saúde Pública*, Rio de Janeiro, v. 17, n. 4, p. 949-956, aug. 2001. Disponível em: <http://www.scielo.br/scielo .php?script=sci_arttext&pid=S0102-311X2001000400029&lng=en&nrm=iso> Acesso em: 05 Jul. 2015.

SCHWERTZ, Dorie W.; MCCORMICK Katheleen M. The molecular basis of genetics and inheritance. *Journal of Cardiovascular Nursing*, v. 13, n. 4, p. 1-18, 1999. Disponível em: <http://journals.lww.com/jcnjournal/fulltext/199 9/07000/the _molecular_basis_of_genetics_and_inheritance.3.aspx> Acesso em: 13 abr. 2015.

SENDRAIL, Marcel. *Histoire culturelle de la maladie*. Paris: Privat, 1981.

SEOANE RODRÍGUEZ, José Antonio. De la intimidad genetica al derecho a la protección de datos genéticos: La protección iusfundamental de los datos geneticos en el Derecho español: a proposito de las SSTC 290/2000 y 292/2000, de 30 de noviembre: parte II. *Revista de derecho y genoma humano/Law and the human genome review*, n. 17, p. 135-175, july./ cec., 2002.

SFEZ, Lucien. *A saúde perfeita*: críticas de uma utopia. Tradução de Fernanda Oliveira. Lisboa: Instituto Piaget, 1995.

SGRECCIA, Elio. Manual de bioética I: fundamentos e ética biomédica. 2. ed. São Paulo: Loyola, 2002.

_____. *Manual de Bioética*: fundamentos e ética biomédica. São Paulo: Loyola, 1996.

SILVER, Lee. *Remaking eden: cloning and beyond in a brave New World*. Londres: Weidenfeld & Nicolson, 1998.

SIQUEIRA, José Eduardo; DINIZ, Nilza. Ética e responsabilidade em genética. In: GARRAFA, Volnei; PESSINI, Leo (Orgs.). *Bioética*: poder e injustiça. 2. ed. São Paulo: Centro Universitário São Camilo, 2004. p. 225-234.

SOARES, Andre Marcelo M.; PIÑEIRO, Walter Esteves. *Bioética e biodireito*: uma introdução. 2. ed. São Paulo: Loyola, 2006.

SOINI, Sirpa. Genetic testing legislation in Western Europe: a fluctuating regulatory target. *J Community Genet.*, n. 3, v. 2, p. 143-153, apr. 2012. Disponível em: <http://www.ncbi.nlm.nih.gov/pmc/articles/PMC3312949/#CR16> Acesso em: 5 maio 2015.

SOLAR CAYÓN, José Ignacio. *Información genética y derecho a no saber 1AFD*. 2014. p. 391-412. Disponível em: <https://www.boe.es/p ublicaciones/anuario s_der echo/abrir_pdf. php?id=ANU-F-201410039100412_ANUARIO_DE_FILOSOF%26%23833%3B_DEL_DERECHO_Informaci%F3n_gen%E9tica_y_derecho_a_no_saber> Acesso em: 10 ago. 2015.

SOLARI, Alberto Juan. *Genética humana*: fundamentos y aplicaciones en medicina. 3. ed. Buenos Aires: Editorial Medica Panamericana, 2007.

SOOKOIAN, Silvia; PIROLA, Carlos J.. Farmacogenética/farmacogenómica en la práctica clínica. *Medicina (B. Aires)*, Buenos Aires, v. 64, n. 6, dic. 2004. Disponível em: <http://www.scielo.org.ar/scielo.php?script=sci_arttext&pid=S00 25-76802004000600016&lng=es&nrm=iso> Acesso em: 5 oct. 2015.

SORRENTINO, Marcos. *Educação ambiental e universidade*: um estudo de caso. 1995. Tese de Doutoramento (Doutorado em Educação) – Faculdade de Educação da USP, Programa de Pós-graduação em Educação, São Paulo, 1995.

STEPKE, Fernando Lolas. Genômica e *bioética*: o valor da ciência na sociedade. In: GARRAFA, Volnei; PESSINI, Leo. *Bioética*: poder e injustiça. São Paulo: Centro Universitário São Camilo, 2004. p. 129-136.

STOCK, Gregory. *Redesigning Humans*: choosing our genes, changing our future. New york: Mariner Books, 2003.

SUZUKI D; KNUDTSON, P. *Genética*: conflictos entre la ingenieria genética y los valores humanos. Madrid: Tecnos, 1991.

TASSARA, Eda Terezinha de Oliveira. Sincronias e diacronias: um recorte possível da psicologia ambiental no contexto contemporâneo das questões ambientais. *Psicol. USP*, São Paulo, v. 16, n. 1-2, p. 295-298, 2005. Disponível em: <http://www.scielo.br/scielo.php?script=sci_arttext&pid=S0103-65642005000100031&lng=pt&nrm=iso> Acesso em: ago. 2015.

TAUPITZ, Jochen. Análisis genético y derecho de autodeterminación en el derecho civil alemán. *Revista de derecho y genoma humano*, n. 4, p. 87-104, 1996.

TEALDI, Juan Carlos. Os principios de Georgetown: análise crítica. In: GARRAFA, Volnei; KOTTOW, Miguel; SAAD, Alya (Orgs.). *Bases conceituais da bioética*: enfoque latino-americano. São Paulo: Gaia, 2005, p. 49-72.

THE GENETIC information nondiscrimination act. Authenticated u.s. government information. Disponível em: <http://www.gpo.gov/fdsys/pkg/PLAW-110publ233/pdf/PLAW-110publ233.pdf> Acesso em: 7 jul. 2015.

THE HUMAN story: join the project to learn about your story. National Geographic. Disponível em: <https://genographic.nationalgeographic.com/>. Acesso em: 10 out. 2015

THE MEDSEQ Project. Disponível em: <http://www.genomes2people.org/the-medseq-project/> Acesso em: 20 ago. 2015

THE NEW YORK TIMES. *Marines convicted in DNA dispute*. Publicado em 18 abr. 1998. Disponível em: <http://www.nytimes.com/1996/04/18/us/marines-convicted-in-dna-dispute.html> Acesso em: 4 jun. 2015.

THOMAS, Jean-Paul. A bioética à prova da finitude. In: GOUYON, P-H. *et al. A bioética é de má-fé*? Tradução de Nicolas Nyimi Campanário. São Paulo: Loyola, 2002.

_____. *Misère de la bioethique*: por une morale contre les apprentissorciers. Paris: Albin Michel, 1990.

TOBACCO Free Initiative (TFI): monitor tobacco use and prevenction policies. World Health Organization (WHO). Disponível em: <http://www.who.int/tobacco/mpower/monitor/en/> Acesso em: 18 nov. 2015

TONIATTI, Roberto. Libertad informática y derecho a la protección de los datos personales: principios de legislación comparada. *Revista vasca de la administración pública*, n. 29, p. 139-164, 1991.

TOULMIN, Stephen. How medicine saved the life of ethics. *APA Newsletters*, v. 10, issue 2, p 20, 2011. Disponível em: <http://connection.ebscohost.com/c /articles/65098585/how-medicine-saved-life-ethics> Acesso em: 12 jan. 2015.

_____. *The tyranny of principles. The hastings center report*, v. 11, n. 6, p. 31-39, dec., 1981. Disponível em: <http://www.akira.ruc.dk/~fkt /filosofi/Artikler%20m.m/Egalitarianism/Toulmin%20%The%20Tyranny%20of%20Principles.pdf> Acesso em: 1 jul. 2015.

UNAMUNO, Miguel. *Del sentimiento trágico de la vida*: ensayos. Madrid: Aguilar, 1970. Tomo II.

UNIÃO EUROPEIA. Carta dos direitos fundamentais da União Europeia. 2000. Disponível em: <www.europarl.europa.eu/charter/pdf/text_pt.pdf> Acesso em: 15 jul. 2015.

UNITED KINGDON (UK). *Disability discrimination act*. 1995. Disponível em: <http://www.legislation.gov.uk/ukpga/1995/50/contents> Acesso em: 3 fev. 2015.

UNITED STATES.*Summing up*: the ethical and legal problems in medicine and biomedical and behavioral research. Washington, DC: commission for the study of ethical problems in medicine and biomedical and behavioral research, 1983. Disponível em: <http://catalog.hathitrust.org/Record/001815087> Acesso em: 19 out. 2015.

URSA LEZAUN, Nicanor et al. *Filosofía de la ciencia y metodología científica*. Bilbao: Editorial Desclée de Brower, 1981.

URUGUAI. Lei n. 18.331, de 2008. Dispõe sobre proteção de dados pessoais e ação de habeas data. *Diário Oficial da União*, 18 ago. 2008. Disponível em: <http://www.parlamento.gub.uy/leyes/AccesoTextoLey.asp?Ley=18331&Anchor> Acesso em: 20 jul. 2015.

V CONGRESSO LATINOAMERICANO Y DEL CARIBE DE LA REDBIOÉTICA UNESCO. Unesco Servicio de Prensa. Disponível em: <http://www.unesco.org/new/es/media-services/single-view/news/encuentro_de_bioetica_de_america_latina_y_el_caribe/#.VfcjnxFViko> Acesso em: 10 jul. 2015.

VALVERDE, Antonio Martin. Prólogo. In: FERNÁNDEZ DOMÍNGUEZ, Juan José. *Pruebas genéticas en el derecho del trabajo*. Madrid (Espanha): Civitas Ediciones, S. L. 1999. p. 12-21.

VARGA, Andrew C. *Problemas de bioética*. Ed. Rev. Tradução de Pe. Guido Edgar Wenzel. Rio Grande do Sul: Unisinos, 1990.

VÁZQUEZ, Rodolfo. *Del aborto a la clonación*: princípios de una bioética liberal. México: Fondo de Cultura Económica, 2004.

VERTHEIN, Marilene Affonso Romualdo. *Jogos de poder instituindo saber sobre as lesões por esforços repetitivos*: as redes discursivas da recusa do nexo. 2001. 164 p. Tese de doutoramento (Doutorado) – Fundação Oswaldo Cruz, Escola Nacional de Saúde Pública, 2001. Disponível em: <http://portalteses.icict.fiocruz.br/transf.php?id=00011101&lng=pt&nrm=iso&script=thes_chap> Acesso em: 10 jul. 2015.

_____; GOMEZ, Carlos Minayo. Movimentos de assepsia social: a doença do trabalho fora de alcance. In: MINAYO GOMES, Carlos; MACHADO, Jorge Mesquita Huet; PENA, Paulo Gilvane Lopes. *Saúde do trabalhador na sociedade brasileira contemporânea*. 2. ed. Rio de Janeiro: Editora Fiocruz, 2011. p. 273-293.

VILO-CORO, María Dolores. La protección del genoma humano. *Cuadernos de bioética*, p. 406/419, 1998/2. Disponível em: <http://aebioetica.org/revistas/ 1998/2/34/406.pdf. Acesso em: 20 jul> 2015.

VINIEGRA VELÁZQUEZ, Leonardo. La historia cultural de la enfermedad. *Revista de investigación clínica*, v. 60, n. 6, p. 527-544, nov./dec. 2008. Disponível em: <http://www.medigraphic.com/pdfs/revinvcli/nn-2008/nn086j.pdf> Acesso em: 10 maio 2015.

X CONGRESSO LATINOAMERICANO Y DEL CARIBE. Federación Latinoamericana y del Caribe de instituciones de bioética. Disponível em: <http://www.unesco.org/new/fileadmin/MULTIME DIA/FIELD/San-Jose/pdf/Ultimo_Programa_01. pdf> Acesso em:10 jul. 2015.

WATSON, James D. *A dupla hélice*: como descobri a estrutura do DNA. Trad. Rachel Botelho. Rio de Janeiro: Zahar, 2014.

WEBER, Marx. A ciência como vocação. In: MILLS, Charles Wright; GEERTH, Hans Heinrich (Orgs.). *Max Weber*: ensaios de sociologia. Rio de Janeiro, Zahar, 1982. p. 154-183.

WERNECK, Jurema. O belo e o puro.In: ROTANIA, Alejandra Ana; WERNECK, Jurema (Orgs.). *Sob o signo das bios*: vozes críticas da sociedade civil. Rio de Janeiro: E-papers Serviços

Editoriais, 2004. p. 29-37. v. I: Reflexões no Brasil. Disponível em: <http://www.oddsbooks.org/files/29x8hf_ sob-o-signo-das-bios-vol-1-vozes-criticas-da-sociedade-civil.pdf> Acesso em: 12 nov. 2014.

WHITAKER, Reg. *El fin de la privacidad*: cómo la vigilancia total se está convirtiendo en realidad. Tradução de Luis Prat Claros. Barcelona, Espanha: Ediciones Paidós Ibérica. S. A., 1999. Disponível em: <http://usc2011.yolasite.com/resources/10%20WHITAKER.pdf> Acesso em: 15 jul. 2015.

WILKIE, Tom. *Projeto genoma humano*: um conhecimento perigoso. Rio de Janeiro: J. Zahar, 1994.

WILLIAMS, Robin. JOHNSONS, Paul. Inclusiveness, Effectiveness and Intrusiveness: Issues in the Developing Uses of DNA Profiling in Support of Criminal Investigations. *Journal of law, medicine & ethics*, v. 33, n. 3, p. 545-558, 2005. Disponível em: <http://www.ncbi.nlm.nih.gov/pmc/articles/PMC13 70918/> Acesso em: 05 jul. 2015.

WINNACKER, Ernst-Ludwig. O que nos é permitido e o que não nos é permitido. In: BONI, L. A. de; JACOB, G.; SALZANO, F. (Orgs.). *Ética e genética*. Porto Alegre: Edipucrs, 1998. p. 211-232. Coleção filosofia 78.

WRIGHT, Robert. O animal moral: *Por que somos como somos: a nova ciência da psicologia evolucionista*. São Paulo: Editora Campus, 1996, 460 p.

_____. *The moral animal*: the new science of evolutionary psychology. Pantheon Books, 1994.

ZARRALUQUI SÁNCHEZ-EZNARRIAGA, Luis. *Estatuto jurídico del genoma humano*. Genes en el estrado: límites jurídicos e implicaciones sociales del desarrollo de la ingeniería genética,1966, p. 99-130.

ZATZ, Mayana. Clonagem e células-tronco. *Estudos avançados*, São Paulo, v. 18, n. 51, p. 247-256, aug. 2004. Disponível em: <http://www.scielo.br/sciel o.php?script=sci_arttext&pid=S0103-4014200400020 0016&lng=en&nrm=iso> Acesso em: 23 set. 2015.

_____. Os dilemas éticos do mapeamento genético. *Revista USP*, São Paulo, n. 24, p. 20-27, dez./fev. 1994/95.

_____. Projeto genoma humano e ética. *São Paulo em perspectiva*, São Paulo, v. 14, n. 3, p. 47-52, jul. 2000. Disponível em: <http://www.scielo.br/scielo.php?script=sci_arttext&pid=S0102-88392000000 300009&lng=en&nrm=iso> Acesso em: 2 ago. 2015.

ZEA, Leopoldo. *La filosofía americana como filosofía sin más*. México: Siglo XXI, 1969.

Produção Gráfica e Editoração Eletrônica: PIETRA DIAGRAMAÇÃO
Projeto de capa: FÁBIO GIGLIO
Impressão: BARTIRA GRÁFICA